社会学译丛
理论前沿系列

社会理论的定位（第二版）

Situating Social Theory
(Second Edition)

[英] 提姆·梅伊 Tim May
詹森·L·鲍威尔 Jason L.Powell 著

姚伟
王璐雅 等译

中国人民大学出版社
·北京·

致　谢

詹森·L·鲍威尔：借此机会，我要感谢我的朋友与我的爱人，他们为我完成本书第二版提供了宝贵的思想支持，也感谢他们的理解并给我提供了必要的写作时间与空间。我要感谢我的母亲、祖父，以及孩子 Stella、Rob 对我始终如一的支持。最后，我要感谢提姆给我的坚定支持与珍贵友谊。

提姆·梅伊：借此机会，我要感谢詹森与我一起合作完成了本书的第二版。在写作过程中，我非常乐于与他一起讨论，这除了有利于理论研究本身外，还为大家提供这本理论著作起了很大的作用。我还要感谢英国都市与区域可持续发展研究中心（SURF）的朋友们——Beth、Simon、Mike 和 Vicky，感谢他们的支持，感谢他们在繁忙喧嚣的环境中为我提供了一个幽静的空间来完成本书的写作。感谢 Vicky 与我一起讨论了关于自我的思想。此外，我也要感谢 Dee、Calum 和 Cian，特别是后二位使我认识到，在创作过程中除了接受别人颂扬，还必须保持清醒的头脑。当我问他们是否愿意了解一下本书的内容时，他们的反应一直都是："此书不宜付梓！"

目　录

第二部分　关于社会与社会生活的当代社会理论

第三部分　社会理论的应用与实践

导　言

本书把各种社会理论及其主张和研究的主题，放入其原来所处的背景中去讨论。我们认为，只有通过检验各种社会理论为理解社会世界而预设的、被视若当然的那些假定，探讨它们所依据的基础和所持有的主张，以及它们对于社会世界的结构动力学和人的能动性的地位的看法，才能明智地利用这些社会理论，并获得丰富的成果。对于确立社会科学的理解框架，对于理解人类行动以及人们的各种社会过程之间是如何通过竞争以及商谈而达成的，对于理解从宏观到微观、从个人到社会的各个层次上发生的社会关系之间的相互作用，社会理论都十分关键。 1

在写作本书的过程中，我们主要考虑了两个十分重要的问题。首先是我们如何理解社会理论的复杂性。我们可以打一个比方，一个忠诚、投入的读者，是否往往需要一件“救生衣”来“游过”概念之海，以免被淹死？这取决于他们对于社会理论复杂性的看法！救生衣能够提供一种浮力，并使穿着救生衣的人有信心继续他们的探险旅程。本书就是要提供这样一件救生衣，提供概念工具来分析社会世界。本书的目的，就是强调社会理论对于学科化的社会研究与社会关系研究所具有的重要性与实质意义。

由“思维工具”武装起来的那些社会分析者，试图理解个人问题与公共问题之间的关系，以及个人生活史（传记）与社会历史之间是如何交织在一起的（Bauman & May 2001；Mills 1970）。社会分析者的角色，就是揭示这个世界上正在发生的事情与我们个人内部可能正在发生的事情之间的联系；换言之，就是要“理解历史与个人生活史，以及二者在社会之中的关系”（Mills 1970：33）。我们评价某种社会理论的核心标准之一，就是看其是否能够分析来自不同分析层次的经验与问题，是否能够明确地阐述这些层次的相互联系、相互影响。

同时，社会理论具有各种复杂的特征，并导致了研究它的困难。其一，所有的理论并非是简单的、中立的理解工具。一种理论往往还隐含着一种“说服力”，试图使人们认为它的解释要优于或者不同于其他理论。其二，正如我们将要阐明的，社会理论不仅要解释社会的动态变化，还要反思关于社会世界的理解是如何可能的以及“社会实在”的本质（二者分别是认识论和存在论的问题）。其三，社会理论是在不同的文化与知识传统中构建起来的，而且社会理论要从这些文化与知识传统中获取灵感和启示，因此各种社会理论会因为所处的文化与知识传统不同而不同。

这些复杂的特征所导致的结果之一，就是社会理论的研究可能显得是内省的（inwardlooking），使人觉得其视野狭窄、应用性差，并使得它们的各种思想不可比较，具有过于“哲学化”的色彩。然而，理论研究要么是对关于人类行动与意识的知识与思想的性质进行反思的实践，要么仅仅将之视为一种假定的前提。这意味着，在社会理论与哲学之间，存在一条明确的分界线；而且从总体上看，是否对关于人类行动与意识的知识与思想的性质进行反思，也是衡量某门科学是否成其为科学的一个重要特征（Williams & May 1996）。因此，为了对社会理论进行定位，我们需要理解哲学与社会理论之间的关系与历史，以及社会理论的知识和思想渊源。另外，我们需要注意的是，一种理论常常反映了其提出者及其所处时代的规范与价值观念，也反映了其所处文化背景中那些决定什么才是分析社会现象的“适当方式”的支配性观点（Ritzer 2004）。

本书的内容安排

本书包括三大部分。第一部分包括两章，第二部分包括九章，第三部分包括两章与全书结论。第一部分名为“社会理论的定位”，这一部分是第二部分的必要铺垫，因为在探讨当代社会理论中存在的各种思想流派之前，有必要了解社会理论的历史以及其中存在的问题。由于这一部分的目的，是为了分析第二部分中的各种思想的历史渊源，所以这种分析不同于传统的阐述。第三部分则试图确定情感与全球化在社会理论中的位置。我们通过举例来说明社会生活中的这两个重要因素，进而提供一个平台来说明我们如何应用社会理论来理解当代世界。

第一章是一次历史之旅，回顾了社会理论从启蒙运动到20世纪之交的发展历程。第二章通过检视七种哲学和社会思想传统，来分析在20世纪中出现的各种论题，所有这些思想传统都对当代社会理论的形成及其内容产生了重要影响。这两章并不存在一条截然两分的界线，同时引出了第二部分中那些理论家及其理论试图以一种崭新的方式来阐述的诸多论题。

本书第二部分的目的，在于回顾大量的当代社会思想。每一章都分为 3
数个小节。首先是回顾某一理论的形成与发展，并把它们放入第一章所讨论的框架中进行定位；然后是检视这种理论所提出的观点与主张；最后是对这种理论的优点与缺点做进一步的讨论与概括。

第三章与第四章主要回顾各种“关注微观层次”的理论，因为这些理论主要是通过分析个体在日常生活中的互动，来探讨社会世界是如何被创造和建构的。我们主要选择了两大思想流派，即常人方法学与符号互动论来加以讨论。我们将探讨这两种理论背后的那些假定，以及其他思想流派与社会思想者对它们的批判，其中特别介绍了欧文·戈夫曼（Erving Goffman）的著作。

第五章与第六章主要检视两位社会理论家安东尼·吉登斯（A. Giddens）和皮埃尔·布迪厄（Pierre Bourdieu）的思想，他们都试图解决社会理论在关于行动与结构之间关系问题上存在的二元论。这两章主要讨论吉登斯与布迪厄的理论预设。我们发现，这两位大师不仅坚称人具有创造性与能动性，也坚称“社会结构”对于能动性的能动者具有使能与制约的作用。

需要指出的是，行动与结构之间的关系不仅仅包括人的行为的主观能动性与结构制约性问题，因为行动者网络理论（ANT）提出了一种社会行动的后人本主义（post-humanist）论题，即认为非人实体也是具有能动性的行动者。因此，本书第七章主要探讨行动者网络理论的形成与发展，特别是这种理论那种视行动者包括人与非人实体的立场。

第八章则在此基础上继续讨论尤根·哈贝马斯（Jürgen Habermas）的著作，他的学说属于批判理论的传统。但是，正如我们将要明确指出的，他在很多方面都对这个传统做出了重要的修正。不过，他的批判理论作为一种普通的社会理论，对女性在社会中的角色缺少充分的考虑。鉴于此，第九章专门探讨各种女性主义理论，而本书所提及的那些女性主义理论，对于大多数思想与实践通常所依赖的、被视若当然的概念都提出了严重的挑战。

第十章和第十一章则回顾挑战现代性与启蒙运动方案的那些思想流派。为此，第十章主要讨论米歇尔·福柯（Michel Foucault）的著作，而第十一章则讨论各种所谓的后现代主义。

在第三部分，我们主要反思我们已经走过的理论旅程，并思考当下社会关系的变革对社会理论的未来方向会产生何种影响。为此，我们讨论了“情感”与“全球化”这两大论题。人们往往认为，情感属于个人或私人问题，而全球化对我们生活的影响将越来越大。在第十二章中，我们探讨如何在本书所提到的那些传统与当代思想中来对社会理论进行定位，以便提出一个重要的参照框架来分析情感被建构与经验的那些方式。在第十三章中，我们集中对“全球化”进行理论探讨，以便为我们提供一种重要的语境，来理解与说明全球性变迁如何影响我们关于现代世界的经验，及其重要的意涵与后果。

最后，我们对本书所涉及的那些理论做了一个评论性的回顾，并指出一种具有自反性（reflexive）的社会理论，必须系统地阐述丰富多彩的人类经验是如何由我们自己彼此之间的关系状况以及社会与自然的不断变革的轮廓持续不断地重构的。

“社会理论”本身是一种丰富、多样而复杂的主题，它引起了如此多的关注，也引起了同样多甚至更多的争论。本书的目的，就是要在某种程度上促进人们超越这些争论，并指出社会理论到底是什么——它是一种可以增强我们关于社会关系的理解的重要工具，以及促进我们对那些具有挑战性的与被挑战的社会之解释进行理解的重要工具。

第一部分
PART ONE

社会理论的定位

第一章

社会理论的产生与发展

本章与第二章对在社会理论的产生、形成与发展 7
过程中出现和流行过的那些理论流派进行历史回顾，以根据其过去的影响来定位本书当下将要讨论的那些思想。不过，需要注意的是，我们不能简单地认为，那些“已成过去”的社会理论家的著作，对于理解当今时代已不再重要，这是不公正的。

那么，我们首先需要根据其所产生的背景来定位社会理论，而在这一过程中，我们不应使理论家们与他们的理论脱离开来，而是要认识到他们在论述他们所处历史时代的问题时，他们与他们的作品始终是牵连在一起的（Harrington 2005）。其次，我们还要认识到，这些思想家的著作不仅催化了当代的思想，还建构了当代思想的重要议程。他们的著作使人们通过“固化”先前的讨论，而不必一再重复和赘述，就可以进行理论的对话与讨论。对此，例子之一就是关于资本主义的研究。这些研究往往会明确提到卡尔·马克思（Karl Marx 1818—1883）的开创性分析，它是迄今对组织社会关系的这种资本主义形式的起源与后果所进行的最为系统的批判性分析。例子之二，启蒙运动是各种具体社会思潮流派的形成与发展的催化剂。它不仅体现为一系列对比鲜明的思想和一系列凝练的重要术语，还体现为一种整体的思想转向：

> 从最简单的意义上看，启蒙运动创造了关于人、社会与自然的崭新概念框架，对那些根源于受基督教支配的传统世界观的既有概念提出了根本挑战。
>
> ——保罗·汉密尔顿（Hamilton 1992：23）

当启蒙运动的这些思想与政治实践相结合时，就产生了一些十分重要的论
8 题。其一是以自主的、相对独立的、能够有意识地行动的人类主体概念为基础的自由观念。其二是一种对普遍而基本的“真理”的追求和信念，认为人们通过使思想与社会的实在、物理的实在相符，就可以获得真理。其三是一种视自然科学而非神学或形而上学为认识社会与自然世界的正确模式的信念。其四是认为在逐渐展开的进步历史过程中，知识能够实现系统的积累。启蒙运动引起的这些变革，共同地催生、促进了关于人类社会的科学研究，甚至影响了社会科学研究的方向。因此，在讨论不同背景中的社会理论的形成与发展之前，我们有必要更加详细地讨论这些论题。为了实现这一目的，下面首先对这些文化转型与哲学思想进行简要的回顾。

我们不能低估这些文化转型对于现代时期的影响与重要性：

> 我认为，我们在不同程度上都是启蒙运动的产儿。因此，从这个角度看，西方社会中的文明成员——超过两个世纪的人道（humane）传统的继承者们——几乎都有必要评判他们自己时代的那些政治与社会运动。
>
> ——S. 休斯（S. Hughes 1979：27）

甚至那些挑战现代主义的统治地位及其假定和预设的后现代主义者们，也不得不直面之并与之论战，因为现代性思想已经渗透于我们当代的思想与实践之中。借用马歇尔·伯尔曼（Marshall Berman 1993）的话来说就是，我们不能忽视它，也不能回避它，因为它就是我们所拥有的唯一世界。而

这个世界，已经成为社会科学的研究对象。然而，那些新兴的政治实践模式，既包容了启蒙运动与现代性思想积极、正面的因素，也藏纳了它们消极、负面的因素。

《西方知识传统》（*Western Intellectual Tradition*，Bronowski & Mazlish 1970）一书，就深受启蒙运动与现代主义的消极、负面的影响。该书借用了现代主义很多被认为可适用于所有社会的假定和预设，并根据西方知识传统，主张可以用西方主流的知识、政治、社会与经济标准，来评判作为“他者的”民族和人们。除了这些理论上的消极影响外，现代性思想还促进了资本主义与工业化的产生与发展、民族国家的建立，以及世界体系中地区差异的出现与扩大（B. S. Turner 2006）。这一时期还出现了重要的社会与文化转型。的确，正如美国社会理论家威廉·杜波伊斯（William Du Bois）所言，启蒙运动与现代性思想是一把双刃剑，因此我们需要建立一种多元文化的社会理论，这种社会理论不会因为启蒙运动与现代性思想的那些未经检验的预设与假定，而把人类的某些群体整个排除在外（Du Bois 1989）。

一般而言，在现代性或者启蒙运动的捍卫者（如 Habermas 1992a）、批判者（如 Baudrillard 2005；Lemert 2006；Lyotard 1984；Seidman 2001）以及通过历史与哲学的剖析而质疑现代性实践与思想的基本信条的思想家（如 Derrida 1978；Foucault 1992）之间，已经出现了一条明确的、敌对的战线。在下文对社会理论的历史叙述中，我们也会看到，一些思想家（如孔德、马克思和涂尔干）认为现代性是一种机遇，而另一些思想家（如孟德斯鸠、韦伯和齐美尔）则认为现代性带来的是双重的后果，更看到了现代性的矛盾性。

这些变革始于何时？我们并不能明确指出启蒙运动以及所谓的“现代”或“现代性”具体始于何时：

> 现代性有多大了？这是一个争论不休的问题。对于它的年龄，并没有一致的意见。对于它的开端应追溯到何时，人们也没有取得共识。并且，一旦人们要认真地去追溯现代性的起点，那么这个目标本身就会消失不见了。
>
> ——齐格蒙特·鲍曼（Bauman 1991：3）

不过，我们仍然需要了解它的大致起源。我们可以通过两种方式来探讨这些广泛的变革。其一是通过思想史来进行探讨，其二是通过检视在社会实践中发生的转型来探讨。A. 克洛克（A. Kroker）与 D. 库克（D. Cook）采用的是第一种方式，他们一直追溯到神学家奥古斯丁（Augustine）的著作，认为奥古斯丁是“探索现代经验的哥伦布”（Kroker & Cook 1988：37）。他们指出，现代性的特征，就是对一种代表理论（a theory of representation）的寻求，通过这种代表，我们可以解释不同背景中不同人类的经验。他们认为，奥古斯丁首先对现代性的这一特征提出了质疑：

> 就提出一种历史论点而言，我们的立场是，奥古斯丁是第一位后现代的思想家。……奥古斯丁拒绝在唯理论与唯物论之间，或者在悲观的理念论与独断的怀疑论之间二者择一，同时他指出了后来的启蒙运动的现代主义所存在的致命缺陷：它缺少一种可以直接地经验的、具有创造性的原则，因此难以统一西方经验之中存在的各种相互冲突的倾向。……如果启蒙运动能够重回 17 世纪，那么它会重新警觉于在西方形而上学中因此而在经验中存在的致命缺陷，而奥古斯丁早在启蒙运动 1 100 年前就为我们埋葬了这一缺陷。
>
> ——克洛克与库克（Kroker & Cook 1988：28）

阿诺德·约瑟夫·汤因比（Arnold Joseph Toynbee 1954）则采用的是第二种方式。他从 15 世纪大西洋沿岸的欧洲民族的生活方式之中，看到了现代时期的出现。斯蒂芬·图尔敏（Stephen Toulmin 1990，2003）则认为，现代时期是始于人们从对文艺复兴时期的人文主义中的“辩论术”的学习和理解，转向对“论据”与普遍逻辑的关注。B. 马歇尔（B. Marshall 1994）认为，现代性可以划分为三个历史时期，第一个时期是从 16 世纪到 18 世纪；第二个时期是法国大革命时期，伴随着社会与政治生活中的急剧变革；第三个时期则是产生“现代主义的世界文化”时期，导致了日益增多的混乱、动荡与不确定性。

而当我们把关注的重点转向现代性的经验层面，可以看到，整个 19 世纪的作者都把现代性描述为“短暂的、无常的与有条件的”（D. Sayer 1991：9 in D. J. Baudelaire）。而这种情况一直持续到 20 世纪，福柯（Michel Foucault 1926—1984）更是把它描述为一种影响实践的“态度”，而非一种实际存在的历史阶段：

> 我这里所说的“态度”，指的是一种与当代实在相联系的模式，是某些特定的人们所做的一种自愿的选择，所以最终是一种思考与感觉的模式，也是一致行动与行为的模式，同时还标明了一种所属关系，并把它本身呈现为一种任务。
>
> ——福柯（Foucault 1984：39）

这种对经验的关注，使我们还可以对当代社会制度中的“脱节”及其对日常生活的影响，与一直被认为是稳定与连续的传统社会秩序进行比较和分析（Giddens 1990；Stones 2005）。

这些试图准确描述现代性的含义以及现代性的起源的努力存在各种争论，而这些争论具有一个核心的特征，就是这些争论所使用的“核心的术语，都没有得到必要的澄清和说明”（Smart 1990：16）。不过，在这一时期出现的（哲学）思想（理念）与社会思想的形成和发展之间，仍然存在某种关联性。

启蒙运动的先驱

我们的理论旅程就从伊曼纽尔·康德（Immanuel Kant 1724—1804）开始。康德为我们提供了两大哲学传统遗产，即理性主义与经验论，并因此而增加了我们探寻普遍真理的力量。勒内·笛卡尔（René Descartes 1596—1650）的著作，详细阐述了这种理性主义。

笛卡尔运用一种怀疑方法，问人们如何“知道”他们所拥有的知识就是真的呢？他认为，不同的人对于同一事物，会有不同的经验和意见。例如，一只茶碟，这个人会觉得烫手，而那个人却觉得只是温热。而且，要明确地区分梦想与实在之间的差异，常常是困难的。如果一个人总是重复做相同的梦，那么他最后很可能把这个梦当成一种实在。同样，人们的各种感觉也可能歪曲实在。因此，人们如何可能确定地了解和知晓社会的或物理的实在？知识的基础，是理性（reason）。但他认为，经验会欺骗大脑，所以经验并不能为知识提供一种让人满意的基础。

11 康德也受到一种认为关于社会与物理世界的知识是通过经验而获得的思想（即我们所说的经验论）的影响。而苏格兰哲学家大卫·休谟（David Hume 1711—1776）则是最著名的经验论者之一。休谟区分了“印象”与“思想”，并认为印象对人们理解世界具有更大的影响。他认为，复杂的思想并非一定要与客观印象相符——我们在并没有看到美人鱼的情况下，却可以想象出美人鱼这种形象来；但是，构成复杂思想的那些要素，本身是来自印象，而印象本身又是来自经验。因此，思想最终是源自社会生活中的大量经验（参见 Chappell 1968）。

康德则把理性与经验整合在一起，这导致了十分复杂的后果。就本书所回顾的理论而言，其中最重要的后果之一，就是他的著作中包含着一种“想象的焦点”（即理念）。他认为，这种理念“是根据人类精神的特征而虚构的”。因此，他认为理念与“绝对真理、纯粹艺术以及人性之类”存在密切联系（Rorty 1989：195－196）。他认为，自由源于一种个人主义，而这种个人主义视人类主体为独立的、自主的，并通过施展理性而成为超验的。因此，他又认为在科学知识与道德规则之间存在密切的联系（他认为，二者都受“法则”的支配）：

> 世界上的所有事物，均是按照各种法则而运行。只有理性的动物，才具有按照诸法则之观念而行动的能力；也就是说，才具有按照诸原理而行动的能力。这种能力，就是意志。因为理性是依据各种法则而进行各种行动的必要条件，所以意志只不过是实践理性而已。
>
> ——M. 阿尔布劳引自康德（Kant in M. Albrow 1987：167－168）

康德最后得出的结论是，物质世界引起或导致感觉，而精神器官整理这些感觉，进而提出概念，人们通过这些概念来理解他们在“现象”世界（超验的“本体”世界）中的经验。康德正是通过对理性主义与经验论的这种思想整合，获得了以理性的方式来反观自然与社会的能力：

> 对自然与社会的理性把握，预示着对真理的知晓，并且与事物的多重面相相比，或者与个人对它们和理解的知觉或直觉形式相比，这种真理是普遍性的。早在古希腊对认识论的最初探索中，这一原理就已经存在且十分活跃：真理是普遍的、必然的，因此与不断变化的、

> 因时因地而异的日常经验是矛盾而对立的。
>
> ——赫伯特·马尔库塞（Herbert Marcuse 1969：17）

因此，在康德看来，只有理性才能保证人们获得普遍性的知识，人们也只有依靠理性才能获得普遍性的知识。鉴于这种理性思想，再加上笛卡尔主张的真理的唯理论标准——真理可以客观地测量，并独立于科学所调查研究的对象——我们可以认为，启蒙运动是一部一种科学知识对“地方性”有用的知识日益侵蚀和取代的历史。这就要求追求客观性，并排斥“其 12
他”知识形式，这种客观性被界定为“在根本上确信存在某些永久的、非历史的母体（matrix），而我们最终会借助于这些母体，来确定理性、知识、真理、实在、善或权利的性质”（Bernstein 1983：8）。

科学家由于拥有了理性，于是就可能以一种立法者的面目出现，而非仅仅是关于社会与物理世界的知识的一种揭示者和阐释者（Bauman 1987）。而科学本身似乎成了区别“真理”与“谬误”的判准。于是理性的个人，似乎借助康德的先在的思想概念，就可以理解他们的经验世界，可以区别和辨识文化与自然世界：

> 其结果是，个人（不仅仅是笛卡尔哲学所说的大脑）作为主体而出现，作为世界的主体而出现。个人在经验这个世界时，在他自身内部能够确定这种经验的超验来源。个人于是通过实现他自身内部的世界，就可以实现他自己。
>
> ——尼克拉斯·卢曼（Niklas Luhmann 1986：317）

我们认为，在西方现代性出现与巩固的情况下，理性的形成与发展也与人的主体性是如何建构的相关。在西方，随着现代性的出现与巩固，自17、18世纪开始，社会科学与工业资本主义、科层制政治一起，使用新的方式促进了西方社会中“个人”与“人口”的客体化（Dumas & Turner 2006）。西方理性化的出现，伴随着诸如实证主义的各种科学传统的日益成长，这些科学传统使个人的性质智能化，并且使这种智能化的程度越来越高。实验观察，理性与科学是启蒙运动的重要主题。18世纪后半叶是理性的年代（Age of Reason），到处传播着由康德、杜尔哥（A. Turgot）、孔多塞（C. Condorcet）等人阐释与弘扬的进步观念，而这种进步观念又催生了现代性。1789年的法国大革命为这种新的意识提供了动力，工业革命则为这种新的意识提供了重要的物质基础（Munck 2002）。

这一现代世界，这种新的社会秩序，以新的动态发展、拒斥先前的各种传统、相信进步以及人类理性（reason）能够促进自由为其重要特征。日益增强的理性，会增进人们对社会的理解、社会控制与社会秩序，会促进正义、道德进步和人类幸福（Layder 2006）。与此相伴的，则是笛卡尔的形而上学的公理，即“我思，故我在”，其颂扬个人理性的潜能，视之为知晓一切的基础、知识的所在和核心。作为一个理性主义哲学家与数学家，笛卡尔强有力地把“精神”与“肉体”分离开来，并因此而明确地表达了一种笛卡尔式的二元论，而这种二元论又成了西方社会核心的特征。

13 笛卡尔哲学的中心思想包括如下一系列的信念：相对于非逻辑的自然本性而言，逻辑理性具有至高无上的优势；启蒙运动的哲学预设，即理性的自我与精神之间存在“内在而深层的”联系，与身体之间只具有“外在而表面的”联系。因此，这种哲学认为，个人不是“我们之所是”的部分，而是自然本性的一部分，因此也是应该受到控制的一种客体。而康德的道德哲学则进一步认为，理性等同于德性，因为理性为知识提供了原则，提供了确定性与普遍法则；身体则等同于感觉与情感，而感觉与情感只不过是确定性与普遍法则的外在形式；我们缺乏的是一种自由，这种自由可以通过纯粹理性的羊肠小道把个人解放出来（Dumas & Turner 2006）。

因此，康德的超验概念进而为客观性与普遍知识提供了一种基础，同时强化了笛卡尔主义的“工具论”，根据这种工具论，经验常常只有在确立于意识之中，并完全与肉体相分离时，才被认为是真实的（Seidman 2001）。这样，笛卡尔等人日益假定理智与理性是一种更为优越的东西：

> 笛卡尔认为，精神生活首先包括了理性的计算、直觉的思维、智力的深思，以及感官的输入。因此，他说，我们要承担起我们的计算是真实有效的责任，而放弃可能扰乱我们的推论和推断的情感。
>
> ——图尔敏（Toulmin 1990：40）

现代性不仅仅具有文化性的、社会性的原因与结果，而且同样具有经济性的原因与后果。正如 R. 芒克（R. Munck）所指出的，推动现代性的另一种力量就是资本主义，资本主义对于原材料、新的劳动力、新的消费者、新的技术和新的产品，有着永无休止的索求（R. Munck 2002）。现代性从一开始就许诺要不变地变革这个世界，其每一次创新又都孕育着另一次新的创造。然而，与之相伴的是，个人之间在地位与身份上出现了两极分化，出现了所谓的个人之间获得“理性”以及应用“理性”能力的差异，而这种分化与差异，有着对“科学专家”与“知识主体”进行有预谋的合法化之功能。

现在，我们把现代性的各种影响综合起来考虑，并把这种综合影响作为社会理论的背景，来深化我们对各种社会理论的理解。不过，我们还需要根据不同的政治文化背景与知识传统背景来理解这些社会理论，这些政治文化与知识传统会影响、修正与挑战这些社会理论的思想。现在，我们就转向从政治文化与知识传统背景的角度来理解社会理论。

社会：研究的客体

在 18 世纪的意大利，有一位社会理论家已经预见到 19 世纪会出现三
种研究趋势。其一是人们日益对社会发展的性质与社会的各种起源感兴趣； 14
其二是历史与哲学将日益融入关于“社会的科学”之中；其三是人们日益试图从理性—经验的角度，而非形而上学或神学的角度来解释社会现象的原因（Bottomore & Nisbet 1979：563）。

这位社会理论家就是 G. 维科（Giambattista Vico 1668—1744），他与他所处时代的主流思想，特别是笛卡尔主义从来都不合拍，也许正是由于这一原因，维科很少为他同时代的人所了解，他的著作在他生活的时代也少有读者。不过，维科对后来的思想家，诸如 A. 孔德（Auguste Comte 1798—1857）、罗伯特·米切尔斯（Robert Michels 1876—1936）与乔治·索雷尔（Georges Sorrel 1847—1922）等都产生了重要的影响。维科主张，社会理论应以人类主体为中心，而他们的行动只能根据社会整体来理解。换言之，我们不能脱离于个人所处的背景来理解个人。人是社会性动物，其情感（feelings）来自其所处的社会—文化环境。这些情感是“感官性

（sensory）的话题”，

> 这种感官性的话题，提供了“市民社会”（civil society）的诸多根源；它们构成了同一环境中的社会群体所出现的一种共享的意义（sense），而这种意义依赖于这些情感背景，以至于我们对于我们的人性进行的任何概念界定，都可以根据其对于这些情感是否充足与适当来判断。
>
> ——J. 肖特（J. Shotter 1993：xiii－xiv）

而在这一时期的英国，玛丽·阿斯特尔（Mary Astell 1668—1731）以及稍后的玛丽·沃斯通克拉夫特（Mary Wollstonecraft 1759—1797）也在著书立说，并为后来的女性主义提供了灵感。1694 年，阿斯特尔写下了《给女性的严肃建议》一文（K. M. Rogers 1979），并指出两性之间存在差异的原因，并不能归结于某些理论所说的女人是“自然的”而男人是“理性的”——虽然自古希腊以来，已经有太多的学者不加分析地接受和利用了这种思想（Griffiths & Whitford 1988；P. Johnson 1993；Okin 1980）——而应归结于社会上男人所拥有的、相对于女人的权力和特权。她们认为，如果笛卡尔宣称的是一般的或总体的理性，那么女人也必定可以获得这种理性：

> 女性主义如此急切地抓住并借以抗争的，正是这一理性概念。阿斯特尔大胆地主张如下激进的论题，即不管是古代人还是现代人、富人还是穷人、男人还是女人，上帝都给予了他们同样的智力和潜能。她认为，男人与女人具有同样的天赋和才能，是环境因素决定了他们发挥理性天赋和才能的程度出现了差异。
>
> ——J. 金莱尔（Kinnaird 1983：34）

在将近百年之后，也就是 1792 年，沃斯通克拉夫特（Wollstonecraft 1989）呼吁女性要支持和接受社会之中正在发生的那些变革。她根据现代性的精神，主张女性应有志于理性的领域，而不只是取悦于男性和满足男性的要求，并且正是后一种关系加深了她们的从属性。正如我们将要在第二章中看到的，女性主义始终批判社会理论中存在的理性与情感的二元分割。

而在苏格兰，亚当·弗格森（Adam Ferguson 1723—1816）、约翰·米 15
勒（John Millar 1735—1801）、休谟和亚当·斯密（Adam Smith 1723—1790）则以爱丁堡为据点，形成了所谓的“苏格兰”学派。该团体提出了一种新的思想，主张社会是研究的客体，具有其自身的基本属性，人们应通过观察来研究它。这些学者看到了在社会背景与人类行动之间存在的一种联系。休谟根据风俗习惯来确定某个社会的特征，认为在一个社会中，风俗习惯与思想观念之间存在密切的联系。休谟的著作从总体上看是通过剖析人类的自然本性来理解历史，因此“从这种意义上看，休谟的思想完全是世俗而经验主义的”（Heilbron 1995：102）。

而弗格森正是以该团体的研究作为思想基础的。他早在后来的“冲突”理论家诸如马克斯·韦伯（Max Weber 1864—1920）与格奥尔格·齐美尔（Georg Simmel 1858—1918）之前，就指出了冲突是社会的基本特征之一；而且，他也早在马克思和爱弥尔·涂尔干（Emile Durkheim 1858—1917）之前，就提出了劳动分工的思想；另外，弗格森早就认识到，随着现代性而来的劳动分工的日益加深，可能促进社会的进步，但也可能威胁社会的稳定。

尽管在欧洲大陆，主张理性主义的学者比英格兰或苏格兰要多得多，但是法国的一些社会理论家却是挑战经验主义中存在的理性主义哲学认识论的。他们认为，法国革命的经验激发了笛卡尔与康德的个人主义思想，但个人主义并非社会实现内聚和秩序的基础。尽管后来的很多法国学者提出了各种不同的思想，但是在经验主义的个人主义的影响下，他们也坚持一些核心的论题和主张：

> 他们主张理性，而否定神定社会；他们逐渐相信人类的完全性，相信教育可以影响人性，而不再认为人天生就有原罪；他们坚持平等主义，而否认等级秩序的优越性。
>
> ——M. 贝罗夫（Beloff 1954：176）

查尔斯·孟德斯鸠（Charles Montesquieu 1689—1755）是这一传统的主要代表人物之一。他主要关注人的自由，以及政府如何才能最有效地组织起来以保护这种自由。他还探讨了民族精神与社会的性质、结构之间的关

系。在此过程中，

> 他不再认为一个民族是由国家统治下的无数个体构成的简单总体，而是一个由生活方式与制度不同于其他民族的成员构成的共同体。他认为，所有的制度，包括政治、宗教、家庭、经济和艺术等制度，都是彼此错综复杂地联系在一起的，以至于其中任何一种制度发生重大变革，都会引起其他制度的变革。
>
> ——J. 普拉门纳兹（J. Plamenatz 1963：256）

16 孟德斯鸠希望通过系统的研究，揭示社会是如何把人们建构为一种“社会性动物”的，而以前人们很少就此问题进行质疑和研究。但是，他并不按照进步与发展的观点来看待社会。这使得他的思想显著不同于启蒙运动的进步观念，也不同于主张进步观念的孔德的思想。孔德在他的著作中强调统一和一致，而孟德斯鸠则仍然强调和关注多样性。

孔德所处时代的知识环境和思想氛围对于提出新的思想更为有利，但与孟德斯鸠的思想不怎么相宜（Bierstedt 1979）。孔德是结构主义思想传统和理论谱系的核心开创者。这种结构主义思想传统的核心特征，就是认为“构成整体结构的部分之间的关系，比部分本身更为重要”（Bottomore & Nisbet 1979：558）。这使得结构主义的立场不同于并对立于其他强调个人主义的社会理论传统，特别是与19世纪英国的社会理论传统相对立。

孔德支持关于社会进步的实证主义和理性主义思想，并认为应该运用科学的方法来研究与重构人类生活的社会、政治与经济领域。这些都是他的实证哲学的基本主张，是他在与圣西门（Saint-Simon）的合作过程中获得的，他拒绝阅读会对他的研究产生影响的报纸或书籍；他的“大脑卫生”系统，就是他的所有一切（Bosanquet 1967）。他是实证主义的先驱，

> 这种19世纪的经典实证主义，与一般的经验主义的历史与社会理论科学结合在一起并得以系统化，而这些理论科学又是对一系列政治问题的明确阐述。
>
> ——T. 本顿（Benton 1977：28）

孔德通过这种方式，巩固和强化了启蒙运动的核心支柱之一——通过

科学来超越形而上学与神学思想。他排斥思辨思维，并坚称社会学属于自然科学范式之内，且是地位最高的科学（物理学之后）。他的“社会物理学”概念及其社会静力学（关于秩序的科学）和社会动力学（关于进步的科学）两大分支，都反对那种认为社会要素之间是彼此孤立地存在的思想。因此，他认为个人主体不能独立于社会而存在，相反他们是社会的一部分：

> 在社会系统的整体与部分之间，最终要自动地实现和谐，社会系统的构成要素，或早或晚将不可避免地被整合进一种与它们的自然本性完全适应的模式之中。
>
> ——塔尔科特·帕森斯（Talcott Parsons）等
>
> 引自孔德（Comte in Parsons 等 1965：126－127）

英国功利主义哲学家约翰·斯图亚特·穆勒（John Stuart Mill 1807—1873）与社会理论家赫伯特·斯宾塞（Herbert Spencer 1820—1903）的著作，则以不同的方式接过了实证主义的衣钵，并把它发扬光大。不过，这 17
两个人都深受英国个人主义政治文化的影响。穆勒赞成“尽管社会在不断地变迁，人类的性质本身却是固定不变的”思想，并在此基础上发展了实证主义。因此在他看来，社会科学的任务就是解释我们的观察发现，并从一种稳定不变的人性进行演绎，以建构社会规律。斯宾塞则把一种激进的个人主义，与一种关于社会结构与社会制度的整体主义和有机体理论——其来源于生物学——结合在一起，并宣扬一种社会演化观。下面这段引文充分体现了他的观点，并与上面体现孔德观点的那段引文形成了鲜明的对立：

> 社会是由个人构成的；社会中所完成的一切，也是结合了个人的行动才完成的；因此，我们只有在个人的行动中，才能找到社会现象的答案。
>
> ——斯宾塞（Spencer 1969：49）

在维多利亚时代的英国，斯宾塞的著作影响十分广泛，这也许是由于他的思想对放任自由的资本主义的个人主义提供了一种支持。他为这种经济交换系统的运行、前景与后果提供了一种知识上的合法性支持。尽管卡尔·马克思与斯宾塞生活在同一时代，但马克思在这一时期的影响，似乎无法与斯宾塞相提并论。

从意识到资本主义

在孔德的实证主义与结构主义理论中，包含着一种“历史哲学”（P. Burke 1980）。他的著作所涉及的每个层面——历史的展开、对个人主义的谴责、对科学的信奉，以及社会将日益文明和开化的进步信仰——也是马克思的思想的重要特征。但是，二者之间的相似性仅此而已。马克思的思想不仅是在圣西门的影响下形成的，还是在他对德国唯心主义哲学家G. 黑格尔（Georg Hegel 1770—1831）的批判过程中形成的，更是在他对所谓的“英国政治经济学”的批判中形成的（参见 Barber 1981）：

> 他对历史的强调……超过了对任何其他事物的强调，这使他明显地不同于他的前辈，尤其是不同于康德。……他认为，现实正在成为历史，而现实也只有在历史中才能理解。真理来自相互对立的观点的交锋和综合，而这个辩证的过程，正是现实的辩证过程的一种反映。
>
> ——A. 林赛（Lindsay 1967：58）

因此，马克思认为，人们是一种历史的存在，而非哲学的抽象存在。在黑格尔强调意识的地方，马克思则强调特定社会情景中实际的人的存在。马克思认为，不是思想形成社会，恰恰相反，是人们生活的实际物质条件
18 形成了社会。马克思在批判黑格尔的过程中，逐渐提出了“历史辩证法”。为了理解这一点，我们有必要进一步探讨黑格尔的著作。

对于黑格尔而言，理性在历史中的作用十分关键。他认为，历史是在从立论与反论走向一种综合的辩证法中展开的。对于这一点，启蒙运动的两个观念——进步观念与来自外部世界的自由观念——值得我们注意。黑格尔认为，人的“存在”绝对不能按照外在于人们的某种事物来界定，而必须根据人们内部的以及彼此之间的各个层面的内在关系来界定。这就是他的“精神”概念，他认为“精神”是历史自动地展开的起点。

黑格尔的《精神现象学》（*The Phenomenology of Mind*，Hegel 1967a）一书，研究精神是如何展现它们自身的（所谓现象学，是关于事物如何

展现在人们面前的研究）。但康德主张，实在本身是什么样子，我们永远也不可能知道，而只能通过先天的思维范畴（如空间、时间与原因、因果关系等）来把握。这些范畴和概念并非实在的一部分，而是把握实在的手段。康德因此是从一种“实在”的思想，以及“知识是我们把握实在的某种工具”的思想出发，来展开其理论的（Singer 1983：50）。这说明康德认为人的存在与他们所寄身的实在之间实际上是存在不同的。然而，问题仍然存在，如果人们独立于实在，那么人们又如何能够知道实在呢？

康德对于这个问题的回答，就是我们一定要知道人们用来获取关于实在的知识的工具。而黑格尔正是抓住了这一点，来批判康德的认识论：

> 康德说，我们应先逐渐熟悉这种工具，然后再从事需要应用这种工具来完成的研究；因为如果缺少这种工具或者这种工具没有效力，那么我们就会白费力，碰到很多麻烦。……但是，要检验知识，首先得要知道这种知识。要检验这种所谓的工具，同样也需要先知道它。但是，如果我们在知道它之前就试图检验它，就与经院哲学家的那种“明智办法”同样可笑，也与“直到学会游泳之前，不能冒险进入水中”的想法同样可笑。
>
> ——P. 辛格引自黑格尔（Hegel in Singer 1983：51）

因此，黑格尔认为，那种实在的意识，就是知晓实在的起点。他认为通过检验可以发现意识的各种局限。而这又会使一种更深刻和复杂的意识形式得以发展，如此等等，循环下去，最终可以获得“绝对知识”。因此，没有必要满足于一种康德式的“实在表象”。黑格尔认为，知识不是通过实在本身就能获得的，因为知识是历史地建构的。他认为，“存在”与历史存在密切的联系，“真的”就是“理性的”——“历史是社会的实质，因为社会的实质只不过是一种连续性。因此，人的‘存在’在于它的历史性”（Heller 1984：28）。

然后，黑格尔又把这一点与政治联系起来（Hegel 1967b）。他认为， 19
理论阐释的目的，在于“思想”或“观念”要在现实中实现我们的潜能。我们通过形成自我意识并与自然本性相结合，就可以获得自由。然而，因为人们是社会建构的（黑格尔认为，我们的人格的形成，是社会之事，而非个人之事），所以我们内在的意识与我们所寄身的、外在的社会领域之间，就一定存在某种关系。换言之，一定存在某种把我们组织为“自由的能动者”的社会方式。这种社会方式就是“占有”，而“占有”的社会表征就是“财产”（参见 Ryan 1986）。不过，在追求个人目的与更广泛的社会之间，一定存在某些调节关系，以使社会得以维持和具有适当的稳定性。除了财产，对这种关系如何才能实现的答案之一，可在黑格尔关于国家的著作中找到，也就是说，他十分强调国家维持社会的作用。

黑格尔认为，国家是自我意识与自我意识在社会、政治和经济关系中得以客观地表明的那些方式的结合。因此，个人的权利与普遍的理性能够由国家统一起来，由竞争性的社会所产生的社会问题也能得到国家的调节。黑格尔认为，“市民社会”也能够通过这种更高层次的统一和整合而得到国家的调节。他认为，如果缺少国家的调节，“精神异化”的趋势就会加剧。他所说的精神异化，是人们内心存在一种二元性，人们一方面认为自己的自由是来自物质世界的限制的自由，即认为自己是世界的一部分，因此不能逃离这个世界或超越这个世界；但另一方面又试图成为纯粹精神的动物。

而最后把黑格尔与马克思联系起来的，则是路德维格·费尔巴哈（Ludwig Feuerbach 1804—1872）的著作。费尔巴哈曾经是“青年黑格尔派”，但他在研究“宗教”与“上帝”时，采取了一种反对和批判它们的立场。他的主张简单说来就是，上帝是人类的一种创造，仅此而已。马克思也反对黑格尔的唯心主义，但更反对的是他对国家的唯心主义解释。黑格尔认为，社会关系依赖于国家的那些体现理性的思想；但马克思认为，因为是人们创造了上帝，所以人们也创造了国家。马克思认为，意识不会创造制度，而是人们所生活的实际物质条件创造了制度：“我认为……观念的东西不外是移入人的头脑并在人的头脑中改造过的物质的东西而已”（Marx 1983：29）：

马克思得出的结论是，不是精神与意见而是外部条件、人们所拥有的或缺少的物质财富、我们不得不进行的各种方式的劳动，形成了

> 社会。所有的时代都不是由人的观念控制的，而是由物质结果与手段所控制的。人类最重要的利益与问题，与世界相关，而不是与自我相关。
>
> ——G. 科恩（G. A. Cohen 1984：22）

因此，马克思从社会生活物质条件中，找到了关于市民社会的解释。20
他认为，历史不再是“精神辩证法”的展开，而是生产方式变革辩证法的展开。这就是马克思社会理论的主线：

> 人们在自己生活的社会生产中发生一定的、必然的、不以他们的意志为转移的关系。这些生产关系的总和构成社会的经济结构，即有法律的和政治的上层建筑竖立其上并有一定的社会意识形式与之相适应的现实基础。
>
> ——马克思（Marx 1980：181）

从这一点看来，马克思对黑格尔的唯心主义与费尔巴哈的机械唯物论，都进行了哲学的批判（Marx 1961，1964）。那么，社会理论现在需要解释的，就是人们的活动背景，以及他所说的由思想与实际相结合而产生的“实践”（praxis）。马克思认为，马克思主义理论的科学有效性，不仅依赖于其解释社会生活的能力，也依赖于其挑战社会生活的能力。

为了实现这一目标，马克思开始对资本主义进行经验研究，并对为资本主义提供合法性辩护的经济学理论进行批判。他指出，古典的政治经济学，假定私有产权的存在是当然的现象，没有首先解释劳动与资本的分化的原因。但是，经济交换并非某些“偶然的事实”：“推动政治—经济活动的唯一车轮，就是贪欲，以及为了满足贪欲的战争——竞争”（Marx 1981：62）。同样，社会、国家与社会关系，不是某些“精神”的显现，而是人们在生产方式的基础上组织他们的社会的各种方式的显现。而这又建构了社会中的所有其他关系（上层建筑）。劳动和出售劳动给资本的需要，是为了生存；而资本是为了获取剩余价值——这为资本主义机器提供了动力——但只是为了极少数人的利益，而不是为了大多数人的利益。尽管黑格尔正确地把“存在”与社会关系联系起来，恢复了人类王国的历史与意义，但是他错误地从其所谓的“意志”角度来看待这一点。马克思认为，这种立场的意涵十分明白：

> 社会——不管其形式如何——是什么呢？是人们交互活动的产物。人们能否自由选择某一社会形式呢？决不能。在人们的生产力发展的一定状况下，就会有一定的交换和消费形式。在生产、交换和消费发展的一定阶段上，就会有相应的社会制度。
>
> 21 ——马克思致安年科夫（Marx to Annenkov，1846 年 12 月 28 日，参见 Marx & Engels 1953：40）

因此，马克思认为，异化有着一种与黑格尔所说的不同的根源。黑格尔的杰出贡献，在于看到了自我与社会环境之间的联系，但是他又错误地只承认劳动是一种“精神”劳动。马克思则认为，人类之所以区别于其他动物，在于他们能够生产，并且是以一种考虑他们的需要的方式来进行生产。他们通过他们的劳动进行创造，但是资本主义作为一种生产系统，却正在使人失去本性。人们通过一种从他们的日常生活中剥削和攫取他们的劳动成果的体制，来使用他们的劳动，这导致人们彼此之间日益异化，也导致人们日益与他们生活的世界相异化。在他看来，私有财产并非自我发展的一种肯定，相反其恰恰是对自我发展的一种否定。那么，马克思就在一种物质的而非精神的意义上，把“社会中的存在”与人们所生活的系统联系起来了：

> 马克思认为，资本主义最基本的矛盾——日益发达的社会生产力与其持续存在的私人占有制之间的矛盾——已经达到深深进入我们的自我之中这样的程度。现代性不是通过真正的社会关系而是通过与之相反的方式，把个人建构为主体，但是只有真正的社会关系才会具体地界定和区分个人。
>
> ——D. 塞尔（D. Sayer 1991：72）

马克思认为，资本主义因此而确定了现代性的特征，资本日益变成了“现代世界的造物主”（D. Sayer 1991：12）。马克思指出，“分工除了扩展到经济领域以外”，又“扩展到社会的其他一切领域”。劳动分工提供了一种“使人们专门化和类别化的、无所不包的、极具诱惑力的系统，但却是以牺牲其他所有事物为代价的”（Marx 1983：334）。因此，社会中也就存在要求变革的潜在力量。历史的终点，不是自我意识或自觉，而是共产主义。他认为，在这样的共产主义社会中，人们之间实现自由与合作，并把异化从根本上消除掉。

尽管马克思的主张充满了力量，但仍然存在两大特殊的问题。其一，既然资本主义自身内部孕育着一种更加美好的未来的种子，那么为什么还要谴责资本主义社会呢？正如 A. 麦金太尔（Alisdair MacIntyre）所指出的，“如果发达资本主义的道德贫困像马克思所说的那么严重，那么我们走向未来的资源又来自何处呢”（Alisdair MacIntyre 1985：262）？这导致了关于马克思主义与道德性（morality）之间关系问题的大量讨论（参见 Lukes 1985；McLellan & Sayers 1990）。其二，马克思的著作强调革命的必要性，但我们是否通过改良就可以进入一个更好的社会呢？

已经有很多学者，提出了各种各样的思想，来回答这些问题。其中包括促进资本主义日益走向死亡的批判性分析和研究（Lukács 1971），至于“修正主义的论战”，则是由 R. 伯恩斯坦（R. Bernstein）的著作引起的，并导致 19 世纪 20 世纪之交的那些核心的马克思主义者——诸如卡尔·考茨基（Karl Kautsky）、罗莎·卢森堡（Rosa Luxemburg）和鲁道夫·希法亭（Rudolf Hilferding）等人——纷纷卷入了这场论战（参见 Laclau & Mouffe 2001）。后来，马克思主义日益分化出四大流派，包括正统派、修正主义 22
派、奥地利马克思主义者（Austro-Marxists）以及列宁—布尔什维克派（Bottomore 1979）。这些流派大大丰富了马克思主义的思想传统（参见 Kolakowski 1978a，1978b）。

这些社会与政治思潮的特征，就是逐渐接受现代性的性质以及现代性寻求不断变革的倾向。而这样的政治与社会思潮，缺少对社会生活的道德伦理领域的关注，道德伦理领域是基础性的经济领域之上的领域。而正是在这一点上，有一位社会理论家进入了我们的视野，他就是涂尔干，与 20 世纪初的众多欧洲社会思想者一样，他试图寻求一种新的灵感来源和理论路线。正如 S. 休斯在讨论这一现象时所指出的：

> 这些欧洲社会思想者不断叩问，视马克思主义为一种科学是否适

当？在此过程中，他们必然会提出进一步的问题，即一门关于社会的科学到底意味着什么，我们在何种程度上可以从根本上获得这样一门科学的知识？

——S. 休斯（S. H. Hughes 1979：73－74）

道德规范与社会整合

正如上文所述，孔德认为社会发展受到社会法则的支配，黑格尔认为历史是精神的一种展开过程、一种最终走向自我意识的辩证过程，马克思认为历史是一种与黑格尔所说的唯心主义进程完全相反的进步过程，人们应根据具体社会情景中的人类的活动来研究历史。然而，涂尔干的著作，与这些学者都不同，强调的是社会生活的道德层面。涂尔干认为，道德是现代社会的一种关键的界定特征，道德表达了社会集体的需要。涂尔干在其学术生涯早期，试图为他的社会科学营造较为有利的学术环境，这门社会科学研究虽然根源于道德哲学，但明显不同于道德哲学，也独立于与之相关的、先于它而建立起来的心理学。“涂尔干尽管显得十分无助，但是他仍然不遗余力地敦促学术界接受社会学是一门严格的、科学的学科。”（Swingewood 1991：97）他通过界定他自己的研究范围与方法，确立了社会理论的边界，这种社会理论明显不同于其他新兴的社会科学，如经济学、政治学、人类学等。马克思的“革命性”，是涂尔干离开马克思主义的主要原因之一。涂尔干认为，革命并不是改进现代社会的道德状况或社会状况的可行方式。他认为，深刻的社会变迁，始终是长期的社会演化的产物，而不是出自工人阶级那突然而迅猛的革命。

涂尔干不同于马克思的地方，不仅在于对如何实现社会的改进存在不
23 同看法，还在于他们的理论、方法论和根本立场存在差异。涂尔干认为社会学应采取实验观察法来研究社会世界。就如自然科学研究那些影响世界的物理力量一样，我们应该用我们的感官去感知社会，社会科学应视社会事实为一种外在于个人，并对个人施加道德约束的力量。因此他把社会学确立为一门关于诸如失范、集体意识、社会潮流等“道德现象”的研究，并研究那些影响、特别是限制个人的结构性表象（社会事实）（Ritzer

2000：187）。

涂尔干试图通过他的关于道德现象的科学，把一种道德秩序重新引入现代社会，并努力维护这种道德秩序。他的观点是，现代时代所面临的根本问题，就是如何把因为传统社会解组而产生的个人自由，与对社会存在所依赖的道德控制的维持协调起来（Giddens 1972b：99）。鉴于此，其理论的核心内容，就是关于社会内聚（团结）、道德秩序（法律、失范、集体意识），以及思想（宗教信仰）的作用和它们对个人的社会生活的重要影响的研究。

涂尔干借鉴了孟德斯鸠、孔德与斯宾塞等人的思想，但黑格尔哲学以及英国的政治经济学对他影响甚微。当然，他的思想也与他所生活的政治背景有关。孔德生活在涂尔干之前，但他们都生活于法国发生巨大变革的年代。孔德的思想，在很大程度上是法国大革命的一种产物，涂尔干的思想则深受诸如德莱弗斯冤案（Dreyfus Affair）①、普法战争（1870—1871）以及法国战败、德国吞并法国阿尔萨斯-洛林地区（Alsace-Lorraine）之类事件的影响。涂尔干就是处于这种背景中的一个作者，他的特征就是一个理想论者、一个唯物论者、一个社会实在论者，以及一个新康德主义者（Lukes 1981）。人们一直认为，他的社会理论是法国保守主义与系统社会学之间的一个纽带（Nisbet 1970：13），人们对他的著作也进行了很多批判性的和激进的阐释（M. Gane 1992；Pearce 1989）。尽管各种阐释之间存在诸多的矛盾，但我们至少可以确定涂尔干的著作推动了社会理论特别是社会学的重大发展。

涂尔干的研究主要有三个目标。其一，把社会学确立为一门科学的学科；其二，为社会科学寻求一个统一的基础；其三，为现代社会的市民宗教信仰提供一种经验的、合理性的和系统的基础（Tiryakian 1979）。涂尔干与法国重要的知识分子如李普内（Le Play）、P. 蒲鲁东（P. Proudhon）和孔德等一起，促进了一种规范社会理论的产生和发展，这种关于规范的社

① 艾尔弗雷德·德莱弗斯（1859—1935），法国炮兵军官，犹太人，1894年以叛国罪被判处终身监禁，但最后被无罪释放，因为证明他有罪的证据被发现是反犹太分子伪造的。他的冤案是法国历史上著名冤案之一。——译者注

会理论试图把道德与经济生活整合起来，以实现社会的稳定。而这是法国社会思潮中自由左派的一个核心特征，如果转化为政治论题，那就是如何整合、调整传统的社会结构以适应新的社会形态。而根据第三个目标，涂
24 尔干的研究的特征可以概括为“一切为了促进第三共和国的道德整合”。除了我们已经提到的那些历史事件外，还有什么因素使他的研究一定要以此为目标呢？

首先，是加百利·莫诺（Gabriel Monod）和 F. 考朗格（Fustel de Coulanges）严格的历史方法对他产生了影响（Lukes 1981：58－65）。对此，我们还可以加上德国社会思想家阿尔伯特·沙弗尔（Albert Schaffle）及其视社会为一种“有机体”的思想的影响。然而，涂尔干在捍卫沙弗尔的社会主义，驳斥对它的集体主义与独裁主义的指责的同时，也指出这种视社会为一种有机体的思想，是一种比喻而非如其字面意义上的思想。对于这一点，涂尔干是很清楚的。社会不是这种意义上的一系列物质关系——在其中有机体受着机械的支配，而是一系列的思想观念之间的关系，这种关系不能还原为构成社会的个人，也不能独立于个人而存在。

涂尔干认为，通过使传统共同体（机械团结）向相互依赖的现代社会（有机团结）转型，我们就可以恢复道德秩序。在他看来，在这个转型的过程中，存在一个暂时的过渡时期，在这个过渡时期道德内聚缺失，而这种道德内聚的缺失，又是由于人们对个人主义的盲目崇拜以及劳动专门化所导致的。如果现代社会在道德上能够得到民主政府——接受经验主义的道德科学的建议和咨询的政府——有意识的指导，那么就更容易实现秩序（Ritzer 2000）。

涂尔干在与社会主义者的论战中，始终强调道德状况比经济状况更为重要。他说他之所以强调道德，是因为“为传统的基督教义寻找一种替代物”的需要，因此也是为了立法本身的需要，是为了赢得新一代的学生更广泛的支持的需要，是为了吸引他们远离基督教的道德权威的需要（Tiryakian 1979：195）。如果社会失去了道德基础，那么法国就会像第一和第二共和国时期那样，再次上演权力集于一人之手并任之操弄的情况，或者再次陷入无产阶级工人起义过程中的那种无政府状态。他认为，对于这一问

题的解决办法，就在于理性地、系统地探讨实现社会秩序的原因、后果和条件。

涂尔干认为，在进行这种探讨的过程中，康德能够提供重要的启示，但是这不是通过黑格尔的著作所引荐的康德，而是通过查尔斯·勒努维耶（Charles Renouvier 1815—1903）的著作所引荐的康德。勒努维耶是一个思想家，人们认为法兰西第三共和国的政治文化正是以他的哲学思想为基础的（Lukes 1981：55）。因此，勒努维耶的思想和研究在涂尔干的著作中也有所反映，其中包括：

> 他那毫不妥协的理性主义；他对道德的关注，他决定要“科学”地研究它；他那强调自然本性决定论与道德所预示的自由之间是兼容的新康德主义；他那对于个人尊严与自主的康德式的关注，以及他那基于个人与他人相互联合，相互依赖的统一感之上的社会内聚理论；
> 他对于正义优于效用的偏爱，以及对前者能够从后者中产生的否认； 25
> 他那关于当时社会处于一种战争状态的思想，以及国家的作用就是要在经济领域确立“社会正义”的观点。
>
> ——S. 卢克斯（Lukes 1981：55）

勒努维耶批判康德关于“经验是由先天的思想概念所赋予的”思想。相反，他与维科、孟德斯鸠与马克思一样，认为理性与思想范畴不是先天就有的，而是社会地产生的。他认为，如果从结构主义的进步观来看，那么社会结构中的变迁，就意味着经验的变更和改造。勒努维耶这一重要观点，融合了哲学、社会学与政治学的思想，并构成了涂尔干社会理论的关键支柱之一。

涂尔干所持有的这种“社会学认识论”，使他可以找到一条新的道路来探讨道德规范，并把道德规范作为变革时期实现社会稳定的基础之一。他也认为，人们是理性的和“自由的”，可以通过建构适用于所有人的法则来实施这种理性。因此，他认为，社会而非所谓的普遍理性是超验的来源。社会也将拥有一种权威，这不仅是因为社会超越于所有个人之上，也是因为社会包含于个人之中。社会拥有双重的道德来源：“正是从世界的一系列事实中，可以获得正确的道德推论，社会因此成为道德判断的权威。”

(Hawthorn 1976：121)

涂尔干以及他的外甥马赛尔·莫斯（Marcel Mauss 1872—1950），都认为社会学是促进社会的各种道德形式的恰当工具。他从政治学的角度，主张个人与国家之间应建立起协调的关系，而反对斯宾塞等人的功利主义的个人主义。涂尔干认为，这种功利主义的个人主义，会导致哲学家托马斯·霍布斯（Thomas Hobbes 1588—1679）所说的“一切人反对一切人的战争”。同时，涂尔干也反对个人受到较大的、非个人的制度的侵害。例如，在对 F. 梅林诺的《社会主义的形式和本质》（*Formes et essences du socialisme*，Merlino 1898）一书的评论中，他指出如果国家不能保持一种“正常状态”，那么就可能受到自治的、封闭的团体如专业协会的绑架或控制。他批判梅林诺关于个人与国家之间应保持必要的相互敌对的观点：

> 梅林诺认为世界上再没有其他任何东西，比这种所谓的敌对更需要精心的设计了，但是梅林诺是从正统经济学中借用这种思想的，这十分地错误。事实上，国家一直以来在很大程度上都是那些较大的团体的对立者和个人的解放者。正是越来越强大的国家，把个人从往往会禁锢个人的家庭、城邦、公司等封闭团体与地方团体中解放出来。
>
> ——涂尔干（Durkheim 1992：57）

涂尔干试图在那个世纪之交的、“现代的”法国之道德现实与那些导致社会秩序（或失序）的因素之间确立一种因果关系，在这样的科学探讨
26 中，涂尔干应用了比较分析方法（如对图腾制度与现代一神论宗教进行了比较分析），并提出了一种两分法来研究社会世界（诸如把社会划分为常态社会与病态社会）。正如 S. 塞德曼（Seidman 2001）所指出的，这种比较分析法，如果运用恰当，则可以成为社会科学的恰当分析框架，也是一种科学的社会学研究不可缺少的。其结果是，涂尔干进一步确立了一系列更具体的方法，用来观察社会事实，并对个人与社会之间的关系问题提出自己的因果解释。在《社会分工论》第一版前言中，涂尔干写道：

> 写作本书的初衷，是要探讨个人与社会团结之间的关系问题。为什么个人在越是相对独立的同时，越是要依赖于社会？个人如何能够

在越来越个人化的同时，又变得越来越团结？

——涂尔干（Durkheim 1964：37）

社会生活的道德维度这一问题，贯穿涂尔干著作的始终。例如，他认为，随着劳动分工的日益加深，现代性的兴盛，人们需要从机械团结向有机团结转型，这导致人们认识到存在相互的需要。这种“团结精神”或归属感，正是“将要来到的东西，而不是我们正在失去的东西”（Gellner 1988：30）。他认为，自由放任的理想，不能给人们带来和平；马克思关于社会生活的经济学理论，同样忽视了道德维度，也没有看到劳动分工不仅不会限制人们的活动，反而会增强人们的活动这一“事实”（Durkheim 1964：305）。的确，如果我们比较马克思与涂尔干关于失范与异化的研究，可发现，“马克思认为，社会限制是否定性的；而涂尔干认为，社会限制是人的自由与自我实现的前提条件”（Lukes 1967：142）。涂尔干借鉴查尔斯·达尔文（Charles Darwin 1809—1882）的思想，指出在规模更大的人口群体中，社会冲突并不会恶化，相反人们能够实现和谐。他认为，劳动的日益专门化，抵消了冲突的趋势，因为劳动分工要服务于共同的绩效，而不是彼此毫不相干甚至背道而驰（Durkheim 1964：266－267）。

他认为，通过“道德的个人主义”，可以促进个人独立自主与团结一致、归属感之间的平衡。这种道德的个人主义，根源于基督教，更准确地说是根源于新教教义：

> 因为对于基督徒而言，美德与虔诚并不存在于物质过程中，而是存在于灵魂的内在状态，他不得不对自己实施永远的监视。……因此在思想所关注的可能两极中——一极是自然，另一极是人——基督教徒的社会思想已经逐渐被吸引到第二极周围。
>
> ——安东尼·吉登斯引自涂尔干
>
> （Durkheim in Giddens 1971：115－116）

孔德因为号召人们回归传统时代而颇受人们的诟病。个人主义的狂飙 27
不可阻挡，也不会停下来，我们所需要的是一种联结个人与社会的新的系统。涂尔干对前现代社会与现代社会之间存在的紧张有着深刻的认识。不过，他常常过于强调个人与社会之间的和谐，而相对忽视了社会中的矛盾。

因此涂尔干是一个主张共识和一致的理论家，与马克思、韦伯和齐美尔形成了鲜明的对立。人们常常认为涂尔干的思想是一种新康德主义，但是我们发现他的失范概念，包含了失范与混乱可能促进社会进步的思想，而且他还指出，欲望与情感在人类关系中具有重要的作用。

涂尔干关于欲望与情感的这种思想，直接影响了德国哲学家阿瑟·叔本华（Arthur Schopenhauer 1788—1860），叔本华的著作集中体现了社会思想中的“意志论”与“反理性主义”。叔本华认为，进步不是理智的胜利，而是“意志”的力量的产物。他指出，我们不应像索尔斯坦·凡勃伦（Thorstein Veblen 1857—1929）和齐格蒙特·弗洛伊德（Sigmund Freud 1856—1939）那样，在关于社会生活的研究中把神话、习惯、仪式视为一种无关紧要的、不值得关注的东西而抛弃掉。如果我们接受对涂尔干的这种解读，那么我们也可以认为，涂尔干实际上认识到在现代性中意志与理智之间存在的紧张。这导致他希望在回避现代西方社会的自我中心主义倾向的前提下，寻求一种新的基础来实现他那个时代的法国的社会团结。

在这一点上，我们可以把涂尔干与另一位重要的社会理论家——韦伯联系起来。叔本华影响了 F. 尼采（Friedrich Nietzsche 1844—1900）的思想，尼采拒绝对历史哲学进行黑格尔式的修正。在这样做的过程中，“他宣布放弃对理性概念进行更新和修正，并与启蒙辩证法分道扬镳”（Habermas 1992a：86）。而在韦伯的著作中，我们也能够发现马克思与尼采的影响。

理性化的狂飙时期

与涂尔干一样，韦伯并不相信阶级革命。他们虽是同龄人，但很少彼此影响，而是各自受到不同哲学派别的影响，涂尔干受到的是法国后启蒙运动哲学的影响，而韦伯受到的是德国历史学派的影响（Callinicos 2000）。韦伯认为并不存在历史规律，也不主张通过革命来解决历史问题。这使得人们对于他的思想及其含义，以及这些思想在当代的适用性，产生了广泛的争论（Lash & Whimster 1987；Ray & Reed 1994）。同时，他也启发了后来大量学者的思想（Dahrendorf 1959；Goldthorpe & Marshall 1992；Rex
28 1961；Ritzer 2000）。韦伯与马克思、涂尔干不同的地方在于，他并不愿意视科学为规定结果的手段：

> 在今天，科学已经成为一种“职业”，各种学派都利用科学来服务于各自的主张（self-clarification）以及对相互交织的事实的研究。它不是那些撒播神圣价值与启示录的预言家和先知的优雅礼物，它也不会参与圣人、智者与哲学家对宇宙意义的冥想。请相信，这是我们无法逃脱的历史处境。只要我们总是忠实于自己，那么我们都不能逃避它。
>
> ——H. 格斯与 C. W. 米尔斯引自韦伯
>
> （Weber in Gerth & Mills 1970：152）

我们因为或者强调“精神”（黑格尔），或者强调具有共同利益的人们的行动（马克思），或者强调历史演化法则（圣西门、孔德与涂尔干）的分析，而逐渐远离了历史。而历史被“意志”瓦解了（Hawthorn 1976）。那么，现代性、理性与进步之间的联系，被抛入了不确定的领域。韦伯成了一个“宿命”的理论家（B. S. Turner 1981），因为他认为，现代性日益表现为理性的急剧扩张。这可能扼杀个人，但个人却不能逃离这种状况：

> 韦伯认为，历史变迁是无休止的社会过程与偶然情形的意外结果……这种世界观是一种社会自由主义，由于认为知识是复杂的和不确定的，所以它要求我们负责地行事，即作为一种具有人格的能动者，不得不在不可依赖的知识条件下做出自己的选择。
>
> ——R. 霍尔顿等（Holton & Turner 1989：9）

在与韦伯同时代的两个人——齐美尔和斐迪南德·滕尼斯（Ferdin and Tönnies 1855—1936）——的著作中，这些紧张也十分明显。关于齐美尔的著作的性质，人们存在十分不同的理解，因为其具有“不连续”和“非系统”的特征（Frisby 1992a，1992b），有人说他是第一位关于现代性的社会学家（Frisby 1991），也有人说他是第一位后现代社会学家（Weinstein & Weinstein 1991）。至于滕尼斯，他应用“共同体”与“社会”的思想，来探讨在现代性急剧扩张过程中德国从农业社会向工业社会的变迁。他认为，农业社会的特征，就是一种习惯与本能的“自然的意志”，而工业社会的特征，则是“理性的意志”，这种理性从其为了结果而选择手段的角度看，是工具理性。滕尼斯认为，个人彼此相互联系的方式是多样的，存在不同的途径。与之类似的思想，在他们关于韦伯的研究中也很明显，因为他们三人都关注现代社会中个人的命运。

29 对于影响了这一时期德国的社会理论的整个知识传统，人们存在很不相同的理解。韦伯、新康德主义者与尼采，我们也许可以再加上马克思，或者更准确地说再加上那些忙于阐释马克思的著作的那些马克思主义者，都深受这一知识传统的影响。J. 弗洛伊德（Freund 1979）指出了另外的两个影响来源。其一是源于人们关于国家与市民社会的区分（对此马克思已经进行了批判）。这对于理解这一时期的德国知识文化十分关键。一般而言，此时的德国知识界认为，国家这种制度是“所有自由的来源”，而社会是经济活动的领域，是依赖与奴役的根源（Freund 1979：151）。

其二是心理主义（psychologism）与历史相对论（historicism）的影响。根据前者，社会可以从集体心理学的角度进行研究。这一角度的研究，集中于考察诸如语言、神话、习惯、风俗等，也允许一个人说及黑格尔意义上的“精神”。例如，W. 狄尔泰（Wilhelm Dilthey 1833—1911）试图把人文科学的根源置于“内在的”经验，而非一种自然科学的“外在的”经验，从而为人文科学提供了一种认识论基础。这种对社会生活与对构成社会的个人的意义理解之关注，使他提出了一种“描述性（descriptive）心理学”。而历史相对论也发挥了重要的影响，因为其关注人们的“生活经验”。还有，在社会研究的过程中，历史不可忽视。

正是在经济学中，出现了一种有影响的经济学历史学派，而韦伯又是从这一学派或学科中浮现出来的（他一度自称为“社会经济学家”）（Holton & Turner 1989）。他深受文德尔班（Windelband）和李凯尔特（Rickert）关于历史在知识中的角色与意义的研究的影响，融合唯心理主义、历史相对论、新康德主义、尼采与马克思等知识传统进行研究，并拒绝任何在历史中寻找一种“内在意义”或客观社会规律的意图。他的方法论著作，整合了狄尔泰关于人们的有意义的“内在的”经验（理解）的思想，以及按照自然科学的因果概念而对所观察到的人类行为的规律性进行的分析

（Weber 1949）。

除了上面这些，我们还要注意德国那不断变革的政治与经济文化背景，以全面地定位韦伯的著作。与涂尔干一样，韦伯是针对当时的政治问题而写作的。特别是，韦伯十分专注于分析后俾斯麦时期德国工业扩张的条件。这导致他的政治社会学强调这样两个方面：一是要促进德国民族国家的形成；二是他认为所有的政治，说到底都是为了权力（Macht）的争夺：

> 作为俾斯麦统一德国的一个见证者，以及目睹了曾发挥重大政治 30
> 影响的中产阶层自由运动被彻底地取消，韦伯日益相信，伟大的目标只有通过强权政治才能达成。在他的余生中，他设立了一个基金，来鼓励人们放弃幻想实实在在地研究政治生活，并把政治生活视为信念与利益相互冲突的个人与团体之间的一种斗争，它总是最终取决于各方积蓄的权力和力量，力量更大者成为获胜一方，而获胜一方又会具有更大的能力去有效地行使权力。
>
> ——R. 本迪克斯（Bendix 1977：7）

我们在概括学者们对于现代性的各种态度时，发现韦伯与本书迄今提到的那些思想家都显著不同。韦伯强调权力斗争永无休止的性质，他反对将政治领域还原为经济领域，这使他与涂尔干、马克思区别开来。另外，尽管他维护社会科学研究的客观性原则，但又认为社会科学的应用具有“超越科学”的维度。例如，他承认在社会中存在的那些具体的、特定的文化价值观，认为它们对于具体思想观念的获得都会产生诸多的影响。

当然，正如上面所提到的，我们发现在韦伯与涂尔干的著作中，对于现代性的看法，也存在相同之处。例如，二者的“写作意图，都是在既面临浪漫的、狭隘的民族主义的压力下，又面临革命性的社会主义的压力的情况下，极力捍卫——或者说重新阐释、颂扬——政治自由主义的主张”（Giddens 1971：244）。这种共同的目的，使他们在面对现代性的急剧扩张和狂飙时，都会产生一种对自由政治意识的追求。在这一点上，我们发现，韦伯与马克思也具有相似之处，毕竟马克思也批判浪漫的保守主义以及功利主义思想。明确这种相似性，不仅可以使我们对马克思与涂尔干的见解进行修正，也使我们能够对马克思与韦伯之间的关系进行重新的检视和探讨（Lowith 1993；D. Sayer 1991）。

尽管韦伯与马克思存在各种差异，但是正如韦伯在他晚年时对他的一个学生所说的：

> 我们可以根据一个现代学者，特别是一个现代哲学家如何看待他自己与尼采和马克思的关系，来衡量这位学者是否正直与诚实。无论是谁，如果认为没有这两个人已经完成的工作，他也能完成他自己的著作的每个重要的方面，那么他是自欺欺人。我们自己所处的知识世界，在很大程度上已经打上了马克思和尼采那不可磨灭的烙印。
>
> ——W. 莫姆森引自韦伯（Weber in Mommsen 1992：54）

韦伯所进行的这种理论综合，后来被证明是一种“规模宏大却脆弱的知识综合”（Giddens 1972a：58）。然而，这种综合可以推动我们获得两种结果。其一，它使得韦伯的著作，对于理解那个时代的社会生活十分重要。其二，它使得我们可以去质疑某些人对马克思与韦伯的简单区别，如有的人简单地认为，马克思是一个唯物主义者，而韦伯是一个唯心主义的马克
31 思批判者。但是，韦伯其实不仅指出过思想观念对于研究社会关系的重要性，而且指出过思想观念对于研究物质利益也十分重要——他关于俄国革命的观察与研究明确表明了这一点（Beetham 1974）。

人们对他们进行简单化的区分，是没有把他们著作中的社会内容置于特定的复杂背景中去理解而导致的结果。韦伯是通过弗里德里希·恩格斯（Friedrich Engels 1820—1895）和考茨基而间接地了解到马克思的思想的，恩格斯与考茨基都倾向于僵化地固守马克思关于社会与社会关系的那些概念和观点。他们在阐释这些观点时，失去了“实践”这个要素，而马克思提出的恰恰是一种“指导实践的理论，要求人们采取行动并变成现实”（Mommsen 1992：56）。在这个基础之上，韦伯与马克思对于个人、现代性与现实之间的关系状态的所有研究，都具有一种人类学的关照。韦伯认为，现实的一个特征，就是随着理性化的推进而出现了自我—异化，在这种理性化进程中，个人发现自己日益被巨大的、非个人的力量或因素所蹂躏。

对于马克思而言，资本主义是现代性的一个重要特征；而对于韦伯而言，理性化是现代性的一个重要特征。特别是，韦伯认为这种理性是一种

形式理性，即把理性计算的原则运用到日常活动之中。人们通常认为，马克思与韦伯的思想是对立的，其实这是一种错误的成见。恰恰相反，正如一些学者所指出的，“理解韦伯社会学的一种更适当的途径，应是探讨韦伯关于现代化与现代性等问题的思想，因此我们应认为理性化是产生现代主义的一种过程”（B. Turner in Holton & Turner 1989：69）。而且，韦伯关于宗教与资本主义的兴起的著作，对于这一主题进行了特别的强调和深入的分析（Weber 1985）。“说到底”，正是理性化促进了资本主义的兴起，所有的其他事情，包括马克思认为的那些处于第一性的和优先地位的要素，都要臣服在这种资本主义之下：

> 韦伯并不认为资本主义是由生产力与生产方式的关系构成的一种力量，生产已经变成自治的、独立的领域，因此任何其他事物从此都应从意识形态的角度来理解。韦伯认为，资本主义可能成为人类生活中“最决定性的”力量，因为它已经使其自己在一种“理性的生活方式”的框架中发展起来了。
>
> ——K. 罗维茨（Lowith 1993：63）

上述韦伯对现代性的反思，是一种融合了康德、黑格尔的思想与尼采哲学宿命论的看法。他认为，在现代世界，人的意义与价值正在日益衰落。对于这种情况，只有出现一个强力的领导人才可以得到矫正。简言之，正是黑格尔使康德历史化，使康德关于先验理性的抽象理论日益根植于人类历史的展开过程中。H. 布伦克赫斯特（H. Brunkhorst 1992）认为，在韦伯的宗教社会史研究中，我们发现了一种黑格尔式的客观“精神”（在韦伯的研究中，也就是资本主义精神），这种“精神”是与康德的 32
“绝对命令”这个抽象概念（简言之，即根据普遍道德律而行动的义务，而不管行动的结果如何）相关联的一个概念。然而，我们应注意到的是，韦伯拒绝无条件地应用那些启蒙思想原则，因此并不保证这一过程会有某种结果：

> “科学地”求索在原则上是无意义的，因为在世界的各种价值层面之间，长期存在不可调和的冲突。……我不知道，一个人如何可能“科学地”确定法国文化或德国文化的价值；因为在这两种文化之间，也存

在不同的上帝在相互争斗，而且这种斗争会从现在一直持续到未来。

——格斯与 C. W. 米尔斯引自韦伯

（Weber in Gerth & Mills 1970：147－148）

那么，在韦伯的笔下，现代性似乎正在被祛魅，而不再是一种绝对的进步现象。形式理性日益损害了实质理性，而这种实质理性更包含了“有意识地坚持某些道德规范、审美、宗教信仰或其他形式的行为的绝对价值，这些价值完全是为了自身的目的，独立于任何外在的功利预期”（Weber in Parsons 等 1965：1063）。

韦伯认为，新教伦理是资本主义兴起的关键原因。但是，新教伦理在促进资本主义兴起的过程中，也产生了一种意外后果，即社会生活的日益理性化。鉴于此，人们往往认为韦伯的社会理论，主要关注的是人类文化的日常生活世界（Smart 2007）。他指出，历史日益从个人的转向非个人的，并把人的意义与价值抛在身后。他认为，具有讽刺意味的是，人们从一种对于救赎的非理性寻求开始，却以被一种“理性的铁笼”禁锢而告终：“人们过于强调要在上帝面前‘证明’自己，……要在别人的面前‘证明’自己，能够在新教的支持下掌握自己的社会命运”（Weber in Gerth & Mills 1970：321）。这种走向自我完善的过程，付出了高昂的代价：

没有人知道在未来谁将生活在这个笼子之中，也没有人知道在这一巨大的发展结束之后，是否会出现一个全新的先知，或者那些传统思想与理想是否会极大地复辟，或者如果二者都不是，那么那些机械的化石，是否会带着某种让人惊厥的自恋自重而站立起来。我们可以恰当地说，这种文化发展到最后阶段，就是这样一种景象：没有精神的专家，没有良心的纵欲者；我们难以想象，这种文化将会达到史无前例的高度。

——韦伯（Weber 1985：182）

本章结论：经典思想家们留给社会理论的遗产

启蒙运动形成了一个背景，我们可以依靠这一背景来评论社会理论的
33 形成与发展。然而，如果认为启蒙运动决定了社会理论的形成与发展，则

是不正确的。二者之间的关系，因为不同社会理论家所处的文化与政治背景以及知识传统的不同而存在一定的变化。而正是因为不同社会理论深受其所处文化与政治背景的影响，才使得不同的社会理论有了自己的思想、重要性和批判的力量。

诸如孟德斯鸠、休谟、斯密和弗格森等作者，以各自不同的方式，视人们为“社会性的动物”，而非形而上的、超自然的、能够自由地漂浮在他们的社会宇宙之中的实体。这影响了对个人与社会之间关系的性质的看法，从孟德斯鸠开始，经由孔德的结构主义，再到斯宾塞的方法论个人主义，对于这种关系的性质都存在不同的看法，并构成了一种思想的发展历程。在这一思想发展历程中，关于历史如何展开、未来可能是什么样子、我们如何才能最好地保护未来、是什么构成了真的知识以及人如何才能真正成其为人等问题的思想观念，都得到了揭示。

马克思以一种辩证的方式来看待个人与社会之间的关系。为了这个目的，他利用了黑格尔的著作，而黑格尔的贡献则是：

> 把关于理性的一种哲学思想联系起来了，用各种尽可能广泛的术语来理解和表达精神、意识、规则的遵守、人之为人的实质，以及人们关于他们的技能学习、商品交易、婚姻或参与政治活动等实际事务的日常生活理解。
>
> ——阿尔布劳（Albrow 1990：112）

黑格尔挑战绝对真理的思想，以及关于“知识具有传统的、基础性的特征”这种错误的描述（Sayers 1989：34）。马克思继续了这一话题，但采取的是一种更具唯物主义的而非唯心主义特征的理解，并最终认为资本主义是现代性的根本特征。对于马克思而言，他并没有超越启蒙运动的影响，所以他认为历史仍然会展开、会进步，只不过是会走向共产主义，而不是唯心主义的自觉。不过，如果我们考虑到这种与他的历史思想有关的、有倾向性的决定论，那么我们可能并不会感到吃惊的是，1997 年的《纽约客》专刊尊称马克思是对资本主义的动力学做出了最深刻揭示的人，而最近一本关于马克思的传记则指出，只要资本主义还存在，那么马克思的著作就仍然重要、不会过时（Wheen 1999）。

与马克思一样，涂尔干也关注现代生活中个人的命运。然而，他还关注他所生活的那个时代的法国如何实现社会团结。他认为，社会已经发生了巨大的变革，需要一种新的社会整合方式，这种整合方式尊重个人的自治和独立性，但不会回到自我中心主义。这一点使他与关于人类事务的经济学视角渐行渐远，而转向一种道德规范视角。的确，涂尔干对社会科学的发展所产生的最伟大的影响，可能就在于他认为社会是一种“积极道德教化力量”（Bauman 1989：172）。

34 韦伯的著作，逐渐融合了新康德主义与尼采的思想。韦伯尽管坚持认为社会科学研究应从理解人们赋予他们的社会生活的主观意义着手，但是也关注在现代性逐渐深化的过程中个人的命运。那么，他的思想历程的特征是否可以概括为“他在早期对启蒙运动持有一种乐观的看法，而在晚期却日益走向一种悲观主义”？这样说似乎是有些过了。然而，如果韦伯表现出某种悲观主义，那么他就不是一个完全彻底的宿命论者。他认为，科学的边界应比他的很多前辈所认为的要小得多，例如，科学就不能进入价值判断的领域。如果人们先做出选择，然后把科学限制在帮助人们决定最好的方式并获得既有选择的结果，那就最好不过了。

我们现在可以看到，在这一旅程的终点上，在19世纪结束的时候，各位思想家之间出现了共同的一条线。19世纪末期的进步精神，与最近时代的精神相似：“对刻板传统的有意识的突破……以及对社会主义、民主的和人道主义关于公正与平等的理想的描述的脱离”（Meštrović 1992：ix）。关于时代精神特征的这些描述，并非没有问题。的确，如果让我们选择的话，我们可能并不愿意生活在前启蒙世界，而愿意生活在现代世界。但是，我们还是有很多理由，使我们对启蒙运动留给我们的遗产持保留意见。例如，它留给我们一种文化，在这种文化中，我们总是寻求以最有效的方式来获取我们的结果，但是这种文化常常忘记了要对那些结果本身进行充分的思考。一个恰当的例子，就是应把成本—收益分析应用于环境问题，考虑经济活动的环境成本；这样，我们就可以消除工具理性和资本逻辑的“神话”，并导致对它们的“祛魅”，消除人们对于它们的魔法感；现在再寻求普遍的政治原则与道德原则，似乎是值得质疑的（Powell 2005）。正如麦金

太尔所言，你要找的是“哪个的正义呢？哪种理性呢？”（MacIntyre 1988）

正如我们在下文将要看到的，关于“视启蒙动运动的特征为一种进步”这种看法，T. 阿多诺（Theodor Adorno）和麦克思·霍克海默（Max Horkheimer）写道：

> 从最一般意义上看，启蒙运动这种进步性，体现在其以解放人们，使其免于恐惧，并使其日益自主和相对独立为目标。然而，如果地球完全被太阳照亮，那么其辐射就会导致灾难性的结果。启蒙运动的方案，就是使这个世界祛魅、消除神话、用知识来取代幻想……人们要从自然那里学习的，就是如何利用它，并完全地支配它和其他的人。那就是唯一的目标。除了它自己以外，启蒙运动无情地抹去了它自己的自我意识的任何痕迹（没有给自己留下丝毫的自我反思的余地）。那唯一的思想——难以有效粉碎的神话——就是最后的自我毁灭。知识就是权力的代名词。
>
> ——阿多诺和霍克海默（Adorno & Horkheimer 1979：55）

然而，启蒙运动也起着一种重要的作用，就是质疑以前的社会理论家 35
试图把他们的思想简单地建立在被称为“启蒙运动”的事物的盲目崇信基础上的念头，质疑他们因此而不再关注当代的现实。那些已经声称“历史终结”的人，现在发现他们不得不借助韦伯、涂尔干等思想者的思想，去探讨经济发展的文化基础（Fukuyama 1995）。我们发现，在社会理论的持续不断的发展过程中，总是存在不断的修正与批判。而人们也将以新的方式来评价和讨论那些关于现代性前途的思想以及个人与社会之间关系的思想，并将取得富有启发性的成果。

第二章

七大传统的重申、修正与批判

36 除了本书之前讨论的经典知识遗产外，本章还将讨论七大哲学与社会思想传统，它们对社会理论的发展方向也产生了重要而深刻的影响。但是要叙述这一历史过程，并非易事，因此本章分成两部分进行阐述。第一部分主要探讨诠释学、现象学与实用主义三大哲学思想传统。而为了便于理解，我们把前两大哲学思想传统放在一起讨论。在这三大哲学思想传统内部以及之间都存在明显的分歧，但是，它们都促进了社会理论的转向，使社会理论转而去理解历史、人的行动、意义，以及语言在日常生活中的作用。第二部分讨论了另外四大社会思想传统，即批判理论、结构主义、系统理论和女性主义理论。这些理论也都影响了社会理论的发展方向。本章在每部分末尾，都加了一个小结，说明每种思想传统与本书第二大部分所提及的那些思想和理论之间的关联。

诠释学、现象学与实用主义三大哲学思想传统的修正与批判

诠释学与现象学：历史、意识与存在

尽管在康德主义者之间存在很多分歧，但是他们都质疑利用自然科学研究模式来促进“社会科学”的发展之可能性。与此同时，他们也质疑启蒙运动的“科学主义”：“‘科学主义’意味着科学的狂妄自大，它只相信它自己。也就是说，这种科学主义强迫人们把科学视为唯一的知识形式，而不是众多可能的知识形式之一”（Habermas 1989a：4）。康德主义者对科 37
学主义提出的这种挑战，使研究者对自然王国与人类活动区别对待，并极大地促进了狄尔泰的著作。然而，这种挑战又产生了两个问题。其一，如果社会科学不再接受自然科学研究模式的荫护，那么又有什么新的替代模式呢？其二，这对社会理论的方向与发展趋势又会产生何种影响？

狄尔泰对于第一个问题的回答，就是主张历史研究是科学而有效的。在此过程之中，他试图为人文科学找到一种新的认识论基础。而这一时期德国的思想风尚——“对康德哲学的怀恋、严格的历史教育、对启蒙运动精神世界的向往、对实证研究目的的崇敬，以及仍在幕后徘徊的、浪漫神学那朦胧的泛神论”——对他寻找新的认识论产生了十分独特的影响（S. H. Hughes 1979：193）。

弗里德里希·施莱艾尔马赫（Friedrich Schleiermacher 1768—1834）则回答了第二个问题，他的著作播下了诠释学——关于解释（interpretation）的理论与实践——的种子。问题是，如何提出一种具有科学基础的诠释学呢？他认为，为此我们必须把文本（诠释的对象）放到它们得以产生的社会背景中去理解。那么，这就可能重复科学的重要特征，即日益超越“特殊性”，而达到“一般性”。为了实现这一点：

> 人们有必要超越的，不只是特殊的背景，还包括各种地方性的特殊规则和秘诀，进而传播一种理解的艺术。诠释学是试图把释经学与文献学提升到技艺层次之产物，这种技艺不仅仅是各种毫无关联的操作简单加总而成的一门“技术”。
>
> ——保罗·吕格尔（Paul Ricoeur 1982：45）

诠释学认为，社会分析应从文本开始研究，并通过一种阐释行为——把文本与作者，以及作者在建构这些文本时所知道的东西联系起来——来理解文本。而人们常说的“诠释学循环”，则涉及部分与整体之间的关系，换言之，主张在理解“一件单独的表达或作品”时，必须把它与“先前给定的语言或文化整体”联系起来（J. B. Thompson 1981：37）。

这一步也为人们在总体上研究人类理解的性质铺平了道路。因此，狄尔泰在为人文科学寻找一种新的认识论基础的过程中，逐渐从个人主义心理学视角转向以黑格尔的客观“精神”——特定时代的指针——为基础的历史主义视角。这种历史主义视角认为，“每一个人的表达，都体现了对很多人来说是共同的、因此也是客观精神领域之一部分的那些事物……在这一共同的客观精神领域中，个体不断地经验、思考、行动以及理解”（Dilthey in Outhwaite 1975：26－27）。

38 因此，狄尔泰认为，由于人文科学能够根据人们的“内在”经验史来定位这种经验，所以人文科学既要研究个性，也要研究共性。这种看法与实证主义形成了鲜明的对比。实证主义认为，科学的宗旨就是按照因果关系来理解“外在的”、可观察的人类行为模式。然而，这些“理解”的真实性如何能够得到验证呢？

对于这个问题，答案之一就是采用理解（verstehen）的方法，解释性理解可以使社会科学研究物理现象之外的一些现象，因为解释性理解能够理解事件对于社会行动者的意义。而自然科学毕竟是仅仅通过把事件视为“某种原因的结果”来解释事件，即只进行客观的因果解释（Strasser 1985：2）。但是，要研究人类关系，就必须“理解使某个人正常行动的那些东西”或者理解“他们如何感觉自己是人类存在物，并作为人而行动”（Taylor 1981：30）。那么，社会科学理论得以形成的前提之一，就是对影响人类行动的意识进行理解。

哲学家 E. 胡塞尔（Edmund Husserl 1859—1938）的主张，也进一步促进了人文科学与自然科学的解体。他也关注如何捍卫“人文科学的合法性与尊严”（Nuyen 1990），他的办法就是探讨人的意识领域中的“真理”。这又导致他关注知觉（perception）在人们寻求所谓“真正理解”的过程中的作用。胡塞尔认为，为了实现这一目的，我们必须采取一种“放入括号内”（悬置）的研究策略，我们应悬置关于社会的任何预设。这样，我们就能把人们从他们的历史背景中解放出来，并能够揭示一种“真正理解”，而这种理解是前理论的，并且不存在任何的偏见。

> 现象学提醒我们不要视若当然地接受那些已被人们承认为一种标准的概念。现象学要求我们质疑这些概念——这等于要求质疑我们的文化，即质疑我们看待我们所出生与成长的世界的那些方式，质疑我们在这种世界中的存在状况。
>
> ——K. 沃尔夫（K. Wolff 1979：500）

因此，胡塞尔认为，如果不把经验“放入括号内”，结果就会是人们简单地、当然地接受他们周围的世界。他称这种结果为日常生活的“自然态度”。

胡塞尔的老师弗朗茨·布伦塔诺（Franz Brentano 1838—1916）认为人的心理具有某种“意向性”（intentionality），该概念是指人的意识总是要指向“某物”。胡塞尔在这一思想的基础上，借鉴了笛卡尔的“知觉行为”概念，并且他自己又增加了另一个重要的维度，即觉察到的“物”。他的现象学于是认为，思想的客体（包括社会与社会关系）都存在于意识之中，并通过意识而得以建构。这种看法与实证主义明显对立，避免了把社会世界与知觉行为割裂开来，因为其认为社会世界是“意识”的客体。因 39
此，胡塞尔把笛卡尔的名言“我思，故我在”，改变为“我思，且我所思者乃我思之客体”（Strasser 1985：124）。

那么，现象学就把“认知性”（knowing）的主体还原为感知性（perceiving）的主体。由于这个原因，一种深受现象学影响的社会理论，必然专注于描述与理解主体的感知，而不是解释客观的条件。那么，诸如“什么是社会实在”的问题，就被另外两个问题取代了。其一，实在是如何因为精神的运行和作用而逐渐被建构为一种已知客体的？其二，“我们是如何建构我们关于‘实在是什么’之思想的？”（T. Johnson 等 1984：78）

尽管各种现象学思想高举“解释主义的社会理论”这一大旗，但是在现象学的形成与发展过程中，也出现了重大的分化。胡塞尔与狄尔泰仍然坚持和追求启蒙运动的理想，即寻求“真的”知识，只不过他们采取的方式有所不同而已。但是，马丁·海德格尔（Martin Heidegger 1889—1976）的著作，挑战并修正了他们的方法和视角，海德格尔使现象学从关注认识论转向关注本体论。在该过程中，他对康德进行了批判。他认为，我们不仅如胡塞尔所说，是以我们的意识为中介对外部世界进行观察的观察者，而且也是这个世界的成员，并作为“时间中的存在者”（beings-in-time）而存在。因此，海德格尔使得现象学逐渐离开了狄尔泰的新康德主义方法视角和关注焦点，而去研究海德格尔所说的此在（Dasein）（Williams & May 1996）。所谓研究“此在”，就是“前理解”：“存在问题的出现，本身就显示了存在；此在的中心，只不过是一种理解存在之存在”（Ricoeur 1982：54）。

这些概念和思想确实不太好理解。然而，就我们的目的而言，我们需要知道的是，海德格尔批判的是“先验自我”这种概念。他并不像胡塞尔和狄尔泰那样，通过把人类意识置于优先地位来“解决”主—客二元论问题，因为他认为理解是一种“存在模式”的一部分。例如他认为，理解出现于人们当下所处位置与他们将来可能获得的位置之间的差异。那么，将来的可能性就会被“再投射”到当下之中，而这种当下就可能成为“被质疑、挑战和改变的对象”（Bauman 1978：166）。这意味着，社会理论应关注存在于一种“生活世界”中的、历史地给定的主体，而这种生活世界包含社会行动的各种可能性。他认为，只有通过研究生活世界中的实践，才能找到研究社会关系的方法，也才能解释社会关系。那么，诠释学就是理解“人们在日常生活中的理解”。

上述两大哲学思想传统与本书第二部分所述思想的关联

诠释学之所以对当代社会思想仍然产生着重要的影响，在很大程度上要归功于伽达默尔（Hans-Georg Gadamer 1900—2002）。伽达默尔赞同海德
40 格尔的看法，认为诠释学并不是一种研究方法，而是人的存在状况的一部分（Gadamer 1975）。这种主张对社会科学的发展产生了一定的影响。例如，哈贝马斯试图提出一种“深度诠释学”，他借鉴了伽达默尔的思想，但是也在一定程度上批判伽达默尔的思想。海德格尔的思想对雅克·德里

达（Jacques Derrida 1930—2004）、福柯和诺伯特·埃利亚斯（Norbert Elias 1897—1990）等人都产生了重要的影响，因为他的“过程”理论对社会思想中存在的主—客二元论进行了批判（参见 Elias 1991；Mennell 1992）。另外，吉登斯的结构化理论，在本体论上也强调人在“活动”（doing）中“存在”；而海德格尔的哲学思想，也对布迪厄（Pierre Bourdieu 1930—2002）提出一种人类实践理论提供了重要的灵感。

阿尔弗雷德·舒茨（Alfred Schutz 1899—1959）的著作，更是明确地把一般现象学思想引入了社会理论。舒茨否认实证主义是人文科学的适当研究模式，也批评上述有关理解（verstehen）的思想。他认为，这并不是一种“做”社会科学的方法，社会科学应研究人们自己如何理解社会世界，换言之，应研究人们是如何以一种有意义的方式来生产社会生活的。正如彼得·伯格（P. Berger）与托马斯·卢克曼（T. Luckmann）所指出的：

> 常识包含了对被视若当然的日常生活实在之前科学和准科学的无数理解，如果我们要描述常识中的实在，必须参考这些理解，就像我们必须说明日常生活实在被视若当然的特征一样——但是，我们也是在现象学的框架内来实现这一点的。
>
> ——伯格和卢克曼（Berger & Luckmann 1967：20）

舒茨与彼得·温奇（Peter Winch 1926—1997）——后者把哲学家路德维希·维特根斯坦（Ludwig Wittgenstein 1889—1951）的思想引入了社会科学——一起，把社会理论的关注点放在了日常生活中人们行动遵守规则的性质和行动的意义问题上。

实用主义：行动、意识与自我

本书第一章除了提及凡勃伦之外，很少提及其他美国学者的社会思想。在以往，北美似乎只有经由阿历克西·德·托尔维尔（Alexis de Tocqueville 1805—1859）对民主的兴趣被“输入”欧洲社会理论的份。但是这种情况，随着19世纪威廉·萨姆纳（William Sumner 1840—1910）与爱德华·罗斯（Edward Ross 1866—1951）等人的出现而得到了根本的改观。不过，他们并不是遵照黑格尔传统的历史主义来展开他们的研究，并试图实现美国学术的“自立”的；其中原因之一，就是他们认为美国革命与法国大革命不同，法国大革命失败了，而美国革命是成功的（Ross 1991），因此应该有自己的理论。不过，这种看法后来随着诸如美国内战的发生，以及工业化的推进而有所改变。

41 涂尔干在他生命的最后时刻，还做了一系列关于实用主义的讲座，这主要是出于两个原因。其一，他认为实用主义会攻击主导法国知识界的理性主义，并因此在总体上威胁到法国的文化（H. Joas 1993）。其二，他认为实用主义正在暗中破坏“获得‘真’的知识是可能的”思想（Durkheim 1983：1）。他在这些讲座中，对他同时代的学者索雷尔（Georges Sorel 1847—1922）进行了不点名的批判，而索雷尔不相信知性论者的思想，声称“所有正确的、有效的社会理论，都根源于实用性的行动”（S. H. Hughes 1979：176）。鉴于此，我们需要回顾一下实用主义的主要思想，并指出实用主义会引起涂尔干如此强烈的反应的原因。

实现这一目的的方式之一，就是比较实用主义与把人类意识作为认识论基础的德国唯心主义主张之间的差异：

> 实用主义的主要思想，就是主张行动而非意识是思想的基础。这种思想是19世纪70年代美国马萨诸塞州坎布里奇市哈佛大学的一群年青学者提出来的，而查尔斯·皮尔斯（Charles Peirce）在1878年第一次公开阐述了实用主义的思想。
>
> ——H. 乔阿斯（Joas 1993：95）

皮尔斯是带着一种预设——人们实际上不是用笛卡尔的抽象的“怀疑”方法来处理日常生活的——而开始他的研究的。他放弃了笛卡尔哲学思想中那种孤立的自我概念，而主张一种“为了处理行动过程中遇到的现实问题而相互合作以寻求真理”的自我（Joas 1993：19）。约翰·杜威（John Dewey 1859—1952）也提出了类似的主张，他认为，思想观念与行动应根据引起或产生它们的社会情景来判断。因此，他主张，与从上到下的形而上学的推论方法相反，社会科学应关注行动得以进行和发生的那些具体社会条件。另外，威廉·詹姆斯（William James 1842—1910）也批判“意识是解决客观困境之方法”的思想：

> 詹姆斯说，意识“本身是无足轻重的，是虚无的代名词，它没有

> 权利在第一原理之中占据一席之地，意识并非世界的本源之一”……他并不否认我们的思想起着一种认识和认知的功能。……他否认的是那些笼统地把意识视为一种“物”的观点。
>
> ——伯特兰·罗素（B. Russell 1955：840）

实用主义的这种立场与主张产生了深远的影响。实用主义根据思想如何可能如实地描述或体现现实，来看待思想与现实之间的关系。因此，他们认为思考是一种社会性的而非孤立的行为，它发生于一种“他者的共同体”中。然而，这种看法后来逐渐被人们曲解，久而久之演变成认为知识要按照其“使用价值”来判断。因此，实际上存在“两种实用主义”（Mounce 1997）。

我们发现最初的实用主义与马克思的实践概念之间存在某种联系，但 42
是马克思并不接受后来主张“应以是否有用而非真伪来作为知识的判准”的、具有“工具主义”色彩的实用主义立场（A. Sayer 1992：70）。但是，海德格尔则更为明显地赞同这种实用主义的立场：

> 海德格尔的《存在与时间》一书第一部分的主题，就是对“世界”这一概念进行分析。海德格尔认为世界受着人们的操纵，人们是从主观的实际需要角度来处理生活世界的物质要素的。因此，海德格尔在此基础上，把世界概念理解为一种实用主义所想象的参与网络。
>
> ——哈贝马斯（Habermas 1992a：148）

我们可以认为，海德格尔与实用主义者都号召社会理论的关注点，应从意识转向人们在日常生活世界中适应与应对世界的那些方法。

实用主义与本书第二部分所述思想的关联

实用主义通过乔治·H·米德（George Herbert Mead 1863—1931）、芝加哥学派与符号互动论家的著作，对社会理论产生了十分明显的影响。我们在本书第二部分的第三章将探讨这些著作与思想。米德的著作，特别体现了社会思想对克服主—客二元论的渴望。正如我们前面已经讨论了的，在康德看来，个人既是“一个生成世界的主体，又是一个自主行动的主体”（Habermas 1992b：158）。而米德认为，关于主体概念的这种界定，因为把（明显具有通过实施理性来调查其所处世界的能力的）先验自我与

（仅仅是社会世界中的诸多现象之一的）经验自我割裂开来，是站不住的，必将崩溃。

我们发现，米德对功利导向（朝向所欲结果）的行动不感兴趣，对康德式的道德—个人的行动（先验自我）也不感兴趣，他感兴趣的是意识与行动之间的关系。他并不认为社会行动是以结果为导向的行动，因为在他看来，规划个人结果的意识，恰恰不可能产生于行动本身所处的背景之外：

> 相反，对于某种结果的设定，只能是一种生命形式（人）对其各种不同取向的行动所遇到的各种阻力进行反思的结果，而他的世界总是以一种实践的方式，先于所有反思之前就被图式化了。
>
> ——H. 乔阿斯（Joas 1993：248）

48 米德认为，社会的“诸自我”是个人在主体—客体之间相互作用的双向关系中，通过直面他所处的世界而形成的。唯有通过各种客观条件的相互作用，人们才能获得他们是“谁”的意义理解（sense）。

我们认为，实用主义与现代社会理论之间存在如下六种联系。其一，皮尔斯关于符号学（是对符号及其系统的研究）的研究中，提出了言说（utterance）具有“索引性”（indexicality）思想。这意味着我们只有在言说所发生和完成的背景中，才能理解一次言说。正如我们将要看到的，这是常人方法学“理论库存”的一部分。其二，后来出现了哈贝马斯的交往（或译为沟通）行动理论，他的批判理论具有某种基础主义的旨趣；但是他的著作关于语言的思想，则包含了一种关于意义的实用主义理论，这种理论的核心的看法就是，“理解一次言说，就是理解言说所提出的主张和内容”（Cooke 1994：95）。其三，实用主义是当代“反基础主义者”、美国哲学家理查德·罗蒂（Richard Rorty 1982）的重要思想要素。尽管罗蒂本人对社会思潮中的这种反基础主义倾向持有保留意见（Rorty 1993），但不可否认的是，他的著作是社会理论的后现代转向的重要构成部分。其四，舒茨在提出现象学社会理论的过程中，也借鉴了詹姆斯的思想。其五，在C. W. 米尔斯（Charles Wright Mills 1916—1962）的批判思想中存在一种实用主义，他主张社会科学应把实用研究与理论研究结合起来，实践者与知识分子也应结合起来（Mills 1970）。其六，我们发现，戈夫曼（Erving Goffman 1922—1982）的著作除了受到涂尔干、现象学、语言学与民族研究（ethology）的思想影响外，也受到了实用主义的影响。

前面我们从影响社会理论的产生和发展的角度，对上述三大哲学思想传统进行了回顾。下面，我们要把注意力转向四种社会思想传统，并开始进入对启蒙运动的方案和事业进行回顾、修正与批判的旅程。

四大社会思想传统

批判理论：对现代性的支持（与反对）

人们在各种不同背景中使用“批判理论”一词，使得批判理论一词具有各种不同的含义。不过，批判理论往往是指试图透过社会实在的日常生活外表，去寻找可能隐藏其中的那些东西。批判理论常常要深入到研究文化与历史层面，来获得更深刻的意义与理解。在社会理论中，批判理论始终“试图严格地、紧紧地抓住所有理论的历史嵌入性，认为要获得完全的理解，就需要对历史与文化条件进行理解……而理论研究者自己的知识活动，要依赖于这些条件”（Calhoun 2000：537）。在特殊的意义上，批判理论主要是指法兰克福学派的那些社会理论家的著作，这些著作试图把马克 44
思与弗洛伊德的思想结合起来（Layder 2006）。批判理论的目标，则是试图使人们对资本主义剥削、官僚统治保持清醒的意识，并激发大众对解放的渴求。批判理论还旨在使我们意识到我们已经清楚或尚未认识到的压迫，主张人们用“生活的批判主义”来抵制并改变既有的支配与剥削系统（Powell & Moody 2003：11）。

批判理论的基本主张，就是要摆脱既有的压迫形式（Habermas 1992b）。显然，种族主义、种族灭绝、日益严重的环境污染、可能发生的核毁灭，都不能成为人类存在的真理。如果要寻求真理，就意味着要超越这种浅薄的现实。因此，真理在于通过批判现实而改变世界。从其有助于改变世界并使世界成为一个更适合人们的栖身之处的意义上看，批判理论的分析是正确的。因此，批判理论认为，现实可能远远地存在于人类理解之外，并永远也不能还原为话语和单词，但真理就是人生的每一时刻都实现其最大的潜能，是现实从它的潜在状态向一种鲜活的实践或人类存在实在的展开。与批判理论相反，很多社会学研究仍然停留在“假设的真实性”层次上（Marcuse 1964：170）。这样的研究，不管出于有意还是无意，实际上都起到一种维持现状或为现状提供合法性辩护的作用。

批判理论在主张上述思想的同时，还提出了如下观念：理论的正确程度，在于其响应人的价值的程度（Habermas 1992a）。实践（praxis）是批判理论的核心概念，它使批判理论与对所谓的“事实”进行非历史的收集和分析的实证主义及经验主义区别开来。批判理论所说的“实践”，指的是有意识的、实际行动的理想型：对异化进行批判，使这种批判体现大众的需要，并促使人们采取具体的行动去变革社会关系。因此，知识最终也不能脱离社会实在与价值。

霍克海默（Max Horkheimer 1895—1973）是法兰克福社会研究所的第二任主任，在他的领导和支持下，法兰克福学派逐渐把关注点集中在以下六大领域。其一，对欧洲缺少统一的工人阶级运动的原因进行探讨和解释。其二，对资本主义危机的性质与后果进行探讨。其三，对现代社会中政治领域与经济领域之间的关系进行探讨。其四，说明法西斯主义与纳粹为什么会出现并形成一种政治运动。其五，从自我的形成和发展的角度，研究家庭中的社会化。其六，对实证主义社会研究的科学化倾向进行不懈的批判（改编自 Held 1990：35）。

批判理论认为，要充分地探讨这些问题，需要一种新的视角，这种视角反对庸俗的唯物主义，也“拒绝用一种庸俗的唯心主义来反对庸俗的唯物主义”（Jay 1973：294）。这种新的视角在坚持马克思主义传统的同时，
45 又回归黑格尔主义的理论路线，以把人的实践这个概念从马克思过度的物质主义理解中恢复过来。然而，在黑格尔与法兰克福学派之间，还耸立着叔本华和尼采这样的人物，二者都质疑启蒙运动的方案。因此，有必要深入分析这些思想，以便还原马克思主义的主张。

要完全恰当地定位这些批判理论先驱者的著作，必须考虑他们写作时的政治背景和写作目的。在纳粹上台统治德国后，法兰克福社会研究所发现自己受到威胁，于是其杰出的成员，包括阿多诺（Theodor Adorno 1903—1969）、霍克海默和马尔库塞（Herbert Marcuse 1898—1979）等人，纷纷逃

亡美国（其中阿多诺与霍克海默在二战后又回到德国）。来到美国后，他们发现这里的资本家十分自信自由资本主义能够消解无产阶级意识，并使其中立化。他们认为，要分析为什么会是这样的情况，就需要考虑文化因素，而以前的马克思主义传统学者们在很大程度上忽视了文化的影响（参见 Raymond Williams 1961）。

法兰克福学派的研究都是跨学科性的，都反对"科学的马克思主义"，也批判实证主义和理解主义（interpretivism）。其中，霍克海默是这样谈论社会哲学与实证主义之间的关系的：

> 正如我们已经看到的，当代社会哲学对实证主义的处理都存在问题。如果实证主义只是看到特殊性，那么它只看到社会中的个人以及个人之间的关系；实证主义认为，任何事情都可以分成微小的构成要素。我们可以用分析科学的方式来显示这些要素，但这些要素并没有受到哲学的质疑。
>
> ——霍克海默（Horkheimer 1993：7）

批判理论认为，实证主义由于不能研究人的关系得以形成与维持的那些条件，因而简单地把人的关系转变成抽象的范畴。在这种意义上，实证主义部分体现了为了获取利润而对社会与自然世界进行控制的、日益强烈的渴求（Adorno 等 1976）。而使批判理论具有批判性的，恰恰是批判理论认识到了知识与人类旨趣之间存在的联系。

批判理论认为，解释主义者的社会理论并不充分，因为他们只关注自我理解与自我意识过程，这使得他们非批判地接受了特定社会中那些主流意识形式，而看不到那些影响和决定人类行动的结构性因素、无意识的作用，以及人类关系中存在的权力与控制。的确，对于解释主义的这种批评，导致一些学者试图把现象学与马克思主义结合起来（Paci 1972），强调意识形态控制机制，并开创了一种新的研究路向。这在格奥尔格·卢卡斯（Georg Lukács 1885—1971）和安东尼奥·葛兰西（Antonio Gramsci 1891—1937）的著作中十分明显。正是葛兰西使用霸权概念，指出了资产阶级通过 46
各种有组织的强制和塑造共识来实施社会控制。那些自我呈现为常识的东西，实际上是意识形态扭曲的表现（Gramsci 1971）。葛兰西的霸权概念，至今仍然在激励着文化研究（Nelson & Grossberg 1988），并导致一种“后马克思主义”政治学研究框架（Laclau & Mouffe 2001）。

马尔库塞（Marçuse 1968a）在关注意识形态的整合时，谈到了社会的“技术—行政控制”，并批判那些主张“意识形态终结”、资本主义得以沉冤昭雪的各种社会理论论调（Bell 1960）：

> 当代社会的（知识的与物质的）能量，与过去比起来要大得多，这意味着社会支配个人的程度比以前也要大得多。我们的社会通过使用技术而非恐吓，以压倒性的效率与日益提高生活标准这两种理由，来征服那些社会离心力量。
>
> ——马尔库塞（Marcuse 1968a：9）

马尔库塞继而认为，“系统理性”本身必须受到批判。而进行这种批判的途径之一，就是对启蒙运动的方案进行深入的反省。他认为，启蒙运动影响下的历史，是一种走向“新的野蛮”的过程，因为

> 相对于经济的强大力量，个人完全贬值了；同时，经济力量迫使社会对自然进行控制，并达到一种迄今未受质疑的高度。……纷繁复杂的信息流与过于虚浮的享乐主导着人们，同时使人们变得毫无用处。
>
> ——阿多诺与霍克海默（Adorno & Horkheimer 1979：xiv－xv）

在此基础上，他批评韦伯把资本主义混同于由理智本身所进行的一种理性化过程（Marcuse 1968b）。他认为，启蒙运动不是解放了主体，而是导致了理智与理性之间的日益分裂：“不受控制的市场经济，既是理性的实践形式，又是理性的毁灭力量”（Adorno & Horkheimer 1979：90）。其结果是一种“分裂”的主体，而这种分裂也是由于实证主义盲目强调收集社会事实而助长起来的自我异化所导致的。因此，他认为，现代性表现为一种意义的丧失：

> 启蒙运动认为，只要是不符合计算与功利原则的东西，都应受到质疑。只要这个原则能够不受任何外在压制的干扰，那么就没有任何
> 47 事物能够控制它。……它所遭遇的精神上的抵制，恰恰会增强它的力量。……启蒙运动就是一个极权主义者。
>
> ——阿多诺与霍克海默（Adorno & Horkheimer 1979：6）

马尔库塞的这种元批判指出，问题还在于，如果拒绝解释主义的社会理论，那么又如何能够对精神状态进行分析呢？弗洛伊德正是在这一点上切入了社会理论，并构成了精神分析与社会理论之间整个关系史的重要部分（参见 Elliott 1992）。

弗洛伊德反对人类思维是一种有意识的过程，而主张思维过程是无意识的。他承认，他只是通过观察病人而推断出人类思维是一种无意识过程，但是他认为，这种无意识在行动决策中却起着关键的作用。因此，他质疑“有意识的主体”的思想，但他的理由与迄今我们已经指出的理由都不同：

> 根据弗洛伊德……我们并不是我们所认为的那样：我们并不知道我们自己的中心点；事实上，我们可能根本就没有一个中心。精神分析消解了个人相对独立、个人选择、意志、责任、合理性这样的概念，并指出在最基本的意义上，我们并不能控制我们自己的生活。
>
> ——南希·乔多诺（Nancy Chodorow 1986：88）

于是，弗洛伊德的关注点就从对社会世界中的孤立的自我，转向一种自我—误解（不理解）的、不能明白他们自己的症状的原因的人。的确，我们可以认为，弗洛伊德的整个元心理学方案的目的，就是揭示“我们是谁”，而精神分析探讨的则是个人的自治与控制是如何在“自我”中形成与发展的（Chodorow 1986）。

更具体地说，弗洛伊德视所有行为——不管它是“神经过敏的”行为，还是“正常的”行为——都是由某种动机驱动或导致的。而这可能又要归因于更早的决定因素，这些决定因素表现为其目的是要避免痛苦的记忆的各种症状。在自我中，在“内在性与外在性”之间，或者说在精神结构（本我、自我与超我）与生活经验之间，存在持续的斗争。然而，这种斗争并非简单地发生于个人之“内”，而是对他们的物理与社会环境的一种反应。这种斗争也可能表现在整个系统的“小片断”中（Freud 1938），以及表现在文明思想本身之中（Freud 1969）。

法兰克福的理论家们根据弗洛伊德对无意识与自我—误解的思想，集中火力攻击资本主义制度中的意识形态扭曲过程，这也使得他们不借助某些意识概念——如“正是只有通过理解过程，主体才能逐渐知道他们自己存在的条件与复杂性”（J. B. Thompson 1981：212）——作为解释框架，就可以对资本主义进行批判。不过，批判理论尽管借鉴了弗洛伊德的思想，但是也认为精神分析存在一些问题。在批判理论发展到法兰克福理论家们这一代时，马克思主义者们开始贬低精神分析，并认为它是一种不值得关
48 注的思想（参见 Osborn 1937）。他们发现，把马克思与弗洛伊德的思想混合起来，在不同层次上都导致了十分明显的问题。例如，“在实践层面上，精神分析是由富有的医生对富有的病人而进行的；在概念层面上，精神分析只研究个人的问题，而往往忽视了社会条件及其限制”（Ollman 1979：177）。

因此，如果要使弗洛伊德的著作满足批判理论的需要，就必须对其进行修正。在这一点上，L. 卢文萨尔（Leo Lowenthal）与 E. 弗洛姆（Eric Fromm）作为这一修正进程的中心人物逐渐进入了学术场景。例如，弗洛姆研究了个人与极权主义之间的关系（Fromm 1969）。他的整个学术生涯都是关注我们追求爱与自由的能力：“这种能力似乎完全依赖于给定的社会经济条件”（转引自 Jay 1973：100）。社会心理学关于现代人格类型的形成的研究（Adorno 等 1950）、威廉·赖希（Wilhelm Reich）关于性与资本主义关系的研究（参见 Ollman 1979），都继承和发展了弗洛伊德的思想。弗洛姆还从精神分析的视角来研究政治：

> 人们已经指出，这种非理性的政治行动表演与情感，都是某种本能冲动的结果，是行动者常常无意识但这种无意识又制约着他或她的产物。因此，精神分析似乎也应能够为我们理解类似的、受制约的社会行动，以及类似的、非理性的政治事件提供一把钥匙。
>
> ——D. 凯尔纳等引自弗洛姆（Fromm in Bronner & Kellner 1989：213）

批判理论与本书第二部分所述思想的关联

批判理论家们留下的思想遗产，已经成为我们阐释与理解的对象（Bronner 1994；Hoy & McCarthy 1994；Wiggershaus 1995）。在当代所有的学者之中，正是哈贝马斯最坚定地站在这一传统中；但是，正如我们将要看到的，他对批判理论进行了广泛的修正。然而，如果拓展我们的视野，去追踪社会理论的形成过程中所存在的批判“意图”，那么我们看到的画面

就更为广阔。例如，布迪厄身处马克思主义传统与法兰克福学派的包围之中（Calhoun 1995），他晚期的著作，对那些似乎不证自明的东西仍然表现出明显的批判性（Bourdieu 2000，2005）。南希·弗雷泽（Nancy Fraser）与阿克塞尔·霍恩尼斯（Axel Honneth）关于报酬与再分配的著作，也具有明显的批判意图（Fraser & Honneth 2003）。而罗伊·巴斯卡（Roy Bhaskar 1993）与玛格丽特·阿奇尔（Margaret Archer 1995，2003）的批判实在论或批判现实主义也是如此。此外，福柯的思想更是如此，他自己的下面一段话完全体现了他的批判性：

> 法兰克福学派所提出的那些问题，现在我仍然在关注和研究。在这些问题之中，有一个是与理性相联系的权力影响问题，也是我研究的问题。这种理性是根据西方的历史背景与地域空间来界定的，从16世纪到现在一直都是如此。这种理性并非普遍的形式，而是特殊的形式。西方如果没有实施和扩张这种特殊形式的理性，那么西方将永远也不可能获得其现在拥有的独特而显著的经济与文化优势。
>
> ——福柯（Foucault 1991a：117）

在德国法兰克福学派的学者们写作的时候，法国知识界还活跃着另一种社会思想传统。该社会思想传统从对语言的探讨开始，通过人类学进行研究，并在与上述马克思主义者不同的一些马克思主义思想者的著作中达到了顶峰。该社会思想传统试图消除黑格尔在马克思主义中一切的影响，并为马克思主义提供一种“科学的”身份地位。

结构主义：告别主体？

法国的知识环境和思想氛围，在二战后一段时期内经历了急剧的改变。存在主义和现象学，与由马克思主义、弗洛伊德和雅克·拉康（Jacques Lacan 1901—1983）的精神分析以及结构主义者斐迪南德·索绪尔（Ferdinand de Saussure 1857—1913）的解释学所构成的一种混合思潮，激烈地争夺知识和思想领域的统治地位。

结构主义区别于其他理论传统的地方，在于其主张知识并不是根源于个人或他们历史地给定的情景。结构主义声称，话语本身的结构会产生“实在”，也就是说，我们只能通过语言进行思考，因此我们对实在的理解，都要根据语言结构为框架来进行剪裁，并由这种结构所决定。结构主义拒绝经验主义，认为经验主义没有把现象的表象与其背后的“实在”区别开来。所有的结构主义都强调，结构主义是关于社会中不同社会关系之间存在的相互联络、相互依赖的“关系状态的科学”（Runciman 1973）。结构主义坚持认为，孤立地研究社会的构成部分，并不能理解社会的动力学。相反，我们只有根据社会构成部分在一个给定系统中与其他构成部分之间的关系状态，才能解释这些构成部分。日常生活中的寻常例子就可以说明这一点：我们在交通信号灯前停步，因为我们要比较这些信号。红灯表示我们应停下来，因为它与绿灯“行”的意思相反：“当我们看到红光这种信号时，我们明白红的含义，并且知道红不是绿”（Keat & Urry 1975：124）。

索绪尔是现代结构语言学的开创者，他把语言的规则或语法与个体对语言的使用区别开来，他认为个体是语言的基础系统的外化或具体化。索绪尔认为，在语言表达之前，并不存在意识。他在一篇重要而简短的论文中，通过比较分析，探讨了思维与语言之间的关系：“思维在前台，而声音
50 在后台；一个人不能在没有关闭后台的情况下而关闭前台；在语言中也是一样的，一个人不能把声音与思维分离开来，也不能把思维与声音分离开来”（Saussure in Easthope & McGowan 1992：7）。

索绪尔认为，语言本身是通过采用一种符号系统，并按一定规则来把它们有序地组织起来而得到理解的，这些符号是语言的基本单位。符号可以分为两个部分：能指（声音）与所指（声音所涉及的思想或概念）。所指并不涉及物质世界中实际的客体，而涉及语言系统通过它的符号来组织世界的方式，而符号根据它们在语言系统本身中的差异而逐渐得到定义。这样，有意识的个体，就被一种语言系统取代，在个体的说话—行动中，这种语言系统被置于比作为其外在表现的言说更优先的地位。由于符号依赖于内在于语言系统本身的一种网络，符号在具有含义之前就具有价值。因此，他认为，在语言之中，并不存在绝对的关系，而只有相互依赖的关系（就如交通信号灯的例子一样）：

> 一种信号所包含的思想或声音，并不比这种信号周围的其他信号所包含的更重要。关于这点的证据之一，就是一种用语或措词的价值，

> 在其含义与声音没有受到影响的情况下会被修正或调整，而这仅仅是因为邻近的措词或用语已经被修正或调整。
>
> ——伊斯特霍普和麦高恩引自索绪尔
>
> （Saussure in Easthope & McGowan 1992：13）

索绪尔认为，因为语言是自我—指涉、自我参照的（self-referential），所以我们可以认为语言是一种内生的系统，通过这种系统，主体性与社会世界都得以产生。索绪尔认为这种符号（semiology）科学的思想，也可以应用于非语言学领域。而这种看法的提出，正是20世纪结构主义思想史中最重要的事件。例如，观察下棋游戏，我们可能得出的结论是，人们遵守和依靠共同的游戏规则。对这些共同规则进行分析，就可以揭示游戏者的策略。如果只是为了解释的目的，那么我们并没有必要去直接参与介入这一游戏。对于食物，也可以进行同样的分析：

> 例如，菜单就很好地说明了语言与言说之间的关系：任何菜单都是通过参照一种结构——其既是全国性（或地区性）的，又是社会性的——而编制出来的；但是，这种结构是根据日期与使用者而不同地填写的，这就如一种语言“表格”，可以根据言说者对特定讯息的需要，通过自由的变化与组织来填写。
>
> ——C. 利莫特引自罗兰·巴特（Roland Barthes）
>
> （Barthes in Lemert 1993：343）

索绪尔关于语言的这种看法，并没有提及言说的主体，因此与弗洛伊德传统的精神分析存在某种亲和性。弗洛伊德认为，人类行为的无意识过程先于意识而发生；而索绪尔则认为，对于个体的言说者而言，语言系统 51
优先于其意图与意义。因此，保罗·吕格尔（Paul Ricoeur 1913—2005）指出，“各种符号学所提出的挑战”，就是对主体理论进行这种共同的、联合的攻击（Ricoeur 1982：35）。

C. 列维-斯特劳斯（C. Lévi-Strauss 1963）带着这样一个疑惑——在整个世界，神话的内容会因时因地而变化，但为什么这些神话的形式又是那么地相似呢？——而开始了他的“神话”研究。最后，他通过把形式置于比内容更优先的地位，来解释这种疑惑。他借鉴了弗洛伊德的思想，认为神话不能还原为个人的意识，相反神话本身是一种“集体无意识”的产物（因此，莫斯在一定程度上，缓和了涂尔干的立场）。这种集体无意识先于个体而存在，并制约着他们的行动与思想。因此，他认为神话会发挥作用，组织社会关系，并具有认知的功能（Stehr 2005）。

列维-斯特劳斯认为，他通过研究神话而揭示了人类心智（mind）的一般结构。他认为，这种结构源于相互对立的成对事物，人们的思维能力受着诸如生的与熟的、我们与他们、思想与物质等这些对立二元的支配。这些成对事物的内容，可能存在文化差异，但是它们的基本形式是通用的。在此，我们发现他具有新康德主义的色彩。尽管他并不认为口头言说的范畴根源于意识，但是认为这些范畴是把人类思想的普遍结构与文化的普遍结构联系起来的重要机制。然而，列维-斯特劳斯在研究过程中，使主体被不受其意识控制的结构所取代。这种立场与主张，在路易斯·阿尔都塞（Louis Althusser 1918—1990）的著作中也能找到。

与萨特（Jean-Paul Sartre 1905—1980）对马克思主义的存在主义阐释（Sartre 1960）不同，阿尔都塞的著作和主张（Althusser 1969），在很大程度上了恢复了马克思的结构主义理解。阿尔都塞这样做的目的，在于从存在主义的传统揭示马克思主义中的科学要素，而避开唯物主义者的历史哲学所存在的“问题”。为了实现这个目的，他对马克思进行了一种“症候学式的理解”（这是一个借自弗洛伊德的术语）。大致说来，他认为在早期的（1845年以前的）马克思与“成熟”的马克思之间，存在一种“认识论断裂”。成熟的马克思为理解与解释历史提供了一种科学的基础，并因此消除了黑格尔传统的遗毒。

而恩格斯对马克思又增加了一种唯物主义的阐释，但恩格斯也写道：

> 根据唯物史观，历史过程中的决定性因素归根到底是现实生活的生产和再生产。无论马克思或我都从来没有肯定过比这更多的东西。如果有人在这里加以歪曲，说经济因素是唯一决定性的因素，那么他就是把这个命题变成毫无内容的、抽象的、荒诞无稽的空话。
>
> 52 ——恩格斯致布洛赫的信（Marx & Engels 1953：498）

阿尔都塞认为，恩格斯对马克思的主张加上这种限定条件，指出意识形态与政治上层建筑相对于经济基础具有“相对的独立性”。那么这又如何转化成结构主义的话语呢?

这个问题的答案，可以在结构主义关于系统（社会）与它的构成部分（人们）之间的关系的思想中找到。结构主义认为，社会先于个人而存在，意识形态的实践或作用，提供了人们与他们的周围世界相联系的方式。阿尔都塞所说的“意识形态国家机器”，包括了家庭、媒体、教育与宗教组织，而这些组织又建构了我们是谁，影响我们如何看待我们自己，并可能成为个人特性的根源。换言之，它们通过我们而运行和起作用，并使我们能够认识我们自己（也就是确立我们的身份认同)。从家庭与治疗专家那里，我们甚至学到了自治的、不受他人控制的资产阶级主体的思想。阿尔都塞借用了来自精神分析学者拉康的概念来讨论这一点。阿尔都塞拒绝用黑格尔的绝对主体思想来理解马克思主义，但是他也拒绝用弗洛伊德的自我概念来理解精神分析学者的思想（Sarup 1993)。在阿尔都塞的著作中，以及在其同时代的学者尼古拉斯·普兰查斯（Nicos Poulantzas 1936—1979）——其借鉴了阿尔都塞传统的思想——的著作中（Poulantzas 1978)，结构不再是来自（列维-斯特劳斯所说的）人类思想的普遍范畴，也不是来自（索绪尔所强调的）语言，而是来自阶级社会的历史。

结构主义与本书第二部分所述思想的关联

结构主义引起了后来学者们的广泛关注，但不同学者对结构主义存在批判、修正或反对等不同立场。从反对的立场看，结构主义与以功利主义为基础的霍曼斯的交换理论（Homans 1961)，以及人类行为的“理性选择”模型——詹姆斯·科尔曼对理性选择模型进行系统的完善与辩护（James Coleman 1990）——存在明显的对立。而修正的立场，则包括了玛丽·道格拉斯（Mary Douglas 1970，1978）的新结构主义，不过她的思想主要渊源于涂尔干，因为她也强调仪式与象征符号在社会生活中的重要性。

到 20 世纪 70 年代中期，阿尔都塞的影响日益下降，而对他的批评却日益多起来。这些批评者包括法国马克思主义者亨利·列斐弗尔（Henri Lefebvre 1901—1991)，以及英国的历史学家 E. P. 汤普森（E. P. Thompson

1924—1993）。不过，我们仍然可以说，在当代马克思主义最具活力的领域，诸如 G. A. 科恩，J. 埃尔斯特（J. Elster）以及 E. O. 赖特（Erik Olin Wright）等人的分析马克思主义中，阿尔都塞的影响仍然十分明显（参见 Mayer 1994）。分析的马克思主义认为，他们所探寻的问题，只有放弃黑格尔主义才有可能真正找到答案。在这种意义上，分析的马克思主义也可称为“后阿尔都塞传统的马克思主义”（Callinicos 2000）。

而至于批评的立场，集中批判的是结构主义者对“主体”的消解，而这种批判立场对后来关于社会“自我”与能动结构的讨论也产生了重要影
53 响。例如，吉登斯承认，如果社会理论把“意识哲学置于优先地位”，将会导致各种问题；但是，他并不接受“无主体历史”的思想。又如，布迪厄是一个潜心研究并精通法国各种社会思想传统的思想家，他明显受到了结构主义的影响；然而，他的目标是要把能动者而非主体重新纳入社会理论的范围。结构主义者的核心思想，在哈贝马斯的思想中也可找到；哈贝马斯借鉴了结构心理学家简・皮亚杰（Jean Piaget 1896—1980）的思想，而在批判实在论或批判现实主义（Archer 1998）中，结构主义的影响也十分明显。批判实在论认为，如果没有一种正确的概念，那么学者就不可能对个人进行研究；外在实在先天就存在，而科学的作用，就是告诉我们关于这种实在的事情。的确，我们必须谨慎对待关于客观实在的各种主张，警惕意识形态的曲解，要意识到世界是一种比物理学家所说的更为凌乱与复杂的地方（Layder 2006）。此外，人们往往认为，福柯也是在“结构主义者”的传统中开展其写作的。

结构主义在历史研究、文艺批评、文化研究等领域中都发出了自己的声音。例如，编年史学家就深受结构主义的影响（参见 Clark 1991），而这类历史学家又影响了伊曼纽尔・沃勒斯坦（Immanuel Wallerstein 1990）的世界体系理论。在文艺批评方面，雅克・德里达（Jacques Derrida 1930—2004）对结构主义关于符号的武断的思想进行了批评，并极大地促进了文本分析的繁荣（Kamuf 1991；Norris 1987）。作为一个学者，德里达是“人文科学中流行的反人本主义”特征的肇始者（Schwartz 1990）。最后，让・布希亚（Jean Baudrillard 1929—2007）的文化研究，视商品为一种符号系

统，并认为这些符号仅仅彼此相互指涉，并塑造了消费者。正如本书第十章将要指出的，他因此而批评马克思只关注生产与交换，而忽视对消费以及当代大众社会中的流行时尚的研究。

列维-斯特劳斯是在“社会实质上是可以实现稳定的”思想基础上提出他的方法论的，他也把结构置于比功能更优先的地位。正统的功能主义者——在讨论塔尔科特·帕森斯（Talcott Parsons 1902—1979）的著作时，我们会探讨这种功能主义——也受到上述结构主义的影响，不过，功能主义主要是受到孔德与涂尔干的结构主义的影响。而在20世纪的社会人类学家B. 马林诺夫斯基（Bronislaw Malinowski 1884—1942）与A. R. 拉德克利夫-布朗（A. R. Radcliffe-Brown 1881—1955）的著作中，也能够发现类似的结构主义的影响。

系统理论

功能主义的思想，与结构主义的观点一样，往往都不太考虑历史演进这种维度，并且往往都着眼于整体研究。不过与结构主义不同的是，正统的功能主义，不太重视对社会现象的根源与原因进行研究，而偏向于主张文化是由功能上相互联系的部分所构成的整体系统。功能主义也往往使用一种目的论解释，这种目的论可以陈述如下：“如果X具有维持Y的功能，那么这意味Y就是X的原因”（Dore 1973：66）。这种目的论，在涂尔干的 54
研究和主张中也有所体现，例如他认为，宗教之所以存在，就是因为它能够为社会提供一种道德或规范基础。为了指出这种目的论解释是如何在一种特殊的理论路线中形成的，我们将集中关注帕森斯的著作。

帕森斯觉察到，在19世纪末20世纪初，出现了社会理论与经济理论的融合趋势。也就是说，这两大学科都开始关注个人的主观经验与行动，以及霍布斯的社会秩序问题。该问题可以表述如下：在一个社会中，各种各样的利益群体是如何可能共同地存在的？帕森斯试图以这种融合为基础，在社会思想中存在的诸多二元论之间建起一座桥梁，特别是试图在实证主义——认为人类行动在根本上是对社会世界的被动适应——与功利主义——认为要理解行动者的行动，需要抓住行动者指向某种结果的导向——之间建立一座桥梁。功利主义认为，社会秩序产生于自利的个人对目的的追求，而公共产品又是产生于这种社会秩序。帕森斯与之前的涂尔干一样，发现这种理论存在根本缺陷。因为个人通过“武力与欺骗”，最有可能获得其所追求的目的，但从武力与欺骗中产生的却是社会的紊乱。因此，他放弃了这种过于简单的、视行动受自私自利的目的驱动的行动概念。那么，他采用的是何种行动概念呢？

帕森斯的行动理论包括了四个要素（Parsons 1937）。其一，行动者。其二，为行动者的行动提供方向的、行动者所希望的事态（这是行为的目的层面）。其三，行动得以发生的社会背景。他把行动者能够或已经控制的那些社会背景称为“手段”，把行动者不能控制的那些社会背景称为“条件”。其四，一种“规范导向”。他认为这种规范导向是社会行动的“发动机”（Parsons in Hamilton 1985：73－78）。因此，帕森斯认为，社会行动是使用手段去获得某种想要的结果，而这一过程时刻受着社会规范的制约；行动者对于他们环境中的意义十分敏感，并根据这种意义来考虑他们的行动；而通过这样一种处理，霍布斯的社会秩序问题就得到了解决：

> 这些规范性规则既界定人们应追求和不应追求何种即时的结果，又限制人们在选择实现这些结果的手段时，不能仅仅考虑有效的手段。而且，这些规范性规则还界定了社会可接受的、衡量努力结果的标准……对此我称为制度。它们是道德规范，而不是效率规范。
>
> ——汉密尔顿引自帕森斯（Parsons in Hamilton 1985：62）

55 帕森斯学术思想的“第二个阶段”（Hamilton 1983），出版了《社会系统论》（*The Social System*，Parsons 1951）一书。在该书中，他思考的重点逐渐转向“社会结构”，把社会结构定义为：

> 所谓社会结构，是一种（在社会系统中占据了特定位置的）个人的、模式化的行为预期系统。……社会学们称这种模式化的、合法的预期系统为角色系统。只要是这样的角色集合（cluster），对社会系统都具有战略性的意义。这种角色模式集合，界定了集合体中符合预期的行为，因此可以称为一种制度。
>
> ——汉密尔顿引自帕森斯（Parsons in Hamilton 1985：126－127）

可见，帕森斯分析的焦点不再是行动者的理性，而是行动选择的“规范导向”所隐含的规定和制约。因此，帕森斯逐渐关注的是通过功能主义的术语来解释社会组织。他从社会制度的角度来界定社会稳定性，认为社会制度提供了一种“行为压力（forces）”，这种压力起着把行动与系统联结起来的联结机制的作用。他认为，社会制度确保“行动能够被有效地调节，并使行动符合社会的功能需要”（Parsons in Hamilton 1985：127）。

这种理论认为，文化模式为行动者选择不同行动过程提供了参照框架。帕森斯把这些选择简化还原为四对双项选择，其中每一对双项选择都包括了行动者对其所关注的确定意义的成对反应，他们因为所处的文化模式不同，可能在这些成对选择中二者择一并作为自己的行为模式。它们分别是情感偏向与情感中立、普遍主义与特殊主义、物质成就与情感归属，以及专一性与扩散性（后来又加上了第五对双项选择，即自我导向与集体导向）。对于这些双项选择，也许可以表达如下：我们是选择把情感抛在一边，还是更深入地卷入某种关系；是选择根据一种普遍标准还是特殊标准来判断某种客体；是选择根据某种物体的物质用途还是根据其独立于其物质收益的品质来对其进行判断；是选择只在特定的背景中还是在关系更具扩散性的、更广泛的背景中来与他人发生联系。

对于帕森斯而言，上述内容可以适用于包括从个人人格系统，到社会行动规范要求层次，以及文化系统价值模式层次等更抽象层次的行动模式。

帕森斯从他的综合角度出发，认为弗洛伊德和涂尔干研究的是同样的问题。而我们需要的是把内在化—外在化过程（主观与客观过程）整合起来，从而把社会系统过程中的需要意向（needs-dispositions）与个人人格系统的需要意向整合起来。然而，这并不意味着在个人人格结构与社会制度之间存在简单的对应关系，因为“我们发现，那些在社会系统中占据同样的确定地位的个人，却往往有着各种不同的人格类型”（Parsons in Hamilton 1985：127）。因此，我们还需要考虑的是，导致这种多样性的“激发机 56
制”。

尽管帕森斯以前深受心理学家劳伦斯·亨德森（Lawrence Henderson 1878—1942）的影响，并完全关注的是社会整合，但是现在他开始更偏向于认为社会是一种有机体。帕森斯认为，所有理论研究都必须涉及两大要素：静态的要素与动态的要素。静态的要素就是社会系统的结构，即结构主义所强调的那些社会系统结构。而动态的要素就是把静态范畴联系起来的那些方式，也就是功能运行的概念。因此，他开始关注行动子系统与作为一个整体的社会系统之间的关系，认为在这个作为整体的系统中，各种功能把社会系统的动态与结构层面联系起来。于是，他的著作越来越明显地强调控制论，这种控制论主要是关于社会系统中不同要素之间的交流和沟通的研究。

然后，帕森斯借鉴了罗伯特·贝尔斯（Robert Bales）和爱德华·希尔斯（Edward Shils）的研究，提出从单位行动系统到作为整体的社会系统的每种系统，都必须承担四种功能。这些功能根据重要性可以排序如下：模式维持功能、目标达鹄功能、适应功能与整合功能（AGIL）。模式维持功能主要是关于个人的社会化，关注的焦点是各种结构性的社会价值范畴，该功能的核心是实现系统的稳定，因为在个人需要与社会系统需要之间存在潜在的紧张，因此需要这种功能来实现稳定，而这又涉及对“紧张与冲突的管理”。目标达鹄，就是政府及其政策实现既定目标，以及系统中促进政府及其政策获得目标的那些激励。而要确保系统的均衡，就必须满足系统在资源获得与分配方面的需要。然而，在存在多种目标的情景下，会出现它们相对于其他目标的成本问题。因此，需要经济系统发挥其实用功能，使自己“有选择地配置稀缺资源的能力”最大化（Parsons 1965：40）。最后，随着系统日益分化和片断化为或多或少的独立单元，出现了对这些单元进行调整的需要，并促进作为一个整体的社会系统有效运行的问题。而这又需要规范，以建立子系统之间的一致性与控制。正如帕森斯所指出的，“在高度分化的社会中，法律规范系统以及与相关管理功能相联系的部门和机构，特别是法院与法律职业，首要的关注目标就是整合功能”（Parsons 1965：40）。

总之，帕森斯认为，社会系统的运动与维持，是通过这四种作为前提条件的功能来实现的。各种价值观把个人的需要意向与社会系统的需要意向整合起来，从而实现社会的稳定，而社会系统又通过角色期待与文化共识联系起来。于是，帕森斯就用“先验的行动者”概念，取代了胡塞尔的“先验的主体”概念，因为前者认为社会与文化是人类行动的先天条件（Bauman 1978），帕森斯从意义行动开始研究，继而认为文化与社会系统是 57
行动的协调机制，而个人与社会都不是先验的。可见，与人们对于帕森斯的通常理解相反，帕森斯在写作过程中，并没有简单地放弃个体而只研究社会系统。如果我们认为他的著作正在从行动分析转向对作为一个整体的社会系统中的社会互动分析，那么他的理论对于我们深入理解社会关系还是有益的。

系统理论与本书第二部分所述思想的关联

我们在反思帕森斯的著作时，首先需要注意的也许就是他对于现代性持有一种乐观主义。他认为，“工业社会是一条很长的路程的终点，是一个漫长的成熟过程的顶点。它是社会的最终完成形式，因为在工业社会中，社会组织与人类理性得到了最好的表达”（Rocher 1974：158）。

我们从帕森斯的著作中可以看到，他虽然面对的是工业主义的高歌猛进，但并不希望回到过去的共同体时代。相反，他对现代社会价值十分关注，并不怀念前现代。不过，帕森斯也清楚地看到，在现代社会中出现了向表达性与符号性社会的重要转型。因此在这种意义上，他预示了在当代社会理论中出现的某些现代与后现代之间的争论（B. S. Turner & Robertson 1991）。

从帕森期的系统理论的直接影响看，他首先直接影响了哈贝马斯。尽管哈贝马斯对他的思想进行了广泛的批判，但还是借鉴了他的AGIL模式和系统思想（Habermas 1975）。哈贝马斯写道，“在今天，一种社会理论至少需要相对于帕森斯来确定自己的位置和立场，否则就得不到人们严肃认真的对待”（Habermas 1987：199）。这在一定程度上是因为帕森斯把欧洲大陆社会理论思想与英美社会理论思想连接起来了（Sciulli 1985）。还有，我们发现，系统理论家卢曼（Niklas Luhmann 1927—1998）以一种更具海德格尔色彩而非胡塞尔色彩的方式来理解帕森斯。卢曼认为，由于社会变得日益复杂，存在性焦虑（本体性焦虑）也日益严重，所以社会系统日益需要各种控制机制；系统之间通过沟通、交流而相互分化，但不能还原为个人，系统是至高无上的（Luhmann 1993）。不过，新功能主义者杰弗里·亚历山大（Jeffrey Alexander）认为，在卢曼的保守思想中，系统过于具有决定性，因为卢曼只考虑系统需要，而没有考虑冲突（Alexander 等 2004）。因此，我们应强调的是，思想更为开明的帕森斯认为，“文化在分析上始终是一种独立于社会的系统”（Alexander 1984：402）。

在美国，罗伯特·默顿（Robert Merton 1910—2003）修正了功能主义的传统（Merton 1968）。特别是默顿对更容易获得经验验证的“中程理论”
58 的偏好，与美国的知识文化传统和环境是合调的（Bershady 1991）。而且，帕森斯的学生之一，哈罗德·加芬克尔（Harold Garfinkel 1917—　）继续讨论了帕森斯行动理论中存在的不足和缺陷，并创立了常人方法学。不管是那些遵从欧洲大陆社会理论或英美社会理论的理论家，还是通过反对这些理论而磨砺自己的理论锋芒的理论家，都不应忽视帕森斯的思想遗产。

霍曼斯所写的《把人重新纳入研究之中》（Bringing Men Back In）一文，则对帕森斯提出了具体的批判（Homans 1973）。霍曼斯认为，由于帕森斯关于社会关系的看法过于武断，某些学者拒绝进行结构分析，不愿意对存在于结构与行动之间的关系进行更具建设性的探讨，而喜欢行动分析（López & Scott 2000）。但是，霍曼斯在这篇文章中，也提出了对帕森斯的一种更具建设性的解读，他承认帕森斯的某些思想，并感谢帕森斯的某些贡献，认为我们可以利用这些思想与贡献，来继续展开那未展开的理论研究历史。不管霍曼斯的看法是否正确，当我们把以前一直被悬置起来的人类人口中的另一半（女性）“重新纳入研究”之中，社会理论的未来历史又将如何呢？

女性主义：对社会理论与社会实践的拷问

本书第一章已指出，启蒙思想有可能导致整个人类日益边缘化，成为工具理性的奴隶。而女性主义思想传统则存在这样一种共识，“不断演化的知识与政治文化本来是由人类创造的，而创造它们的目的也是为了人类服务”。但有些学者指出，女性生活的整个社会世界，包括语言与意义，都充斥着男性的权力（Marshall & Witz 2004）。

我们认为，这里有两个重要问题需要考虑。其一，两性之间的权力失衡，会如何影响关于社会中存在的更一般的不平等的反思与理论建构。其二，与之相关的是，一个群体在社会结构中的地位，如何影响他们对特定现象的理论关注。例如，男性在总体上一直保持着经济权力和政治权力的首要拥有者身份，这种情况无论在历史中还是在现在都一直如此。公司的负责人和领导者主要是男性，男性还掌控了高端职位，也是政治权力的占有者。从全球范围看，1996 年 93% 的内阁成员是男性，国际机构中的绝大多数高端职位也被男性把持（Longino & Powell 2004）。在西方文化中，男性也是网络技术（如微软与网景之类重要公司的所有人都是男性，他们两人的个人财富加起来达到了 970 亿英镑，这比很多非西方民族国家的 GNP 还要多）、武器（Smart 2007）等新技术的控制者。而在军事机构与司法系统中，诸如在军队、智囊机构、警察、监狱与法院系统中，几乎一无例外都是男性处于支配地位（Connell 2000）。

本节的目的，就是关注理论家们在总体上利用其“隐含的假设” 59
（Gouldner 1971）来再生产关于男性与女性的那些主流思想，并由此而再生产特定的社会关系图景的那些方式。对于这种关注而言，个人传记与自传就是重要的话题。例如，安·奥克莉关于家务的研究，就以马克思为例子，指出马克思个人的生活方式与他的理论研究及政治理想之间存在矛盾（Ann Oakley 1974）。而帕姆·欧迪赫讨论了劳动过程理论在理解性别与资本主义的关系问题上存在的不足（Pam Odih 2007）。但绝大多数的社会理论家与科学家，往往并不会像他们那样进行反思，因此总是提出一些片面的解释与说明，并伪装成一般性的理论（Haraway 1991；Harding 2006）。这又导致了社会科学很少考虑诸如“家务、再生产、亲密关系等领域”的社会活动，而这些领域的社会活动对于理解社会关系同样十分重要（Oakley in Mullan 1987：94）。

有鉴于此，女性主义理论的目标之一，就是解释在社会理论中以及在更一般的社会生活中，为什么女性都处于被排斥的地位。弗吉尼亚·伍尔夫（Virginia Woolf 1882—1941）、西蒙·波伏娃（Simone de Beauvoir 1908—1986）等人是第一波女性主义的代表人物。在她们思想的启示和鼓励下，女性主义研究在 20 世纪进入了众所周知的第二波浪潮。其中的代表人物包括爱娃·弗格丝（Eva Figes 1978）、S. 费尔斯通（Shulamith Firestone 1988）、贝蒂·弗莱登（Betty Frieden 1965）、杰曼·格里尔（Germaine Greer 1970）、凯特·弥利特（Kate Millett 1969）和朱丽叶·米切尔（Juliet Mitchell 1966）等。

从历史的角度看，女性主义的思想产生于女性在她们日常生活中进行的日常抗争。这些日常生活抗争后来又被鼓动起来，从而形成一种妇女运动，并批判性地审查主流的社会秩序。我们这里主要分析北美的女性主义史。在19世纪的美国，妇女运动与废奴运动结成同盟（Hole & Lévine 1979）。其中著名的代表人物是黑人索杰纳·特鲁斯（Sojourner Truth）女士，她曾是一个奴隶。在1851年的妇女权利大会上，她做了一次著名的演讲，声泪俱下地控诉了黑人妇女面临的、由白人与男人施加的“双重威胁”：

> 我认为，从南方的黑人到北方的妇女，都在谈论权利，白种男人必将受到挑战……在那里的（火车站）男人说，妇女在上车和迈过沟沟坎坎时，需要得到帮助，而且在任何地方都应坐最好的位置。但是，我在上车时，在迈过路边的烂泥坑时，从来没有人帮助我，更没有人给我让最好的位置……难道我不是一个女人？我已经生了十三个孩子，亲眼看到他们大多数都被卖身为奴，当我作为他们的母亲而悲痛哀号时，除了上帝，谁也听不到我的哭声——难道我就不是一个女人？
>
> ——参见 E. M. 阿蒙奎斯（Almquist 1979：433）

60 那些主张促进政治变革的理论，与其实际的社会实践之间存在脱离，女性主义特别批判这一点。很多研究者也认为，要分析社会与社会关系，就必须与它们保持一定的“距离”，人们也常常维持这种理论与实践的脱离。从这种脱离中，出现了客观性的概念。然而，细细考究起来，我们发现这种研究策略，是以那些关于两性之间差异的、未经检验的假定为基础的。例如，文化—自然的二元论，就是其中的预设之一。启蒙运动要求把我们自己与自然区别开来，而在社会与政治思想中，人们一直都是这样来看待女性的：文化是“理性的男人”的表征，而自然更亲和于“情感色彩浓厚的女人”（Marshall & Witz 2004）。

女性主义理论认为，这样的区别对待是一个值得质疑的问题。女性主义理论承认两性之间存在生理上的差异，但认为在“根据文化界定的价值系统框架中”，这些差异被赋予了重要的意义（Ortner 1982：489）。这些观念与在社会中女性的习以为常、由来已久的制度化的人口再生产功能相结合，就导致了女性在社会中的不利地位、境遇与形象：

> 在工作组织、劳动分工、政治与社会稳定的实现过程中，以及在养育孩子的过程中，丈夫与妻子都有各自的角色。……男人与女人、科学与自然的划分，不仅存在于理论学说层面，而且也设定了西方世界今天仍然不断上演的、女性的所有具体抗争的条件。
>
> ——P. 布朗与 L. 约达诺娃（Brown & Jordanova 1981：239）

就这样，男性特质日益成为理性的标志，而女性特质则恰恰相反，成了情感的标志。更糟糕的是，前者成了衡量后者的判准。正如洛伊斯·麦克雷所言，“男性在实践中通过不断把自己的特质与其所认为的不是其自己的特质——女性特质——区别开来，从而维持男性特质的文化霸权”（Lois McNay 1994：37）。

确实，我们已经发现，人们看人的重要方式之一，一直以来就是看他（她）是否具有实施理性的能力。然而，在笛卡尔哲学中，始终假定男性才是主体——“认识者”、“理解者”：

> 因此，如果这种假定是正确的，那么有情感的人，或者接近某人的身体和情感，似乎意味着这个人就少了理性，进而就少了自由，再进而就少了像成熟的成年人那样完全地参与人类生活各个领域的能力——也就不是一个完全的人。
>
> ——M. 格里菲思（Griffiths 1988：132）

女性主义严厉批判这种思想与实践，并试图指出“男人”与“女人”等概 61
念是一种社会、政治与历史的建构，而不是基于所谓的“自然生理”差异。

桃乐茜·史密斯认为，经典社会学家的文化语言与分析都是男性的，体现的是男性的活动与经验（Dorothy Smith 1988，1999）。对于女性主义者来说，经典社会学家的一个主要问题，就是对社会世界的“科学”界定，把另一半人类的活动与互动排除在外（Marshall & Witz 2004）。这种界定把个人差异与个人能动性作为预设前提，是以在扩张殖民主义与资本主义的现代初期的欧洲社会中形成的人格概念为基础的（Gilroy 2001）。以前并不存在男人与女人具有质的区别的思想，直到18世纪资产阶级关于经济、政治与社会领域的意识形态才宣扬这种思想。随着启蒙运动的兴起，我们看到了一种“白种男人气质”形象的出现。也就是在这一时期，理性、科学、进步、男子气质等概念被合并为一个统一的“成年男人”概念。理性与客观性也为资本主义以及社会组织的现代化提供了道德合法性基础。诸如康德之类的哲学家都认为，受到科学调节的理性，能够战胜情感与直觉知识。在启蒙运动时期，因为人们推崇“成功即幸福”，推动了功利主义学说的发展。随着产业资本主义与机器世界的发展与繁荣，这种理性日益包括属于男性的竞争、计划与目标获得（Marshall & Witz 2004）。

漫长的现代性历史过程的面相之一，就是公共领域与私人领域的日益分离。在传统社会，这些领域并非总是分离的，尽管传统社会也常常存在以性别为基础的劳动分工，也常常与男性支配的父权制（男权制）相联系。随着资本主义、城市与工业的发展，一个由男人和雄性的活动所支配的公共领域开始出现并不断扩张。女性往往被严格限制在家户与家庭私人领域，禁止参与政治、经济甚至公共的社会生活。在19世纪，尽管某些妇女参与了比较公开的活动，但是也开始出现种种严格禁止女性参与公共生活的运动，例如禁止妇女参与工厂立法、禁止出现家庭工资。

“家庭”概念包括了两种相互联系的形式。其一，“家庭主义”（familialism），这是一种广泛流传的、关于两性角色分工的意识形态，其核心的思想就是女性负责“家庭生活”，而男性负责“获得面包”。其二，一种经济团体，“家庭”通过组织家庭内部的和个人的生活，例如通过提供小孩看护、家庭关怀和家庭劳动，起着为资本主义提供基石的功能。国家过去在、现在仍然在利用资本主义帮助自己应对生产方面的责任，也在利用源自科学的所有意识形态来合法化男性与女性的角色，进而实现维持既有社会秩序与道德秩序的责任。

在19世纪和20世纪的英国与北美，法律系统与社会理论都不承认女性是独立的个体（D. E. Smith 1988）。在历史上，沃斯通克拉夫特（Mary Wollstonecraft）被称为“第一位女性主义者”或“女性主义之母”。她的著作《女权辩护》（*Vindication of the Rights of Women*，1792）现在已被视为女性主义史中的经典文献。在该著作中，沃斯通克拉夫特接受了她那个时代的界定，“家庭是妇女的活动领域”，但是她并没有把家庭与公共生活割裂开来。她认为，公共生活与家庭生活并不是孤立的，而是相互联系的。她说，家庭是重要的，因为家庭构成了社会生活和公共生活的基础，国家与公共生活既增强并服务于个人，也增强并服务于家庭；男人在家庭中也有责任和义务，而女人对于国家也有责任和义务。 62

她指出，这就要求我们彻底地修正“理性活动属于男性”的理性概念。在这样做的过程中，沃斯通克拉夫特对启蒙运动哲学家进行了批判，例如她批判康德认为女性不可以拥有启蒙运动所主张的那种个人自由。康德认为，女性没有推理能力，他只相信男人会进行思考和实施理性。因此女性并不能成为公民。相反，沃斯通克拉夫特清晰地阐明了自己的立场：只有在男性与女性享有同等的自由、承担同等的义务，来履行家庭与国家责任之时，才存在真正的自由。

在19世纪，除了沃斯通克拉夫特以外，J. S. 穆勒、C. 泰勒（C. Taylor），以及诸如E. 斯坦顿（Elizabeth Cady Stanton）、苏珊·安东尼（Susan Anthony）等早期的美国女性主义者，也都主张妇女要实现真正的平等，就必须完全拥有公民权利。这包括赋予妇女在“民主过程”中的选举权。J. S. 穆勒在1865年进入英国议会后，为争取妇女的选举权展开了卓越的斗争。他还积极争取“修正那些导致丈夫能够控制妻子的金钱和财产的法律”。他积极支持使妇女获得节育信息的运动，积极参与改善妇女与儿童状况的运动（D. E. Smith 1988）。在20世纪早期，出现了著名的妇女参政论者的运动，为整个妇女运动以及代表社会中作为一个整体的妇女的利益的政治活动与斗争提供了重要的支持。

女性主义者认为，男权制——大致可以界定男权的实施以及对妇女的压制——的存在与运行，为资本主义关系提供了动力。然而，女性主义学者已经指出，资本主义不仅对作为一个整体的妇女具有特殊的影响，而且对工人阶级妇女具有尤其深刻的影响（Rowbotham 1973）。这种看法，与“工人阶级是一种与生产方式相联系的同质群体”的思想相左。有的学者已经从历史的角度指出，劳动的性别分工实际上在资本主义出现以前就存在了（Barrett 1988）。因此，这类发现也使人们质疑马克思主义能够解释女性在社会中的角色与地位。

63 而试图根据马克思主义来进行这样的解释的那些女性主义者，以不同的方式对这种事态做出了回应。其中一些学者，在写作中发现了马克思主义的分析优势，但也发现自己难以完全坚持马克思主义，难以与马克思的著作或观点完全保持一致，因为马克思并不特别强调妇女是一个独特阶层，也不特别强调她们所遭受的压迫（Delphy & Leonard 1992；Gibson-Graham 1996）。总之，女性主义认为必须修正马克思的著作，这导致了马克思主义与女性主义之间的联姻并不是那么地“幸福”（Weinbaum 1978）。如果不使这种联姻“更健康”，二者最终会分手：

> 如果放弃了对女性主义论题的研究与实践，那么反对资本主义与男权制的斗争就不会成功，而反抗资本主义压迫关系的斗争也将会失败，因为放弃了对女性主义的论题的研究与实践，就看不到资本主义压迫关系的支撑基础在于男权制压迫关系。
>
> ——M. 休姆引自哈特曼（Hartmann in Humm 1992：109）

尽管不同女性主义者的理论，所表达的内容和强调的重点各不相同，但对于主流的、处于支配地位的理论，都有一种明显的共识和态度，那就是要批判、修正甚至放弃这些主流理论。而到底是要批判、修正还是要放弃这些主流理论，取决于他们如何看待与这些理论之间的关系。马克思主义与女性主义的结合，导致了一些新思想如社会主义的女性主义的产生，这种社会主义的女性主义包括

> 女性主义介入社会主义特别是马克思主义所产生的一系列理论，其目标就是分析和终结妇女在资本主义社会中的受压迫地位。同样，社会主义的女性主义建立在包含了马克思主义传统的关键文本、作者、

政治事件与组织的基础之上。

——L. 约翰逊（L. C. Johnson 1990：304）

同样，女性主义与弗洛伊德主义的邂逅，导致了精神分析的女性主义的出现。这种女性主义在探讨激进的女性主义的两大主题的著作中，表现得十分抢眼。其一，激进的女性主义认为，女性是被男人压迫的一种独特的社会群体，男权制是一种压迫性结构。其二，由于对提出与发展女性主义思想而言，很难把男性理论整合进去，所以激进的女性主义被认为是由妇女创造出来的，用以实现她们的解放的目的："因此，再生产（生育）、婚姻、强制的异性恋以及母性，都是应该受到攻击的最基本对象，都必须面临积极的变革"（Rowland & Klein 1990：273）。因此，激进的女性主义者的理论，与马克思主义者、社会主义者、精神分析者的理论之间的分歧，常常集中在男人提出的思想是否可以用来解释女性在社会中的地位。而这又显然与为了获得女性的平等所需要的政治批判相关。因此，理论批判与 64
政治批判是分不开的。

女性主义与本书第二部分所述思想的关联

女性主义的产生和发展，使得我们有必要去重新发现女性提出的那些思想——正是因为她们在历史处于边缘地位，才提出的那些思想（Spender 1983）。而且，为了促进社会、政治与经济的变革，我们还必须始终坚持理论联系实践。女性主义思想在数百年的历史发展过程中，已经做出了各种不同方式的努力，来促进这些领域的变革。

首先，女性主义者呼吁，希望人们把女性与现代性过程中产生的变革结合起来思考，也就是希望人们要认识到现代性过程也对女性产生了积极的影响。例如，沃斯通克拉夫特和波伏娃的著作就把理性与自由主义结合起来，认为现代性能够使妇女变得理性，从而获得自由，进而获得与男人的平等。理性、自由、平等这些概念，到底是谁的概念？如果这要根据现有法律来确定，那么我们可以假设法律是一种中立的工具吗？如果考虑到男权制关系的本质，那么这是一种十分成问题的假定。在此，我们从各形各色的女性主义议程中还可以归纳出一种新的理论路线，即出现了一种强调更具性别色彩的社会关系观，其

> 颂扬男女之间的差异……把强调重点放在了那些对女性来说是实质性的方面；用妇女的眼光来看世界，认为通过妇女的立场，我们不仅可以看到一种新的视角，也可以看到一种明显更好的、更包容的、对女性更友好的生活。这种新的理论路线颂扬女性特质，认为恰恰是“被边缘化者、被压迫者才更具有理解的优势和锋芒”，因此女性在认识论方面比男性更具优越性。
>
> ——S. 法根尼斯（Farganis 1994：23）

这种新一代女性主义思想的目标，就是要销蚀“在男人与女人之间存在的那些旧的区别”（Mitchell 1986：45）。正如我们已经讨论过的，我们通过对支配性的思想及其实践模式的基础进行批判，可以消解这些旧的区别。有些女性主义者还认为，要实现这个目标，还必须把男权制视为经济领域中的一种压迫机制而消除掉。不过，正如本书第九章将要指出的，有的女性主义者认为这种新的理论方向与思想是肤浅的。

而在这里我们只想指出的是，女性主义的社会理论，受到了各种思想的影响。一些女性主义者，与社会理论中的当代发展趋势特别是后现代趋势相适应，逐渐认识到女性并非一个同质的统一体，而是存在多样性与各种差别，这导致他们放弃在解释所有女性的经验时存在的那种元叙事意图。那么，这些女性主义就不再强调妇女是一个统一的阶层，也不再在此基础
65 上思考女性与男性之间的关系，转而研究妇女之间的差异。而一旦女性的身份一致性受到质疑，那么女性主义的政治运动就会出现分化，因为这种政治运动需要以参与者承认群体内必须存在一定程度的同质性为基础，才能作为一种统一的力量来促进变革的实现。因此，有一本女性主义读物（Marshall & Witz 2004）的很多编写者，都质疑利用启蒙理性来提出一般的女性主义理论的做法的可行性。

在当代的女性主义理论谱系中，除了社会主义的女性主义、激进的女性主义、马克思主义的女性主义、自由的女性主义与精神分析的女性主义之外，我们还必须关注后现代的与后结构主义的女性主义。鉴于此，说“各种女性主义”而不是说一种女性主义似乎更为准确（Humm 1992）。因此，在第九章中，我们将概括自 20 世纪 60 年代中晚期以来女性主义思想

的发展与修正。在第十章和第十一章中，我们将继续对女性主义的发展进行讨论。在这些章节，我们将主要讨论后结构主义者与后现代主义社会理论所提出的、关于女性的那些论题。

本章结论：七大思想传统留给当代社会理论的遗产

在开始我们的理论旅程之时，我们发现狄尔泰的诠释学是对人文科学尊严的一种新康德主义式的捍卫。狄尔泰结合黑格尔的思想，把历史牢牢地植入社会理论发展领域中。这是启蒙运动中的一种“转向”，因为它使社会理论关注人类理解，而远离那种外在地观察人类行为规律性的实证主义导向。

然后，现象学进入了我们的知识脉络，并发现我们正从胡塞尔的超验主义走向海德格尔的存在主义。胡塞尔沿着狄尔泰的方向，研究以启蒙运动为基础的认识论存在的问题。结果是他把“意识”置于更优先的地位，并为社会理论增加了一种更为主观主义的和行动导向的视角。这种视角视社会为“其成员的创造，他们意义建构之产物，以及他们试图把意义强加给他们的历史情景中的行动与关系的产物”（Dawe 1970：214）。

再后来，海德格尔对知识（认识论）与“存在”（本体论）之间的分离进行了批评。在海德格尔的立场影响下，社会理论不再预设一个站在社会宇宙中心的、统一的或单一的“主体”。这种改变又体现在社会理论的很多方面。有人认为，海德格尔与尼采的结合，导致了社会理论的一种后现代转向（Habermas 1992a），而海德格尔提供了一种更关注本体论的社会理论。这也影响到人们应如何界定“主体”，而到目前为止，人们在很大程 66
度上都假定主体是一种“固定的”东西：

> 从笛卡尔的“我思、故我在”的自我，到康德的和胡塞尔的先验自我，再到启蒙运动的理性主体概念，身份被认为是实体的、真实的、内在一致的、确定的，基本不会变迁。然而，其他的现代身份理论，则假定了一种非实体性的自我（休谟），或者认为自我与身份是一种存在的投射，是真正个体的创造（尼采、海德格尔、萨特）。
>
> ——D. 凯尔纳（Kellner 1993：142）

对于主体的这种挑战，加上文化与经济的变迁，以及来自其他思想传统的批评，导致社会“身份”成了现代社会理论中的核心主题之一（Calhoun 2000）。海德格尔对以主体为中心的意识的批判，也质疑心—身二元论，而自笛卡尔以来，这种二元论就被人们视若当然地接受。再加上女性主义对于这种分割的深刻批判，使得社会理论日益又对“身体”感兴趣（Powell & Wahidin 2006）。然而，这并不意味着要以生物学的还原论作为理论发展的中心焦点。

实证主义在抛弃德国唯心主义——这种唯心主义曾在很大程度上影响着胡塞尔和杜威——的同时，通过关注日常生活中的意识与行动之间的复杂关系，来处理主—客二元论问题。因此，尽管实证主义是在美国发展起来的，但它与尼采、海德格尔在批判启蒙运动这个问题上存在潜在的亲和性。处于我们这个不确定性年代的各种实用主义，给一些人带来了启示和灵感，使其不再专注于为社会理论寻求一种基础，不再坚持“绝对真理”的思想，而是转向真理取决于对行动的“有用性”这种观念。

我们发现，现象学在另一方向上，通过视人类主体为知识的来源，而强调一种人本主义（人本主义也是世俗的无神论：参见 Blackman 1967，1968）。在第一章中，我们发现马克思强调人的能动性与物质环境之间的辩证关系。这在一定程度上引起了人本主义—马克思主义的产生，但是结构决定论或系统决定论的社会理论，与更具行动导向的社会理论之间的对立，影响了批判理论家，他们试图恢复黑格尔主义及其著作中存在的解放性的一面。在这样做的过程中，他们不得不面对那些已经挑战了启蒙运动思想的思想家。为了说明大量的十分重要的复杂问题，他们需要克服社会思想中存在的唯物主义—唯心主义的两分，并且既要说明社会生活中的客观因素，又要说明其中的主观因素。他们是通过利用弗洛伊德的著作而不是求
67 助于意识来实现这个目标的。这也体现了一种对笛卡尔哲学的批判。批判理论对各种思想的这种综合，取得了很多成果，其中之一就是指出理性与合理化之间日益相互对立，表明人们越来越质疑启蒙运动的潜在的解放能力。

马克思也被视为一个结构主义者。结构主义作为一种一般的思想传统，

后来逐渐朝着两个方向发展。其一是索绪尔和列维-斯特劳斯的结构主义，二者都是在马克思传统之外进行研究。他们的思想，通过消解“主体”，对社会生活研究产生了特别的影响。同时，在列维-斯特劳斯的思想中，可以发现存在一种新康德主义的主题。其二是阿尔都塞的结构主义，他在精神病好转并重新研究和思考的晚年，指出马克思的著作存在一种“认识论断裂”，并提出了一种“科学的”马克思主义。

在帕森斯的著作中，也存在一种新康德主义。他察觉到在 19 世纪、20 世纪之交社会思想存在一种融合的趋势，并试图克服实证主义与功利主义之间的分裂，从而提出了一种行动导向的社会理论。尽管帕森斯后来不断地受到人们的批判，但是他为英美社会思想传统与欧洲大陆社会思想传统的合流作出了重要贡献。卢曼、哈贝马斯、默顿和亚历山大的著作，都受到了他的思想的影响。而这些学者都起着一种砂轮的作用，其他社会理论依靠这种砂轮而磨砺自己的思想。

然后是女性主义进入了我们的思想旅程。这是一种具有悠久历史渊源的思想传统。然而，一系列关于两性之间关系的、未经检验的假定，在日常生活中不断重复，遮蔽了这些女性主义的声音。女性主义批判的影响范围十分广泛。特别是，它使人们认识到，科学的思想与实践体现了一种把社会中的另一半人口排除在考虑之外的社会观，并为之辩护。这也开启了关于社会理论与男性气质之间关系的研究（Connell 2000），以及关于女性与非白种男人被排除在支配性思想与实践模式之外的那些方式的研究。

总之，这些都是让人兴奋的思想酝酿，借此我们将进入当代社会思想。不过，其中也已经出现了某些清晰的主题，触及了社会理论的焦点问题。例如，社会理论应在不理解个人的主观理解的情况下来解释社会？应寻求理解日常生活的意义？或者应同时实现这两个目标？

我们要记住这些问题，但现在我们的目标是要去检验当代社会思想。下面的每一章，都会从追溯一种理论的渊源和前身开始，都会考虑到上面讨论过的一些理论，同时会以一种独特而具有启发性的方式，来讨论这种理论是如何形成的。我们还会考虑对每章讨论的理论的批评与修正，以获 68
得对这些理论更为全面的理解，把握其优点与不足。

第二部分

PART TWO

关于社会与社会生活的当代社会理论

第三章

符号互动论与日常生活表演

社会理论在分析社会行动时，关于行动的“动 71
机”通常存在两种截然不同的态度，要么认为研究动机是心理学的事情而忽视“动机”（这种社会理论常常反对心理学还原论），要么认为任何真正的解释都必须考虑个人而研究动机。一种社会理论到底采取何种态度，常常又与其如何看待社会结构的地位和作用有关。个人与社会结构之间如果出现明显的裂隙，会导致社会生活出现严重的问题。而这反映在社会理论中，就是通常所说的结构—能动之争；有的学者认为人的行动决定社会结构，有的学者则恰恰相反，认为社会结构决定人的行动。

但是，如果根据关系思维方式进行分析，那么我们的研究起点应是“互动”。本书第三章与第四章分别讨论符号互动论与常人方法学，这两种理论完全是以行动为导向的社会理论。与其他章节一样，本章的阐述并不打算也不可能面面俱到；我们只是希望定位符号互动论关于社会关系的思想在本书第二部分所讨论的理论谱系中的位置，以回顾这种思想的产生与发展。

本书第二章曾指出，实用主义对现代社会理论的很多方面都产生了重要的影响，并主要讨论了米德的著作。这是我们有意的安排。米德的著作是作为一种哲学的实用主义与这种哲学向社会心理学转化而产生的实用主义心理学之间的一座桥梁，而在赫伯特·布鲁默（Herbert Blumer 1900—1986）的符号互动论中，我们也能发现这种转化。下面，我们主要探讨符号互动论的思想渊源及其产生、发展、演变与分化。

符号互动论的思想渊源

有很多理论对符号互动论的形成产生了影响。诺曼·邓辛（Norman
72 Denzin 1992）认为，符号互动论主要源于如下四人的研究：库利（Cooley 1902）、杜威（Dewey 1896）、詹姆斯（James 1890）和米德（Mead 1910）。约翰·彼得拉斯（John Petras 1968）认为，符号互动论受到了鲍德温（J. M. Baldwin）心理学的影响。约翰·林科特（John Lincourt）与彼特·黑尔（Peter Hare）认为，米德的老师约西亚·罗伊斯（Josiah Royce）的意义理论（Lincourt & Hare 1973）也对符号互动论产生了重要影响。

保罗·罗克指出，符号互动论是“齐美尔形式社会学与实证主义认识论相结合”的产物（Paul Rock 1979：28）。对此，我们发现，齐美尔是经由罗伯特·帕克（Robert Park 1864—1944）和威廉·托马斯（William Thomas 1863—1947）的著作而对符号互动论产生影响的。后来，谢尔登·斯特里克又指出韦伯、苏格兰的休谟学派、亚当·斯密和弗格森等人的著作以及相关人类学著作都对符号互动论产生了重要影响（Sheldon Stryker 1980）。他强调：

> 自然世界（包括社会世界）对个人有组织的、内在动态的心灵，对个人极易受到科学框架中的研究影响的心理，……以及对个人作为一种适应与调整手段的心灵，都十分重要，并产生重要的影响。
>
> ——斯特里克（Stryker 1980：20－21）

尽管符号互动论在发展过程中出现了不同的分歧，但是米德、帕克和托马斯的著作多少能够使这一理论内部保持基本一致，因此为符号互动论奠定了历史基础。在他们之后出现的第二代符号互动论者，最值得注意的是布鲁默（Herbert Blumer）和埃弗里特·休斯（Everett Hughes）。后来，符号互动论出现了以布鲁默为代表的芝加哥学派与艾奥瓦学派之争，二者的理论解释与经验研究方向都存在很大的分歧；莫里斯·库恩（Morris Kuhn）对此进行了详细的描述（Meltzer & Petras 1973）。再后来，又出现了第三代互动论者，他们在不同的方向上发展了上述学者的著作，并修正了这一传统。第三代符号互动论者主要包括戈夫曼（Erving Goffman）、霍华德·贝克（Howard Becker）、安塞姆·斯特劳斯（Anselm Strauss）和巴尼·格拉泽（Barney Glaser）。而最近邓辛（Denzin 2007），J. 洛弗南（J. Lofland 1976），莱曼（Lyman 1991），S. 肖特（S. Shott 1987）和斯特里克（Stryker 1980）又对符号互动论作出了进一步的发展和修正。

符号互动论内部尽管存在不同的分支，但是实用主义的很多思想要素对于它们的产生与发展都具有重要的影响。最开始是米德在思考如何为符号互动论提供一种理论基础时，借鉴了实用主义。不过，要完整把握符号互动论的知识谱系，还需要对托马斯和帕克的著作进行检视。后来的布鲁默借鉴了他们的著作，下文还将讨论布鲁默关于社会生活的思想。在本章的第二部分，我们主要关注戈夫曼对符号互动理论的发展与修正。

米德：自我与社会的双向形构

在詹姆斯和库利的影响下，米德把个人的主观状态与持续的社会行动联系起来，从而把意识与行动联系了起来。在关于社会自我的思想中，他日益明确地把意识与行动联系起来。阐述米德关于社会自我的思想，有助于我们理解他关于个人与社会之间关系的看法。

米德认为，社会自我可以分为“主我”（I）与“宾我”（me）。米德所谓的“主我”，是指“个人内在经验的对话特征”，其并非“意识的对象”。他接着指出，“主我”是康德的超验自我，或“詹姆斯所说的场景背后的精神”（Mead in Reck 1964：141）。而“宾我”是一个人对自己的对话的回应，并表现为

> 一种从社会客体领域向我们所说的无形的、非组织化的、内在经验的领域的输入。通过对这种客体与自我的组织化，这种质料实现了

> 自身的组织，把自身置于个人的控制之下。
>
> ——里克引自米德（Mead in Reck 1964：140）

其结果就是，米德不再认为“自我”是笛卡尔式的、根源于意识的主体（Mead 1930）。他把心灵界定为个人试图与其社会环境之间形成相互“适应的关系”的工具（Meltzer 等 1975：30），在这一点上，很容易引起人们的误解。米德其实并非如行为主义那样，粗鲁地把心灵视为对社会环境的一种简单反映。为此，他不仅拒绝“镜中我”概念所包含的心灵论，也反对詹姆斯的个人主义（Faberman 1985）。米德是如何做到这一点的呢？

为了克服这些客观主义与主观主义倾向，米德指出“主体”经由符号性交流成为他们自己的“客体”。更具体地说，他认为，语言是一种中介，通过它人们说话、听他们自己说话，并因此根据他人的反应来评估他们自己的言语。于是“主我”逐渐成为一种个人内部的“对话”，语言就成了个人反思（reflexivity）的中介。这一过程可以使一个人把诸我作为一个“整体”来思考。而“宾我是这个人通过与他人的相互交流，而设想的他人对于他的一系列的、有组织的态度”（Coser 1979：310）。因此，个人参与了对自己的行动、诸社会自我进行持续监视的过程。而这又导致在个人内心产生了一种“自我意识”。这样，米德的思想就克服了所有的主观主义倾向：

> 自我参照他人而行动，能够即时地意识到它周围的客体。在记忆之中，个人对自我的表演，以及他人对他的作用再次重新整合。但除了这些内容之外，这些他人参照他人的行动，会在这个人自身中引起反应——那么，在这种反应中，就存在另一个“宾我”，批评或赞同那反思的自我，并为反思的自我提出建议以及持续的计划。
>
> ——里克引自米德（Mead in Reck 1964：145）

74 于是，个人获得了通过“采取他人的角色”来影响、形构他们自己是谁的能力。他们经由符号交流，根据既“重要”又“概化”的他人的这些反应、态度和预期，来设想他们自己。在各种常规的事件过程中，社会互动通过赋予词语、姿态和行动适当意义，而得以发生和实现。小孩随着自我的形成和发展，就会参照一定范围的重要他人，如父母、姐妹及兄弟。在这一点上，我们看到了米德（也与杜威一样）强调个人的创造性，因为他认为“个人会有意识地通过‘不断地玩耍’而想象‘替代性的行动表演’”（Joas 1993：249）。

孩子会从这种“玩耍”阶段，逐渐发展到“游戏”阶段，而“游戏”阶段已经涉及调节程序和规则。这使自我的形成过程，能够在不同的社会情景中获得稳定性。“概化他人”概念也逐渐形成了，这个概念通过自我预期他者对自己行为的反应，来控制行为。而这成为个人与社会复杂地相互交织的方式。甚至“思考”本身也成了“这种概化他人与自我的对话”（Mead in Reck 1964：246）。然而，与韦伯、马克思和涂尔干一样，米德也明显关注个人在面对日益增强的非个人力量时的命运。米德所说的“缺乏美感的、长时间的辛劳工作”（unaesthetic toil），明显体现了他对个人命运的关注和担心：

> 孤立的人是这样一种人，尽管他属于某个整体，但是他意识不到这一点。我们已经日益被捆绑在一个巨大的社会中，这个社会的所有一切，对每个人的存在都具有实质的重要性，但是我们却没有获得这种情况应该导致的共同经验。
>
> ——里克引自米德（Mead in Reck 1964：301）

托马斯：自我、社会与社会变迁

为了全面地理解符号互动论的知识先驱，我们有必要讨论托马斯和帕克的思想。这两位学者曾经到德国学习人文科学，并逐渐进入研究领域。我们在托马斯的著作中，可以看到实用主义与社会研究之间存在极为重要的联系。帕克的主要遗产，就是为后来的美国城市日常生活经验研究提供了一种宏观社会学参考框架（Joas 1993）；因此，他的思想对一般的城市研究也具有重要的影响（Vasishth & Sloane 2002）。

与米德一样，托马斯和帕克也主张个人具有创造性。帕克认为，那些“懂得人的基本性质和基本过程，从而知道变革的可能性及其限制”者，是卓越的领导者（Fisher & Strauss 1979：462）。托马斯和帕克都受到19世 75
纪欧洲演化理论的影响，但是他们对社会进步的看法却存在分歧：

> 托马斯认为，进步是社会群体攀爬一个阶梯的历史，这个阶梯有

很多台阶，每级台阶都存在不同的问题，而这个社会群体是在其他群体的不同程度的反对或帮助之下以不同的速率在攀爬每级台阶。帕克则认为，进步概念本身值得质疑，我们应认为只有无休止的变革——群体之间的冲突与协调——社会群体在精神上逐渐更加民主、在方向上逐渐更加理性、在组织上具有更大的功能，始终只是一种可能的情况。

——B. 费希尔等（Fisher & Strauss 1978：75）

美国城市芝加哥的人口总是在不断地变迁，因此成为他们探讨社会变迁动力学的一块难得的实验地，并取得了丰富的成果。其结果是，学者们进行了大量的经验研究（Bulmer 1984；Kurtz 1984）。在这里，我们主要讨论他们关于个人与社会之间的关系以及社会变迁性质的思想。托马斯通过研究意识、行动、文化与社会变迁之间的关系，提出了关于个人与社会的关系的思想，以及关于社会变迁的看法。帕克则强调，在社会变迁与交流（communication）、意识（awareness）之间存在十分明显的关系，而这些因素本身又导致共识与理解。

托马斯与F. 兹纳涅茨基（F. Znaniecki）关于身处欧洲和北美的波兰农民的开创性研究，体现了他核心的研究主题（Thomas & Znaniecki 1918—1919）。在从传统时期到现代时期的历史演化过程中，个人与社会之间的关系，或者托马斯所说的“生活组织”或“社会组织”之间的关系，变得极其重要。在一般情况下，人们根据习惯而行动，并在日复一日的基础上重复这种行动方式；也就是说，他们直到面临“危机”时才可能改变。到了这个时候，就个人而言，其需要进行“有意识的操作”（Joas 1993：30）进而形成新的行为习惯，但是个人受到集体的束缚，使得个人产生一种文化冲突，面临重塑自我的实际需要；而就群体而言，这就需要群体重新界定他们的社会情景，并通过这一过程，重新实现对情景的控制。可见，托马斯认为，进步就是“爬梯子，在每一级台阶都要处理特殊的问题”。

托马斯认为，那些被动员起来以控制社会形势的实际资源，来源于由个人所构成的社会，个人是社会的一部分。同时，个人的“社会自我”又受到时空的限制。那么，从个人所从属的这个社会的价值观（客观条件）

与个人对待这些价值观的态度（主观的“情景界定”）的角度看，在主观与客观之间就出现了明显的联系。因此，社会“事实”是过去给定的，从过去传下来的，但是它们必须按照特定社会情景中的人们对它们的理解来理解。托马斯由此提出了他的著名方法论原则：“如果人们界定情景为真， 76
那么这些情景所造成的后果也为真”（Thomas & Thomas 1928：572）。他接着指出，如果社会理论要推进其关于社会生活的理解，那么就必须根据社会条件与群体发展之间的关系，来研究社会生活的主客观特征。

正如上面的引文所指出的，在帕克的著作中，进步被定义为“群体之间的冲突与协调”。他在经验层次上对此进行了研究，特别是对都市情景中那些为了空间而进行的斗争进行了经验研究，并得出了颇具实用主义色彩的结论，认为这种斗争是不断变化的，“从无条理的”（Park 1972：29）。因此，与托马斯一样，他认为，我们不能把孤立的个人视为社会的基本单位，社会的基本单位“应被理解为一个群体情景中的个体所愿意采取的态度之间的相互作用”。而我们不能把这些态度与情感（希望与信仰）以及有意识的思想等同起来（Park 1972：31）。

这样，帕克认为社会不仅是个人的责任、义务之源，也是精神之源。他认为，甚至个人的思维能力，都是对他的那些先辈的思想的扩展（Park 1972：125）。

帕克认为，杜威所说的“交流”是社会变革时期社会群体维持统一和完整的基础。正如他所言，“文化包含了那些所有可以交流的东西……文化的实质就是理解”（Park 1972：102）。他认为，“集体代表”通过交流，会形成集体行动的基础，而这些集体行动又会产生诸多社会形式，并成为符号与社会过程背后的基础（在这里我们可以看到齐美尔对帕克的明显影响）。他对交流与变革的关注，使他的研究走向特殊的方向。一方面，他认为，社会在不断分化与组合从而形成不同集团或群体的过程中，只有受到既有意义与价值观的调节，才会实现涂尔干传统意义上的“道德秩序”。另一方面，他又认为，社会还存在另一种形式，那就是竞争或者达尔文所说的“生存斗争”（Park 1972：118）。这种竞争形式不是杜威传统术语所界定的（体现了有意义的交流）“社会的形式”，而是以竞争性群体之间的一种共生合作关系为基础。这就是帕克所说的“生态学秩序”（Park 1936）。

帕克在指出社会秩序存在这两种形式后，关注的中心问题就是，既然既有群体之间存在竞争，那么人们如何克服交流障碍，民主共同体的前提条件又是什么？他的欧陆思想先驱者们对此问题也十分关注，这些先驱根据个人的创造性与符合日益非个人化的社会要求之间的对立关系来看待这一问题。而他试图克服这种倾向，办法就是把认知与情感结合起来考虑（当然，他并没受到叔本华的直接影响）。他认为，现代性应知晓和理解其
77 他群体的风俗与历史，并且在理解的基础上产生一种同情，即理解与同情其他群体的风俗与历史。帕克继而认为，认知与情感可以使冲突逐渐变成共享，进而促进社会的变迁（Fisher & Strauss 1979）。

可见，帕克在综合很多思想的基础上，提出了一种十分复杂的思想。我们利用这种思想，可以获得对当代社会、政治和经济状况有价值的思想。上面我们讨论了米德、托马斯与帕克三位学者的研究主题和主要思想，下面我们讨论布鲁默的著作对符号互动论的发展。

布鲁默的社会理论：作为符号互动的社会

正是米德的关于“角色表演”的著作，促进了符号互动论的产生（米德还使用该概念推导出了他关于社会智力形成、道德发展的一般理论：参见 Joas 1985）。米德的“概化他人”概念，在强调个人表演的创造性的同时，也认为个体能够预期占据特定角色的某人的行为。然而，这导致米德思想出现了一种二元论问题。他强调个人的创造性，但同时又假定存在一种社会角色，并认为这种角色产生了角色占有者根据他们的环境来确定什么是适当行为形式的预期。这种二元论使得帕森斯的行动理论（而非互动理论），借鉴了米德的思想，并把规范、价值与系统的需要联系起来（J. H. Turner 1974）。正如我们将要指出的，这种看法十分不同于布鲁默的思想。

布鲁默强调个人在角色表演中的创造性，结果是他存在有选择性地理解米德之嫌（McPhail & Rexroat 1979）。布鲁默创造了“符号互动论”一词，并用以反对关于人类行为的刺激—反应理论模型，后者在他那个时代

已经不再流行（Blumer 1937）。他认为，个人对其所处环境的反应，要受到其意义理解的影响；而米德的思想为关于人的存在、人的行动和人的联合或交往的一般性理解提供了有用的概念，因此日益成为一种重要的遗产（Blumer 1972）。

下面的引文不仅集中概括了布鲁默对米德的理解，而且也体现了他对社会生活的解释，与结构主义、系统理论存在明显的不同。布鲁默认为，米德的整个理论视角

> 认为人类社会并非一种已经确立好了的结构，而是正在寻求满足他们的生活条件的人们；社会行动不是社会结构的一种衍生物，而是人类演员所进行的一种建构……群体生活并非已经确立好的结构的一 78
> 种释放或表达，而是一种建立联合行动的过程……社会构成部分之间的所谓互动，不是此部分对彼部分实施直接的影响，而是始终受到人们所进行的理解的影响；相应地，社会不是一个系统……而是正在发生的无数的联合行动……这种联合行动的参与者所追求的一切，都不是出于系统的需要，而是为了参与者的目的。
>
> ——布鲁默（Blumer 1969：74－75）

但是，这并不意味着社会结构不存在，“如果认为社会结构并不存在，那么这是一种荒谬的立场和看法”（Blumer 1969：75）。不过，我们只能在它们进入了追求其“目的”的社会行动者的理解与界定之中这个限度上，承认社会结构的存在。因此，布鲁默的符号互动主义的社会理论，具有以下三个明显特征。

其一，在从人格到态度，再到社会角色与社会限制等概念上，布鲁默的符号互动论与心理学、社会学存在鲜明的对立。因为布鲁默认为，我们对于持续进行的行动的理解，必须考虑到行动者的意图与态度会不断地重新组织和持续地调整，以及行动者对规范与价值对特定社会情景是否适当的判断。那么，先前存在的心理因素与社会因素是否重要，就取决于我们在这种理解过程如何处理这些因素（Blumer 1969：66）。

其二，社会生活既是流变的又是动态的，但是各种行为形式必须“组合在一起”，才能确立生活模式和实现社会生活模式的转型。在此，我们看

到了帕克对布鲁默的影响：

> 已确立的群体生活模式，只有通过对同样的理解图式的不断使用，才能存在与持续下去；而这种理解图式，也只有通过界定他人的行为来不断地确认自己，才能得到维持。十分重要的是，我们要认识到，已确立的群体生活模式并不是自我实施的，而是要依赖于他们不断地重复具有确认作用的那些界定。
>
> ——布鲁默（Blumer 1969：67）

同样，他认为，若要具有恰当地理解他人行为的能力，必须首先使理解能够发生，而这就需要交流以及对界定进行社会修复。因此，我们只能参与对持续不断的社会生活流中的行为进行重新界定。而这又使人类互动能够发挥形构作用，并形成新的关系、行为、概念等。另外，这一过程也使群体能够处理他们在社会生活中遇到的各种问题（Blumer 1969：67）。

79 其三，布鲁默集中关注的是人们在互动过程中的理解与定义，主张符号互动论“能够研究所有一般的人类关系形式”（Blumer 1969：67），诸如支配、剥削、共识、冲突与合作等。与帕森斯的系统理论形成鲜明对比的是，符号互动论假定“预期之间是相互影响的”（Blumer 1969：68）。这导致符号互动论关于个人与社会之间关系问题的研究，不再专注于对价值与规范的颂扬，不再专注于任何先于个人行动与言说而存在的结构形式或者作为行动与言说的基础的任何结构。相反，布鲁默对谈判、协商、沟通、理解与定义等概念进行了实用主义的解释。鉴于此，有的学者认为，布鲁默把米德理解为一种“唯名论者”，认为并不存在独立的、与“心灵”分离而存在的社会实在；但是，也有学者认为，米德是一个“唯实论者”，因为他认为实在在某种程度上独立于心灵而存在（Lewis & Smith 1980）。

为了回应这种争议，布鲁默试图进一步澄清他所说的“社会的或联合的行为”与“个人的行为”之间的关系（Blumer 1983）。他之所以使用“联合行为”这个术语，意在指出社会是“为了形成联合行动而出现的固定行为组合”（Blumer 1969：76）。他的解释回到一个更早的环节上，即个人动机上，认为个人动机的形式多种多样，这些个人动机导致这些联合，也就是“形成会起作用的关系”（Blumer 1969：76）。联合行动的范围，则包括从两人之间的合作行为，到大公司的行为，所有这些联合行动，都是通过对行为的一种实用模式的理解与定义而组合起来的。那么，个人通过定义他们将要参与的社会行为，就能够为他们自己的行为确定方向。因此个人通过这些理解行为来指导自己的行动，并起着他人行动的定向机制的作用。

个人行为与联合行为之间的关系，涉及持续的理解与定义过程，因此需要很长的时间才能建立起来。这种历史的行进，或者布鲁默（Blumer 1969）所说的“轨迹”，通过应用共同的定义而得到安排和确定。然而，为了避免如先前的实用主义者那样将之视为习惯性的，布鲁默反复重申，背景中始终隐藏着不确定性——例如，他并不认为现代性是持续性的。这种不确定性体现在很多方面。例如，联合行为可能不会启动；联合行为可能被放弃或转换；联合行为的参与者可能不会创造一种共同的定义，因此他们依赖的前提是不稳定的，或者即使他们能够产生共同的定义，但在联合行为过程中，会出现各种各样的分歧并可能导致新的情景的出现；而为了把个人的行为再次组合起来形成联合行为，又需要对这种新的情景进行定义。布鲁默还指出，那些只是部分地参与联合行为的个人，除了借助那些参与者实现情景定义时共同考虑的因素外，可能会逐渐借助“其他考虑”来实现解释与定义目的，从而逐渐影响情景定义。

布鲁默说那些只是部分地参与联合行为的个人，可能借助“其他考 80
虑”来影响情景定义，但对于什么是“其他考虑”，他的论述多少有点模糊不清。“其他考虑”涉及人们进行互动的资源吗？如果是，那么这些“其他考虑”对个人对其社会偶遇者的定义会起决定作用吗？对于这些问题，布鲁默似乎又陷入了本节开始时提到的米德思想中的那种二元论，不过他的思想中存在的二元论，具有十分不同的面貌。简言之，如果个人存在“其他考虑”，那么这些考虑又会如何在个人与社会之间的关系之外，影响个人的创造性和个人所受到的限制？正是在这个问题上，戈夫曼登上了理论的舞台。

修正与批判：戈夫曼关于互动秩序的探索

人们通常认为，戈夫曼不仅受到了布鲁默的影响，也受到了 E. 休斯

（Everett Hughes 1971）的影响。但是，我们认为，他还受到了涂尔干、齐美尔、詹姆斯、舒茨、K. 伯克（Kenneth Burke 1969）以及其他社会人类学家、语言哲学家、动物行为学家的影响。所有这些影响，使其著作体现出这样一种核心特征："主要解释行动对于他人的意义，而不是解释行动的缘由"（Burns 1992：3）。而戈夫曼关于行动对于他人的意义之解释，又是围绕以下三个主题而展开的：社会秩序、社会互动与自我。本节的目的，就是回顾戈夫曼关于（微观）日常生活互动与（宏观）社会之间关系的思想。通过这种回顾我们会逐渐明白，其实我们并不能把戈夫曼归入符号互动论传统，但迄今人们还这样认为。

戈夫曼《日常生活中的自我呈现》（*The Presentation of Self in Everyday Life*，Goffman 1984）一书借鉴了威廉·萨姆森（William Sansom）的思想。该书举例说，如果一个正在度假的英国人普瑞迪（Preedy），第一次出现在西班牙海滩上，那么他会向他人投射出某些印象。该书就是对这种印象投射方式的说明。在讨论印象投射方式时，戈夫曼认为，这种印象投射体现了个人以重要他人为取向的计算行为。这种计算行为既是有目的的，也是有意识的。另外，正如布鲁默所言，这个人可能给重要他人留下印象，但也可能"误解他所处的情景或形势"，导致他获得的结果与他最初表演中存在的意图完全毫无关系（Goffman 1984：18）。同时，群体的传统，会要求成员个体根据给定角色进行特定的表达（Goffman 1984：18）。因此，虽然个人能够"很好地设计"印象，但在表演它们时，可能是有意识的也可能是无意识的。戈夫曼认为：

> 在个人已经传达某种特定印象的情况下，他人会采取某些行动，
> 81 对于这些行动，我们可以根据功能视角或实用视角来理解，认为这个人已经"有效地"投射了对情景的某种定义，并"有效地"促进了对某种给定的情景形势的通行理解。
>
> ——戈夫曼（Goffman 1984：18）

尽管戈夫曼认识到行动可能是无意识的动机激发的，或者深受历史的影响，但他主要关注的不是行动的原因，而是个人行动对于重要他人的意义。在《日常生活中的自我呈现》一书中，他对这一点进行了拓展，甚至

指出个人会通过观察他们自己的非语言行为以及与他人的互动等，来检验自己的言语有效性。个人隐藏的动机，可能潜伏在每一种外表背后。甚至个人即使试图通过衣着打扮，使自己给他人留下特殊的印象，也可能不得不伪装成认为衣着对于对话总体上并不重要。换言之，这种意图是印象管理的基础，但必须保持在“台后”（Goffman 1971：23）。因此，戈夫曼强调，在社会的舞台——他称为“互动秩序”——中，日常生活行为中的“意图性”或目的性更为重要，而不是各种理解形式更为重要。他说，“社会互动在狭义上可以定义为只能在社会情景——由彼此依赖而存在的两个或更多的具体个人构成的环境——中发生的事情”（Goffman 1983：4）。

在这种微观分析领域，戈夫曼的观察是如此地敏锐。他认为，微观领域并非“个人的”空间，而是包含了互动得以在其中发生的、更一般的地方性空间或具体社会背景空间。因此，这些领域也被界定为“两个或更多的人，在彼此的视觉与听觉范围之内发现他们自己”的物理领域（Goffman 1981：84）。因此戈夫曼认为，意义就是这样被赋予语言的和非语言的行为。例如，一个人可能调动自己的身体，以给重要他人产生某种印象，同时也使个人能够利用他们所掌握的文化资源来创造一种空间——戈夫曼所说的“以自我为中心的领土”（Goffman 1971）。

尽管戈夫曼的分析如此引人入胜，但仍然存在问题，那就是戈夫曼对意图性或目的性的强调，是否使他提出的仍然是一种主观主义的社会理论？帕克已经敏锐地指出，个人扮演各种角色的倾向或习性，是社会的一种持久而普遍的特征；人们通过在被定义为一种“戏剧”的社会中实施这些角色，来实现他们的自我（或诸种自我）：

> “人”这个单词，从其最初意义上看只不过是一种面具，而这恐怕并非只是简单的历史偶然。这更可能是对如下事实的承认：每个人在任何地方都总是会或多或少有意识地扮演某种角色。……正是在这些角色之中，我们认识了彼此，也正是在这些角色之中，我们认识了我们自己。
>
> ——戈夫曼引自帕克（Park in Goffman 1971：30）

戈夫曼通过角色概念来说明自我与社会之间关系的性质，这是一种十分不 82

同于布鲁默的路线。戈夫曼早初关于社会互动的研究，实际上主要是讨论微观社会世界与宏观社会世界之间的鸿沟是如何被弥合的，也就是微观与宏观世界是如何联系起来的（Burns 1992）。他的互动秩序概念，认为个人的行为是社会以及社会秩序的一部分。然而，他后来日益认为主体完全是既有社会形式进行流动的导体，这不就是一种结构主义的答案吗？

不过，戈夫曼不是结构主义者，也不是个人主义者。结构主义假定互动秩序由来自“上面”的因素决定，个人主义假定互动秩序由来自“下面”的因素决定，如由个人行动者的计算程序来决定。这两种视角都忽视了如下事实：“我们在行动时，不仅会把他人的行为纳入考虑，同时也会使自己的考虑让别人知道”（Robin Williams 1988：67）。戈夫曼则根据“仪式”来界定这种互动秩序，他的互动仪式具有两种含义。其一是指互动的道德特征，其二是指互动的“标准化”或仪式化特征（Robin Williams 1988）。习惯显然属于第二种含义，而创造性具有一种实用主义的目的，因此属于第一种意义。那么，一种起作用的关系，就在因环境而异的互动中确立起来了。因此在这种互动秩序中，演化出了一种“情景定义，它涉及的不是对于什么存在的一种真实的共识，而是涉及对谁的（关于什么问题应得到当下重视的）主张达成一种真实的共识”（Goffman 1984：21）。

因此，戈夫曼认为，人们拥有的、那些可以用来创造性地促进互动秩序的一般属性，具有最重要的地位和作用。他指出，有的学者也根据心理学来研究互动秩序，但是“这些学者对心理学削足适履，以适用于关于对话、田径运动会、宴会、陪审团审案、街头闲荡等的社会学研究”（Goffman 1972：3）。结果是其对互动秩序的研究根本不着边际：“那么，他们就会认为不是先有人然后才有他们的社会行动，相反会认为是先有他们的活动，然后才有他们这些人”（Goffman 1972：3）。戈夫曼认为，社会秩序为互动秩序提供了维持与再生产自身所需要的资源。仪式是宏观与微观之间的桥梁，更具体地说，仪式是布鲁默所说的角色创造性概念与“轨迹”概念所包含的历史过程之间的桥梁（Manning 1992）。

戈夫曼关于“角色距离”的论文，详细说明了他的角色思想如何可以为宏观—微观之间提供一座桥梁。用他的话来说就是，所谓一种“角色”，就是一个人按照其所占据的角色位置之规范要求而行动时所参与的那些活动（Goffman 1961：75），而“角色表演”则是占据那种角色的个人之实际行为。然而，把角色界定为义务与预期，仍然存在问题。由于个人面临应 83
以某种方式来行动的角色要求和期待，所以个人在角色表演中的创造性显然会受到限制。这种认为实际的角色表演会受到规范限制的看法，显然会忽视行动的具体细节而按照系统的功能需要来从理论上解释实际的角色表演，从而可能滑向一种帕森斯主义的解释。

面对这种理论上的矛盾与紧张，戈夫曼指出，有必要研究角色系统，以及个人管理他们的角色的方式。于是，他又把角色定义为“个人在特定位置中时的典型反应”（Goffman 1961：82）。人们认为在某一给定角色中的个人应该表现出来的典型反应，与其实际的反应之间可能存在差异，而这又取决于情景理解与定义（Goffman 1961：82）。那么，研究者可以往下深入研究，提出一种分析范畴，使他们能够把某些人——在他们的“共同生活情景”中那些重要的人——“搁置”（bracket off）起来，视为既定的他人。那么，一种角色的规范层面，就是个人能够（例如）按照他们的生活机会与个人生活史来表演他们的角色的手段或方式。这样，我们就可以对处于给定社会情景中的个人与其角色之间的关系，进行深入而精确的经验研究：“个人几乎总是会对要求他们去做的事情进行自由的调制”（Goffman 1961：133）。因此，处于何种角色、何种地位等因素会影响角色表演，但是“其他的从属关系”也有可能影响这种角色表演。

从戈夫曼的这种分析中，我们可以看到戈夫曼持有的两种十分特别的看法。其一，他认为，在社会身份认同方面，不再存在一种笛卡尔式的自我，相反，存在的是自我的社会建构与管理。其二，他认为，涂尔干关于神圣世界与世俗世界的划分，或者帕克关于道德秩序与生态学秩序的区分，都不复存在。一个人在另一个人看来，就是一种资源。个人通过“角色距离”来把另一个人作为一种资源，在此角色可能是被规定的，但是表演这种角色的方式是多样的。这样，分析者就可以研究日常生活的流动和变迁：“我们永远也不可能期待个人完全摆脱角色的限制，但是角色也永远不可能完全限制个人”（Goffman 1974：269）。因此，例如，女性对于表演母亲这一角色的欲求，可能有着各种不同的原因，但都是由一种“政治教条注定的”，而这种政治教条使“妇女总是处于从属的地位”（Goffman 1974：270）。另外，戈夫曼（Goffman 1961：85）所说的“情景性的角色”（situated roles），使能动者能够在他人面前产生一种印象，同时也能够说明他们的活动与行动。在这个意义上，正是日常生活中的自我呈现，成了行动的一种限制（Rawls 1987）。

戈夫曼这种关于角色研究的视角，是对布鲁默符号互动论传统的重大修正。戈夫曼对“总体制度”的研究（Goffman 1968）以及关于日常生活谈话的分析（Goffman 1981），使用了一种十分不同的方法。戈夫曼关于“框架”（frames）的研究，是其最具理论色彩的分析（Goffman 1974）。他指出之所以要使用“框架”方法，在于如下事实，即“实在”或“情景定
84 义”并非完全是在互动秩序中建构出来的。这使得他的立场也不同于第四章将要提到的常人方法学。而且戈夫曼还讨论了“框架”概念，以理解人们在其日常互动中所依据的“一般属性”：

> 我认为，情景定义是按照支配所有事件——至少是社会事件——的那些组织原则，以及我们对这些事件的主观介入而建立起来的；所谓框架，就是我们参照我们能够鉴别的基本要素。这就是我对框架的界定。我的“框架分析”概念，目的在于对经验是如何组织起来的进行研究。
>
> ——戈夫曼（Goffman 1974：10－11）

这一步使戈夫曼避开了本书第一部分所提及的那些很多社会理论都没有处理好的认识论问题：即或者强调主体相对于客体处于优先的地位，或者相反，强调客体相对于主体处于优先的地位。戈夫曼与詹姆斯一样，并不去讨论“何谓实在”的问题，相反，他探讨的是：“在何种情景下，我们认为事物是真的？”（Goffman 1974）。这样，他就能够进一步去研究“在何种条件下会产生这样的感知，而这一问题可以具体化为照相机如何操作之类的更小的问题，而不是照相机拍摄什么事物的图片等问题”（Goffman 1974：2）。

戈夫曼在建议社会分析者把不同的角色类型搁置起来，或者视框架为人们组织他们的意义和介入日常生活的方式的同时，实际上也落入一种新

康德主义传统（Robin Williams 1980，1988）。

我们现在可以说，根据参与各方对会带入互动中的特定资源的动员，他们对实在的呈现，能够影响实在本身。因此，戈夫曼的分析就明确指出了如在广告的性别呈现中所存在的男人支配规范和女人从属规范（Goffman 1979）。他指出，在另一个层次上，意义的生产与权力关系还包括通过身体姿态进行的非语言的表示，并起着策略地控制与排斥女性的作用（Bourdieu 1992a，2000）。

我们已经简要地讨论了支配互动秩序的那些潜在力量，那么戈夫曼的著作还存在什么缺点呢？他的缺点就是，并没有明确分析出现在种族与阶级关系等现象中的社会结构。正如他在《框架分析》（*Frame Analysis*，Goffman 1974）中所指出的：

> 我处理的不是社会生活的结构，而是个人在其社会生活中的各个时刻所获得的经验的结构。我个人认为，社会在各个方面都是第一位的，而个人当下的介入是第二位的。
>
> ——戈夫曼（Goffman 1974：13）

因此，某些批评者认为，戈夫曼贬低了社会生活，只不过提出了关于社会 *85*
关系的一些保守看法（Gouldner 1971）。但是，对于戈夫曼的著作，最好让戈夫曼自己去说他的遗产应如何理解。他希望日常生活中的那些虚假意识都处于休眠状态，并号召人们要清醒地认识到他们的“真正”利益何在，因此他的所有意图并不是要“提供一支催眠曲”，而是要暗中观察人们打鼾的丑态（Goffman 1974：14）。

本章结论

米德的著作对社会生活进行新的理解，并产生了丰富的思想。正如布鲁默在评论米德时所说的，因为“他那把个人行动与群体生活联系起来的独特方法”，他的思想将产生深远的影响（Blumer 1983：143）。这也是米德的遗产对于理解当代社会理论十分重要的原因。而正如我们将要看到的，他的独特方法和思想遗产，后来也为哈贝马斯等人所利用。

至于布鲁默，他对米德遗产的转化，主要体现在他号召研究者要把人们放到他们的行动背景之中去思考，并在他们的“自然背景”中理解意义的生产和社会世界的定义。正是由于这个原因，他认为可以借鉴自然主义的研究，但在借鉴时也要对自然主义的研究进行多方面的修正。然而，人们一直认为，布鲁默只是有选择地借鉴了米德的思想，这导致了他对社会生活的动力学存在一种主观主义的看法。

米德认为“理解与意义”根源于“不同主体的一种共同实践”，而布鲁默则认为理解与意义来自“围绕定义的但与实践无关的话语交流”（Joas 1985：166）。因此，在布鲁默的这种理解与其后来提出的方法论原理之间，就存在一种冲突，并由此构成了符号互动论形成过程中的一种冲突和争论。布鲁默由于把意识置于比结构更优先的地位，从而又重新回到了二元论。他在承认结构的存在的同时，又认为这些结构仅仅是指在意识中出现的、可接受的地位状态（Stryker 1980）。因此，他又回到了米德原本一直想克服的、社会理论中的那种两分法。而正是在这个问题上，戈夫曼进入了我们的视野。

戈夫曼的研究，实际上是在米德的研究基础上的一种继续，他们关于自我的形成的分析，都反对笛卡尔的观点。自我是在一个他者的共同体中的主体与客体关系中建立起来的，而在这种由他者构成的共同体中的个体
86 成员，都是通过他们的行动来塑造和重塑他们自己的 。米德在黑德尔和自康德以来的德国唯心主义的基础上，视自我为认识、经验和发展的一种客体（Joas 1985），这意味着主体是他们自己的客体。米德关于“宾我”与“主我”关系的思想，就明显地体现了这一点。戈夫曼关于角色的分析也体现了这一点，只不过更具社会学色彩。

尽管戈夫曼的方法肯定是非正统的，但是他的研究对日常生活的运行和意义提出了大量的深刻思想。戈夫曼认为，互动规则不仅产生于社会际遇或争斗之中，而且也导致了社会际遇或争斗。他承认在社会生活中存在结构，这种结构影响了人们为了实现互动而对际遇或冲突首先进行“框架”。然而，他所关注的是社会互动，而非社会结构。不过，他并没有假定互动秩序中的共同参与者之间的权力是对称的。他认为，不同的人拥有与可以获得的知识与信息是不同的，而在“信息社会”中，这些知识与信息

是互动的资源（Lyon 2006）；从高尔夫俱乐部到职业群体，再到街头帮派，都存在各种正式的与非正式的规则，以防止“圈外人”参与其中；人们投资于技能和特长培训，以使自己能够用这种技能与特长来影响他人的行动与定义。这些都是重要的思想遗产，为社会生活研究提供了很多启示。甚至有学者认为，从戈夫曼的著作出发，可以提出一种更一般的社会理论（Layder 2006）。因此，戈夫曼的著作，在很多研究领域都得到了应用（G. W. Smith 2006）。

我们在回顾与评论符号互动论时，出于概括地阐述那些影响社会理论发展的一般因素的目的，也是由于篇幅所囿，只重点讨论了戈夫曼的思想。不过，还有很多研究，例如关于组织中的谈判受约束性质的探讨（P. M. Hall 1987；Strauss 1978，1982），都借鉴了符号互动论在形成过程中共同提出的关于社会结构与社会互动之间关系的思想。同样，H. 贝克（Howard Becker 1963）关于各种社会排斥因素之间关系的研究，也受到了这种思想的影响。他认为社会排斥来源于某个社会群体界定某种行为为反社会的权力，而这种社会排斥对那些被打上反社会的标签者的行动与自我定义产生了重要的影响。另外，正如本章一开始就指出的，来自符号互动论传统的那些学者，现在正在结合后现代主义与后结构主义的思想，来重新审视符号互动论的优点与缺点（Lemert 2006）。

在社会理论中，还在存在其他的理论路线，也促进了关于互动秩序的研究。这类理论路线与布鲁默一样，批判那种把人们视为只不过是受超越
其理解和把握能力的结构和系统的操纵之文化木偶的思想。因此，我们下面 87
将探讨一些学者关于人们用来理解他们的社会世界的日常生活方法的分析。舒茨最先在这种理论路线中展开现象学社会学研究，但是舒茨本人并没有完成这一理论路线，而后来的常人方法学对这一理论路线做出了重要的发展。

第四章

作为成就的社会生活

88 如果以研究行动为取向的社会理论最关注行动者自己的观点，那么行动者的语言与认识（如意识、知觉、推理和判断等）在这种理论的形成过程中就显得十分重要。语言毕竟是人们建构他们的世界、共享他们在这个世界中的经验，以及彼此交流和反思他们的经验的工具。正如舒茨所言，人们把他们的世界经验为一种主体间性世界，人们完全通过相互交流与语言这个中介就可以实现这种主体间性世界。

至于关于语言与社会生活的研究，维特根斯坦的著作不可忽视。维特根斯坦是在罗素的影响下开始写作的，但也颇受维也纳学派的逻辑实证主义的影响。维特根斯坦早期的著作，主张语言的目的就是通过“图绘（picturing）事实”来陈述事实，从而主张真理符合论。然而，在他后期的哲学研究中，他又批判自己的这种主张（Monk 1990），并把语言的含义与它的使用基础明确分离开来，称语言的各种不同用法为“语言游戏”。他不再关注语言背后的意义以及对于这种意义的深度解释，转而研究日常生活话语中的概念的使用：

> 随着他放弃“图绘”理论而来的是，他认为一种语言是意义（sense）还是无意义（non-sense），完全是语言内部的事情。他不再根据一种语言是否与任何外在实在相一致，而是根据语言使用者能否与语言使用模式相一致，来确定语言是有意义的还是无意义的。
>
> ——R. 安德尔森等（Anderson 等 1986：1）

维特根斯坦的思想遗产为研究知识的生产与使用（Bloor 1983）、社会生活中规则的使用（Holtzman & Leich 1981），以及社会科学方法论的发展（Clammer 1976）铺平了道路。说到方法论，温奇（Peter Winch）的著作 89
（Winch 1990）与诠释学和现象学都日益攻击和批判因果解释，认为因果解释并不能用于社会生活研究，人们应根据在社会关系中被决定的思想而不是表达倾向来研究社会生活。后来，又出现了吉尔伯特·赖尔（Gilbert Ryle 1900—1976）以及约翰·奥斯丁（John Austin 1911—1960）的“普通语言哲学”，二者都献身于语言研究。

现象学与普通语言哲学的结合，促进了常人方法学的产生。因此，本章第一部分对这些理论进行更深入的检视。然后，我们讨论作为一种广泛的思想传统的常人方法学所存在的多样性。这样做不仅可以使我们评估常人方法学的思想，也可以为我们继续我们关于当代社会理论的理论旅程提供一种基础。

常人方法学的产生

“常人方法学”一词，源于20世纪40年代中期加芬克尔（Harold Garfinkel）在芝加哥法学院时所进行的研究。他在一个法庭审判陪审团的房间中安装了录音器，偷偷录下陪审团对案件的法庭商议。加芬克尔在分析这些录音时，关注的是这样一个问题：“陪审员在进行陪审工作时，如何知道他们要做些什么？”（Garfinkel 1974：15）。他对这些陪审员在法庭商议中的对话进行了研究，以便能够思考民间陪审员做了什么。

加芬克尔通过分析陪审团法庭商议，发现他们在表达关于法庭上出现的证据是否是适当的意见时，所依据的是一种与法律专家不同的独特方法。

相应地，他把陪审团活动的特征界定为正在进行某种“方法学”。数年后，他在研究一些跨文化的地区文献时，发现了一组以“ethno”（指常人、民间等，往往与专家相对）为前缀的词［如 ethnobotany（常人植物学）、ethnology（民间人类学）等］。加芬克尔于是就借用了这个前缀，用以统指“一个成员对他所处社会的常识知识的可得性，这种知识是日常生活经验中的、对于‘任何事情’都适用的常识性知识”（Garfinkel 1974：16）。他由此而创造了“常人方法学”一词。作为一种思想，常人方法学是“对日常生活成员关于自己的日常生活世界、自己的组织化的事业的知识的一种有组织的研究，在日常生活世界中，我们认为知识是使日常生活世界正常有序的同一背景之一部分”（Garfinkel 1974：18）。

一种新的行动理论：加芬克尔对帕森斯与舒茨的超越

正如我们在上文已经指出的，现象学与语言哲学都对常人方法学的产
90 生发挥了重大的影响。但是，当加芬克尔还在帕森斯门下学习的时候，他就产生了提出常人方法学的想法。帕森斯那些充满新康德主义色彩的主张，试图建构一种分析日程，来研究社会的“实际运行”。关于社会关系，我们提出的问题就是“秩序是什么？为什么是这种秩序？”这涉及人们该说什么或做什么，可以通过因果分析来获得这个问题的答案。然而，如何回答“这种秩序会怎样？”这个问题呢？正是在这个问题上，帕森斯的行动理论的分析性描述并不能处理日常生活中人们的活动的“特殊性”。而这又导致他使用形式的、结构主义的分析策略与方法来列举“现实社会”（Garfinkel 1991：13）。因此，帕森斯的行动理论并不会公平地对待它试图理解的每一种现象，因为这种理论把一种理由加强给人的行为，而这种理由与各种情景的日常生活的实际关注没有关系。

与帕森斯为了获得“一般性”而牺牲“特殊性”相反，常人方法学试图在不借助先验的分析框架的情况下，描述日常生活中的秩序。加芬克尔认为帕森斯的行动理论存在三个大的问题，并对这些问题进行了分析，通过这种分析明确表达了自己的常人方法学立场。其一，行动者对他们自己的行动的说明处于什么状态？特别是当他们自己的说明与社会科学家提供的分析性的因果说明相冲突时，我们应如何处理？其二，人们会共享他们

的知识。那么，这种见解对于试图超越社会背景的特殊性而进行概括研究的行动理论，又意味着什么？其三，人们并非“文化的木偶”，不愿成为规范性共识这种提线上的木偶而被任意操纵，因为他们会进行策略性的选择，而在他们的环境中这种选择往往又存在多种替代方案。人们往往把帕森斯的行动理论中存在的这三大缺点，分别称为“理性”问题、“主体性”问题和“自反性”问题（Heritage 1984：23）。而对于这些问题，常人方法学都提供了自己独特的回答。

鉴于帕森斯的行动理论在分析上存在的这些不足，加芬克尔采取了一种十分不同于帕森斯的理论方向。下面这段摘自加芬克尔的博士学位论文的引文，体现了他的理论路线的性质：

> 那些源于韦伯的研究，至少已经取得两个重要的理论进展。其中一个进展已经得到深入的研究，就是试图把关于经验的建构性理论，与回答“人是什么”的另一种理论统一起来，从而概括出一种一般化的社会系统。大致说来，这是一种把社会结构因素与个人因素综合起来的研究。而另一种进展人们还没有深入地探讨与利用，那就是试图仅仅通过经验结构的分析来建立一般化的社会系统。
>
> ——J. 赫利塔引自加芬克尔（Garfinkel in Heritage 1984：9）

加芬克尔把社会理论的目标确定为描述“经验结构”，对社会理论有着两大重要的后果。其一，常人方法学关于经验包括日常社会生活的理论研究， 91
就成了其他社会科学研究的起点，常人方法学的研究能够为其他社会理论研究提供重要的理论前提和基础。其二，常人方法学使人们根据社会行动的意义（sense）来分析社会行动，并且关注的是常识（common sense），而对于常识的分析又不借助那些关于意图或动机的思想。我们需要时刻牢记这两点。现在，我们讨论加芬克尔在研究和取得这些结果时所利用的理论与思想渊源。

舒茨认为，社会科学研究的对象，应是日常生活中的“自然态度”。理解（verstehen）并非仅仅是社会科学研究的一种手段，恰恰相反，理解是社会科学应该倾注全部精力来加以研究的主题。舒茨的现象学认为，人们用以理解他们的社会世界、安排社会世界的秩序的，正是他们共同的知识库存。而诸如帕森斯、韦伯之类的社会科学研究者，都与这种现象学理论路线相反，主要关注有意义的行为、日常生活经验、相互理解等，但人们实际上应当原原本本地、忠实地描述这些现象（Schutz 1972）。根据帕森斯、韦伯等人的看法，出现在社会场景中的分析者，应认为社会现象是一种有意义的建构。他们认为社会世界是可理解的，但他们却视“生活世界”为一种当然的现象，而人们需要通过生活世界才能建构有意义的社会世界。于是，社会科学在分析上重新安排了这些基本的“意义结构”，却导致它们得不到准确的描述。鉴于此，舒茨认为，社会科学的建立，必须满足或符合“主体自己理解中的那些假设”（Schutz 1979）。这样，社会科学应忠实地反映这些日常生活的意义。但是与这种做法相反，韦伯等人建立理解社会理论的策略，却是先建构行动的“理想类型”，然后用它作为联结主观意义与客观因果关系的机制。

在舒茨看来，这些策略并不能处理社会科学分析范畴（属于“第二阶”的建构）与生活世界（属于“第一阶”的建构）之间的关系的性质。因此，如下一个核心的问题仍然没有得到解决：“通过分析意义现象（*phenomenon of meaning*）如何建构社会生活，来确定意义现象的准确性质”（Schutz 1972：13）。他主张，关注意义如何建构社会生活，可以使社会科学家“步步深入地分析社会世界的意义结构”（Schutz 1972：13）。这就需要一种“现象学还原”，使研究者发现研究客体在“意识流”中遭遇时是如何从它们的表象中建构出来的。这样，社会科学适当的主题，不仅仅是人们在日常生活中利用的知识库存，还包括使他们能够首先安排和确定他们的经验秩序的“典型化”（typification）。通过这些理解过程，经验被有序地组织进具有特定特征的具体群体中，从而使经验能够得到主体间的认可。

92 从上文的分析中，我们可以归纳出舒茨著作的特点，即继承了胡塞尔的哲学问题，然后把它转化成关于日常生活世界的现象学。在某种程度上看，这为现象学社会理论的发展提供了灵感（Berger & Luckmann 1967；M. F. Rogers 1983）。不过，加芬克尔认为，舒茨为关于日常生活的描述社会学而非分析社会学提供了一种基础，他发现哪怕是借助任何一点点“先验条件或状况”来解释行动，都会损害描述日常生活的目标。而如果要避免使用某些先验的假设，而完全忠实地描述日常生活中的行动者自己的意义理解，常人方法学需要借鉴语言哲学的思想。

语言哲学与常人方法学

人们一直认为，帕森斯研究了道德规范的外在控制，但并不借助于对日常生活知识的描述；舒茨则专注于检验这种日常生活知识，但并没有提及社会生活的道德维度；而加芬克尔的理论，实质上是放弃了认识论而偏好于方法论。加芬克尔认为，人们通过利用一种可以用来理解他们的社会世界意义的背景知识库存，而维持和继续他们的日常生活。想知道人们正在做什么，并不需要探讨他们任何隐藏的动机或理性模式，只需要对日常生活现象进行准确描述：

> “知道”的确存在于一种活动结构中。这就是“知道”所包括的东西。成员确实不需要通过紧张的追寻就可以获得这种知识，成员也不需要像个人行动理论所说的那样就可以获得这种知识，因此这允许某人从他所知道的进行引申，然后告诉你。……这种“知道”在于产生……可识别的句子的能力。
>
> ——希尔等引自加芬克尔
>
> (Garfinkel in Hill & Stones Crittenden 1968：47)

这种关于“在行动者的情景化言语中可以实现‘知’”的思想，我们也可以在维特根斯坦的著作中看到。维特根斯坦晚期的研究，就是探讨哲学家的说话的索引性（Garfinkel & Sacks 1986）。维特根斯坦建议，哲学家不要再去探讨那些他们不能回答的问题，而应按照说话者使用时的原本意义去研究意义。而在常人方法学中，这种主张就转变成放弃使用“目的性”或“动机”这类概念来解释行动或言说。那么，从笛卡尔与康德到弗洛伊德，再到米德与胡塞尔关于“主我”的所有概念，在社会思想中都成了一种“现象学残余”（Coulter 1979）。这种关于“主我”的概念发展史，是基于一种本体论假设的历史，而这种本体论假设不能合法地用于解释人类的行动。

与此相反，常人方法学从日常生活中的情景性的与实际的惯例、习俗中去寻找意义，而不提及“自我”的概念。这样做的结果之一，就是常人98 方法学表现出对启蒙运动思想的批判。真理相应论认为，研究者对客体的认知，与客体的“实际”存在之间，会出现很大的差异，因此理论对于实在的解释，应独立于理解或不受理解的影响。但关于实在的真理符合论却认为，研究者对客体的认识与客体本身之间并不存在差异，它们之间是“等同的，并且可以互换”（J. M. Atkinson 1978：176）。

常人方法学的这种做法，渊源于维特根斯坦晚年的著作。维特根斯坦认为，分析者在确定个人的一次表达或行动的意义时，并不可能指出这个人所涉及的“内在的”或“超验的”东西。他认为，“天下最刚愎自用的事情，莫过于说意义是一种精神活动”（转引自 J. B. Thompson 1981：29）。因此，加芬克尔认为，我们只能从“每个人都可以获得的”语言形式及其使用中，来确定个人的意义。而那些“生活形式”，起着社会活动背景的作用（海德格尔与维特根斯坦对此也有相似的看法）。这样一来，加芬克尔在不参照或提及“主我”概念——如果“主我”只是公开的，那么可以解释我们所有人——的情况下，就能够提出他的常人方法学（Coulter 1979：124）。他认为，他的常人方法学可以放弃那些关于本体论以及认识论的所有假设。

加芬克尔认为，单词并不代表思想或者类似的客体，而是各种生活形式所需要的工具，这些生活形式是人们获得主体间性理解的基础。换言之，语言与社会关系密不可分：“说明一个单词的意义，就是描述它如何被使用；而描述一个单词如何被使用，就是描述它所进入的那次社会对话”（Winch 1990：123）。

正如上文已经指出的，加芬克尔在不借助根据个人诸我的动机或外在因果关系解释的情况下，就可以说明一个单词的意义。那么，加芬克尔理解社会现象的原则就发生了改变：

> 如果社会学研究者想把社会现象视为社会事件……那他就必须严肃对待那些用来区分“不同”行动类型的标准，以及用来界定他正在研究的生活方式中的“同一”类型的行动的标准。他不能任意地从外部把他自己的标准加之于它。相反，如果他这样做了，那么他正在研

> 究的事件，就会一起失去它们作为社会事件的特征。
>
> ——温奇（Winch 1990：108）

现在，我们可以回到加芬克尔所指出的帕森斯著作中所存在的理性问题。我们如果要理解理性，就必须把它放到某种生活形式中去理解。那么，我们的任务就是从内部来描述它的形式，而不是从外部对它进行解释。

温奇认为，为了使主体间性的共识或一致意见首先能够出现和存在，94
生活形式必须得到规则的支配，同时也必须遵守规则。因此规则占据了这种分析的中心的地位：“所有的有意义的（因此也是人的具体的、特殊的）行为，事实上本身就受到规则的支配”（Winch 1990：52）。维特根斯坦认为，规则在它们的背景中对于所有行动者都是可知的和可理解的。这并不必然意味着，能动者肯定知道作为其行动基础的规则，也不必然意味着行动者总会遵守特定规则，这仅仅意味着，所有社会行为要么遵守规则，要么违反规则。

常人方法学关注的是日常生活中自然发生的对话，并取得了很多重要的研究结果。自20世纪60年代以来，常人方法学的谈话分析（CA）已经得到了相当的发展，并且在哈维·萨克斯（Harvey Sacks 1963，1972）的开创性研究的影响下，出现了越来越多的相关研究（J. M. Atkinson & Heritage 1984；Boden & Zimmerman 1993；Lerner 2004）。在这些研究中，关于实在的真理相应论或真理符合论，成了十分重要的论题。常人方法学家能够在这些思想先驱的武装之下，关注如下中心问题：“社会行动者如何能够逐渐知道，以及共同地知道，他们正在做什么，及其所处的环境？”（Heritage 1984：76）加芬克尔为了弄清这些方面是如何运行的，设计了一系列“破坏性实验”，并揭示了人们习惯上用来进行交流的那些理解（interpretative）程序。其中有一次实验，他要求学生们回到自己的家，花15分钟到1个小时，让自己以一个房客的身份说话与行事，然后观察可能出现的情景。

> 通过这个实验，很多学生逐渐知道了习以为常的活动是如何完成的，尽管这个实验过程可能让人感到不快；逐渐知道了家人正在如何操作银器，或者家人如何开门或问候另一个家人。……很多实验参与者，报告了对这个论题存在的变化：“当实验结束，我能够重新回到真

正的自我时，我感到十分轻松和庆幸”。

——加芬克尔（Garfinkel 1967：46）

常人方法学认为，社会秩序并不在于应用于具体情景中的活动的那些外部规则的指令。相反，社会秩序出现于社会生活的实际环境中。常人方法学认为，我们需要考虑的是，在行动者的理性问题——行动理论的诸多问题之一——上，根据社会科学中的形式理性模型来说明社会生活的做法是否科学；但是，很多人根本没有考虑这一点。而正如舒茨所言，我们在对行动进行理论研究时，应“日益与日常生活世界达成一致”（Garfinkel 1967：280）。对于常人方法学家而言，日常理性是他们研究的证据，不会阻碍他们的研究：

95 日常生活中的成员生产并管理日常生活情景的活动，这些活动与成员使得那些情景成为“可说明的”（accountable）之程序是一致的。……我所说的可说明性……指的是成员因情景而异的、情景化的看与说等活动，是可以观察、可以报告和可以分析的。也就是说，这样的实践是由无休止的、持续的、因情景而变化的成就所构成的；这种实践也是在他们描绘的组织化过程中的同一日常事件的支持下而得到实施的，并因此得以作为一种事件而发生。

——加芬克尔（Garfinkel 1967：1）

从这种意义上看，社会科学忽视了韦伯关于形式理性与实质理性的区分（Garfinkel 1967：281 脚注）。形式理性行动日益被视为一种判断日常行动是否适当的标准行动模式。例如，以往的社会科学研究把这种思想运用于正式组织研究时，就把规则视为对行动施加的限制，或者是判断那些行动的依据，而没有看到规则也是行动者因情景而变化的活动所依赖的资源（Bittner 1974；Wieder 1974）。

小结

为了忠实于研究对象，常人方法学使用了索引性、自反性、中立性（indifference）等概念，以及文献方法来研究。常人方法学通过使用索引性概念，就可以用不同于我们已经评述的风格——例如，根据客观精神来看特殊性与一般性的联系（狄尔泰）——来处理行动理论。人们通常认为索引性表达是获得建设性的分析的障碍，他们认为这种表达需要“补救”，以使它们有意义。然而，我们只有探讨日常话语在不同情景中的使用，才能理解其意义。

正如加芬克尔的实验所表明的，如果人们的情景化实践“要起到一种使特殊的、地方性的背景特征获得认可的说明方式的作用”，那么每个人都应承认另一个人知道这种背景（Garfinkel 1967：8）。因此，“成员知道、要求、依靠和利用互动，来生产、获取、承认或显示他们的程序及决定之所有实际目的，都是足够理性的”，而自反性就是这种互动的习惯性特征（Garfinkel 1967：8）。

行动不仅仅是习惯性的，也要服从于脆弱的“惯例”。由于这个原因，行动者必须反思，以持续监视自己的和他人的行动与言语，进而理解社会行动的意义。

如果以上述方式来研究社会现象，那么就要求研究者保持“中立”。其目的是要忠实地描述日常生活中人们自然发生的对话的、组织化的和习惯性的特征。在自然发生的对话中，那些索引性表达是有顺序的，而 96
这种对话的顺序安排，是能动者持续进行的、实践的成就的直接结果之一：

> 常人方法学对正式结构的研究，主要就是对这些现象（索引性表达的先后次序）的研究，同时试图描述成员对正式结构的说明是在何处以及由谁来进行的，而放弃对它们进行是否适当、是否有价值、是否重要、是否必要、是否实用、是否成功或在理论上是否自洽等所有的判断。我们认为这种研究策略和方法，就是“常人方法学的中立态度”。
>
> ——加芬克尔（Garfinkel & Sacks 1986：166）

最后，加芬克尔从曼海姆（Mannheim 1952）处借用了文献解释法，这种文献解释法更体现为一种推理方法，而不是一种特殊的社会调查方法。这种文献解释法，使研究者关注那些导致对于社会实在的专业说明要依赖于解释程序的方式。例如，结构主义主张，表象代表和显示着那些决定人的行为的更深层的基础模式。这种推理方法可以理解社会世界。同样，这些方法也可以用于研究日常生活，因为理解是事件与事件得以发生的背景之间循环作用过程的产物。这个过程既体现了索引性，也体现了自反性，因为社会实在中的变革，只有依赖其所发生的背景才能理解。其后果则是要求个人改变他们对社会实在的理解与评价。而由此产生的新的意义结构，又成为常人方法学的研究主题。这就是加芬克尔的常人方法学最原初的理论路线：

> 我自始至终所关注的，都是根据社会成员参与的、因情景的变化而变化的、因而具有暂时性的实践过程，来“认识”社会，也仅仅从内部来“认识”社会，特别是社会如何产生稳定的、可说明的实践活动，以及日常活动的社会结构。
>
> ——加芬克尔（Garfinkel 1967：185）

常人方法学的多样性

很多学者在回顾常人方法学的历史时，常常在不同程度上对其进行驳斥与谴责（Gellner 1968，1974；Goldthorpe 1973；Hollis & Lukes 1982；MacIntyre 1973；Mennell 1975；B. Wilson 1970）。他们的批判包括，常人方法学的研究是非历史的、没有考虑权力和社会结构，以及常人方法学的预
97 设将导致一种相对主义。最后，这些批评者认为，常人方法学将是一种唯心主义的和经验主义的社会理论，它必然趋于保守，对理解和解释社会关系动力学很难起到多大的推进作用。

而在另一个层次上，有些学者认为常人方法学是符号互动论的一个分支（Meltzer 等 1975）。不过，尽管一些常人方法学家借鉴了米德或布鲁默等人的著作，来维持他们的主张，但他们对社会生活的理解与这些符号互动论者存在重大的差异（Denzin 1974；Zimmerman & Wieder 1974）。然而，还有一些学者，自称是常人方法学家，但更接近于符号互动论而不是其他的理论。有时候人们认为加芬克尔的常人方法学比较接近于戈夫曼的理论，但是正如第三章所指出的，而且戈夫曼在自己的著作中也明确声明，他并不是常人方法学的盟友。例如，戈夫曼认为，社会实在比起加芬克尔的社会生活一维观（主要强调对话）所认为和假定的，还有更多的层面。然

而，戈夫曼对萨克斯的著作还是产生了重要影响。

这种状况，使很多社会科学家感到困惑，不知如何定位常人方法学。有些学者认为，如果自己的书中有一章涉及常人方法学，那么会损害自己的名誉，因此往往会跳过常人方法学。我们认为，这样看待常人方法学是一种误解，会忽视常人方法学关于社会生活的研究的历史、目的和成就。

鉴于这些误解与批判十分混杂，本节主要关注常人方法学传统内部存在的各种分支理论和丰富多彩的思想。为简单起见，我们主要讨论由那些同情和真正了解过常人方法学历史与目的的学者所提出的论题，而不讨论上面提到的那些贸然的批判。这样，我们就可以对常人方法学的基础根据、成就，以及缺点进行考量与评价。

常人方法学多样性的种子

常人方法学理论从根源上就包含着内在的矛盾性，从而导致了人们理解与对待常人方法学存在种种差异，更重要的，这也导致了常人方法学自身内部的分化。例如，常人方法学在面临普通语言哲学的攻击时，总是会引入现象学，并使现象学在常人方法学中复活。这一点在谈话分析中表现得特别明显。普通语言哲学批评常人方法学的谈话分析存在精神—身体二元论，表明常人方法学并不是强调意识与目的性的现象学的朋友。正如杰夫·考尔特（Jeff Coulter）所指出的：

> ……如果要对舒茨的研究计划进行重要修正，那么在研究中就必须强调维特根斯坦所说的日常生活实践所使用的“标准”（criteria）的重要性。对于舒茨而言，标准是构成现象的可以废止的、符合习俗 98
> 传统的凭证，并且它们与社会中实际利益的不同分布存在复杂的关系。
>
> ——考尔特（Coulter 1983：123）

在作为目的、动机、利益的表达中介的语言概念，与作为关于揭示有序行动得以产生的方法的研究主题之一的语言概念之间存在一种紧张，对此我们必须高度关注。尽管这两种关于语言的理论视角之间存在一定的重叠性，但后一视角的说服力，与对个人进行的“自然”陈述的外在观察有关。其结果是常人方法学看不到互动、交流的意义输入作用，而现象学却看到了这一点。意义显然与各种语言范畴相关，但是把维特根斯坦的“意义就是使用”以及“语言形式是大家都可以获得的”观念，引入常人方法学，必须要求常人方法学坚持一种无预设的社会研究形式，一种不考虑社会主体的描述。

具有讽刺意味的是，那些不考虑受动机激励的主体——在头脑中带着某种目的或策略而参与谈话的主体——的常人方法学分支，都受到了现象学家的批判，被指具有结构主义的色彩（Lemert 1979；M. F. Rogers 1984）。在理论分析上，这些常人方法学流派与结构主义都认为，理解社会行动的基础依据在本质上都是情景性的，会因时因地而异，所以不必考虑行动者个人的精神状态。在经验研究上，常人方法学的谈话分析，只研究谈话的先后次序，根本不考虑谈话的内容，也充分体现了这一点。其结果就是，能动者成了一种无中心的机器，只是根据自然态度而按照某种秩序进行谈话。因此，常人方法学“已经完全不再关注”它们一度十分强调的自反性了（Pollner 1991：373）。

常人方法学放弃了实践——不管是马克思意义上的实践，还是维特根斯坦意义上的实践，并导致其用“去情景化的谈话”概念来代替社会“自我”概念，进而使其关于社会关系的研究，日益关注“去情景化的谈话”。还有，谈话分析并不涉及利益或动机这些因素，导致其具有功能主义的色彩。例如下面这段出自一位重要的常人方法学家的文字：

> 我们将简要地从各个方面来说明，行动设计可以促进社会团结……我们的说明将指出，人们对于谈话的组织存在固有的偏见；而我们认为，对于谈话的组织，有利于维持行动者之间的社会团结纽带，进而有利于避免冲突。
>
> ——赫利塔（Heritage 1984：265）

正如我们已经指出的，谈话分析充分说明了常人方法学内部存在的矛盾与
99 紧张。这种理论路线是经验主义的，而非阐释性的（May 1999a）。谈话分析似乎在朝着两个方向分化。其中的一个方向，是转而关注和详析日常生活中的“描述性说明”（Garfinkel & Sacks 1986；Sacks 1972）。在这一方向中进行研究的常人方法学家，提出了一种“类别化工具”思想——人们运

用这种工具来理解其环境的意义。例如，罗伊·特纳（Roy Turner 1974）通过文献研究方式，指出了人们如何根据互动中产生的特定类别化和范畴来解释与预测社交紧张症患者（formal mental patients）的行为。

谈话分析的第二个方向，就是使常人方法学进一步摆脱现象学的影响。这一发展方向主要集中于对互动的有序组织进行描述，并因此主张分析者通过分析索引性表达这扇窗口，能够“理解社会秩序的基础”（Maynard & Clayman 1991：399）。这一理论分支，对谈话中的轮流发言、谁挑起话头开始说话，以及电话的开始与结束等进行了研究（Button & Casey 1984；Houtkoop Steenstra 1993；Wooffitt 2005）。他们对自然状态下的、不受研究者影响的对话录音进行了分析，并以此证明了他们的主张，但是这也使他们日益走向一种程式化的社会研究模式。

对于这一点，他们可能主张，社会情景本身并不重要，因为人们是运用对话来说明他们的所作所为，而不管他们所作所为的情景。那么，谈话本身就反映了研究者的说明方法，而正如有的学者所说的，这种说明方法甚至可能超越文化背景。因此，这些研究可能忽略和不再考虑谈话的目的，也不再考虑谈话发生的背景。那么，根据这样的看法，考虑什么不考虑什么就完全根据经验了。这又导致了这样一种争论，即被“其他”社会科学家认为会急剧集中于日常生活的政治和经济资源，似乎来自某种“概念电离层”（conceptual ionosphere）（Benson 1974）。他们认为，谈话显示了对称性的权力关系。然而，其他学者对于他们的看法存在极大的争论，特别是涉及两性之间的谈话互动关系时，这种看法更有问题（Tannen 1993）。当然，在这一方向中的常人方法学者，也有一些例外，承认谈话中权力的非对称性（West & Zimmerman 1983）。

常人方法学者认为，运用这些方法可以对互动秩序获得更好的理解，但是我们认为他们仍然存在两个更深层次的问题。其中的一个问题，常人方法学已经进行了处理，就是在这种互动之中，个人实际具有的创造性和受到的限制到底如何？常人方法学对于这个问题的处理就是对主体的去中心化，从谈话分析把这些主体称为“成员”的报告中，可以明显看到他们对于主体的这种去中心化处理。大致说来，他们认为成员会习惯性地、有秩序性地利用某些非个人的互动秩序。这种从“内部”来看社会生活以避免某些既定预设的追求，使常人方法学家付出了高昂的代价：“常人方法学过度强调对细节的观察，使其可能成为一种无原则的、机械的描述和重复，而忽视了细节背后的意义……常人方法学通过极其细节化的描述，堆积出‘超越现实’的丰富性，直至读者觉得毫无意义为止”（P. Atkinson 1988：446）。

100 常人方法学还存在另一个方法论上的问题，就是关于研究者的地位问题。常人方法学主张研究者的超然性，完全忽视社会背景，似乎认为他们自己能够自由地飘忽于语言游戏之间，而不会受到自己的局限的限制。因此，我们可以认为，常人方法学的特点之一，就是诠释学（hermeneutic）的缺失。这些分析者就这样忽视了在语言游戏之间的转化这一核心问题。

常人方法学出版了一些文集，这些文集的作者们，已经指出并以不同的方式论述了常人方法学中存在的这些问题，且进行了修正与发展。其中有的学者仍然专注于语言问题，但也有一些学者开始关注谈话互动对于参与谈话的各方的意义。另外，还有学者关注互动得以发生的社会情景，进而理解言行与言行所处的各种生活形式之间的关系。因此，我们发现，越来越多的学者已经不再局限于对谈话顺序进行抽象的和去情景化的研究。

有很多学者都受到了常人方法学的启迪，但他们并不属于常人方法学派。这些学者包括 D. 史密斯（Dorothy Smith）、亚伦·西库雷尔（Aaron Cicourel）、杰克·道格拉斯（Jack Douglas）、玛丽·罗杰斯（Mary Rogers）、艾伦·布鲁姆（Alan Blum）与彼得·麦克休（Peter McHugh）等。这些学者之间的分歧与差异更大，不过他们都仍然在常人方法学理论视角之内来处理上面提到的那些问题。例如，有的学者重新界定了常人方法学的“目的性”、“内在时间意识”、“视域”等概念，以克服常人方法学在研究社会行动时存在的自然主义局限性（M. F. Rogers 1983）。

亚伦·西库雷尔积极借鉴逻辑学的思想来进行研究，使更多的人了解和知道了逻辑学的思想和见解。除了这一重要贡献外，有一些学者认为，西库雷尔还主张访问调查法要避免客观主义（Cicourel 1964），从而使他放弃了常人方法学，并认为常人方法学只不过是传统行动理论的诸多替代范式之一（Sharrock & Anderson 1986）。不过，西库雷尔似乎提出了一种关于意义的理论，这种意义理论既重视行动的社会背景，也重视行动主体的自反性：

> 如果我们希望建立一种意义理论，以使我们能够理解我们是如何赋予我们日常生活以意义以及进而形成行动的参考框架的，那么我们必须看到，口头语言法则并不是一种意义理论要探讨的基本要素。而谈话互动的背景——作为在交换过程中被自反性地经验的背景，或者作为在这种场景被替代时而被创造的情景，或者某人通过文本而认识这种场景时所想象的背景——仍然是一般意义理论的中心论题之一。
>
> ——西库雷尔（Cicourel 1973：140）

这些新的理论探索，借鉴了舒茨提出的各种概念，也借鉴了语言学家诺姆·乔姆斯基（Noam Chomsky）对失聪者哑语的符号语言进行的实验研究所提出的各种概念。乔姆斯基强调了语言使用者本身使用语言的能力，这 101
使他与结构主义传统相区别，但人们认为他强调的是表面言说所体现的深层规则结构（Chomsky 1980）。西库雷尔借鉴了这些思想，并指出我们有必要理解那些与“认知属性存在社会性的相关性的解释程序”（Cicourel 1973：168）。而正是这些认知属性，为人们提供了一种能力，使其能够产生日常生活社会结构和一种社会秩序感。他通过研究对少年犯的处理过程，分析了这些“范畴”（typification）（Cicourel 1976），并提出了一种把微观事件与宏观研究联系起来的方式，例如，他通过对语言、社会化和权力之间相互作用的研究（Cicourel 2003），而把宏观—微观分析联系起来（Cicourel 1981）。

D. 史密斯（Dorothy Smith 1988，1993，2005）的著作——我们在第八章还将进一步讨论——在很多方面都受到了常人方法学的影响。有的学者甚至认为她的著作应属于常人方法学的范围（D. E. Smith 1974），不过她最近提出的一些主张，又使我们觉得她并不能被归入常人方法学传统（参见Coulter 1990）。大致说来，D. 史密斯看到常人方法学可以用来研究和批判那些充斥女性日常生活的意识形态的性质。同时，她批判那些以认识和理解社会“实在”为目的的传统经验研究与理论研究，认为这些研究完全忽视了女性的经验（D. E. Smith 2005）。因此，她认为需要一种更具批判性的、更关注“各种支配关系”的理论，来理解描述性社会学只能进行描述的这一过程：

> 尽管妇女的确是其日常生活世界的行家里手式的实践者，但是日常生活世界概念认为，对那些决定我们经验的超地方性的变量进行揭示，并不属于我们日常生活实践范围之内的事情。这是一种值得质疑的概念。如果不借助专业化的调查研究，那么我们只能看到如此之多，而专业化的调查研究是社会学家的事情与专长。
>
> ——D. 史密斯（D. E. Smith 1988：161）

显然，D. 史密斯并不会去描述那些所谓的对称性的语言互动的顺序，她的研究起点是社会关系中的权力不平衡，这导致她走向一种批判语言学的领域（参见 Fairclough 2001）。正如约翰·汤普森（John Thompson）所指出的，意识形态领域是 D. 史密斯的研究主题，她认为意识形态领域是一种“非对称权力关系”之地，并会产生重要的建构性影响（Thompson 1984：118）。那些所谓的当代常人方法学“主流”著作，可能会认为这种看法有悖于忠实描述社会实在秩序的主旨（Button 1991）。

而布鲁姆和麦克休等人所关注的目标，则是在最初形成过程中的常人方法学中所存在的反实证主义的理论路线，以及常人方法学与这种反实证主义之间的松散联系（McHugh 等 1974）。他们认为，要找到各种谈话分析
102 所说的那种不受情景影响的互动规则，就要重复实证主义的不关注意义的具体情景性的一般化和概括化倾向。常人方法学的这种变种，日益关注“内生的”自反性而非“参考外部因素的”（referential）自反性（May 1998，2000；Pollner 1991）。前者指的是在某种社会情景中的“成员”进行的自反性，而后者涉及那些建构客体或分析领域的过程。

在此，我们发现了常人方法学的一种倾向，即在寻求互动者对社会互动进行的、自然地发生的描述的过程中，忽视了行动者“参考外部因素的”自反性。布鲁姆与麦克休认为，应该用根据时间与惯例来看待真理的相对主义，来取代这种倾向。正如麦克休所指出的，“陈述的真实性，并不能独立于其言说的条件”（McHugh 1974：329）。然而，这恰恰是那些谈话分析者试图通过概括不受社会情景影响的语言习惯——似乎行动的理由

（reason）就是行动的原因（cause）——来克服的论题。如果这样的实践服从于常人方法学曾经说过的“参考外部因素的”自反性的最基本准则，那么常人方法学自己显然达不到这样的标准。相反，现在所产生的结果是，一种假定的权威调查，看不到它自己的思想基础本身就是作为一种社会关系的结果而建构的（McHugh 等 1974）。

布鲁姆与麦克休认为，在上述的处理方式中，世界似乎只是一种固定的、确定的实体，而非包括了以富有想象力的方式一起来处理与他们相关的问题的个人合作实体。他们对常人方法学的这种批判，受到了海德格尔思想的影响，并指出了常人方法学分析存在的局限性。他们认为，这种分析过于悲观，因为看不到存在其他的社会行动过程的可能性；到最后，常人方法学会认为社会宇宙是一种静态的而非动态的现象。因此，他们指出：

> 我们……的分析并不满足于仅仅是对事物进行描述，也不认为能够用一种整洁的、有序的方式来讨论事物，就是取得了分析的成功。……我们认为我们的描述、讨论、分析与研究，只不过是更新我们两人的合作分析的机会。而正是有了这样的机会，我们逐渐对这种可能性本身进行研究。
>
> ——麦克休等（McHugh 等 1974：17）

从上述不同学者对常人方法学派思想的修正中可以看到，常人方法学确实是一种思想丰富、分支众多的思想传统。悖谬的是，当代的很多常人方法学研究，似乎恰恰重复了那些促使常人方法学产生的误解，例如认为常人方法学由于忽视主体而与结构主义类似，由于忽视“参照外部因素的”自反性而支持一种狭隘的科学主义——正如各种谈话分析那样——从而与实证主义相似。

本章结论 103

常人方法学从海德格尔关于“理解就是生活之事”的思想，以及维特根斯坦关于语言的思想中找到了自己的灵感。它拒绝理论、认识论与哲学的抽象玄思的束缚，而主张进行经验的研究，甚至是某些人所认为的经验主义研究。由于常人方法学的出现，社会思想出现了一种重要转向，而很多批评者试图低估常人方法学对社会科学研究的影响，从而看不到这种重要的转向。

简言之，常人方法学要求的仅仅是社会科学研究关注焦点的激进转向。例如，其主张社会学家应放弃涂尔干视社会实在为独立存在的思想，不要再认为人们的行为是遵守非个人的、一般角色规则或涵盖一切的因果法则。相反，我们应视社会秩序为人们在其日常生活中的直接“成就”。常人方法学认为，我们应该放弃心理学家的那些人为设计的实验，这种实验并不能适用于人们日常生活中的实际活动；而人类学家也不应再忽视对人们的那些情景性的活动进行详细的描述（Button 1991）。

因此，常人方法学关注的是对日常生活中的常识的理解，而日常生活成员都可以接近和获得这种日常生活常识。这样，研究者就可以理解人们情景性活动的环境。这些认知方法，并不能从关于社会动力、正式规则，或者人类精神普遍属性的那些一般性理论中先验地推导出来。相反，加芬克尔及其追随者在融合了解释的道德层面与认知层面的同时，探讨了人们理解其环境的意义以及彼此的意义的那些实际的、因情景而异的方式。

人们认为，常人方法学是一种描述性的研究，而非规范性的研究。常人方法学一直强调日常生活中成员话语的索引性、成员的自反性、成员是一种自己正在完成的成就、成员具有理解能力和认知能力。其结果就是，常人方法学在理论谱系的微观一端而非宏观一端实现了对帕森斯主义者所说的秩序问题的研究。诸如“自然态度最初来自何处?”之类的老生常谈的问题，要么被常人方法学重构，要么被常人方法学放弃。例如，常人方法学把理性问题重构为“需要根据具体情景来说明的事情”。而认识论与本体论问题也被常人方法学转化了。认识论逐渐被常人方法学变成了对社会组织属性的一种描述（Layder 2006）。简言之，“是什么”与“为什么”的问题，被转变成“怎么样”的问题。“常人方法学这种社会学描述研究，由于依赖于文献解释法，从而对无论是个人与社会的关系问题还是宏观理论—微观理论的关系的问题，都能加以解决。”（Sharrock & Anderson 1986：54）

104 常人方法学就这样回避了那些长期争论不休的、与“真”有关的问题；然而，这也使常人方法学付出了一种代价，特别是日益远离了社会科学家以前的关注点，也远离了生活于日常生活中的人们的关注点。对于那些仍然希望追求所谓的“真”的事物的人来说，对于那些执着于说明社会中存在的意义、权力关系、压迫模式的人来说，甚至对于那些从事公共政策导向的研究的人来说，常人方法学不会有任何的吸引力。这又导致了一种不幸的结果，那就是属于常人方法学传统的那些学者，形成了自己的一个封闭的小圈子，他们日益仅仅参考彼此的著作，而这又会进一步导致常人方法学本身沦为文本分析的对象（Gubrium & Holstein 2006）。

尽管常人方法学内部存在种种分歧与差异，尽管其他社会科学家对它提出了各种批评，但是我们可以肯定的是，它影响了其他一些理论的发展，并促进了一些类似的有意义的研究，例如罗姆·哈勒（Rom Harré）的定位理论（positioning theory）（参见 Harré & Moghaddam 2004；May & Williams 2002）等。然而，鉴于本书的理论回顾的目的，我们将主要讨论另外一位社会理论家，他在自己的研究中借鉴和整合了常人方法学的思想。但是，他也并不认为常人方法学关于社会与社会关系的看法，就是最终的定论。这又促使他去研究社会关系中的社会再生产，并试图借此把微观与宏观研究结合起来。这位社会理论家就是吉登斯。下面我们就转而讨论吉登斯的著作。

第五章

社会关系中的社会再生产

105 本章从回到对戈夫曼的讨论开始。P. 曼宁（P. Manning）认为，戈夫曼对于如何把社会生活的宏观与微观层面联系起来，作出了三个重要的推进（Manning 1992）。其一，把互动秩序与社会结构的生产与再生产联系起来。其二，通过这种联系，来分析权力关系对社会生活的影响。其三，按照种族、族群、阶层与性别等维度，来分析角色占有者的身份。

P. 曼宁对戈夫曼得出这样的评价，表明他并没有受到兰德尔·柯林斯（Randall Collins 1981）或西库雷尔（Cicourel 1981）的“聚合性假设”的影响。该假设认为，“宏观现象是无数微观事件的聚合与重复”（Knorr-Cetina 1981：25－26）。本书关于行动者网络理论的第七章，还会对这种假设做进一步的阐述。相反，P. 曼宁主要借鉴的是吉登斯的“意外后果”假设（Knorr-Cetina 1981）。该假设认为，微观事件通过人的活动的意内、意外后果，既生产又再生产社会系统（Stones 2005）。因此，研究者在分析社会与社会关系的过程中，不应在微观与宏观之间进行选择，而是要完全超越社会思想中存在的能动—结构二元论。因此，社会研究者的任务应是研究社会整合与系统整合之间的关系等（Lockwood 1976）。吉登斯认为：

> 意外后果对社会再生产具有重要的影响。……社会系统本身只有在“微观社会背景的生产与再生产中”才能出现、存在和得到建构；而微观社会背景又要受到先前的、类似的社会行动的意外后果的限制并得到建构。
>
> ——K. 克诺尔-塞特纳（Knorr-Cetina 1981：27）

为了克服能动—结构二元论，吉登斯借鉴了大量的思想和理论，包括经典社会理论，他在经典社会学的基础上，提出了一种“深受诠释学影响的社会理论”（Giddens 1982：vii）。他试图避免意识哲学以及行动理论普 106
遍存在的问题，他承认社会不是个人的创造，但同时又反对结构主义者的解释（Giddens 1984：xxi）。为了深入讨论这些思想，本章分成两部分。第一部分通过回顾吉登斯与其他思想学派的争论，以及他对众多理论富有结果的综合，来说明其思想的形成过程。第二部分主要讨论这种理论视角在应用于社会研究时，可能存在的一些问题。

结构化理论的思想渊源

结构化理论产生于吉登斯与其他相关理论的争论与批判性综合。吉登斯对社会科学中的“传统共识”提出了异议，并导致与其他一些理论的争论。他认为，那些传统共识是自然主义与功能主义相结合的产物（Giddens 1987：24），而这种结合使社会科学对现象学、普通语言哲学和诠释学的深刻思想视而不见。其结果就是，社会科学仍然处于自然科学影响之下，无法摆脱其束缚。他说，那些正在等待“社会科学的牛顿”的出现之人，“不仅是在等着一列永远无法到站的火车，更可悲的是，他们是在错误的站点上等待这列永远无法到站的火车”（Giddens 1976：13）。

结构化理论与各种微观理论视角都认为，社会是“人类主体持续应用其技能的结果”（Giddens 1976：15）。为了坚持这种观点，而不重复行动理论的缺陷，他调动了各种理论资源，借鉴了各种理论的思想。例如，他放弃了科学的马克思主义，认为其具有自然科学模式的症状，而各种各样关于社会变迁的演化理论，也存在这样的问题。但是，他吸收了历史地分析社会生活的客观与主观特征之间联系的人本主义的马克思主义，并对其进行修正，使其本体论与结构化理论的目标相协调（Giddens 1976：12）。

那么，结构化理论必须直面一个难题。吉登斯虽然承认和保留了常人方法学所说的日常生活中的行动者会发挥其熟练技能并使日常生活成为一种成就的思想，但他也主张不应放弃那些主张结构也是提出和发展社会理论所必须考虑的要素的思想（Giddens 1976：22），那么，他如何能够既克服结构主义或结构—功能主义思想存在的问题——二者都贬低日常生活中行动者的能动性，又克服那些贬低日常生活中的结构的作用的微观理论视角的缺陷，并提出一种综合性的社会理论呢？为了回答这一问题，我们有
107 必要讨论他对这些思想传统的讨论与批判，而这也使我们可以深入讨论结构化理论是如何把结构与行动综合在一起的。

交锋：对各种二元论的批判

吉登斯认为，各种行动理论存在的问题，就是“强调行动而弱化制度的作用”（Giddens 1982：29）。例如，受舒茨传统影响的社会理论，把意识还原为个人的自我，强调外部现实是被建构与再生产的。胡塞尔的现象学原本试图克服主客二元论，舒茨也继承了他的思想，但后者最后还是把主体置于比客体更优先的地位。吉登斯的著作对此进行了广泛而详尽的讨论，既研究了社会实践的再生产，又强调社会行为存在创新的机会（I. Cohen 1989）。

正如本书已指出的，常人方法学从根本上放弃了把行动者视为文化木偶的那些社会分析视角，转而主张在日常生活中的行动者是具有熟练的技能的和成熟的行动者。加芬克尔为了满足这种主体是充分的（adequacy）假定，而把情景理性置于比科学理性更优先的地位。然而，正如舒茨（Schutz 1972）所指出的，我们应把科学理性与世俗常人的说明联系起来，科学理性并不是简单的、不合逻辑的固化（reification），因为仍然存在使“常人的理解为研究者所理解”的需要（Giddens 1976：40）。主流常人方法学家在借鉴普通语言哲学的思想时，也肯定不能回避这种需要。由于这

一原因，吉登斯也讨论了第四章中提出的那个问题：常人方法学家以一种超然态度，如何能够既在语言游戏中理解这种游戏，同时又超越语言游戏呢？

为了讨论这个问题，吉登斯借鉴了诠释学的思想。这使得他能够把社会分析中存在的不同意义框架协调在一起，能够处理作为传统共识重要特征的经验主义存在的问题——一些学者试图进行无前提预设的描述研究，从而导致了这种经验主义问题。他认为，我们显然不能在理论上采取超然的立场，只根据“感官的观察和发现”而提出各种陈述和主张（Giddens 1976：135）。于是，他从诠释学的角度，对被主流常人方法学家放弃的自反性概念进行了深入探讨：

> 研究作为一种生活形式之表达的范式或语言游戏的过程，也是研究这种范式或游戏不是什么的过程，也就是一个通过对比各种范式的核心主张，研究曾经被拒绝的其他替代范式，来协调和改善正在受到质疑的支配性范式的过程。
>
> ——吉登斯（Giddens 1976：144）

吉登斯对于自反性的深入讨论，主要在两个层次上展开。其一，他认为，社会科学与自然科学均是一种“生活形式”，它们的从业者都必须研究它们。其二，他认为，正如舒茨（Schutz 1979）所言，常人话语与技术性话语之间 108
的关系并非单向的，相反，二者之间存在一种持续的“滑动”或交叉（slippage）。因为“碰到一个读过涂尔干著作的验尸官，实乃寻常之事”（Schutz 1990：42）。这就是他根据“双重解释学”的思想而得到的见解之一。

吉登斯认为，常人方法学除了上述问题外，还存在另外一个问题，那就是常人方法学根据普通语言哲学的思想，把（背景）理性等同于（常人的）可说明性（accountability）。然而，这样做的后果，就是在分析上完全忽视了目的、动机与利益等因素，而人们通常认为这些因素对于社会行为会产生重要的影响。他指出，“做”不只是使某物成为可说明的，它也是一种实践，而正是这种实践，使得“做”成为行动者在日常生活中的一种成就（Giddens 1976：44）。

吉登斯还认为，关于社会生活的众多宏观理论路线，包括强调规范的功能主义（帕森斯）、强调冲突的功能主义（默顿），以及历史唯物主义，都是不全面和不完善的（Giddens 1977，1981a，1985）。正如我们在第二章中所看到的，这类宏观视角认为社会有着各种“需要”以及满足这些需要的方式，而研究者根据这些方式就可以解释社会过程本身。这类宏观理论路线招致了大量的批评。

其一，无论是强调实现社会秩序的帕森斯的著作，还是凸显意识形态控制的阿尔都塞的马克思主义，都认为人的能动性受到内化的社会价值观的决定。例如，他们把理性归因于社会系统而不是个人，就明显地体现了这种看法（Layder 2006）。

其二，规范的功能主义认为，权力——在社会科学中，是一个“基本要素和概念”（Giddens 1984：283）——深受根据共识而产生的规范与价值的影响。这样处理的结果，就是使规范的功能主义与诠释性社会理论一样，认为社会关系中的权力以及作为一个整体的社会中的权力都是非对称性的，决定于利益分化。吉登斯认为，这样的分析也会导致诸多问题（Giddens 1976：157）。与这些视角不同，其结构化理论主张，规范是具有不同利益因而也具有不同理解和分歧的群体相互竞争的产物。正因为如此，规则不仅仅（如温奇、舒茨所认为的）是使能性的，也不仅仅（如帕森斯、涂尔干所认为的）是制约性的，规范既是使能性的又是制约性的。

其三，宏观视角存在共时性解释与历时性解释的二元分裂，特别是存在一种对历史的忽视。例如，宏观视角把功能（“部分”与“整体”之间的关系）与“临时的、意外发生的事件”区别开来，这种做法明显体现了一种非历史的静态分析（Giddens 1976：120）。其结果就是，这些宏观视角认为社会是一种内稳态，并把研究的关注点指向社会系统的维持与均衡，进而认为是社会系统建构了社会关系。对于这些潜在的本体论问题，吉登斯存在一种海德格尔式的看法。因此，他认为要同样对待和考虑社会中的那些静态与动态的因素。这导致他的结构化理论反对和批判结构功能主义与常人方法论关于社会秩序的各种假定所包含的那些保守的理论要素。

109 吉登斯认为，社会科学为技术性解释留下的唯一合法空间，就是行动的限制性条件。能动性应归结于能动者，因此应放弃“人们做 X 的原因，就是为了完成系统 Y 之需要”这样的功能解释，不能把能动性归结于社会系统的一种属性。正如我们将要提及的，结构化理论在说明社会制度与社会关系为什么会长时间持续存在这个问题时，并不求助于功能主义的解释。吉登斯在否认系统本身具有某种理性或需要的同时，并不否认系统对实践确实具有使能与限制的作用（Giddens 1979：113）。总之，他认为，功能主义与结构主义看不到社会与社会生活是积极的、能动的主体的产物，而行动理论仅仅考虑了社会关系中社会系统的生产，而没有考虑社会系统的再生产。下面，我们讨论结构化理论是如何把这些理论立场综合起来的。

理论的综合：结构化理论中的行动与结构

在反对能动—结构二元论的过程中，吉登斯把自己的注意力逐渐指向了社会关系中的结构再生产。他认为，在社会关系之中，可以看到结构的二重性与结构化过程。结构会进入“能动者与社会实践的建构过程，并‘存在于产生这些建构的每一时刻’”（Giddens 1979：5）。这种再生产是具体的实在而非抽象的哲学概念，体现为“时空之中的互动的情景性”（Giddens 1984：110）。正如他所指出的：

> 根据结构二重性概念，社会系统的结构化属性，就是它们既是它们所循环往复地组织起来的实践中介，又是这些实践的结果。结构并非“外在于”个人，相反结构是一种记忆痕迹，随着社会实践而被具体化，比涂尔干传统意义上的那些外在于个体活动的外在性在一定程度上更为“内在”。结构并不等同于对行动的限制，结构对行动总是同时具有使能性与限制性。当然，这并不会阻止社会系统的那些被建构的属性，在时空上进行延伸并超越个体行动者的控制。
>
> ——吉登斯（Giddens 1984：25）

因此，吉登斯把结构概念界定为，既是社会实践的生产与再生产的中介，又是社会实践的生产与再生产的结果。他认为，要关注社会实践的结构化，就是要解释“结构通过行动而建构是如何发生的，以及行动又是如何被结构性地建构的”（Giddens 1976：11）。接着他指出，我们应与结构—功能主义以及结构主义相反，把结构视为一种动态的而非静态的现象。某种结 110
构到底是限制性的，还是使能性的，或者是此二者的结合，单纯的理论研究并不能确定，而必须通过经验调查研究来决定。鉴于此，对于结构的二重性，只有根据“真实的历史情景”来思考，才能获得有价值的解释（Giddens 1993：6）。

吉登斯的著作，表现出坚持一种潜能本体论（ontology of potentials）倾向，认为社会行为进行创新的机会，是个人有意识地占有的，并反对那些认为系统力量仅仅是对社会行为进行限制性的规制的思想。这又使得他进而关注和研究“人类行动的性质、社会制度的性质，以及社会行动与制度之间相互关系的性质”（Giddens 1991a：201）。不过，如果吉登认为，个人并非总是能够“如果不……就采取……行动”，他可能重新屈服于一种结构解释；但是他认为在社会科学中这种解释形式是一种“无用的”甚至“有害的”研究（Giddens 1984：214）。因此，他认为对社会再生产进行深入的阐述和说明，已经十分必要和关键。

本书先前已经指出，后维特根斯坦传统的视角，把社会当作一种“语言”来进行研究。而在其常人方法学变种中，这种视角最终与结构主义日益接近，常人方法学把社会情景与说明联系起来的思想，实际上把实践意识与社会实践割裂开来。与此相反，吉登斯试图把二者整合起来，对“社会理论根深蒂固的两种二元论进行十分重要的协调”（Giddens 1979：4）。因此，吉登斯所使用的实践概念，就逐渐指的是语言与社会实践之间的联系。实践这个概念，既不认为个人有完全的行动的自由，也不认为行动完全受结构的决定。它是

> 一种本体论的术语，表达了人类社会存在的一种基本特征。我们说人的社会活动就是实践，就否定了作为“被决定的客体”的人或者作为完全“自由的主体”的人等概念。所有的人类行动，都是由具有认识能力的能动者所实施的，他们通过行动建构了社会世界，同时他们的行动也要以他们所创造的这个世界为条件或受其限制。
>
> ——吉登斯（Giddens 1981a：53－54）

在此，吉登斯明显与“人本主义的”马克思相呼应。他的《社会的构成》（*The Constitution of Society*）一书，对结构化理论进行了最为系统的阐述，但这本书实际上可以说是对马克思的如下名言的呼应：“人们（让我们直

接说人类）自己创造自己的历史，但是他们并不是随心所欲地创造”（Giddens 1984：xxi）。在这一点上，关于能动性的这一特殊的思想，就日益与结构化过程直接联系起来了。

我们可以界定人类行为存在的两个方面：能力（capability）与认知性（knowledgeability）。能力是指某人“如果不……就采取……行动”的能力。与那些深受功利主义者影响的社会理论如理性选择理论不同，这并不等于人们在他们所面临的各种行动过程中有意识地做出“决定”或“选择”，因为大多数的社会生活实际上是习惯性的。然而，根据实践的规则，能动 *111*
性就是行动者对已经存在的事态或事件过程做出区别的能力（Giddens 1984：14）。因此，吉登斯认为权力是比主体与能动者对自己的行为进行的自反性监视更优先的东西（Giddens 1984：15）。这是一种与帕森斯、福柯都具有某种亲和性的观点，认为权力不仅是社会关系中的一种压制力量，也是一种使能力量。权力恰恰是获得能动性——“改革、转型的能力”——的一种手段或方式。

而“认知性”则是指“社会成员极大程度地知道社会的运行，以及知道如果社会要成一个可以认识的‘人类社会’，就必须这样运行”这一事实（Giddens 1981b：163）。

然而，这不等于社会成员“有意识地”地认识和知道这些。为什么呢？因为这种认知要受到两个方面的限制：其一，行动者认识不到行动的一些条件；其二，行动会产生无意识的后果（Giddens 1981a：19）。正是在这一点上，关于个人形成的理论，进入了吉登斯的理论体系。吉登斯放弃了弗洛伊德的“作为三重心理组织——本我、自我、超我——的个人”概念，取而代之的是他所提出的作为一种基本安全系统的个人概念，这种概念强调个人的本体安全、实践意识与话语意识。

吉登斯认为，实践意识具有极其“复杂”的特性（Giddens 1984：281）。它涉及对日复一日的行为的惯例性监督，而这种行为在“认知性”方面，受到上述两个方面的限制；在“能力”方面，这种行为体现了人们知道用以继续他们的日常生活的东西，但是通过这一点，社会系统的结构性属性也得以再生产。而话语意识，则在与习惯性的行动模式相分离时得到显示。当人们问及他们的行动或活动的原因时，这种话语意识就出现了，这种话语意识也可能来自个人环境的急剧变迁。然后，人们会反思影响自己行动的原因和意图，但并不一定会反思自己行动的动机。正是由于在实践意识与话语意识之间存在重要的区别，所以一个人在阅读戈夫曼的著作时，才能获得关于日常生活的这些见解。

对本书的目的而言，吉登斯所做的重要事情，就是对行动的理性化与行动的动机进行了区分。他认为，只有在“不寻常的环境中”，动机才在社会生活中起作用，例如动机会影响处于这种环境中的行动者的“整体计划或程序”（Giddens 1984：6）。他认为，这些动机是一种“需要”，为行动的潜在可能提供了基础。吉登斯通过这样的区分，提出了他自己的理论框架，这种理论框架明显重视人们在日常生活中的行动，以及动
112 机中的无意识要素。他说，“我认为，驱动行动的因素，是行动者的需要之组织化、认知的有意识与无意识层面以及情感的结合”（Giddens 1979：58）。

为了避免人们对此产生误解，我们有必要指出，尽管吉登斯认为无意识概念对社会理论的提出和形成十分重要（Giddens 1979：58），但是他否认仅仅根据无意识的动机就可以“读出”行动有意识的表现。该观点是他在对戈夫曼与弗洛伊德关于日常失误（everyday slips）的思想的深入比较之后提出来的（Giddens 1984：98－104）。他认为，这类关于社会生活的精神分析视角存在的问题，主要是忽视了社会因素对日常行动的影响（意外后果），而偏向于认为行为是个体的精神结构的外在表现（行为具有无意识动机）。同时，各种行动理论由于受到美国学者行动哲学思想的影响，从而把“理性”与“动机”相混同，并由此导致其不能研究无意识动机对行动的潜在影响。同样，这些行动理论由于认识上的局限性，而不能研究那些建构了活动的社会条件，而只考虑那些仍然外在于人们日常生活自我理解的社会条件，即作为“有目的的行为之意外后果”的那些社会条件（Giddens 1979：59）。

上文从描述在情景性实践与通过社会行动的意外后果而实现的社会制度再生产之间存在的联系开始，进而描述了行动与结构之间的融合。为了

更加深入地理解这一点，我们还需要讨论吉登斯关于构成社会结构的规则与资源的思想。

吉登斯发现，结构主义的思想对于提出结构化理论是有用的，但是这些思想在很多重要的方面都存在缺陷（Giddens 1977：45－48）。他在关于结构主义与后结构主义思想的论文中，指出结构主义是“僵死的思想传统”（Giddens 1987：73）。他把关注点放在对实践的讨论上，并因此可能接受了对主体去中心性的思想，但又不赞同主体已经死亡的说法。因此，他放弃了外在于人之能动性的结构概念，因为“并不存在作为一种独特范畴的‘结构解释’这类事物”（Giddens 1984：213）。然而，结构还存在第二种含义，这种含义体现在在场与缺场的交叉之中。在这种意义上，社会系统的基本属性，可以根据行动的表现来推断（Giddens 1984：16）。这种本体论的实在论，对于结构化理论而言，是概念上的里程碑，因为它可以解释意外后果的有目的的再生产（Stones 2005）。

吉登斯认为，列维-斯特劳斯的著作（Giddens 1979：63－64）对于理解结构的第二种含义是有用的，但问题是斯特劳斯的研究忽略了时间，导致他只是在第一种意义上描述了社会结构——仅仅作为一种静态的“物”的结构，认为结构是与日常生活情景性实践中的再生产相分离的物。为了克服这一缺点，吉登斯借鉴了时间地理学的思想（Giddens 1984：110－119），特别是引入了时间地理学所说的“因为社会系统把时间与空间联结 113
在一起，因此具有建构性”的思想（Giddens 1979：64）。这样，历史又重新回到社会理论中，只不过是以使社会系统存在于时空之中的方式重新回到社会理论中。由于社会是一种“系统形式”的体现，所以社会获得了一种持续性。这样，吉登斯就克服了行动理论的局限，同时又避免了视结构为独立于社会生活中的能动者之活动。

吉登斯所提出的以人的“活动”与“行事”为基础的本体论，尽管指出存在这种系统形式，但也必须为社会行为的创造性留下一定可能的空间。鉴于此，吉登斯认为系统是在社会关系中再生产的。其结果是，结构被赋予一种“虚拟的秩序”，因为从逻辑学的观点看，结构不是社会系统或集体的一种属性：

> 说结构是一种可转化的关系的“虚拟秩序”，意味着作为在社会实践中被再生产的社会系统并不拥有“各种结构”，而只是展示出“结构化的属性”，意味着作为时空存在的结构，只是存在于它在这样的实践中的具体化，并且作为记忆痕迹而指导具有认知能力的人类能动者的行为。
>
> ——吉登斯（Giddens 1984：17）

因此，吉登斯认为，社会系统只有通过建构性的过程才能存在。这种看法又使他把“社会制度”界定为体现了社会关系中最大程度的“时空扩展”的那些社会总体（Giddens 1984：17）。这样，他就通过结构化——社会系统在社会实践中的再生产——而把社会系统和人的情景性实践联系起来了。因此，在吉登斯看来，人们在他们的行为过程中利用结构，而这种结构从时空中出现，本身又包括了规则与资源：

> 结构化理论的主要假设之一，就是在社会行动的生产与再生产过程中所利用的规则与资源，同时也是系统再生产的方式和手段（即结构的二重性假设）。
>
> ——吉登斯（Giddens 1984：19）

因此，吉登斯认为行动与结构是相互牵连和包含的，但是他所使用的“规则”与“资源”概念指的是什么？他认为规则具有两个属性，在概念上我们可以把这两种属性区分开来，但在实际的社会实践中二者并不能分开。规则的属性之一就是在日常生活中人们可以用别人能够理解的方式来熟练地利用这些规则，而其结果就是常人方法学家们已经详尽描述过的、在语言的生产与交换中的那些规制。“行动者只是默会性地、心照不宣地利用这些规则。”（Giddens 1984：22）因此，人们尽管利用和应用这些规则，但并不必然会明确地把它们归纳出来。规则的另一个属性则是“建构性”，行
114 动者要依赖于规则的这种建构性来理解社会。因此，这些重要的规则对社会实践既有使能作用，也有限制作用。

不过，吉登斯的上述思想也产生了某些问题。例如，如果说社会再生产牵涉这样的规则，那么（我们是否应如常人方法学那样，认为）这些规则与社会秩序的维持有关，还是应（如结构主义那样，认为）这些规则是

一种独立于人的能动性而自主运行的因果机制？如果不对这个问题进行回答，那么人们可能指责吉登斯是系统目的论者、结构决定论者或者指责他把理性与动机相混同等。但是，吉登斯的结构化理论，把有权力的能动者通过他们的介入而“使事情不同”的能力置于分析的中心地位，所以吉登斯主张的是结构的制约性不能“独立于能动者行事的动机和理性而运行”（Giddens 1984：181）。因此，除了这些重要的规则外，结构应该还包括其他的内容。正是在这一点上，吉登斯把规则视为“规制”的思想纳入了他的理论模型。

吉登斯认为，行动者在“策略地行事”的过程中，会“利用那些被建构到社会系统中的支配模式”（Giddens 1982：83）。这里的“支配”一词，并不包含其常见的否定性、消极的含义，而正如我们所指出的，权力也包含着产生建设性结果的可能性。吉登斯把这些支配模式分为“配置性的”资源与“权威性的”资源（Giddens 1984：259）。配置性资源会因为社会系统类型不同而变化，但总体上是指人们对于自然的支配。例如，这些配置性资源包括了原材料、技术以及两者相互结合而产生的那些商品。权威性的资源则指的是对社会世界的控制，包括对时空组织、社会关系、人的身体的生产与再生产，以及影响自我发展与自我表达的可能性之生活机会的控制（Giddens 1981a：51－52）。

吉登斯认为，这样的配置性资源与权威性资源，体现了各种非对称的权力形式。这种权力的非对称性也体现在能动性中——正如我们已经指出的，这种能动性即“使事情得以发生的能力”或“导致特定事态的”能力（Giddens 1981b：170）。这些资源可能被动员起来，根据个人的行为对遵守和利用情况进行奖惩，社会实践因此牵涉生产、权力与规范的奖惩；而结果是社会系统与结构的再生产。这就是规则的“规制性”意义。然后，吉登斯指出，从实践的角度看，语言的“正确”使用（建构的规则）不能与它们所发生的环境（规制性规则）相分离。于是，本章开始的那一段所说的戈夫曼的互动秩序就与包含规则与资源的社会结构联系起来了，人们习惯上在社会互动中会借用这些规则与资源。

吉登斯认为，人们在有目的地利用资源的过程中，所产生的意外后果就再生产了社会系统。然而，如果说权力是社会系统中的支配之“内生”
115 特征，那么它会不会限制马克思意义上的行动者？在讨论这个问题时，吉登斯借鉴了韦伯的做法，拒绝把权力的运行还原为生产力与生产关系。这使他的立场不仅异于历史唯物主义，也异于尼采意义上的“权力意志”——表现为对社会关系中的支配的无厌需要——的思想（Giddens 1982，1984）。尽管各种限制可能在个人生活机会（权威性资源）等层次上起作用，但结构仍然会是使能性的和制约性的。简言之，人们拥有认识客观社会条件的能力，然后把这些条件整合进他们的社会行为中：“一个人或者一个组织的权力，无论怎样完全地施加于从属者之上，从属者也总是可以获得资源，并借以影响权力的拥有者”（Giddens 1987：162）。

这一过程体现了一种变革的能力，也就是能动性的实施。在这一过程中，也始终存在相互控制，以缓和社会关系之中的支配。同样，没有哪个单独的人，可以完全影响他人的各种行动。他们的行动自由，完全依赖于他们必须高度胜任于实施一定范围的实践的能力。如果一个人在与其他合作者共同行动时，没有与其合作的行动者一样的能力，不能熟练地实施恰当的实践，那么就会受到合作者的控制（I. Cohen 1989）。

小结

吉登斯认为，由于各种行动理论没有考虑社会制度和权力在社会生活中的角色和作用，因此其行动概念存在局限。相反，各种结构主义的理论又使能动性从属于系统的决定，从而赋予社会本身一种生命，并把社会与个人行动割裂开来。结构化理论在强调本体论的同时，用结构二重性和结构化过程取代了这种二元论。然后，结构化理论把能动性定义为一种“转换能力”（transformative capacity），并把关注点放在日常生活中的策略性行为。并因此认为权力处于这个过程的中心地位。

吉登斯认为，“实践”是影响和引导行动的实践意识与行动得以发生的社会条件之间存在的一种联系。在这一社会行动过程中，作为社会结构的一部分之规则与资源，要受到再生产社会系统的影响（有意识行动的意外后果）。结构既是互动的中介，又是互动的结果，因为“实践是在相互交叉的规则与资源——其最终表现了这个总体的特征——中发生的”（Gid-

dens 1982：82）。而且，为了解释社会关系中的持续性和克服行动理论的局限，吉登斯认为社会的系统层面在时空维度上具有很大的“延伸性”。然而，系统对于地方行为的任何决定作用，都要受到系统和结构必须在能动者 116
的情景性实践中实现再生产的影响。因此，能动性蕴含着结构，而结构蕴含着能动性。

结构化理论存在的问题

吉登斯的理论方案存在十分模糊的地方。这种为了弥合关于行动与结构关系——这是社会理论的核心问题——的二元论的努力，自然会进一步导致大量著作的产生，包括批判结构化理论的著作、进一步阐释结构化理论的著作，以及一般地质问结构化理论的著作。本节主要讨论人们对于结构化理论的不同理解，以及结构化理论到底有多大的适用性等问题。然后希望进一步讨论视行动与结构为一种二重性的思想是否有用。

首先是吉登斯在提出其结构化理论的过程中，对于那些理论传统的理解是否准确，以及是否存在选择性利用的问题。例如，很多学者都质疑吉登斯对马克思主义（Wright 1989）、后结构主义（Boyne 1991）、后现代主义（Hekman 1990a）的解读是不准确和不全面的。因此，很多学者始终认为结构化理论是一种概念上的“掠夺党”，而且吉登斯总是如此，导致他看不到其他理论传统的思想。

有学者指出，吉登斯对其所借鉴的各种传统理论进行这种各取所需式的理解，是他纯粹追求理论广度和综合的一种症状表现。例如，他通过诠释学利用了欧洲大陆的思想传统，但是也希望借鉴英美传统的经验趋向（经验主义研究）。这一点也体现在他偏向于借鉴一种以本体论为基础的社会理论，这种理论认为理解是人的存在本身的一部分，而不是社会研究调查的方法之一。这是一种高难度的、走钢丝的行为。还有，那些主张社会理论应具有经验的、功利的价值的人，认为吉登斯的著作更像“哲学研究”（Rex in Mullan 1987：19），因此难以应用于经验研究（Gregson 1989；Mouzelis 1991；Stinchcombe 1990）。

吉登斯（Giddens 1984，1991a）确实集中关注的是提出一种对社会研究有用的结构化理论，也有很多学者明确利用他的思想来进行社会研究（C. W. Smith 1983）。不过，吉登斯也主张结构化理论是这样一种思想，它通过对以往人们常常忽视的那些社会生活核心领域的说明，可以修正经验研究。那些核心领域，包括人的认知性与社会行动的意外后果之间的关系。另外，是否具有经验的应用性，不应成为评判社会理论的唯一标准。结构化理论框架的内在一致性，它所提出的问题，它所提供的见解，都是十分
117 重要的（Giddens in Mullan 1987：102）。那么，让我们讨论结构化理论提出的一个问题，以及它是否对这个问题得出了深刻的见解，以检验上述辩解是否正确。

我们就看看结构化理论对性别角色与能动性这一问题的处理吧。尽管女性运动已经明确指出社会学研究（Giddens 1987：24）的缺陷之一，就是没有看到在社会结构中存在的两性之间的支配与被支配关系，而吉登斯可能也没有考虑这种性别化的社会结构（Wolffensperger 1991）。吉登斯十分坦诚地回应了琳达·穆尔加特洛伊（Linda Murgatroyd 1989）等人提出的这类问题，他说“我确实对性别问题始终没有给予足够的关注，但它们无疑十分值得研究”（Giddens 1989：282）。不过，这种情况在他关于自我、社会与政治关系的著作中，已经有所改善（Giddens 1991b，1992，1994）。然而，这个例子就足以说明结构化理论总体上是有问题的吗？

如果人们认为，时间是一种资源，有权力来组织社会生活，但不是按年代顺序来组织社会生活（Adam 1995），那么人们就有可能动员时间这种资源，来排除那些按照对时间的支配性理解来建构其生活的特定群体。例如，由于家庭劳动与工厂工作之间存在劳动分工，它们分别由妇女与男人来承担，因此工会或工厂如果把其会议安排在妇女做家务的时间，就可以严重阻碍妇女参加会议，其后果就是强迫妇女回到家庭领域（Marshall & Witz 2004）。

我们当然可以认为，急剧增多的兼职工作形式，对于妇女具有一种使能性，能够增加妇女的能力。然而，对于低工资与兼职工作之间的关系这一问题，结构化理论又如何看待呢？按照在男权制—资本主义社会中先天就存在一种性别劳动分工的限制来看，兼职工作可能也具有使能作用。由于人们总是能够通过他们的行动“产生某种影响”，因此面临妇女运动要

改变这些实践的意图，结构化理论就很难解释这种结构性的不平等。毕竟，在结构化理论中，社会系统与社会结构只是在情景性实践中被具体化的意义上存在。这意味着，社会系统与社会结构仅仅是在人的活动过程中它们被借用的程度上，存在对行动的制约。因此，结构化理论似乎并没有克服唯意志论—结构决定论这样的二元论，因为结构化理论认为结构只在意志实施过程中存在。

该争论的关键点，就是一些学者认为结构与行动不可能是二重性的，而只能是一种二元性。在本节的剩余部分，我们就集中讨论一些学者围绕这个问题而提出的各种论题。这些学者所得到的一些结论，都是以罗伊·巴斯卡（Roy Bhaskar 1993：154）所说的吉登斯是“片面的唯意志论”为基础的。有人认为，在吉登斯的著作背后，实际上存在一种主观主义，他只不过是在主观上想反对把结构与能动性割裂开来，他主观地认为把二者割裂开来，自然就是使社会行动屈服于具有决定作用的社会力量。

吉登斯总体上试图瓦解社会思想中存在的能动—结构二元论，但是他 118
的这种意图是以特殊的视角为中介的。这些视角是本体论的，关注的是人的“行为”与“存在”，这又使结构化理论坚持一种特殊的社会实在概念。在这种实在中，积极的主体与社会实在本身被视为同一。同样，结构化理论为了避免意识哲学的陷阱，放弃了任何认为社会实在外在于社会关系而存在的结构主义的解释。然而，结构化理论由于完全放弃了这种解释，不得不重新回到主观主义的解释：

> 事实上，正是由于吉登斯死抱着综合性的二重性是虚假的二元论的唯一替代理论这种看法不放，阻碍了行动与（客观）结构二元论事实上把结构与行动理解为相互蕴含的这种唯一可行的方式的实现，破坏了结构与行动的统一性，看不到二者的相互影响。
>
> ——莱德尔（Layder 1987：31－32）

社会结构二重性概念认为，社会变迁要依赖于具体化的行为。然而，正如在上文所举的男权制与工作这个例子中，社会系统的二重性是什么呢？简言之，这可能要求对时间与工作努力进行不同的说明，以影响社会条件的变革。在这种情况中，人们可能故意使自己远离他们认为是压迫性的那些规则。其结果是语言规则——吉登斯如此强调的语言规则——实际上变成冲突的主题，而不是行动的资源。主体与客体因此被认为彼此分离，并成为某种二元对立，而不是二重性关系（Mouzelis 2007）。而且，在那些抗争的日子里，约束与限制可能总是独立于能动性而运行：

> 国家可能瓦解，政治可能被废除，而经济可能破产，但是人们正在努力改变那些导致这些情况的因素（如出生率、独裁、文盲、种族中心主义等）。作为一般性的理论命题，这是有效的，但是人为缩短了所涉及的时间间隔。然而，这就是吉登斯通过使所有的文化属性成为永久的，并认为它们只是一种苍白的“想象的存在”而窃取的东西。
>
> ——阿奇尔（Archer 1989：89）

讨论这个问题的另一种方式，就是检验权力与变革能力之间的关系。吉登斯并不认为权力是社会结构的一种属性，因此系统的限制并不能如双向控制概念所描述的那样得到完全的实现，因为“弱者……总是有某种能力来转换资源并对抗强者”（Giddens 1981a：63）。甚至在隐居遁世、“绝食罢工”、“自杀”这些情况中——这些是对控制的终极拒绝——都可以看
119 到存在某种选择。尽管这是一种极端的情况，而社会系统中行动更具灵活性，但是把权力与变革能力进行这样的联系，对于解释社会关系这一目的而言，就足够了吗？

有学者认为，权力结构是人的行动的产物，但是在产生之后，就可能在社会系统中逐渐沉淀下来，进而影响能动者在后来的行动中能够动员权力的程度——妇女与工资劳动之间的关系，就是这种情况。因此，正是能动性与结构等诸多二元的相互作用，需要理论分析与经验研究，而不能仅仅讨论结构的二重性。然而，结构化理论仅根据理论的研究，概括出行动具有这样一种可能性：即认为结构是在情景化实践中再生产的事物，而不是个人面对的、有持续限制作用的事物。例如，以是否应采取避孕措施的争议为例。在某些情况下，教会与政府之间就此问题形成强烈对抗。结果只能是一种僵局，并实际上阻碍避孕实践的任何变革，不利于那些受到这种支配关系控制的人（Layder 2006）。因此，一些学者认为，不能简单地从能动性的角度来看待权力，权力也是限制群体与个人行动的社会系统的属性：

> 我有机会投票选择我的政府吗？我有多大的工作选择范围？如果我要工作，我是必须在一个工资能够使我生存下去的岗位上工作，还是在一个工资只能使我生活在贫困线以下的岗位上工作？我并不总是能够按自己的意愿做出这些选择。它们是我们所说的“社会结构”的结果，我们所获得的关于这些结构的经验，常常类似于我们获得的关于物理世界的经验，类似于吉登斯难得地承认的那些事物的限制。
>
> ——I. 克雷勃（Craib 1992：154）

结构化理论存在的很多问题，都源于其从规则与资源的角度来界定结构概念的做法。从建构性或规制性的规则角度来看待限制，存在很大的问题。一个已连续六个月没有工作的人，面临其享受的国家福利被调低的危险，因为据说这么长时间的失业，反映了他们个人的无能，也就是他们不能使自己“被雇主购买”。那么，这些限制是否可以还原为他们对制裁的理解？有学者认为不可以，恰恰相反，

> 正是这种替代选择的范围，受到了严格限制。这些限制并不是源于语义的与道德的规则，而是源于生产性制度得以存在（与衰落）的那些结构性条件。
>
> ——约翰·汤普森（J. B. Thompson 1984：168）

由于能动性与根据策略行为进行的“意见选择”之间存在这样的联系，所以吉登斯似乎给我们留下了这样一种思想，即在实现我们的需要与 120
欲求方面，并不存在可供选择的方案，所以再也不能设想我们是一种能动者。正如上文提及的自杀与监禁的例子中，一个人的选择就是没有选择！关键的问题是，需要与欲求总是在变化。而结构化理论恰恰没有解释，人们与其自己觉得所处的社会地位之间存在的不断变化关系：

> 社会分析的关键任务之一，就是既要根据因为阶级、年龄、性别而出现的不同意见分布来探讨能动性的可能空间，又要从各种需要与欲求、利益与需要——这些本身又都是被人们不同地占有的——的角度来探索这种可能性的空间，……某些个人或个体群体，比起另一些个人或个体群体来，可能有着更大的活动和选择空间，因此我们应该

这样说，自由是由不同的人在不同的程度上享有的。

——约翰·汤普森（J. B. Thompson 1984：170）

这类分析可能指出结构与能动性之间并不相互矛盾，但是这类分析也可能指出结构与行动并不会如结构化理论所说的那样相互包含，因为实践具有“并未完成”的性质，以及它相对于人们对自由的“过度的诉求”处于优先地位（Craib 1992）。然而，吉登斯最后在关于政府的政治分析中，提出通过“第三条道路”对结构与能动性之间的关系进行重构（Giddens 1998）。这种第三条道路的思想，拒绝从上到下的权力（社会主义）与从下到上的权力（强调个人自由的新自由主义）概念。

吉登斯认为，在当今的社会中，“个人”必须承担起自我领航以通过一个不断变革的世界之海的义务。在这个世界中，全球化已经转换了时空，而我们彼此之间的关系也因为“风险”而发生了转型。在政府与公民社会之间需要建立新的伙伴关系，政府通过地方首创而复兴社群，赋予“自愿组织”这种第三部门更大的作用，鼓励社会企业，特别是支持具有“平等、互敬、自立自治、通过交流沟通而决策以及自由发音”等特征的“民主”之家，在这个家庭中，家长对子女实施的是一种“通过协商而得来的权威”（Giddens 1998：93）。

这是一种新的契约，在这种契约中义务与责任都得到了强调，而对于这种新的契约的强调，又使人们强调社群实施参与性的项目，而不是政府提供经济福利特别是直接的金融与货币补贴。吉登斯说，我们所需要做的，不是鼓励个人依赖性，这存在“道德的危险性”，而是应推行“积极福利”计划：即鼓励人力资本投资、自治自助、积极的健康医疗、终身教育、康乐与创新等（Giddens 1998：128）。这种思想曾经对英国首相托尼·布莱尔（Tony Blair 1997—2007 在任）与美国总统比尔·克林顿（Bill Clinton
121 1992—2000 在任）等政治人物产生了重要的影响，而且对今天英国的布朗（Gordon Brown）政府[①]的政策也产生了重要影响（Giddens 2007）。

---

① 英国前首相布朗的任职时间为 2007—2010 年。作者写作本书时布朗在任。——译者注

小结

结构化理论尽管存在上述问题，但毫无疑问的是，它对社会理论中存在的二元论问题做出了创新性的讨论。在主体层面上，结构化理论对结构主义者关于主体死亡的那些看法进行了批判，并且这种批判并没有借助笛卡尔主义的自我，而是把社会生活中的“实践”和权力作为分析的中心。他认为，知识并不是开放性的而是有边界的，能力受到还没有认识到的条件与意外后果的限制。尽管在大多数的时间中，人们只是“继续过着”他们的日常生活，但他对于实践意识的强调，意味着个人对他们自己在做什么是知道的。另外，他们的行为具有策略性的意图，但是其意外后果却再生产了社会系统。

在提出结构化理论的过程中，吉登斯讨论了大量的知识传统，并把各种各样的知识传统都纳入他的研究中。这为他的研究提供了资源，给他的著作带来了优势和力量，但使其理论出现了一些缺陷。不过，正如吉登斯所主张的，利用这种研究可以为我们进一步的经验调查与概念阐述提供一些启示，并产生丰富的成果。因此，从总体上看，他的研究对于行动理论与系统理论中的那些更加宏大的主张提出了某种修正。

在对行动理论与系统理论中的那些宏大叙事进行修正的这一伟大事业中，吉登斯并不孤单。还有一位法国社会科学家从结构主义传统中挣脱出来，并成为客观主义的批评者。在他的研究中，实践再一次成为焦点话题。然而，他的思想渊源与经验基础都与吉登斯不同，而且他从政治学的角度严厉批评吉登斯正在成为全球化的辩护者，披着学术的外衣为全球化张目，并“生拉活扯地把各种社会学与哲学理论从其背景中抽离出来，在学术上进行整合，进而主观地套用于学术上的社会正义论任务”（Bourdieu & Wacquant 2001：5）。这是一种与以往宏观理论似乎多少有些相似的结局！不过，这也促使布迪厄开拓一项全新的，但常常被误解的事业，即在说明结构化理论存在的巨大缺陷的同时，深入理解社会地位、意愿（aspiration）与行动之间的关系。

第六章

惯习、资本与场域：社会关系中的社会

122 自20世纪50年代以来，布迪厄出版了大量著作，内容覆盖社会研究、科学、社会理论、教育学、亲属关系、文化研究、语言学、经济变迁、宗教、艺术、博物馆、文学、摄影、哲学等领域。这些极富启发性的思想，一直以来被那些以反思性社会科学为指导的经验研究奉为重要的参考框架。

布迪厄反对结构主义与现象学提出的客观主义与主观主义二元论。与吉登斯一样，他对社会思想中存在的能动—结构二元论提出了自己的理解。他根据在社会区隔（social divisions）与精神图式（mental schemata）之间关系所体现的“内在联系”（genetic linking），来界定二者之间的关系。不过，他认为精神状态（心境）是社会区隔的体现，所以需要社会科学始终保持“认识论的警觉”，以免混淆日常生活意见与社会科学话语之间的界限（Bourdieu 等 1991）。于是他得出了这样的结论：“一门充分的社会科学，必须既包含客观的规律，又包含客观性的内化过程”

（Wacquant 1992：13），这种客观性“是一种场域的社会产物，而这个场域要依赖于场域中被接受的各种预设，特别是在解决冲突的合法方式方面更是如此”（Bourdieu 2004：71）。

布迪厄强调社会区隔，所以他的著作具有如下三个方面的批判性特征。其一，尽管对于人们的日常生活的理解而言，这些区隔确实存在并产生重要影响，但不应根据表面价值来判断这些区隔，否则会陷入“直觉知识的幻觉”（Bourdieu 1991a：250）。因此我们需要重新审视那些既有的社会范畴，以便分析那些建构生活机会和再生产阶级界限的社会条件。其二，我们需要运用一种具有自反性的社会科学，以使在整个搜寻“知识的社会—先验条件”的过程中，能够检视影响知识生产的那些制度条件（Bourdieu 2004：79）。布迪厄指出，我们不仅要取代第一种错觉，还要取代第二种错觉，即“绝对知识的幻觉”（Bourdieu 1991a：250）。因此，他认为，能动 123
者是会犯“错误”的，而科学家总是自认为“无所不知”，实际上并非如此。其三，他以一种海德格尔的方式，把这些要素结合进他的理论中，并通过对“真正的”基础进行揭示和研究，以打开各种“可能”的王国，因为“每一种已经确立的秩序，都会倾向于……对其自身进行恣意的移植”（Bourdieu 1977：164）。还有，布迪厄并不满足于 P. 拉扎斯菲尔德（P. Lazarsfeld）的实证主义，也不满足于阿多诺的纯理论性的推测（Bourdieu 1984：附录 1）。

布迪厄在研究和写作过程中，也借鉴了大量学者的思想。其中包括韦伯、马克思、涂尔干、莫斯、列维-斯特劳斯、索绪尔、海德格尔、维特根斯坦，以及奥斯丁等人的思想。与吉登斯一样，这导致了人们对布迪厄的思想存在不同的理解，而这又常常根源于对布迪厄所处的知识与文化传统的误解（Bourdieu 1993a；Wacquant 1993）。另外，在英美学者圈子之内还存在一种倾向，即忽视布迪厄对经验研究的基本关注，而仅仅强调他提出了“宏大理论”。如果牢记这些点，那么我们在本章中就有可能真正让人满意地消除这些误解。我们不能只是应用轻率的、便利的标签，来暂时地满足读者或学者对建设性的交锋、讨论与对话的需要，我们希望通过下面的论述，对布迪厄的著作进行更积极的对待。其一，通过讨论他与其他思想传统的交锋，以及他由此而提出和发展的思想，来简要地概括布迪厄的理论。其二，我们讨论在他的著作中那些悬而未决的问题，以便在总体上把握他的思想的优缺点。

布迪厄社会理论的知识渊源与形成

批判与借鉴

在本书第一部分中，我们已经指出，在1945年后，法国社会思想界的特征之一就是围绕萨特的存在主义与结构主义之间的分歧而争论不休。布迪厄提出了“社会经验社会学”概念，这使得他在这一时期的思想和学说形成过程本身，成了后来学者调查与研究的客体。的确，这种技术构成了他以及他的“欧洲社会学法国知识分子生活与教育系统研究中心”的同事的著作的一部分（Bourdieu 1988，2003；Bourdieu & Passeron 1990；Bourdieu 等 1994）。

布迪厄从哲学专业毕业后，在一所省立中学教书，然后在1956年应征
124 入伍，并在阿尔及利亚服役。在这里他逐渐明白了在法国知识分子、他自己的经验与困苦的阿尔及利亚人、法国移民之间理解上存在的鸿沟。他后来的研究，大多是二手文献分析，同时以田野调查为补充（Bourdieu 1962）。这些研究的总体目标之一，就是“通过对当下意识（temporal consciousness）的分析，来理解在前资本主义世界中成长起来的那些人，面对‘资本主义’经济入侵时的状况”（Bourdieu 1990：8）。

这种田野调查为布迪厄思想的形成提供了一种基础，构成了作为布迪厄后来的研究的核心要素之方法论思想的开端，同时也为他提供了一种经验基础，使他能够对那个时代支配性的知识潮流进行批判性的审查。正是在这种意义上，布迪厄在阅读舒茨和胡塞尔的著作时，发现如梅洛-庞蒂（Maurice Merleau-Ponty 1908—1961）那样关注人文科学与“日常生活”，或者去研究他自己所说的“当下意识”，不失为一种“走出学究式的、毫无意义的哲学玄思的方式”（Bourdieu 1990：5）。

在布迪厄的整个学术生涯中，这一时期标志着他从哲学转向社会学，这种转向在后来他对海德格尔的研究中达到了最高点（Bourdieu 1991b）。

促使布迪厄转向社会学的动力之一，来自社会思想中的结构主义革命。在诸如列维-斯特劳斯等人的引领下，结构主义对索绪尔的著作进行了理解和阐释，并在此基础上使社会科学在法国学术界日益受到尊敬。不过，其结果是一种有问题的思想整合，变得与确定“纯粹理论”的边界毫无关系，也就是完全陷入了纯粹的理论研究之中，并以这种理论来解释一切。鉴于此，布迪厄试图“对客观性进行客观化”，并把索绪尔视语言（langue）优先于言语的思想，作为这种研究策略的主要分析对象。

他重新引入了索绪尔的思想，在索绪尔看来，说话不是人类从事各种事务进行交流的中介，而是一种基础性的客观关系系统，这种系统日益不再指涉感觉—经验。因此，分析者就可能要求成为某种“舞台监督”，能够用他们的客观化的工具而随心所欲地表演。其结果就是他们日益沉迷于“一种权力之梦”（Bourdieu 1992a：31）。这种梦想，就是他们试图使基础性规则或具体行动结构适合社会科学家出于解释目的而使用的那种理性分析模式。例如，从社会背景分析日益转向确立某种普遍人性，就是列维-斯特劳斯的梦想。然而，对普遍规则的这种追求，导致的后果之一就是忽视了能动者的自由：

> 为了对作为无数历史行动的累积的结构和有意义的产物进行说明，科学会借助一种建构，并从这种建构中制造超验的、作为本质而存在的实践实体，也就是要把历史还原为一种“没有主体的过程”，简单地用自然史的僵死法则取代了主观性的“创造性主体”。这种看法……把历史的能动者还原为结构的“承载”角色（载体），把他们的活动还原为只不过是结构本身形成和发展自身，以及决定与过度决定其他结构的力量的现象之表征。 125
>
> ——布迪厄（Bourdieu 1992a：41）

这种研究程序，认为诠释不是研究主体及其活动被如何创造为研究客体的过程，而是研究主体的事情。那些研究言—行的理论家，诸如奥斯丁等人，则根据“内在主义者”的方法来反对这种结构主义，这种方法把“内涵”与社会背景联系起来。其结果就是，正如在主流的、当代的常人方法学中那样，语言被视为社会分析的终极目标。然而，对于布迪厄而言，还有另一种方式——通过把社会条件与语言的使用联系起来——可以用来探讨语言与社会生活之间的关系。

与上述语言研究的各种视角相反，布迪厄认为语言上的言说权力，取决于它们得以产生的制度条件。那么，分析者可能接着探讨，“通过探讨言说者‘进行官方的、正统的和合法的发言’的所有通路，言说被赋予何种权力或权威？”（Bourdieu 1992b：109）。制度不仅仅包括学校、监狱、工厂等，还包括相对稳定的社会关系集合，它们为其成员提供了某种资源。于是，被常人方法学和结构主义舍弃的历史，又重新回到布迪厄的研究中，因为正是在那种条件下，某些人进行言说，而另外一些必须接受这种言说：

> 在不同形式的论点、修辞、风格的特殊语言学逻辑形式中，去寻求符号效力的根源的种种努力，如果不确定话语的属性、宣称这些话语的人的属性，以及赋予这个人去宣称这些话语的权力之制度的属性之间的关系的话，注定会失败。
>
> ——布迪厄（Bourdieu 1992b：111）

布迪厄对于这些属性的关注，使他进入了另外的知识领域，以说明他的经验发现。而这就使得他与经典社会理论的观点发生了交锋。为了使我们对布迪厄的思想获得比通常的了解更具建设性的理解，本章第一部分指出来自不同传统的各种理论家实际上都存在某些基本的问题。但是，布迪厄却以多少有些不同的方式讨论了这些问题。他说，经典理论的思想是一种“包含了各种可能立场的空间”，从其中存在的各种矛盾和对立中，我
126 们可以找到超越经典理论的机会（Bourdieu 1990：35）。我们力图牢记这一点，同时尽力简洁地叙述布迪厄所进行的这种十分有影响的综合。下面就是对布迪厄利用这些思想的一个回顾。

布迪厄关注社会关系的再生产的思想，借鉴了涂尔干的象征主义社会学，从而在一定程度上调和了自己的经济主义解释。反过来，他通过视符号系统为意识形态建构，对涂尔干关于道德与价值的思想进行了调和。因此，布迪厄认为，道德与价值并非体现了双方自愿地对事态得出某些共识，而是体现了一种支配系统，以及一种从传统向现代社会过渡过程中的变迁

形式。一般而言，这种变迁可以表述为从人际系统向制度系统的推进。这正如布迪厄（Bourdieu 1962）在阿尔及利亚进行研究时，直接通过他对法国人品味的广泛人类学与统计学的分析所看到的，在法国

> 社会秩序的维持是通过涂尔干所说的“逻辑一致”、对社会世界的各种理解的安排而得到了根本的加强，对于社会世界的理解必须与已经秩序化的区隔相适应（并因此与支配这种区隔的那些人的利益相适应），并且被按照那些结构、客观必然性的每种当下表现而建构的所有大脑所共有。
>
> ——布迪厄（Bourdieu 1984：471）

代表这种理论谱系中的客观主义立场的正是马克思和涂尔干，只不过他们分别属于客观唯物主义与客观唯心主义。布迪厄试图回避这样的二分，为此他借鉴了韦伯的思想。他试图利用韦伯的著作，来分析特定群体的生活方式、生活机会与物质资源之间的关系。正如本章开头所引文字所指出的，在布迪厄看来，主体的看法和社会位置、立场日益与所谓的“前自反性假定”相关，这种前自反性假定即：“社会能动者参与了视世界为当然的纯粹事实这一过程”（Bourdieu in Bourdieu & Wacquant 1992：168）。他认为，这是一个把世界当成“信念而接受”的过程（doxic acceptance），并建构了认知与客观结构之间的联系。然而，这种客观主义立场存在的问题，就是看不到实践和策略的重要性；换言之，就是忽视了在日常生活中能动性的重要作用。

布迪厄的分层研究，认为能动者参与了各种形式的身份建构，并使得自己与其他群体区别开来。因此，他以为，为了获得被认可的身份的斗争，是社会生活的中心内容；对于能动者的这些策略与社会位置——在这些位置上最重要的是各种形式的资本的积累——之间的关系，可以作如下辩证的理解：

> 一方面，社会学家在这种客观主义思考环节（moment）中，忽略能动者的主观表现而建构客观结构，而这种结构构成了这些主观表现 127
> 的基础，也构成了互动所面临的结构限制；但另一方面，如果一个人要解释和说明个人与群体的、旨在转变或保持这些结构的日常斗争，

就必须专门地讨论这些主观表现。

——布迪厄（Bourdieu 1989：15）

其结果就是布迪厄所说的“建构主义的结构主义”，这种立场为社会生活的主观特征与客观特征之间的相互作用，提供了一种经验的研究，但又不会放弃结构主义遗产对社会科学的重要贡献：即“强调关系的思维方式……这种思维方式认为真正存在的不是物质而是关系”（Bourdieu 1989：15－16）。

基本概念：资本、场域与策略

布迪厄使用了四个重要的概念，来分析能动性与社会位置之间的关系，我们有必要对这些分析概念进行讨论，它们是资本、惯习、场域与策略。通过讨论，我们可以日益明确布迪厄探讨结构与行动问题的新视角，同时我们也会日益明确，他关注的是现象之间存在的多维关系，并反对把这些关系还原为一维的社会生活。

布迪厄认为社会世界是一种“空间”，这种空间是从任何时刻都十分活跃和起作用的一系列属性中建构出来的。在这个空间中，社会关系展示了各种形式的权力或资本的使用，这些权力或资本可能单独地起作用，或者彼此一致协调地起作用。在他的研究中，主要的资本类型包括文化资本、社会资本、符号资本以及经济资本，而这些资本类型又分别有着自己的亚型。他认为，这是一些客观的权力形式，并且既不可还原为能动者本身的意图和目的，也非能动者互动时的简单指令。因此，他认为，能动者是根据他们相对于彼此的地位而得到界定的，人们在社会关系中的分布，并不因为和他们与生产方式相关的各种属性而变化。相反，人们是按照他们可以拥有的资本总量和资本构成状况而分布的，并形成不同的类型（Bourdieu 1992b：231）。

根据后一观点，我们可以认为布迪厄反对实体论，这种实体论认为如果没有物质条件，那么任何形式的实在都不可能存在。这意味着布迪厄修正了马克思主义的经济主义。他认为，这种经济主义，因为不能看到“‘客观’实在与生产和交换的社会表现之间存在的、社会地维持的矛盾，而‘湮灭了特殊性’”（Bourdieu 1992a：113）。还有，布迪厄研究了社会生活的主观特征与客观特征之间的辩证关系。这也使他能够分析前资本主义社会与资本主义社会中的各种非物质形式的资本。而他在这种分析中，反 128
对经济学把普遍性的分析范畴应用于各种毫不相干的社会关系形式的做法。

在布迪厄看来，非物质形式的资本包括符号资本，符号资本体现为一种把意义赋予社会实在的权力，同时也为个人在社会关系中的位置提供一种社会认可。在非资本主义社会中，拥有这种符号资本的人，即使没有任何金钱，也可以去市场，因为人们信任他而给予他的价值，与他们的财富本身一样地多（Bourdieu 1992a：119－120）。在资本主义社会中，符号资本的累积实际上可能恰恰取决于其远离经济必需品的距离。因此我们可以说，一系列宏观的条件为与微观生活方式相关的非物质形式的资本的存在提供了准备：

> 随着与必需品的客观距离的增加，生活方式日益成为韦伯所说的一种“生活风格化的产物”，日益成为一种对系统的投入和承诺，并引导和组织着最多样而丰富的生活实践——例如或者选择葡萄或奶酪，或者选择在国内装饰一处度假用的房子。
>
> ——布迪厄（Bourdieu 1984：56）

那么，这种美学的倾向，就涉及一系列“免于生存紧迫性”的经验和“审美本身就是一种目的”的经验（Bourdieu 1984：54）。在这种意义上，我们会想起戈夫曼的“角色距离”概念——这是一种通过资源动员而得以可能的过程。

如果我们要对社会关系概念进行这样的界定，就需要加入时间维度。这又可以把社会生活的各种动态层面进行整合，而在这种社会生活中，地位的保持或变动，要归因于各种形式的资本所发生的历时性变化。在此，布迪厄试图克服那些社会关系理论视角不考虑历史的弱点。也正是在这一点上，惯习进入了他的研究，并成为战胜那些处于历史学与社会学之间的“贫困的立场”的关键要素（Bourdieu 1981：305）。在这个意义上看，惯习与吉登斯的“结构”之间存在一定的相似性。正如布迪厄所言：

> 有必要写一部结构史，并通过建构该结构的矛盾、紧张与权力关系——这种结构随后发生转型的根源——来揭示结构的每一种状态，

并指出它们都是先前为了转变或保护既有结构的斗争的产物。

——布迪厄（Bourdieu 1990：42）

然而，吉登斯关于结构的思想中的规则概念，在布迪厄的著作中被策略概念所取代了。

布迪厄（Bourdieu 1981）把历史分成“具体体现和表达的历史”和“客观化的历史”两部分。例如，我们在书中、机器中，建筑、纪念碑和
129 法律中发现的历史，就是客观化的历史。“惯习”一词，意味着类似于希腊语的“hexis”（也类似于中文的习性）一词，与举止、行为、态度、方式与风格等有关。他认为，惯习本身是历史在人的身体之中的体现。惯习在社会实践中明显存在，并通过社会实践体现在与人相处的谈话方式和活动之中，体现在社会实践行动者理解周围环境的方式中，并对它们产生重要影响。那么，我们就可以从品味、社会位置和惯习的形成之间所发生的互动角度，来分析身体。

布迪厄认为，惯习通过经验输入身体的同时，也通过教育输入身体，而惯习之所以有力量，在于抑制惯习的主要表现的那些思想的缺失。十分简单，有竞争力的绩效表演是在惯例的基础上生产的，在这个过程中客观的意义得以再生产。因此，我们可以认为惯习是一种“社会化的主观性”形式（Bourdieu in Bourdieu & Wacquant 1992：126），在社会化的主观性中，在人们在时间过程中获得的性情中，历史得以重演，并使人们进入社会情景之中。惯习是产生社会实践的途径之一，也是感知和理解社会实践的途径之一：“惯习意味着‘一个人的位置感’，也意味着‘他人的位置感’”（Bourdieu 1990：131）。

布迪厄在为了克服个人—社会二元论而把社会的客观与主观层面连接起来的过程中，似乎把个人置于比社会更优先的地位。其结果就是，有些人可能把惯习理解为一把手枪，而个人是从这把枪中射出来的，并由此而决定了他们的社会轨迹。这种曲解，明显贬低了布迪厄通过抑制能动性的作用，而检验社会生活流背后起基础作用的那些社会条件的愿望（Layder 2006）。同样：

惯习不是某些人所曲解的命运或注定。作为历史的产物，惯习是

> 一种开放的性情或习性系统，要不断地从属于经验并因此不断受到经验的影响，即或者强化或者修正它的结构。惯习是持续存在的，但不是永恒不变的！
>
> ——布迪厄与华康德引自布迪厄
>
> （Bourdieu in Bourdieu & Wacquant 1992：133）

从这句话中，我们可以归纳出惯习的三个层面，以及它与实践之间的关系。其一，布迪厄的行动概念与杜威的思想很近，连他自己也承认这一点（Bourdieu in Bourdieu & Wacquant 1992：122）。因此，布迪厄与海德格尔、梅洛-庞蒂、维特根斯坦一样，都对关于身体的二元论以及哲学与社会科学理论如此着迷的主客二元论进行了批判。为了充分理解这一点，我们有必要从这种思想传统中来对其定位，进而充分抓住其含义。

其二，惯习不仅仅是能动者在面对社会世界时持有的一套习性，因为它也暗示了一种创造能力。这种能力依赖于社会情景，而在这种社会情景中，能动者发现自己是情景的“实现”条件。如果缺少这些，那么惯习可
能成为一个“爆发点”（怨恨），其可能等待（甚至主动寻求）“突然暴发 130
的机会”（Bourdieu 1993b：87）。因此，在能动者进行的实践与他们发泄所需要的客观条件之间，就可能发生脱节。那么，在那些实践“因为被迫与一种更早的客观条件状态相配合”而表现得不适应的地方，布迪厄所说的“堂吉诃德效应”就可能出现（Bourdieu 1984：109）。

这种在性情倾向与位置之间存在一种“前客观”的切合性的思想，并不否认行动者在他们的行为过程中会做出策略性选择。但是，布迪厄并不是理性行动理论的盟友。人们对帕克、米德和托马斯的思想进行了无数次的批判，并要求调整关于客观与主观结构之间关系的看法。布迪厄认为，正是在这些点上，可以接受一定程度的理性选择。然而，这并不意味着他主张方法论的个人主义，如果这样就会重新引入他试图克服的二元论。相反，他认为，我们必须认为个人处于“对其培育与训练产生了影响的范畴系统的限制之中”（Bourdieu in Bourdieu & Wacquant 1992：126）。如果心灵是理性之所，那么它是受到社会限制的，但不是非社会性的。鉴于此，我们可以把布迪厄的特征归结为，他更强调如何合理地行事，而不是理性地行事。

其三，正如上面的引文中所指出的，我们必须看到，主体与客体同惯习都有关。如果看不到这一点，会再一次把主体放在比客体更优先的地位，并失去布迪厄的辩证方法的实质：

> 惯习能够使一种可理解的、必要的关系在实践与情景之间建立起来，其意义由惯习通过各种知觉和理解范畴而产生，而这些知觉与理解本身又是由一种可观察到的社会条件所产生的。
>
> ——布迪厄（Bourdieu 1984：101）

布迪厄认为惯习体现为一种“游戏感”，这种感觉是在实践经验中获得的。正是获得了会产生这种结果的技术，实践感才对它有了一种“模糊的逻辑”（Wacquant 1992）。科学试图通过量的研究来统计和加总社会生活的这一层方面，其结果是不能抓住社会生活的感觉。例如，问人们他们正在做什么，就是问他们一个他们并不需要的问题，因为实践的实质就是对这样的提问的一种悬置：

> 实践具有一种逻辑，但这种逻辑并不是逻辑学家的那种逻辑。我们必须承认这一点，以避免向实践索要它不能给我们的更多逻辑。因此，我们要谴责一个人硬要从实践中鼓捣出一种不一致性，或者硬要把某种一致性（coherence）强加于实践。
>
> ——布迪厄（Bourdieu 1992a：86）

131 正如布迪厄所指出的，这种惯习即“游戏感”本身的设定或形成，需要一种社会情景。我们可以用两种方式来看待惯习与场域。首先，场域建构了惯习，或者说为惯习的实现提供了条件。同样，一种分裂的、内部存在矛盾的惯习，可能根源于诸场域之间的矛盾。其次，惯习也起着一种建构的作用，即把场域建构成能动者在其中决定投入他们的能量来建构它这样一种地方。于是出现了这样的结果，在惯习与场域之间出现了一种双向的关系：“譬如说，社会实在同时存在于事物与心智中，存在于场域与惯习中，内在于又外在于能动者”（Bourdieu in Bourdieu & Wacquant 1992：127）。

他认为，不同的场域会发生变化，彼此之间存在相对的独立性与自主性。例如，艺术场域（Bourdieu 1995）与科学场域（1988）之间就是如此。

一般而言，权力场域会影响所有其他场域，并因此构成一种“元场域”。元场域也存在“诸多的游戏场域”。这些场域被它们的参与者视为一种随意的建构，他们或多或少知道这种建构，这种建构包括了特定的具体规则，在此，进入场域的条件导致了能动者之间的“准合约”。在这样的地方，一个人会发现，对于它的评论会是这样：“它仅仅是一个游戏”。而社会场域源自各种漫长的“自主化”（autonomization）过程。这些是“它们自身内部”的游戏，而非“为了它们自己的游戏”（Bourdieu 1992a：67）。进入这些场域的能动者，首先持有一套使他们运行或工作的信念。人们进入游戏越早，对它知道得就越少，对场域通过这样的投入而给予他们的就知道得越少（Bourdieu 1992a：67）。在人与场域的这种双向关系中，一种一致性得以建立起来，社会世界由之可以被理解，因为它由人构成表现得如此地不证自明。其结果就是在一个人与他是其中一部分的社会世界之间，存在一种“本体论的共谋”（Bourdieu in Bourdieu & Wacquant 1992：128）。正是在这一点上，布迪厄的社会实在是一种“双重存在”，这种思想使得他可以分析场域，并把场域与构成场域的那些人区别开来：

> 场域同时把它们自己呈现为一种被建构的位置（或职位）空间，这些位置的属性取决于它们在这些空间中的位置，并且我们可以使它独立于这些位置的占有者的特征来进行分析（这些占有者部分地决定于这些位置）。
>
> ——布迪厄（Bourdieu 1993b：72）

因此，布迪厄认为，一个场域是通过权力关系而建构的，也是各种类型的资本的分布。在这种场域中，这些资本会被动员起来，以服务于争夺位置的斗争。然而，尽管场域是由这些权力关系建构的，但在其中发生的斗争形式则是多样的。于是出现了这样的结果，一个场域中的变动可能不会扩散到另一个场域或影响另一个场域；因为一个场域之中的惯习，意味着对本场域的法则、风险与收益的知晓，这种富有结果的斗争，围绕布迪 132
厄所说的“合法暴力（特殊权威）而展开，这种暴力是我们所讨论的场域的特征”（Bourdieu 1993b：73）。对场域中的资本结构的保有或颠覆，就成了利害攸关的事情。那些倾向于保有其权力关系的人，被界定为会维护正统，而场域中的那些新来者，可能是颠覆性的，并采取和实施“异端的”策略。

一个场域中异端或者非正统的存在，迫使场域信念或者一套前反思性的假定，从休眠状态醒过来。那么，这个场域中的支配性的能动者，会寻求保卫正统，并在总体上使共识恢复到一种信念的程度。一旦这是适当的，场域中的各种支配形式就会通过“隐蔽的说服”而起作用，而接受这种说服就导致“诸事物的秩序”（Bourdieu in Bourdieu & Wacquant 1992：168）。这种说服性秩序巧妙地借助了这样一个事实，即在这里，场域也展示出一种明显的对抗，也存在着关于什么是值得争夺的一种一致同意或共识。“局部的革命”可能发生，但是游戏者并不能质疑游戏本身的基础，否则他们会被排除在外（Bourdieu 1993b：74）。

根据上面的讨论，我们可以认为，布迪厄关于场域的构成的讨论，包括了一些重要的要素，这些要素是：场域中的能动者的“利益”、将展开的资本的具体形式、能动者对于什么将要发生的感觉、他们所采纳的策略以及他们对场域预设的恪守程度或者说持有的信念。而且，场域中并不存在一套支配场域的机械法则，因为能动者采纳的是会导致各种程度的不确定性的策略。用经济学的术语来说就是，这并不意味着能动者一方存在一种有意识的需要去最大化他们的效用。从这种意义上，布迪厄对“策略”与“游戏”概念的利用，就具有了不幸的意涵，其根源于一种主观主义的传统，而这种传统在当代理性选择理论中得到了体现（Bourdieu in Bourdieu & Wacquant 1992：129）。

为了尽可能地阐明后一点，让我们扼要重述一下先前的争论。有学者认为，一方面布迪厄认为，作为在漫长时间过程中获得的一套习性之惯习，在结构与实践之间起着一种生成机制的作用，这种生成机制把场域建构成为有意义的。另一方面他又认为，场域会影响整个惯习在场域中的具体化。那么，在能动者与场域之间就存在一种不那么有意识的本体论重复。但是，这并不意味着存在一种最大化自我利益的、有意识的理性。同时，行动者不仅仅是结构的承载者。在一个场域中策略的应用，为实践的生成做了准备。而这种实践不能简单还原为场域中的基础性规则，否则可能优先强调宏观理论模型的建构，并依靠这种模型来解释能动者的实践，由此得出与布迪厄关于社会科学实践的自反性视角相对立的结论（Bourdieu 2003）。

另外，与上述争论相关，还存在另一种争论，主要是围绕“规则”一 133
词存在的争论。有的学者认为该词存在一定的模糊性，影响了它对于社会生活研究的适用性。正如我们在先前各章中所发现的，人们常常以一种“准司法的”方式，认为能动者以某种有意识的方式来使用规则。而在结构主义的意义上，另一种看法则是，规则会对游戏施加一种规制（Bourdieu 1990：60）。布迪厄并不认为在场域之中存在规则，他对于这个问题所持的保留看法，可用他引述韦伯的话来概括：“社会能动者，在他们遵守规则比不遵守规则会更符合他们的利益时，就会遵守规则”（Bourdieu 1990：76）。从这种观点看，规则并不可自动地借用来解释社会关系，因此这要求分析者研究规则得以运行的条件。一个能动者可以实现对游戏的熟练掌握；他可以通过经验熟练掌握游戏，但游戏常常在能动者的有意识控制之外运行。

现在我们讨论习惯、策略与实践感之间的关系，布迪厄通过分析这种关系，试图克服客观主义与主观主义之间的二元对立。他认为，无意识的并不会取代有意识的。他试图通过策略概念，来回避结构主义的无个体能动者的行动概念，以及认为斗争往往发生在集体之间的看法。其结果是，他试图超越社会思想史中存在的一种根深蒂固的立场：

> 好的游戏者——他被认为是游戏的化身——应在每时每刻做游戏所要求做的事情。而这预示着他具有永久创新的能力，一个人如果要适应不确定的、不断地变化的、从来不会完全一样的情景，那么这种能力就不可或缺。但是，机械地遵守这种外在的、编码化的成文规则（当其存在时），并不能够确保具有这样的能力。没有任何其他的事情，能够如好的游戏者那样，既是更自由者，同时又受到更多的限制。
>
> ——布迪厄（Bourdieu 1990：63）

小结

布迪厄认为，这种场域、惯习与资本的相互作用，导致了社会关系的动态发展，而这种关系同时容许社会的再生产和实践的生产。他常常是在

“作为回避在没有主体的结构主义与主体哲学之间进行选择的一种方式”的意义上，使用惯习概念（Bourdieu 1990：10）。场域、惯习与资本之间的相互作用，还需要我们进一步地探讨。从“（惯习）（资本）＋场域＝实践”这个公式中，我们看到了实践的多样性（Bourdieu 1984：101）。因此，资本只是相对于某个场域而运行，并且在场域与惯习之间，存在一种双向的关系，表面的多样性背后，常常隐藏着某种统一性，这种统一性是这样的行为——作为一种生成性的与统一性的原则的阶级惯习——的基础（Bourdieu 1984：101）。正是属于不同特定阶级的人们所具有的这些共同的属性，提供了生活机会的可能性，但并不能决定这种机会。

134 在场域与惯习之间的关系中，如果不存在特殊利益影响下的公开斗争，那么就有可能潜存一种“信念现象”。例如，“对阶级关系实在的一种错误承认，就是那些关系不可缺少的一部分”（Bourdieu 1992a：136）。这并不是说，这些意识形态决定因素，与打上阿尔都塞烙印的结构主义有关。相反，布迪厄著作的中心问题，是以变革为目标的实践。正如他所指出的，“恰当地说，不同的阶级与阶级亚群体或小派别，会参与一种符号性的斗争，这种斗争的目标，就是要强制推行一种最适合他们的利益的、关于社会世界的定义”（Bourdieu 1992b：167）。

布迪厄生前最后的著作，拓展到对“身体”的分析。他在《男性统治》（*Masculine Domination*，2001）一书中，强调了独特的身体性的形式，是由能动者的实践再生产的，而这种实践本身又是社会结构的内化。在《区隔》（*Distinction* 1984）一书中，布迪厄关注的是社会阶级的身体。《男性统治》一书延续了《区隔》的思想，认为身体是实践与社会结构双向关系的中介，并构成了权力关系与社会秩序再生产的一个核心实体。因此，身体成了经验之所，通过这种经验社会结构内化于身体之中（Bourdieu 2001）。

布迪厄理论存在的问题

对于布迪厄的著作，不同的人们做出了大量不同的理解。在本节，我们只打算关注其中的某一些理解，并批判性地讨论布迪厄关于权力、策略的预设，以及他为了超越各种具体特殊的社会背景而进行一般化概括的意图。在此过程中，我们又主要关注他的方法论思想中可能存在的矛盾，以及一些分析者对他的社会关系动力学这一重要发现所提出的挑战。

人们发现，布迪厄由于处于法国结构主义传统的包围之中，又试图克服它的局限，这不可避免地导致他与后结构主义传统相对立，例如与吉尔·德勒兹（Gilles Deleuze）、德里达、福柯和朱丽娅·克里斯蒂娃（Julia Kristeva）著作的对立。因为在布迪厄的著作中，处处渗透着强调权力的思想。这种理解得到了某些人的认可（权力问题与后结构主义在第九章再做讨论）。斯科特·拉什（Scott Lash 1990，1993）指出，布迪厄的公式认为从权力的运行和使用中实现人类实践的潜在可能性“只是极其小的”，这导致了一些批评者认为布迪厄多多少少持有一维的人类行动观（Alexander 等 2004）。

拉什指出了布迪厄著作存在一个重要问题。从方法论的角度看，这个 135
问题涉及科学场域独立于“利益”的可能性。这明显地取决于利益在哪一点上会影响科学研究的生产。布迪厄关于这个话题的思想，受到了属于韦伯传统的研究者的尖锐攻击，这种攻击指出在他的公式中存在各种模糊性和矛盾性（Dumas & Turner 2006）。正如韦伯所认为的，利益影响着科学研究的方向。因此，人们可能发现布迪厄会说：

> 这种利益，与在其他地方一样，在于某些人要求首先做出某种发现并占有所有与发现相关的权利，或者在于对科学世界中某些支配形式和那些保卫这些支配形式之道德的义愤或反抗。总之，没有绝对完美无瑕的观念。
>
> ——布迪厄（Bourdieu 1993b：11）

在布迪厄的公式中，在这一点上，那种有利于基本的权力关系的理性似乎消失不见了。那么他的“进行自反性的邀请”就有问题了，这种进行自反性的邀请

> 要求社会科学家不仅要反思自己的陈述和主张、命题的有效性，还要反思这些陈述与主张的产生者的社会与权力地位。因此，布迪厄关注的不是自治的“话语世界”及其“真实—虚假的”逻辑，而是权

> 力场域及其“友人—敌人”之逻辑。
>
> ——拉什（Lash 1990：264）

因此，布迪厄一方面认为权力是科学话语之最后仲裁者，另一方面又认为科学观察应是价值无涉的、理性的观察，他在这两者之间不安地徘徊。

布迪厄并不认为社会科学必须成为“科学的”，也不认为“一定存在普遍适用的、能证伪的、普遍的主张”（Dreyfus & Rabinow 1993：40），但是同时他又认为，对阶级关系的“错误承认”，是阶级关系得以运行的重要部分。然而，对于世俗行动者赋予他们的社会实在的意义，社会科学观察者也不能获得自己的见解？而正在这个问题上，马克思已经讨论了“虚假意识”，弗洛伊德讨论了“无意识”，葛兰西指出了“霸权”的影响，布迪厄现在又说到了“信念”。因此从这种观点看，他处于从马克思延伸到法兰克福学派（Calhoun 1995）的批判理论的传统之中。总之，这里存在的一个基本假定，就是“真理受到了压制”，而这种真理主张“通过启迪人类来解放人类”（Dreyfus & Rabinow 1993：41）。

布迪厄在回答他的社会科学思想是否充分和完善这个问题时，所提到的重要“真理主张”，就体现在为了符号资本的普遍斗争中的阶级关系的无处不在。然而，“在布迪厄的著作中，阶级被用作一种普遍的解释原则”
136 这种思想，表达了各种利益关注和斗争。问题在于，与马克思和韦伯的阶级概念是明确地指某一特定的社会群体不同，布迪厄的阶级概念是如此笼统，因而失去了解释力。那么

> 其所说的阶级就成了对所有社会决定变量的代名词。其所说的阶级结构就成了社会结构的同义词；其所说的阶级斗争就成了与性别的、代际的、地区的、族群之间的以及职业之间的斗争一样的斗争；因此，其所说的阶级理论就与一般社会学理论相等同。
>
> ——R. 布鲁贝克（Brubaker 1985：770）

布迪厄的其他重要的理论著作，也存在与其方法论著作中同样的紧张。这些紧张体现在，他一方面对具体实践进行丰富的人类学描述，但是另一方面又试图从这些描述中概括出一般性的理论（Brubaker 1985）。尽管他希望避免非历史性的结构主义，但这恰恰导致他可能倾向于用这种非历史的

结构主义来重申其本身的主张。有的学者还指出，布迪厄关于资本主义影响文化的诸种方式的问题的思考，没有看到变迁是如何在时间过程中发生的（Gartman 1991）。他也没有看到，“信念”的历史变迁对于分析性别关系的重要性（Risseeuw 1991）；他更没有看到，男女之间的性别关系比起他的一维的分析所看到的，要复杂得多，矛盾也要激烈得多（Moi 1991）；还有，布迪厄（Bourdieu 2001）并没有对“性别化的身体”这种思想进行深入的分析。

布迪厄的分析概念过于笼统而显得无所不包的问题，在他关于语言与制度的关系问题的讨论中同样存在。他的理论由于考虑了言说者的超语言的权力根源，从而修正了奥斯丁（Austin 1976）的言说即行为的唯心主义概念，但是这种理论太概括、太综合了。正如我们所指出的，在这个问题上，布迪厄在言说与社会位置之间建立了一种相应联系，认为言说的权力是一种代表了言说者的东西。我们并不必否认和拒绝这一观点本身。然而，布迪厄却由此总结出如下思想：所有的言说，都是“由权威认可的”的言说。而正如约翰·汤普森（J. B. Thompson 1984）在其著作中评论的，日常生活中所有的言说，并不是都需要以布迪厄所说的那种方式获得授权：

> 请考虑一个人的这种情况，甲在与朋友们进行对话的过程中，通过评论乙的外表或过去的某些方面，来挖苦或羞辱乙，试图使乙保持沉默或者服从于甲。……或者请考虑一个人的这种情况，甲在面临被恋人抛弃的前景时，威胁要自杀或者采取其他类似自戕的行为。我认为，有如此之多的情况，在其中说话就是表演或实施一种权力的行为。但是，我们很难说，这种权力就是一个发言人的被赋予的权力。
>
> ——约翰·汤普森（J. B. Thompson 1984：68）

布迪厄倾向于把语言与理性分开。他认为，语言本身具有的理性力量，137
或者之所以确信用语言所说的某事的原因，只有以外在的制度为参考框架，才能够得到解释和说明。换言之，他认为，一次言说本身并没有把理解还原为权力运行的“理性力量”（J. B. Thompson 1984：69）。那么，并不存在与被赋予言说者的制度性权力相分离的标准，可供言说者用来达成共识。他认为，语言不可能涉及“受到各种理性支持的”交流，因此这也体现了他的方法论原则中存在的矛盾：

> 一种对真正预设的正当性进行辩护的主张，不应悬置这类权力，更不应悬置系统的非对称权力关系即支配关系。因为正是支配他人的权力和把某人的意志强加给他人的权力，处于正当性辩护要求的对立面。
>
> ——约翰·汤普森（J. B. Thompson 1984：71）

因此，布迪厄在语言、权力与理性之间建立的联系，就可能变成在权力关系缺失或被悬置的情况下合理性、动机（reason）与交流之间的一种联系。语言于是就可能显示出对有效与真实的主张的需要，以及为达成理解而对交流的需要。这种观点第八章还会进一步讨论，但是它在布迪厄的方法论著作与理论研究著作中，仍然是一个需要讨论和质疑的重要问题。

本章结论

布迪厄的思想是在大量的经验研究中形成的，其结果是为社会理论家提供了一套可用的“思维工具”。这种思维工具吸引了那些根据布迪厄进行研究的、在布迪厄之外进行研究的甚至反对布迪厄的社会理论者，因为他们均赞成自反性的社会科学研究（Wacquant in Bourdieu & Wacquant 1992：xiv）。

这种进行自反性的社会科学研究的号召，不是一种简单的存在主义的号召，而是一种关注知识生产本身的制度条件的号召。社会科学的工具在被用来说明社会中的行动的社会条件的同时，现在也被调转过来针对社会科学自身。这在不借助某些先验标准来衡量理性的、科学的对话的观察发现的情况下，既认可又保障了这种对话所提供的可能性（Dumas & Turner 2006；Wacquant 1992）。这显示了布迪厄存在一种把诸如与“真”相关的哲学问题转变成科学政治学的实践问题的倾向（Bourdieu 1990：33）。

138 不管我们认为布迪厄的社会科学实践还存在什么问题，我们都得承认，他通过揭示社会生活中无处不在的支配形式，而为社会理论研究打开了一个广阔的研究天地，并可能取得丰富的成果。他关于自反性的分析，可能使我们深入思考“那制约我们的思考能力、决定什么实际上被思考，而我们还没有深入研究的思维范畴”（Bourdieu 1990：178）。正如一位对布迪厄的著作进行了深入研究的学者所概括的，布迪厄希望揭穿各种制度的自负和伪装，以反思某些被固定和僵化的实在（Robbins 1991：176）：

> 正是幻想从社会决定力量中获得自由（这种我已经说了上百次的幻想，是决定知识分子的一种特殊力量），社会决定力量才赢得了实施其全部权力的自由。并且十分悖谬的是，社会学因此通过使我们从自由的幻想中解放出来，或者更准确地说，使我们从幻想的自由中的错置的信仰中解放出来，从而解放了我们。自由不是被给予的东西，它是你们集体地去征服的东西。
>
> ——布迪厄（Bourdieu 1990：15）

人们对布迪厄的这种方案中存在的紧张一直争论不休。特别是，对他关于普遍性与特殊性之间的关系以及语言、理性与权力之联系的性质的看法，人们一直争论不休。正是在这一点上，行动者网络理论进入了我们的视野。这种理论试图建立一种分析模型，来探讨那些确定人们地位的权力与非人的要素之间的关系。因此，第七章将关注另一种试图克服主体—客体二分的理论路线。

第七章

行动、网络与中介

139 前面第五、六章讨论了吉登斯和布迪厄的著作，二者在社会理论界都引起了很大的争论。同样，行动者网络理论（简称 ANT）的研究论题，在使很多人感到高兴的同时，也使很多人感到出奇地愤怒。吉登斯和布迪厄关注的是人的能动性与社会结构之间的相互关系，而行动者网络理论则把非人的或后人本主义的变量整合到“社会行动”过程之中。

布鲁诺·拉图尔（Bruno Latour 2005）认为，ANT 试图克服现代社会理论以及各种后现代主义的如下主要缺点：把持续的、“复杂的”实在分割成碎片，然后再进行社会分析。现代性的认识论，把自然与社会两分为不可比较的两极。这种认识论认为，自然从来不是人为的，仅仅是人们观察的对象，而社会则是人为的。人们用语言转弯抹角地把这两极联系起来，使我们可以可靠地参考其中的任何一极（Fuller 2007）。

后现代主义通过宣称语言的自主性和独立性，把这两极之间的基础——语言——与这两极同时分割开来。这一自主的和独立的语言领域，被法国后现代主义者描述为自由漂移的、无根的符号（布希亚）、自我指涉的文本与语言游戏（德里达），或者被后结构主义者描述为话语（福柯）。而行动者网络理论的目标，就是指出由现代性导致的并由后现代主义扩大的这种分割是人为造成的。这是因为（人为的、技术性的）实在“与自然一样是真实的，与话语一样是叙述性的，与社会一样是集体性的”（Latour 2005：6）。拉图尔反对由现代性所设想的那种明确的分割（Latour 2005）。为了整合“自然”、“社会”与“语言”这三个被分割的领域，他强调人与非人都可以成为行动者，他们被整合到网络之中，并且有时被封闭进各种黑箱之中（Latour 1999）。ANT认为，在这些网络中，循环流动着一些中间物，而我们可以根据在这些中间物上铭刻着的（inscription）东西，来理解这些网络（Latour 2005）。这些网络追求目标的过程所产生的产物各不相同，可能是以科学事实形式存在的自然（Latour 1986，2005），可能是技术（Callon 1991，1997；Latour 140
2005；Law & Hassard 1999），也可能是社会。这些网络从事某种事业的手段和实际的产物，从来都不纯粹是此种自然、彼种社会或者另种语言；它们总是混合性的，同时包含所有的这三个维度。

人们始终认为，这种社会理论是一种“转换”（translational）的研究（Callon 1986；Law 1992），主要关注的是权力机制，认为权力机制通过对（由行动者与非人行动者构成的）网络的建构与维持而得以发生（Fuller 2007）。ANT也关注由人、组织、机构、机器以及其他各种客体所构成的、不同种类的网络之间的转换（Law 1991）。ANT已经探讨了如下的问题：关系网络是由什么构成的，是如何出现和存在的，是如何建构与维持的，是如何与其他网络相互竞争的，以及是如何使自己能够更长久地存在的，等等。ANT研究行动者如何把其他行动者纳入他们的世界，以及他们是如何赋予这些行动者以资格，如何对这些行动者提出要求，如何表达对这些行动者的看法，以及如何激励这些行动者等（Latour 1996）。因此，ANT研究者认为，他们的“目标就是探讨技术专家们在提出方案并寻求使方案产生结果而所需资源时建立起来的相互联系”（Law & Callon 1988：285）。

ANT认为，行动者共同进行相互的联系，从而建构互动“网络”并促进系统稳定化。因此，ANT 与其他分析“网络”的理论学科存在明显的重叠性。而在社会理论内部，ANT 与我们先前所讨论的帕森斯的系统理论以及“新功能主义”（Alexander 等 2004）存在一定的相似性。M. 卡斯特（Manual Castells）的研究也与 ANT 存在共同之处，只不过二者的理论概念和研究视角各不相同，卡斯特的《网络社会的崛起》（*The Rise of the Network Society*, Castells 1996）一书，通常以“网络”来作为研究的例子。卢曼的“自生系统”概念（Niklas Luhmann 1989）以及米歇尔·卡龙（Callon 1991）和拉图尔（Latour 2005）的“行动者网络”（actornetwork）概念，也与 ANT 的自我—形成概念以及行动者与网络相互建构的思想等存在一定的重叠性。

ANT 认为，一个网络是由界定这个网络的行动者构成的。或者说，网络是从其自己的构成要素中产生并自我维持的。在这种意义上，网络与卢曼的“自生系统”概念（Luhmann 1989）确实存在相关性。“自我生产”这一标准，可以用来界定一个网络的边界。网络包括了为获得与维持网络与社会之目标所必需的所有要素。因此，网络与社会之间的交流总是间接的，并且是由网络本身的特征所决定的。卢曼正是根据网络的特征对帕森斯系统理论进行了重大的修正（Luhmann 1989）。

141 行动者网络理论：创造者、概念与轨迹

在我们讨论 ANT 的主要理论假设与主张之前，有必要探讨 ANT 产生和兴起的背景，以及它的理论渊源。ANT 是从卡龙（Callon 1991）、拉图尔（Latour 1987，1992，2005）和约翰·劳（John Law 1992）等人极其有影响的著作中逐渐演变而来的。他们关于协商谈判的分析，描述了网络的渐进建构过程，在这种网络中，人与非人行动者根据不断变化的互动策略而采取自己适当的身份。行动者的身份与品质是在人的与非人的行为代表协商过程中得以确定的。ANT 是从政治维度来理解“代表”一词的，认为这是一种授权与委托的过程。在这些协商过程中，最重要的就是“转换的”协商；这是一种具有多重面相的互动，行动者在这种互动过程中，建构了共同的定义和意义，并在追求个人与集体目标的过程中，形成代表性这个概念并进行解释，而且还相互地选择与指派代表（Latour 1987）。

拉图尔认为，现代性世界观，使用的都是在自然与文化对立两极框架之中运行的那些一维性的语言（Latour 2005）。现代性世界观或者根据社会（社会建构论），或者根据自然（实在论），来解释知识与人为产物。因此，为了超越这种二元论，人们还必须考虑另一个维度。拉图尔指出，正是对自然/社会的建构过程，产生了一种强大的、日益稳定的网络。如果人们选择这种建构过程作为分析的单位，就可以理解文化、社会与自然的同步建构：

> 自然与社会这两极，并不是我们的知识相互对立的原因，相反，这两极现在是我们的分析特别强调的“同一建构实践”的后果。我们并不能根据社会（或主体、精神、大脑）来解释科学实践，因为它（们都）是科学与技术制造或发展所导致的结果。
>
> ——拉图尔（Latour 1992：251）

对此，拉图尔提出的基本原理就是：

> 我们之所以要去研究实验室、积极对话、技能、工具制造、不断出现的各种实体，就是要挑战自然/社会的不稳定状态，并指出在那些极端的情形以及新的情形中所发生的事情。
>
> ——拉图尔（Latour 1991：287）

在这一节中，我们主要剖析行动者网络理论的主要术语及其所包含的重要思想和观念，以评估这种理论在社会理论中的地位。

行动者 142

ANT 认为，行动者是“做各种事情的实体”（Latour 1992：24）。即使是在大多数从最为狭义的角度把行动者定义为“社会实体”的传统定义之间，也存在分歧，它们对于行动者是什么，是社会实体或是技术实体存在争论。但是 ANT 并不把研究重点放在这些方面，而是放在了行动即做事的层面上，认为分析“人与非人、内化与非内化的技能、扮演与谋划之间的区别”，都不如分析由竞争与行动所形成和分布的完全链条更为有趣与重要（Latour 1992：243）。

ANT 进一步把行动者界定为：

> 无论是行为还是转换行动，行动本身应根据通过检验而得到的绩效清单来界定，根据这些绩效，可以推断出行动单元（actant）被赋予的竞争力……一个行动者就是一个被赋予了某种特征的行动单元。
>
> ——M. 阿克里奇与拉图尔（Akrich & Latour 1992：259）

行动单元是一种其本身并不具有确定“性质”的物，而行动者则包括这种物，以及依附于这种物的能力。这种能力是在试错过程中通过商谈而形成的。例如，诸如作为一块金属的硬币这样的客体，就是一种“行动单元”。在以金融为基础的经济背景中，一块合法有效的硬币或一张金融票据，都有一种被赋予的能力，起着价值测量标准尺度的作用，以及交换媒介的作用，因此它成为一个行动者（Callon 1991）。

可见，拉图尔对行动者概念进行了拓展，认为“不管是人或是物，只要体现为一种行动单元”，那么都是行动者（Latour 1987：84）。拉图尔的目标，就是试图把语言、自然与社会这些被割裂的概念，重新联系起来（Latour 1993）。在拉图尔的《科学在行动》（*Science in Action* 1987）一书中，他观察的层次包括科学的文本（text）、出现在那些文本之中的东西，以及这些文本中“描述和体现”的东西（Latour 1993）。行动者表明文本中描述的诸要素在行动，即在做它们各自特殊的事情。在这种文本之外，行动单元是拥有一种独立实在的实体。在这种文本之内，它们是做事的行动者—实体。它们之所以行为，完全是因为它们正好体现在这种文本中。一种文本可以理解为为了达到一种特定的目标，而调整和协调各种不同要素（人、其他文本、设备、程序、制度或组织）的网络，而这种目标后来可能被证明是一种科学发现，或者是引入的一种新程序。所有这些被组合起来的要素，在文本之外都具有一种客观实在性（T. Owen 2007）。

ANT 认为，在文本之外的这种实在，使意义以及这种文本力量的强制实施成为可能。例如，如果客体不能独立于科学的文本而存在，那么在那样的一种文本中，描述客体就会变得无意义。然而，路易斯·巴斯德（Louis Pasteur）在他的文本中，花了很大的精力把作为客体的“微生物”与各种其他要素结合在一起，并把它们转变成得到公认的疾病感染源，因
143 而使它们成了（社会的）行动者（Latour 1987）。又如，一块硬币，能够动

员和利用整个国家经济的声誉，去简化世俗平凡的交易，诸如购买日用消费品等。如果这块硬币因为不是真的或者是伪造的，那么就不能动员这些要素；或者如果因为政府没有信用，被动员起来的要素弱小，那么这硬币就失去了其所有的力量，这又会损害它的价值和存在性。一块硬币就是一个行动者，因为它能够动员各种不同类型的网络联盟去做事，去存贮价值和交换价值。这种网络联盟被紧紧地密封在一块有效的硬币中，对于正在使用硬币的某个人来说，几乎不可能质疑这些网络之间的联系（并因此成为交换网络的一部分）。在这种意义上，一块硬币就是一个“黑箱”。

黑箱

> 一个黑箱包括那些不必再考虑的东西，以及那些内容已无足轻重的事物。
>
> ——卡龙与拉图尔（Callon & Latour 1981：285）

黑箱完全是这样的一种情形，无论它多么复杂，或者它过去如何充满了竞争，但是现在是如此地稳定与确定，以至于我们可以认为它是一种事实，只有在输入与输出端有价值和值得考虑。这个术语本身源自控制论，控制论中的黑箱一词，主要是指一种机器或一套命令，可能十分复杂，但可以用一个箱子来替代，因为它是规则的和稳定的（Latour 2005）。例如，法律就是一种黑箱的集合，一种法律在形成阶段，就是一套被争夺的、竞争性的判决，围绕这种竞争有时会形成大量的同盟，以影响法律的具体轮廓。在立法过程中，法律是可变而开放的。但一旦立法获得通过，被争夺的判决就会转变为一个黑箱，所有的要素，不管它们多么武断，都会被封闭在一种固定而稳定的关系之中，并且不会轻易受到质疑。一旦从形成阶段进入了生产阶段（Callon 1997），相似的过程就会发生，并产生某种结果。

黑箱的稳定性如何，在很大程度上取决于重新打开它所需成本的影响。而这种成本不仅仅取决于被封闭于其中的社会群体和程序，还取决于被包含于其中的物质材料。被封闭于这样一种设置中的中间物，是理解黑箱的整个动力学的关键要素。硬件，由于被转变到黑箱之中，往往也被封闭了。W. 比克和J. 劳（Bijker & Law 1992）举了这样一个例子：一次地震打开了加利福尼亚880号洲际公路的黑箱，揭露了那些被掩盖和封闭的腐败和建造失误（Bijker & Law 1992）。而软件，由于具有流变性，往往会不断地从黑箱中打开和再次被封闭于黑箱之中。这是一种不断质疑黑箱中的某些要素的过程（例如，寻找网络病毒），并通过一次新的升级，努力把它再次
144 封闭于黑箱之中。例如，对个人电脑的微软视窗进行不断的“补丁升级”，以便能够在回避黑客的恶意攻击的情况下运行就是（Loader 2001）。

ANT认为，黑箱表现得越是封闭，它所包括的网络本身就越是可靠和稳定：“这个箱子越自动、越独立、越黑，它就越必须由人们来陪护”（Latour 1987：137）。

把黑箱孤立开来，并根据黑箱自己的轨迹来界定黑箱，这种做法恰恰意味着需要假定使黑箱保持封闭的所有条件都是给定的。因此，一个黑箱包括了一个封闭的“人”与“物”的网络——主体与客体在行动过程中日益相互交织在一起。

网络

除了行动者，网络是ANT另一个重要的概念，行动者网络理论关于网络的思想是其最实质和重要的内容。ANT把“网络”界定为一组“其本身的性质并未确定的实体之间的、未得到明确说明的关系”（Callon 1993：263）。

比起传统的界定来，这一界定明显更具包容性。传统的界定把网络界定为“一种包括一簇或数簇由行动者与关系构成，或者在行动者与关系之上确立的各种关系之社会网络”（Wasserman & Faust 1994：20）。但ANT认为，一个行动者网络并不局限于“社会行动者”，甚至不局限于ANT所说的广义意义上的行动者。一个网络会把两种关系同盟系统联结起来。其一，网络中存在一些人，他们是参与某种人工制品的创造、建设、分配与使用的人。对由这些人构成的这个系统进行描述，会得到一种“社会测量图”或社会关系网络图。社会网络分析关注的是这些联系的构成状况（Wasserman & Faust 1994）。其二，网络中的事物是那些已经在舞台上存在的部件，或者为了把人联系起来而必须在某种位置出现和发挥适当的作用的事物。而对由这些事物构成的系统进行描述，会得到一种“技术测量图”（Latour 2005）。

ANT认为，在分析中把这两个层次区分开来，可以澄清这两个概念；但是，如果在研究中把这两个系统割裂开来，则是不适当的，因为它们是内在地相互联系的。在其中某一个层次上的变革，会同时在另一个层次上引起变革。由人的关系构成的系统中出现的每一次修正，都会体现在另一个由物构成的系统中；反之亦然。在技术测量图中的每一修正，都是为了克服社会测量图中的局限；反之亦然（Latour 1987：138－139；2005）。因此，社会测量图与技术测量图的相关性就十分明显了。例如，当某种产品预想的使用者并不接受这种产品时，就会如此。应对这一错配的方式之一，就是改变这种产品，把一种不同的技术网络引进来，并使使用者能够认可和接受，从而改变社会测量图或社会关系网络图。

例如，某种产品市场营销的失败，并不必然会导致这种产品的变革。 145
相反，有可能是这样一种情况，那些因为某种产品而联系在一起的人们所构成的网络，通过增加招纳更多的人进入一个组织的市场营销部门，从而使得这个网络发生改变。ANT认为要理解网络层次的动态发展，人们必须讨论另一个层次的动态发展（Latour 1987）。行动者与网络是相互包含的。一个行动者如果没有一个网络，就无法行动；一个网络则是由行动者构成的。然而，ANT对行动者的另一种界定——“紧紧控制它自身周围的空间，使其他要素依赖于它，并把其他要素的意愿转变成它自己的一种语言的任何要素”（Callon & Latour 1981：286）——也强调了这种关系状况。

行动者与网络之间不断地彼此重新界定，其中一方必须依赖于另一方：

> 行动者网络不能还原为独立的行动者，也不能还原为一个网络。与一个网络包括了系列不同的有生命的与无生命的、在一定的时间内彼此一直联系在一起的要素，并由它们构成一样……一个行动者网络，同时本身也是一个行动者，其活动把各种不同的要素形成一个网络；并且也是一个能够重新界定与转换构成它的那些要素的网络。
>
> ——卡龙（Callon 1987：93）

一个行动者的规模或重要性，取决于它能够操控的网络的规模，而网络的规模又取决于其能够整合的行动者的数量。既然网络是由一定数量的行动者构成的，而这些行动者可能不同地影响同一网络中的其他成员，那么一个行动者的具体权力，就要取决于其在网络中的位置（Sibeon 2004）。在大的与小的行动者之间，或者说在重要的组织、显赫的个体，甚至物，平凡如敲门砖之物之间，并不存在结构上的差异（Latour 2005）。这并不是说，他们是完全相等的；相反，这只是说，宏观与微观行动者之间存在的主要差异，就在于他们为了他们的目的而能够产生并使之发生作用的网络的规模不同：也就是说，在于他们按照他们的目标而能够安排的行动者的数量的不同（Bijker & Law 1991）。而这些目标可能是一种策略性的选择项，或者可调整的需要，或者某一种设备的内在固有属性（Callon 1991）。一种情景（setting）即行动者网络的各种属性——使得某些事情得以可能而其他事情不可能之事实——叫做规定（prescription）。

铭刻/规定

行动者网络理论提出了几个彼此相关的概念，来“阅读”一种行动者网络构成的情景和理解各种通过科学发现而逐渐产生的限制与力量。ANT把“在一种情景中的各种行动者正在对彼此做什么的分析活动”叫做“描
146 写”（description）；而把一种相反的活动，即“在一种情景中使他人做某种事情的工程师、创造者或制造者的活动”称为“铭刻”（inscription）（Akrich & Latour 1992：259）。

在铭刻的过程中，一种情景的诸属性得以安排和组合，并导致了产生这一情景的、网络中的行动者们的标志。对于“描写”过程来说，“铭刻”就是一种文本（Bijker & Law 1992）。文本解释客体，并似乎把文本本身设计为一种手册、单独的小册子、宣传片、批判性评论或者其他形式。铭刻活动又具体化到对某个给定客体的规定中。ANT认为，所谓规定，就是“一种情景按其意愿而允许或禁止（人与非人的）行动者可以得到什么；规定是一种情景的品质，既是否定的（是规定性的）又是肯定的（是许可性的）”（Akrich & Latour 1992：261）。

当前所有关于社会关系的研究，都指出其中可能存在内在的冲突。某种人工制品的地位和状态，可能是激烈争夺的目标，因此往往是一种复杂策略的结果。例如，为了强化一种文本的铭刻力量，分析者可能坚持文本描写的、因此是科学的和与客观的特征（Bijker & Law 1992）。那些想要弱

化文本的权威，进而可能因此弱化其铭刻力量的人，会试图质疑其描写的品质和能力。例如，他们可能开创一种相反的研究，以显示一种不同的描写或者分析者的偏见（Layder 2006）。他们就是各种活动，是诸行动者做事情的结果，如果它正组织一种情景，使用一种情景或分析来解构这种情景，那么也就是打开这个黑箱。所有这些活动影响了产品的形式与内容。正如卡龙（Callon 1991：140）所指出的，“根据给这种中间物打上标记的铭刻，可以阅读和理解社会的黑箱”。

中间物

ANT认为，中间物提供了一种联系，这种联系把行动者联结成一个网络并界定了网络本身，但人们现在仍然往往忽视了这一点（Bijker & Law 1992）。行动者通过他们自己之间具有流通和循环作用的中间物而形成网络，并由此界定了行动者各自在网络中的位置，更重要的是，在这样做的过程中建构了行动者以及网络本身（Bijker & Law 1992）。

ANT认为，“在行动者之间相对稳定的交易过程中通过或流动的任何事情”，都是中间物（Bijker & Law 1992：25）。它可能是一种文本、产品、服务或金融交易。中间物就是网络的语言。行动者通过中间物相互进行交流，中间物是行动者把他们的目的与意图转化到其他行动者之中的途径。因此，ANT把行动者界定为“使其他要素依赖于他自己并把其他要素的意愿转变为他自己的语言”的任何要素（Callon & Latour 1981：286），而操 147
控中间物的可能性，就成了行动本身的核心，这种操控把一个行动者的意志转化到其他的行动者之中（Latour 2005）。

ANT的“转变”这个概念，使我们看到事物具有的动态性。现在，我们就可以用目前为止准备好的这些概念工具，来描写行动者网络的核心的动力学。网络是由行动者付诸实施的（Latour 2005）。然而，如果没有一个网络，也就不存在行动者。而新的网络会从已经存在的网络中出现，有时这通过微小的变革就能实现，有时又需要一种革命——把作为所有动力学的一部分的一连串要素推到不重要的后台——才能实现（Callon 1991）。因此，确定一个起点是必要的，但这只是分析者基于其在特定经验情景中的利益而进行的“人为的”分析和操作。如果这种利益在某种产品之中，那么这种起点可以在其认为是必要的或可能的形式中找到。例如，这可能以某种新的创造为基础，而这种新的创造就是一种新的网络从旧的网络中产生出来（Callon 1997）。

其他的事情也可能起着标志这种起点的作用。卡龙与拉图尔研究了英国一个失败了的军用飞机项目的起点，认为失败的根源在于一项为了实现航空产业理性化的政策决策（Callon & Latour 1992）。这一决策本身是人们争夺的目标，仅仅起着一种中间物的作用，它把既有的产业、劳工与政府网络重新联系起来，并着手把它们自己结合在一起，以便开发和生产一种新的飞机。因此，在起点上，站着一个中间物，它被一个网络纳入流通之中，为了这一网络自己的利益而联系更多的或不同的行动者。换言之，已经存在的行动者培植和拓展新的领域的意图，对于观察一个网络的出现来说，是一个好的起点。网络使行动者可以把他们的目标——这种目标似乎是有意识的人为选择或规定——转化到其他行动者身上，并把其他行动者的力量转化到他们自己的身上：

> 根据这种转变，我们可以理解所有的商谈、阴谋、计算、劝说与暴力行为。正是由于这种转变，一个行动者或者一种力量才可以获取或导致自己被赋予代表另一个行动者或者另一种力量而行动与说话的权威。
>
> ——卡龙与拉图尔（Callon & Latour 1981：279）

一个网络可能会变得如此地庞大和如此地稳定，以至于它们似乎可以独立于行动者而存在和起作用。然而，这是一种误解和错觉。网络可能会限制特定的行动者的行动范围，但是它们也总是需要行动者才能存在。在网络中，任何给定的行动者都可能被替代，但只能是被另一个行动者替代。因此，在个体与结构之间并不存在一种鸿沟，结构是由个体构成的，而个
148 体又是由结构构成的，如此等等，循环不止。拉图尔认为，“比起我们称为网络的中间性安排，地方的与全球的安排这两个极端，远没那么重要和值得研究”（Latour 1993：372）。

一个新的网络可能会朝着两种不同的方向发展，即其行动者要么走向聚合要么走向分散。一个网络增加了一个新的行动者，首先增加了行动者

的分散趋势。因为行动者的意志传递给另一个行动者的转变过程，会变得更加困难，而这又是因为每个新的行动者已经存在于另一个网络中，这个网络又可能已经为了不同的目标而把这个行动者联结起来了。这个行动者在进入网络之初，如何解释新的情景，如何说明新的情景，如何评估中间物的意义，对于其他行动者来说都还是不清楚的。这种情景的分散或网络要素的分散趋势，正是它在“理解和解释上的灵活性”（Bijker 1994）。

如果一个网络要成功地运行，那么中间物的循环和流动就需要得到协调。这意味着被牵涉其中的行动者，不会或最多只是在有限程度上展开转变自己的目标与控制别的行动者的权力的争夺。行动者们往往急于实现意见的一致，以便使中间物能够最优地循环，因为他们的力量或优势有赖于在网络中的协调和配合。在那些行动者能够成功地聚合在一起的网络中，行动者能够实现很高程度的协调，作为一个整体的网络会支持构成这个网络的所有成员。形成一致意见的方式，转变的可能性范围，都影响着网络的形成。换言之，“网络是按照目标权力转变和转变本身的逻辑而被建构起来的”（Callon 1992：84）。中间物流动和循环的协调性越强，能够联系起来的各种要素就越多，这种循环也就越稳定和越可预测。一个网络越稳定，它就能更好地确定其构成要素。另外的网络为了自己的目的，而试图瓦解这种联系并重新确定一个行动者的可能性，就大大下降了。在这种情况下，稳定的网络就逐渐变成了一个黑箱。

任何行动者网络都极力想使自己稳定起来，因为如果一个网络不能实现稳定，没有一种稳定轮廓的网络，那么构成这个网络的任何实体都不会存在。确保网络的行动者存在和增多的方式之一，就是提升和改进网络。因此，要在特定网络之中使网络稳定化，保证自己在较高的程度或较低的程度上实现生存，符合所有行动者的利益（Latour 2005）。而网络的稳定性，有赖于“它创造了这样一种不可能性，就是现在这种网络不可能回到形成时的情形，而在那种情形中，现在的这种网络只是很多的可能选择之一”（Callon 1992：89）。换言之，稳定化或封闭“意味着理解和解释的灵活性的下降。不同的相关社会群体（或者说广义上的行动者）对于一种人工制品的支配性的意义所形成的共识得以融合在一起，而‘对人工制品的多元主义理解’下降甚至消失了”（Bijker 1994：86）。

除了这些以外，嵌入在人工制品中的社会关系，也是社会的一种稳定因素：

> 社会与技术并非两种在本体论上十分不同的实体，而是同一重要
> 149 行动的不同的阶段。我们如果用组合（syntagm）与聚合（paradigm）来取代那种武断的区分，可以获得更多的方法学结论。对社会技术网络的描述，常常与对它们的解释相对立，而这种解释又与后来的相对立……如果我们要揭示一种社会技术网络——通过行动单元的联结和替代来界定网络轨迹，通过它们所进入的所有轨迹，通过根据目标与权力的转移，以及根据不断变化的观察者的观点，来界定行动单元——我们就没有必要去寻求任何另外的原因。一旦这种描写广泛渗透于网络之中，这种解释就会出现，……就没有必要去寻找在网络之外的那些乡间神秘的或全球性的原因。某物消失了的原委，就是因为某物消失了。
>
> ——拉图尔（Latour 1991：129－130）

异质性是稳定网络的另一个重要面相。一个网络所联系的异质因素越多，网络就会越复杂，也就会越稳定。在异质网络中，每一要素都是通过一套与其他行动者的异质连带而保持在某一恰当的位置，并且为了把多样的、起决定作用的行动者联系起来，就必须解开多重的联系（Latour 2005）。在网络的规模与异质性之间，存在正相关关系。网络规模越大，网络就会变得越异质，因为其会形成和发展出另外的要素，来把其他所有要素保持在适当位置上。这种形成与发展，用系统理论的话来说就是“分化”（Parsons 1968）。网络在其构成要素的支持之下，开始形成自己的轨迹。网络在稳定化的过程中，会“因为发展中的各种规范而日益变得笨拙”（Callon 1992：91）。当然，这只不过意味着更多的行动者被联系进来或者被创造而出现。一个网络如果要使自己实现稳定，

> 就不仅要抵制那些竞争性的目标与权力转变，而且要限制将来可能出现的这类转变的数量。这意味着，要确立其他的联系和建立新的转变，首先必须瓦解那些已经存在的联系与转变，在操作中改变那些

> 结构等同物；而这又意味着，动员与招纳新的同盟……因此，我们可以认为，非线性与路径依赖是网络动力学的内在特征。
>
> ——卡龙（Callon 1992：92）

行动者网络理论存在的问题

行动者网络理论关于人与非人构成的关系情景中的行动概念，提出了某些十分有趣的论题和思想。然而，问题在于，ANT 目前仍然主要研究的是网络的建立与稳定，而不是网络建立后的动态发展。网络在建立的过程中，确实把资源渐渐封闭起来，但是我们又如何理解一个网络是如何变迁的，以及如何可能会稳定下来？答案就是，如果我们不对 ANT 做一些补充 150
和改进，就不能回答这些问题。

ANT 偏向于强调和研究行动者网络的实现或形成，这种偏向因为其理论的勇敢，而可能让人们为之一振，但是该领域中的研究，总体上会使人觉得是"该分析领域通过模拟英雄史，而偏向于对成功的叙述"（Barnes 2002：344）。更坏的情况则可能是，这种理论可能囿于对人的能动性的说明和颂扬，并主张人的能动性通过技术网络而得到拓展：这完全是因为 ANT 在本体论上因循于这样一种观点——人与物之间，行动者与符号之间本身没有区别，而在认识论上，ANT 本质上是一种具有侵略性的一元论，仅仅颂扬人的能动性（Barnes 2002）。

ANT 特别喜欢从人与技术的相互关系的角度来颂扬人的能动性，而对人的其他维度的能动性并不感兴趣；但是，存在如下众所周知的事实：从其他视角看，网络最多不过是人的行动的基础结构，而不是人的行动的动态内容（Fuller 2007）。那么，如果要进一步完善 ANT，使之成为能够进行更全面的说明的社会理论，面临的问题之一就是要克服它对时间维度的忽视，因为 ANT 只关注一种暂时的动态和历史的形成，而忽视了其他的因素（Sibeon 2004）。ANT 的第二个缺陷，与上述的第一个缺陷相关，就是忽视了网络对"权力"分布所产生的长期后果和影响。ANT 对行动者如何通过他们网络的稳定化而逐渐被确立为强大有力的行动者，提供了一种非功能主义的解释（T. Owen 2007）。

在一个网络中，那些作为中间物的重要经过点的行动者（包括人与非人行动者）拥有权力，并且这样的网络越多，这种行动者的权力就越大。结果是在经过一段时间之后，某个行动者会逐渐确立足以有效影响更大规模的网络的能力。例如，根据这一原理，我们就可以解释各种媒体组织如何形成了一个全球性的帝国，这个帝国通过这些媒体组织不断侵入由电视、网络、运动、音乐、新闻与电影等信息途径构成的、日益密集的网络，从而获得对广大领域的支配权力。ANT由于相对忽视网络对于权力的长期后果及其对不平等的影响，从而限制了它作为一种研究传统在社会理论中的影响（T. Owen 2007）。

而有的学者却认为，由于ANT的思想比较偏激顽固，因此它是带着政治保守主义的武器而来的，这种保守主义对人的能动性并不感兴趣（T. Owen 2007）。在人类行动者之间存在的权力差异，会与以非人行动者之间存在的权力差异不同的方式发挥重要作用，它们产生的社会后果与这些差异被各种行动者如何理解有关，也与这些差异影响各种能动者使其对世界的理解进行何种程度的固化之能力有关。ANT可以极大地促进理解这类权力的非对称性是“怎样（how）”的，但是却对这种权力的非对称性是否会起重要作用以及“为什么”会起重要作用这个问题没作任何说明。ANT对人本主义的主体概念的解构，就是解除主体的能力，这是一种价值悖论，
151 是福柯著作的关键症结所在（Best & Kellner 1997）。因此，很多学者批判ANT忽视了更大的权力结构，忽视了存在抵制和反抗的可能性，而且其内部也出现了很多争论。

例如，R. 西比昂认为ANT是一种“荒唐的还原论”，因为客体并不可能拥有理性的力量以及制定、扮演与实施决策的能力（Sibeon 2004）。提姆·欧文认为，行动者网络理论简直是犯下了“弥天大罪”，因为它认为主体与客体都是行动者的概念，实际上是对社会行动者的物化（Tim Owen 2006）。拉图尔主张“权力并不是你可能拥有或保存的事物”，权力是“一种影响、结果……而非一种原因”（Latoure 1986：265）。但西比昂（Sibeon 2004：136）极不同意拉图尔的这种看法，并指出“拉图尔是错误的；权力可以被保存，因此权力有时也可能是一种‘原因’——尽管权力常常是一

种结果”。

本章结论

行动者网络理论是作为社会科学研究中的一种运动而发端的。ANT的关键创建者和重要代表人物包括拉图尔、卡龙、安托万·亨尼恩（Antoine Hennion）和约翰·劳。ANT对以前历史的科学分析以及其他形式的科学分析提出了尖锐的批判，反对明确地进行科学“之内”（用一种一元的科学方法进行的分析）与科学“之外”（科学的应用领域）之类的划分。

行动者网络理论家们提出了三个重要的主张。第一，他们主张对科学实践进行一种符号学的、网络式的理解（Latour 2005）。他们认为，可以用同一个分析范畴来分析人与非人行动者，即它们都是“行动单元”：“就如一个戒指或者一个王子，在一个神话故事中，占据着同样的结构位置一样”（T. Owen 2006：165）。人与非人行动者都可以被纳入一个网络，都可能保持某种道德立场等。这种深层的本体论立场，是这种社会理论最具影响的层面并可以产生许多新的成果，但并没有得到人们最起码的理解。

第二，行动者网络理论家们认为，科学家在提出他们的理论的过程中，就是把人与非人一起编织到相对稳定的网络节点或“黑箱”之中。因此，某个天文学家可能把她的望远镜、某些遥远的星体与一个资助机构联结成为一个坚固的堡垒，导致要挑战她的研究结论，你就必须找到你自己的望远镜、星体与外部的资金来源。实际上，这就可能得出一种与“科学真理”相对立的看法（Fuller 2007）。的确，行动者网络理论主张一种对称性的原则，根据这种原则，同一套解释因素可以用于解释无论是失败的还是成功的科学理论。他们认为，并不存在对与错的最终仲裁者。

第三，他们坚持认为，在建构这些相对稳定的网络轮廓的过程中，科学家进行了一种有条件的、视情况而定的自然—社会两分，导致了一种自然—社会二元论（T. Owen 2007）。他们认为，自然与社会并不是预先给定的、可以用来解释其他任何事情的实体；相反，它们是从事技术科学的结 152
果。拉图尔（Latour 2005）称这是科学的“两面神”。在它正在被产生时，它被认为是偶然的，视情况而定的，但一旦其产生后，它又总是被认为已经是真实的。

ANT 把这三个论题加在一起，并把中间物的运行作为中心的分析单位。他们认为，除此之外，在行动者网络中并不存在科学家们在建立理论时所思考的社会。同样，在行动者网络中也不存在限制科学家对他们的故事进行单独讲述的自然。相反，技术科学家处在自然与社会之间、政治与技术之间。一个人可以承担行动者网络的诸行动单元（即世界中的事物）的代言人角色，如果成功，那么这些黑箱就能产生真理的效果和影响。

ANT 提出了许多新的概念，这些概念已经被证明在各种技术科学分析中是有用的。ANT 作为一种方法论工具，对于各种真理的发现和提出仍然产生着影响。ANT 提出的“跟随行动者”之号召——去看行动者做了什么，而不是报告行动者说他们做了什么——对于那些对科学家进行研究的人，一直具有解放的作用，那些科学家常常把自己的真理与实践置于社会与政治争论之外（T. Owen 2006）。拉图尔关于政治价值与社会价值在技术世界与社会组织中的分布的研究（Latour 2005），已经引起了关于技术的政治力量与道德力量的激烈争论。

最近几年来，ANT 本身也已经发生了重大的改变，其中就包括拉图尔（Latour 1999）本人对 ANT 的每个关键术语以及连接这些术语的命题进行了自我批判式的否认。ANT 也对大量的批评作出了回应，特别是面对“ANT 把强有力的技术科学家视为世界建立者，而忽视网络中的无形技术，以及来自外部的替代性主张”这种指责，作出了重要的回应（Star 1995）。克诺尔-塞特纳（Knorr-Cetina 2005）试图以更加开放的方式，重新思考行动者网络理论以及重新解释由卡龙（Callon 1991）和拉图尔（Latour 1993）提出的新问题，并重新评估行动者网络理论对于我们理解社会组织能够留下什么思想遗产（Knorr-Cetina 2005）。

ANT 在不放弃对社会互动及其动力学的关注的情况下，也可以分析诸如信息技术之类的技术在组织各种形式的依附与从属中的作用。克诺尔-塞特纳（Knorr-Cetina 2005）认为，社会理论家应把电脑程序、投资工具和时尚设计视为一种不在场的展开结构（unfolding structures of absences）。这抓住了技术促进社会世界的模式化的、高度惯例化的性质。至关重要的是，克诺尔-塞特纳（Knorr-Cetina 2005）提出了被卡龙与拉图尔忽视的理解与描述问题。我们必须考虑这些形象本身（电脑程序、投资工具和时尚设计等）在信息社会中的无处不在的性质，以及它们对现在被称为社会的“秩序”所作出的贡献。这就要求我们直面权力对于我们理解社会所提出的挑战，并乐于承认这种挑战仍然存在。

社会理论面临的挑战，不仅仅是要说明主体—客体二元论，更是要为 153
克服以理解行动与协调行动为目标的交流和沟通所面临的限制提供智力支撑。哈贝马斯的著作则对这种挑战做了进一步的论述。

第八章

批判理论的语言学转向

154 哈贝马斯的理论著作，在西方社会思想与政治话语中，占据着十分显著的地位。一些学者认为，哈贝马斯的著作是重构批判理论并使其走出马克思影响的一种最重要的尝试（Borradori 2003）。不过，我们认为，哈贝马斯试图借鉴康德与黑格尔的思想，通过提出一种社会解放理论来复兴马克思主义。另外，他借鉴法兰克福学派的思想，对现代社会支配方式进行了详尽而系统的批判，并产生了十分深远的影响。他还借鉴了其他一些学者包括韦伯、弗洛伊德、米德、涂尔干、帕森斯、简·皮亚杰（Jean Piaget 1896—1980）、乔姆斯基、卢曼等人的思想，以及科尔伯格的道德发展理论、诠释学传统、实用主义与普通语言哲学等。

哈贝马斯以一种自反性的方式撰写了关于启蒙运动的著作，他直面启蒙思想及其深远影响，对启蒙运动的历史编纂、病理学分析及其未来前景进行了系统批判（Habermas 1992c）。同时，那些打着所谓的“后现代主义”和“后结构主义”旗号的新尼采传统的哲学家，一直在急剧增多，他们严厉批评启蒙运动，声称启蒙运动的诸如“进步”与“自由”之类的元叙事已经失败了，西方理性已是明日黄花，油尽灯枯（Cooke 2002）。

正如本书第一部分所指出的，对于理解20世纪的社会理论的某些面相，把马克思与黑格尔联系起来，并整合二者的思想是很重要的。而在黑格尔与康德之间也存在紧张，很多学者为了解决这种紧张而提出了很多新的理论与思想。对于批判理论传统中的成员来说，这是“一种最有生产力的做法”（Honneth 1993：37）。因此，一点也不让人吃惊的是，哈贝马斯借鉴这些人的著作，来理解知识与人类旨趣之间的关系（Habermas 1989a），并提出了他的“话语伦理”思想（Habermas 1993）以及关于社会互动的语用论（Habermas 2003）。然而，根据这类哲学传统来理解哈贝马斯的著作，也可能导致误解。正如泰勒与蒙特菲（Taylor & Montefiore 1980）所指出的：

> 这一企图……臭名昭著……在20世纪后半期的英美哲学中，一直 155
> 很难得到多少理解或赏识。……这不可避免地导致来自这种文化的人难以认同批判理论谱系的基本方案。
>
> ——泰勒与蒙特菲（Taylor & Montefiore 1980：1）

鉴于哈贝马斯的著作明显是在综合多种思想传统的基础上提出来的，加之哈贝马斯批判所有这些思想这个事实，我们可以深深体会到，为什么他的思想是如此复杂，所涉及的范围是如此广泛，以及为什么会招来如此多的误解。尽管如此，他仍然坚定不移地进行批判，而获得的回报就是对社会运行与社会生活的动力学提出了相当深刻而丰富的见解。

我们不敢贸然声称在短短的一章中就能够纠正人们对他的理解的所有不当之处，已经有一些学者以专著的形式探讨了他的著述，为我们更全面地理解他的思想产生了很好的作用（Finlayson 2004；McCarthy 1984；Outhwaite 1994；White 1990）。在此，我们只是希望能够为人们进一步探讨他的著作提供一些基础。在本章的第一部分，我们简要介绍哈贝马斯的知识渊源和思想形成过程，并特别关注他关于理性、语言作用，以及系统与生活世界之间关系的思想。在本章的第二部分，我们将概括他的著作所引起的一些争论，以便评估其著作的优点与缺点。

交往理性的领域

交往（沟通）理性在哈贝马斯的思想中是一个核心的主题，占据着十分重要的地位。其实，早在1962年关于公共领域的结构变迁的著作中，他就已经在某种程度上提出和阐述了这个主题，这本著作至今仍然很有影响（Habermas 1989b）。除此之外，这个主题还体现在他关于弗洛伊德精神分析的借鉴与批判（Freud 1989b）、语言学转向（Habermas 1984，1987）、法律与民主（Habermas 1996）以及西方的分裂（Habermas 2006）等的著作中。在《西方的分裂》（*The Divided West*，Habermas 2006）一书中，他对由于系统的失衡而导致的生活世界中的病症进行了研究，认为这些失衡阻碍了有意义的沟通的进行和实现，而人们希望通过这种沟通达成理解和“民主意愿”。这些失衡阻碍了生活世界的符号再生产，如在宏观层次上导致了经济危机与对国家机器合法性的质疑（Habermas 1993：148）。

在马克思看来，生活世界的诸多病症是由资本主义系统导致的，并体
156 现为一种异化状态。而在韦伯看来，形式理性对实质理性的胜利，导致了一种现代性“铁笼”。哈贝马斯认为，这些分析都有一定的局限。马克思试图超越黑格尔的唯心主义，哈贝马斯则试图超越唯物主义的局限，但他也不是放弃唯物主义而转向唯心主义。同样，他试图借鉴韦伯的著作，提出一种理性化的理论，但是在这样做的过程中，又试图克服那种受到尼采传统影响的社会理论的悲观主义，这种社会理论认为理性是一种“权力意志”，也就是认为理性是对于权力的无止追求。因此，为了定位哈贝马斯的著作，我们首先需要讨论哈贝马斯所做的这些批评的性质，然后才能讨论交往（沟通）行动理论的主要思想和观点。

哈贝马斯与马克思、韦伯和法兰克福学派的思想对话及超越

对于马克思而言，劳动是最为重要的因素。异化并非源于黑格尔的“精神第一性”概念，而是源于资本主义物质生产的实际状况。然而，马克思后来的或者说“成熟”的研究，似乎要把思想还原为物质利益，而不是用一种辩证的方式来看待思想，因此阿尔都塞（Althusser 1969）认为在

早期与成熟时期的马克思之间存在一种“认识论断裂”。其结果就是在马克思“实践”哲学中存在一种矛盾：

> 马克思把（精神对物质的）反映（reflection）过程还原到工具行动的层次。尽管他保留了反映哲学的基本框架，但是通过把这种绝对自我之自身定位还原为各种更为有形的、物质性的生产活动，否定了反映是历史的一种推动力。
>
> ——哈贝马斯（Habermas 1989a：44）

马克思因此把反映的潜在可能性还原为生产方式，而又把这种生产方式还原为劳动。那么，他认为，人们的地位状况并不是社会领域的反映，因此社会性的自我与（自然）环境密切相关。所以，尽管马克思不仅认识到生产与自然之间的关系，也认识到通过阶级斗争可以实现社会转型，但是他还是表现出一种十分明显的机械历史观。那些希望在人类关系中获得认可的需要以及对于理解的追求，被还原为表现为劳动的工具性行动。可见，马克思只不过是把知识运用于特定的目标，放在比人际关系之中的理解的获得更为重要的地位。本书第一章对于这种矛盾的后果，已经以另一种不同的方式进行了表达。在第一章中，我们提出的问题是：既然资本主义是一种无所不包、涵盖一切的系统，那么自发的激进变革实际上又是来自何处呢？

相对而言，哈贝马斯认为马克思并没有充分区别自然科学知识与批判性知识之间的不同。正如生产过程中所利用的技术知识所表明的，自然科学知识是被（统治者）应用于控制的知识。相反，马克思以一种实证主义 157
的方式指出，资本主义的“客观条件”，随其不断地发展，会为“主观的”无产阶级的解放创造必要的条件。“马克思认为，由资本主义释放出来的生产力，是战胜资本主义的一种客观前提。”（Habermas 1984：367）哈贝马斯认为，这又是一种机械的观点，重复了社会思想中的主体—客体二元论；这种观点并不重视人的理解、反映与解释，而这些在一定程度上独立于劳动过程：

> 在他的经验分析中，马克思同时通过各种物质活动、对意识形态的批判性消解、对工具性行动的批判、各种革命实践、各种劳动与反

映等概念来把握历史。但是，马克思是以更加严格的、仅仅根据工作进行的自我反映概念，来理解和把握历史。

——哈贝马斯（Habermas 1989a：42）

哈贝马斯认为，马克思的著作缺少对人的认识与理解的演化的分析，认识与理解不能简单还原为劳动。当然，所有的法兰克福学派理论家也都指出马克思的著作中存在这一问题，并集中精力要解决这一问题。哈贝马斯的早期学术生涯，就是在这个学派中开展工作和研究的。因此，哈贝马斯认为，我们有必要把劳动维度与互动维度整合起来，以提出一种更为充分和彻底的批判理论。

他认为，如果不这样处理，互动就会被分解为劳动，构成实证科学的“技术性的”或工具性的知识，就会支配关于互动的分析与研究。而这种实证科学的后果，就是控制而不是解放。在此，我们可以发现霍克海默关于工具理性的批判对哈贝马斯的影响。霍克海默认为，在资本主义社会中，越来越多的社会生活领域日益受到由工具行动所支配的系统逻辑的影响。哈贝马斯（Habermas 1989a）认为，那些所谓的“经验分析”科学，只不过是强化了以特定具体结果的获得为导向的目的理性。这种目的理性与那些受到规范影响的社会生活领域，如家庭关系，完全是对立的。哈贝马斯认为，现在必须保持马克思的批判锋芒，以重建一种历史唯物主义，并拒绝向作为现代社会基本特征的基本模式即工具性让步。为此，就必须描绘以获得理解为目标的互动领域；互动领域是包含了一种演化性的人类学习过程的领域，

而人类学习过程不能简单地完全归结于社会或者个人。当然，个人系统承担着在某种程度上是个人地发生的学习过程，因为只有个人能够学习，然而社会系统通过利用其成员的学习能力来形成新的结构，
158 来处理那些威胁系统的存在与维持的问题。在这一方面，社会的演化性的学习过程，有赖于他们个体成员的学习能力。而这些成员，不是孤立的单子，他们通过逐渐成长并进入他们社会世界的符号结构，又获得他们的学习能力。

——哈贝马斯（Habermas 1981：269）

他以为，社会必须依赖于这一互动领域才能实现它的再生产，这又需要对文化进行理论研究，而我们不能将这种文化还原为简单的劳动。同样，这也导致对历史唯物主义的重建，以承认工资—劳动关系在生活世界中会产生扭曲的影响。哈贝马斯在重建的过程中，放弃了马克思的基础—上层结构模型，以及关于社会与政治关系的经济学视角，也放弃了马克思那种对权力关系的单一原因分析，以及把权力关系还原为工资—劳动关系的做法。还有，哈贝马斯本人也没有说他相信无产阶级是社会主义革命的工具。我们在指出这些之后，现在就可以更准确地把我们先前关于理性与合理性的讨论联系起来。

阿多诺、霍克海默、马尔库塞与卢卡斯在不同程度上都受到了韦伯的理性化理论的影响。正如我们在本书第一部分中所看到的，他们认为工具理性渗透于生活世界已经达到如此严重的程度，以至于现代性表现为一种“祛魅”。对于阿多诺与霍克海默而言，他们最初的意图就是解释在资本主义中工人阶级的意识形态整合问题；但是，随着他们对资本主义的日益深入的质疑，他们逐渐放弃了合理化与启蒙运动的思想。那种在人类历史展开过程中会逐渐进步的思想，再一次被他们以相似的手法摧毁了，只不过这一次他们的出发点不同，其结果是，他们“使他们自己陷入一种对理性的毫无限制的怀疑主义”（Habermas 1992a：129）。

这些理论家在提出他们的社会理论的过程中，再一次认为未来历史希望很渺茫。然而，哈贝马斯认为，这些理论家没有诊断出现代性的真正问题，并指出应看到他所说的“交往理性”的存在与潜能。下面，我们简要回顾哈贝马斯对韦伯、阿多诺和霍克海默等人所做的批评，以有助于我们理解他关于交往领域的分析，以及他关于一种改良的启蒙工程还没有完成的主张。

韦伯的理性化理论认为，经济与国家都是目的理性的子系统，因此资本主义的主要根源，就是理性化过程。同时，韦伯放弃了历史存在规律性的思想。狄尔泰的历史主义主张把人类主体的意义建构活动联系起来，以放弃关于历史的辩证理论和演化理论，而关于历史的辩证理论和演化理论，都是强调历史具有确定性和规律性的决定论（Habermas 1984：153）。韦伯呼吁社会科学家从人们赋予他们的社会环境的意义开始研究，但是，我们在另一个层次上发现他也存在一种决定论，例如他的“铁笼”思想就是如
159 此。正是在韦伯的分析中存在的这种鸿沟中，出现了尼采式的悲观主义，同时也出现了一种号召，即人们在面临历史的不确定性以及永无止息的权力斗争时，要坚持一种责任伦理。

韦伯的论证中存在的这种鸿沟，可以概括如下：

> 韦伯并没有充分区分文化传统的特殊价值内容与那些普遍价值标准——在这种普遍价值标准之下，文化的认知、规范与表达要素成了自治的价值领域，并形成一种具有其自身逻辑的理性复合体。
>
> ——哈贝马斯（Habermas 1984：249）

这就是按照主体—客体二元论来看待社会与社会关系这种更一般问题的症结。其结果就是如阿多诺和霍克海默所进行的系列批判，他们从目的理性的角度来批判当代各种形式的“主体的”理性，而这种目的理性本身已经声名狼藉（Habermas 1984：377）。从这种观点看，不可避免的结果就是一种悲观主义，这种悲观主义常常体现在关于“意识的固化或物化（reification）”的思想中。

哈贝马斯试图避免这样的结论。他认为，韦伯把作为特殊形式的社会理性化与作为整体的合理性概念生硬地结合在一起。在韦伯看来，正是目的理性的制度化——始于新教并在合法系统中达到顶点——解释了资本主义兴起的原因。正如我们早先所指出的，这种理性形式包括了在理解作为或可能作为互动的对方的意图的基础上，对特定结果以及获得这种结果的方式的选择。然而，哈贝马斯指出，这种理性形式并不允许现代性中存在其他理性形式的可能性。哈贝马斯的这些分析为他开创了一条理论大道，并走向交往理性的领域。

哈贝马斯认为，为了提出一种充分和彻底的批判理论，我们需要重新考虑现代性给我们提供的可能性，而不能再犯困扰先前的理论家们的那些错误。这就要求通过对理论家们所依据的意识哲学进行根本的批判，以免陷入工具理性的窠臼。这些理论家们关于行动与系统的不充分的理论分析，就陷入了工具理性的窠臼（Habermas 1984：145）。这样一来，我们就可以

通过对交往理性领域的分析，重新界定能动性与结构之间的关系，

> 这种交往理性领域既不是指主体通过表演与行动，来在与客体的
> 关系中保护他自己，也不是指一种把自己与环境分隔开来的自我维持
> 系统，而是指一种象征性地建构的生活世界，一种在成员相互理解的 160
> 获得过程中建立起来的，并且只有通过交往和沟通才能实现再生产的
> 生活世界。
>
> ——哈贝马斯（Habermas 1984：398）

哈贝马斯认为，要实现这一点，需要对各种社会理论脉络与哲学进行广泛的历史挖掘，以便为一种不囿于主体哲学的批判理论提供全新的基础。为了这一目的，哈贝马斯把他的注意力转向提出交往行动理论（TCA），交往行动理论主要讨论四大主题。其一，建构一种能够克服上述问题的理性理论，这种理性理论并不满足温奇（Winch 1990）所谓的那种权威的理性相对论。其二，促进交往行动理论本身的发展。其三，为了建构一种能够分析当代社会病症的现代性理论，而对“理性化的辩证法”进行检讨。其四，把行动理论与系统理论进行综合，并纳入一种新的概念框架（Habermas in Dews 1992：104－105）。其结果是，哈贝马斯提出了一种极其复杂而有趣的、富有挑战性的思想。下面，我们讨论交往行动理论是如何形成的。

交往行动理论

交往行动理论揭示了在人的语言与现代性工程所体现的价值之间存在的深层关联和一致性。D. 拉斯姆森（D. Rasmussen 1990）认为，索绪尔（Saussure 1959）关于历时性与共时性的区分，对于理解哈贝马斯的思想十分重要，理解语言的历时性历史演化机制的做法，遵循的是启蒙运动的模式。从这种观点看，哈贝马斯通过语言重建现代性工程的努力，与理解语言的历时性模式是一致的。哈贝马斯认为，语言是最基本的社会行动即交往（沟通）行动的一种工具。我们可以把交往行动界定为一种“社会互动形式，在其中不同行动者的行动计划通过相互的交流行为，也就是通过一种以获得理解为导向的语言的使用，而得到协调”（Habermas 1981：44）。

哈贝马斯整合了微观与宏观的维度，并借鉴米德和涂尔干的思想，提

出了他的交往行动概念（Habermas 1981）。米德对于交往行动概念十分重161 要，因为他的思想分析了以符号为中介的互动；而涂尔干之所以是重要的，是因为他对宗教的“神圣”以及宗教的世俗化过程进行了分析。哈贝马斯认为，“语言—沟通”理论框架是重新肯定现代性工程的方式（Habermas 1981，1992b）。哈贝马斯试图指出，通过交往行动来实现世俗行为的规范化和标准化行为，进而可以重构传统社会向现代性的转型。哈贝马斯根据社会行动者的交往才能（competence），把行动划分为以“成功为导向的行动”与以“理解为导向的行动”（Habermas 1981），以及行动的社会背景与非社会背景。他认为，可以根据理性选择规则来衡量以成功为导向的行动，而以理解为导向的行动是通过“交往行动”而发生的。如果参与交往的行动者彼此之间达成相互合作的共同理解，那么这种交往行动就实现了。

交往行动与普通语用学所描述的理性相联系，因为交往行动以寻求主体间对有效宣称（真实、公正与诚实的宣称）的认可为导向，尽管这种导向在特定的社会互动中可能仅仅是暗中存在，并且不是一种瞬间实际存在的概念（Habermas 2003：103）。交往行动是以参与沟通的行动者对沟通能够发生并达成共同理解所需要的条件的分析为基础的，此时行动得到行动者在说话行为过程中所提供的有效宣称的协调（Habermas 1981）。交往行动与交往理性是内在地相互联系的，这种交往理性是哈贝马斯理想的交往行动观的中心支柱，他所说的理想的交往行动，就是一种“不受强制的交往状况”。哈贝马斯试图从交往的结构与联合中概括出交往的普遍特征。同样，R. 罗德里克（R. Roderick 1986）认为，交往理性是一种经验地确定理性结构的历史发展的意图，也是一种进一步质疑对各种生活领域中更现代领域的理性化的意图。这些不同的领域——诸如经济、政治秩序和文化领域——是独特的领域，其基础逻辑冲击着交往行动，也侵蚀着生活世界的结构。

生活世界的根源与结构

在讨论生活世界的结构时，哈贝马斯提出了主体间性交往的思想。根据先前我们对米德的讨论，主体间性交往模式显然并非指自治的和相对独立的主体简单地走到一起，而是指人们与他人的互动并在互动过程中实现彼此的沟通。不过，哈贝马斯指出，他的整个目的是要重构一种作为“普通语用学”的科学，而米德的著作关于自我与生活世界的形成的解释存在 162
一些缺陷。也正是在这一点上，涂尔干进入了哈贝马斯的理论体系，哈贝马斯是根据涂尔干的演化理论观点来理解涂尔干的。

涂尔干一生关注的都是“解释各种制度与价值在规范上的有效性”(Habermas 1987：47)。他最重要的思想遗产，就是认为社会是一种积极的道德教化力量，这种思想使我们能够讨论理性概念，而又不至于陷入工具理性的窠臼。涂尔干认为，规范之所以被认为是有效的，是因为它们包含着道德的权威，而非仅仅是因为违反规范会受到某种惩罚（Habermas 1992c：73)。哈贝马斯根据这种观点，认为生活世界的起源在于一种规范框架之中。而且，哈贝马斯借鉴了涂尔干关于“集体意识”的思想，来修正米德对个体发生论的强调，并在系统发生论的层次上更新了米德的思想(Habermas 1987：46)。那么，这又是如何实现的呢？下面我们对此做简要的概括。

对于米德来说，一个群体的道德权威，有赖于“概化他人”在群体成员中的内化，而这种内化首先又要以一套以维持社会控制为目标的群体制裁为基础。然而，这里仍然存在一个问题，那就是“在制裁能够以群体的名义强制实施之前，群体必须首先被建构为能够采取行动的单元”(Habermas 1987：45)。按照米德的理论，只有集体意识得以形成之后，个体才能成为一个群体的成员。正是其思想中存在这样的矛盾，米德才借助关于人格的思想来作为他的解释资源，而这导致他不能说明集体生活世界本身的根源。

与米德相反，涂尔干根据信仰——深植于部族历史的一种集体意识的表现，也是集体身份的构成要素——来确立和拓展他的分析（Habermas 1987：46)。然而，涂尔干的思想由于忽视生活世界的语言要素，因此内部也存在一种矛盾。毕竟，世俗的日常生活世界通过语言沟通与交流——其目标是主体间性的理解——才得到引导。涂尔干并不是以这种方式来看待神圣与世俗生活的，他集中分析的是在集体意识保护之下的规范性共识与达成理解的过程（Habermas 1987：57)。然而，在此我们看到的正是社会思想中的主体—客体二元论的另一种重复。在涂尔干的著作中，他做出了自私行为与德行之划分，因此也表现出一种人性的二元论，而这种二元论也体现了一种主体—客体二元论。其结果是，他从演化的角度不能解释“各种制度是如何利用社会团结来维持它们的有效性的”（Habermas 1987：57）。

> 只有我们记住世俗日常生活实践，是通过语言上不同的、达成理解的过程才得以进行；并且这种实践迫使我们在各种角色与制度构成
> 163 的规范性背景中，为与背景相适应的行动规定有效的宣称，这个问题才有可能得到解决。
>
> ——哈贝马斯（Habermas 1987：57）

语言的交往弥合了分析上存在的制度再生产与规范性共识之间的鸿沟。这种语言交往的特征可以概括为一种“中介功能”，起着把个人与集体意识联系起来的中介作用。因此，以规范为基础的符号象征主义与语言交往都是生活世界的基本要素，二者共同解释了生活世界的根源。因此，哈贝马斯仅仅把涂尔干关于神性与道性规范的思想，作为米德主体间性交流理论的一种补充。他认为，在对规范性的背景做出这种适当的处理之后，我们就可以主张日常话语要以其共识的有效性为前提条件。总之，通过这种整合，哈贝马斯提出了“一种由语言协调的结构概念，以及由规范引导的互动概念，并认为二者都是社会文化得以形成与发展的起点”（Habermas 1987：46）。

为了完全揭示语言与现代性工程之间的这种联系，我们还必须借鉴另一种思想，即普通语言哲学。正如我们先前所指出的，语言哲学已经“取代了关注意识问题的传统哲学的位置”（Habermas 1990：117）。哈贝马斯在提出主体间性交往这个概念的过程中，把语言视为获得理解、学习与实现合作的中介。正如哈贝马斯雄辩地指出的：

> 从语言的结构中，可以找到人类精神为什么被判定为一个长期的艰险旅程（odyssey）的原因。……只有从离个人本身最远的距离看，个人才会意识到自身作为一种个别化的存在所具有的不可替代的独特性。
>
> ——哈贝马斯（Habermas 1992b：153）

哈贝马斯在提出交往行动理论的过程中，进行了一些高度技术性的讨论。下面我们只是出于本书的目的而对这些讨论进行简要的回顾。哈贝马斯为了深入分析交往理性的潜能，借鉴了奥斯丁的言语—行为理论（Austin 1976）。如果交往理性的潜能存在于语言本身之中，那么在语言中也就存在批判理论的科学基础，与规范性基础相反的科学基础。因此，他只不过是运用哲学的分析传统，来研究那些可能导致本章开始说的理解上的误解。不过，这又是如何做到的呢？

奥斯丁（Austin 1976）把表演性的言说——言语—行为是一种行动的表演——划分为言内行为的陈述、言外行为的陈述和言后行为的陈述。简单地说，前者是指实际上说到某物的行为，中者是指在一种言语行为中什么被完成或做了——比如提出了一种许诺，后者是指言说在他人那里产生的特定效果。哈贝马斯据此试图区分言外行为的陈述与言后行为的陈述， 164
认为前者以理解为导向，而后者应用于策略行动者中。换言之，他再一次认为——虽然是在不同的层次上认为——工具性行动由于是以成功为导向的，因此是言后行为或言说之效果，但正如言外行为所说明的，工具性行动是依附于以达成理解为导向的交往行动的。因此，以达成理解为导向的交往行动是首要的，言语行为要依靠世界中的规范性共识背景才能发生："这种言外行为的要素，表达了这样一种事实，言说者对于命题的真实性、规范的正确性、主体的真诚性，以及他所活动的各种具体领域，都明确地提出了自己的主张"（Habermas 1987：72）。

正如哈贝马斯（Habermas 1984：328）所承认的，有的学者可能会问，我们如何能够把这与日常生活中的语言的用法联系起来？为此，他试图利用这些思想来对"那些以语言为中介的互动"进行一般性的分类（Habermas 1984：329）。问题在于，如果他不想重复韦伯等人在理性这个一般性问题上存在的错误，那么就不应去研究行动的动机，而应去研究以语言为中介的互动与生活世界本身的结构的关系，因为他假设这种关系状况是行动的背景：

> 交往行动是在生活世界中发生的，这种生活世界仍然是参与交往者的基本背景。生活世界只是以被视若当然的背景假定与天生就熟练

> 掌握的技能这种前反思性的形式，出现在交往参与者面前。
>
> ——哈贝马斯（Habermas 1984：335）

哈贝马斯在发现普通语言哲学的思想对于他的交往行动理论的形成很重要的同时，也发现由于那些我们先前已经提到过的原因，普通语言哲学的思想也存在某些局限性。这些原因包括：其一，对于语言游戏的转换，缺少任何解释学的视角；其二，普通语言哲学与诠释学都是唯心主义的，因此虽然伽达默尔（Gadamer 1975）是对的，他通过把语言的使用与我们继承我们的语言的历史过程联系起来，而克服了维特根斯坦的缺点，但是他与维特根斯坦一样，也没有看到语言“对组织化的权力关系发挥合法化作用的那些方式”（Habermas 1990：172；也见 Holub 1991：第 3 章）；其三，诸如维特根斯坦、奥斯丁和约翰·塞尔（John Searle）等人的分析，仍然是特殊性的，所以他们并不能提出一种普通的语言游戏理论（Habermas 1984：354）。

如果根据哈贝马斯对涂尔干的批评，我们可以把交往行动的特征概括
165 为“社会团结的能量充配站”（Habermas 1987：57）。交往理性嵌入我们日常言说的背景之中，这种交往由于具有了理性的驱动力量，而把我们联结在一起：

> 交往理性概念，不仅适用于有目的地达成共识的过程，也适用于在主体间性地共享的生活世界中已经获得的前理解状态的结构。后者以一种背景建构视域的形式，标定了各自的说话处境；同时，作为一种不受质疑的、前反思性的背景，在以达成理解为取向的成就中发挥基本的建构作用。生活世界与交往行动因此以一种互补的方式而彼此联系在一起。
>
> ——哈贝马斯（Habermas 1991：223）

与理性化理论相联系的是，如果交往理性在各个社会中都存在并起主导作用，那么交往理性本身就表现为一种理性形式，不能被视为目的理性的子系统（而这正是韦伯传统的理论所存在的问题）。相反，参照点就变成了“在言说的有效性基础中找到理性的潜在可能性”（Habermas 1984：339）。那么交往行动就可以根据其“如何在仪式性地保持的社会团结及既

有规范与个人身份之间进行协调”来研究（Habermas 1987：77）。而社会与社会关系的再生产所依赖的，正是这一领域。

尽管哈贝马斯的这些主张还存在一些基本的问题，但我们在这里不再讨论。如果交往理性是生活世界的基础，那么为什么其潜能却没有获得一些成果？我们所看到的这类冲突和误解，即使不如我们所看到的共识与理解那么多，但是也不会少多少。显然，哈贝马斯并不打算为我们提供另一种唯心主义的社会理论，并且他还希望保持马克思的批判精神，尽管这并非他的研究的主旨。哈贝马斯正是在系统与生活世界的关系这一点上，提出了他自己的系统的理论模式和思想。

系统从生活世界的脱耦

哈贝马斯从一种演化的视角来描绘交往理性现在所占据的空间，并提出了如下的假设：社会中的社会表达与整合功能，以前曾是仪式的部分，现在则由交往行动来实施。在历时过程中，一种“神圣事物的语言化”已经发生，其可以用如下的方式来表达：

> 神圣的权威逐渐为一种获得性的共识权威所取代。这意味着把交往行动从神性保护的规范情景中解放出来。通过对在仪式上受到保护
> 的、规范性的共识的语言化，神圣领域之祛魅与去权得以发生，随之 166
> 而来的是在交往行动中理性潜能的释放。狂欢与恐惧之气氛，从神圣的事物中释放出来，神圣事物的迷惑力，被升华为具有批判能力的有效宣称的团结力量，同时转变为在日常生活中每天都会起作用的力量。
>
> ——哈贝马斯（Habermas 1987：77）

鉴于此，哈贝马斯坚持认为，从工具理性角度对现代性进行的任何分析，肯定都是有局限的。而且，如果语言的使用，能够坚持特定的有效宣称——在给定的社会条件下，这种宣称通过以这种理性为基础的共识而实现——那么，在未完成的，但已经修正的启蒙工程的庇护之下，实现人类理解的潜在可能性就存在。然而，与此同时，我们看到他的人类行动理论，也肯定把交往行动与策略行动区别开来，并强调前者潜能的实现，同时不会犯把所有人类行动还原为后者的错误。

在这一点上，哈贝马斯强调，正如韦伯所声称的，生活世界中的两种行动模式——一种以成功为导向，一种以理解为导向——之间，并非处于敌对与竞争状态。相反，

> 在各种社会整合原则之间，则存在敌对与竞争，特别是在以有效宣称为导向的语言沟通机制（一种从生活世界的理性化中日益升华出来的机制）与那些非语言化的、操纵性的媒介（通过这些媒介，那些以成功为导向的行动系统得以分化出来）之间，存在对立与竞争。
>
> ——哈贝马斯（Habermas 1984：342）

那么，现在似乎就出现了两个领域。这似乎是一种二元论，视社会整合为生活世界的一部分，系统整合为系统的一部分。为了进一步讨论这个问题，哈贝马斯借鉴了帕森斯和卢曼的思想，尽管人们对他们已经不无批评（参见 Habermas，1987；Holub 1991）。在此过程中，他提出了一种社会变迁理论，认为系统与生活世界正日益脱耦。系统的再生产和越来越多的自治组织的分化，逐渐不再依赖于交往行动，而是依赖于他所说的“去语言化的交往媒介”（Habermas 1987：154）。规范性共识被个人决策的非规范规制所取代，而这种规则超越了个人行动者的意识（Habermas 1987：117）。我们根据他的这些看法，可以得出：他认为社会肯定包括系统与生活世界。如果我们接受这种看法，那么问题在于，如何把二者联系起来？对于吉登斯来说，这要依赖于二重性；对于帕森斯来说，这要依赖于系统；对于米德、加芬克尔和舒茨等人来说，这要依赖于生活世界。而哈贝马斯认为，这两者我们都需要，以解释社会的演化。社会作为一个系统，

> 167 不得不实施各种条件，以维持社会文化的生活世界。这种界定——社会是通过社会地整合的群体之行动的系统化和稳定化而产生的复杂综合体——可以支持很有启发性的看法，即社会是一种实体，在演化的过程中会出现系统与生活世界的分化。
>
> ——哈贝马斯（Habermas 1987：152）

哈贝马斯提出的论题是，在历时性的过程中，新系统会出现，这些新系统日益与那些促进社会整合的结构相分离。随着社会系统日益分化，它

们日益不再依赖于社会整合结构，而日益依赖于那些与日常生活世界脱离的系统机制。其结果就是，一种不受规范影响的、客观化的结构。而这对生活世界以及构成生活世界的个人来说，后果是很显然的：

> 在现代社会，经济领域与科层政治领域开始出现。在这些领域中，社会关系仅仅以金钱为中介，仅仅受到权力的调节。与规范一致的态度和具有形成身份作用的社会成员资格，在这些领域中既是不必要的，也是不可能的；相反，它们日益成为边缘化的东西。
>
> ——哈贝马斯（Habermas 1987：154）

然而，正如上文所指出的，文化的传播与社会化有赖于交往行动的领域。它们不可能通过权力与金钱这些中介来实现。其结果是，经济商品化与政治科层化的过程，在这些领域中导致了“混乱，并导致病态的结果”（Habermas in Dews 1992：172）。因此，其后果也是很显然的：

> 可以说，如果不弱化对再生产是自足性的幻想，那么使生活世界器物化的再生产之限制，就不得不隐藏于交往行动的孔隙之中。这导致了隐藏的结构性暴力，并控制了各种可能的主体间性理解形式。
>
> ——哈贝马斯（Habermas 1987：187）

那么，意识的固化并非如笛卡尔传统所说的那样，是由于工具理性的狂飙所导致的。相反，意识的固化是源于不受规范约束的、目的理性的系统再生产的协调机制，不断损害了生活世界中那些旨在社会整合的交往理性的潜能。因此，由于政府日益介入和干涉资本主义社会的运行，金钱与权力的影响日益扩大并产生扭曲的影响，导致了不受扭曲的交往的重要条件的缺失。而这一现象，正统的马克思主义并没有做出让人满意的分析。

小结 168

要我们带着马克思主义理论的锋芒回到韦伯对现代理性的质疑，同时通过对语言使用的分析，把批判理论从社会思想中存在的主体—客体二元论的禁锢中解救出来，是一项十分艰巨的任务。有很多学者提出当下的社会已经进入了一种后现代化过程，但是哈贝马斯却提出要通过修正启蒙方案来重建现代性，因此他是一种基础主义的社会理论的捍卫者。

哈贝马斯及时地回到要建立一种演化的社会理论，这种理论主张要为生活世界提供一种规范基础。其结果是他认为，我们在日常生活中进行言说的过程，应提出大家都认为的有效宣称，交往理性是形成社会关系的基石。存在这样一种可能，那就是在韦伯只发现宿命论和可能的共识的地方，也是马克思只发现工具性的地方，哈贝马斯却发现了语言与交往理性。

哈贝马斯正是从语言本身的结构中，为批判理论概括了一个基础。这使得他的立场不同于阿多诺。阿多诺在 W. 本雅明（Walter Benjamin1991）的影响下，认为“在一个受到极权政府支配的世界中”，高雅艺术而非经验研究“才是批判实践的最后避难所”（Aronowitz 1992：308）。阿多诺逐渐变得反科学，并拒绝以理性的名义来理解社会的整体性。哈贝马斯则广泛借鉴各种理论与思想，这使他的理论产生了相当大的力量，并可能正在把批判理论从消极悲观中拯救出来。

交往行动理论存在的问题

哈贝马斯的著作是如此地丰富，影响是如此地广泛，以至于我们毫不惊奇于来自各个学科的批判性评论也是如此地多，我们只能选择其中一些批判性评论加以介绍。在本节中，出于本书的目的，主要讨论其著作中存在的一个核心的问题，即行动与结构之间的关系问题，以说明我们自己的核心的主题。而这个问题，更具体地说，就是关于他借鉴系统理论所导致的问题。

鲍曼认为，直到哈贝马斯回到一种“对帕森斯的实证主义式的重新塑造”之前，他的思想都具有很大的启发性（Bauman 1992：217）。对于哈贝马斯借用系统理论，人们最常提到的批评之一，对哈贝马斯持有同情态度的评论者、翻译者托马斯·麦卡锡（Thomas McCarthy）总结如下：

> 哈贝马斯曾经批评马克思屈服于使自己的理论成为一种严密的科学的幻想，并且他认为大量马克思主义者在政治分析与政治实践中存
> 169 在的历史问题，都与这种幻想有关。在此，我想提出的问题是，在哈贝马斯与系统理论的勾勾搭搭的过程中，他是否也存在与马克思同样

的，但更具现代伪装的幻想。

——麦卡锡（McCarthy 1991：139）

卢曼也认为，“我们有太多太多理由与依据，可以指出……如果不事先准确地界定，对于交往什么是相关的、什么是不相关的，那么交往事实上不可能导致任何的事情”（转引自 Brand 1990：120）。同样，A. 布兰德也反对哈贝马斯的立场，认为哈贝马斯对经验研究与演绎逻辑还有敌意（Brand 1990）。不过，哈贝马斯关于语言的研究以及道德发展的研究，一直成功地运用了经验研究来解释和说明他的社会理论。他所说的“投机性的”（speculative）认识论，实际上仍然与经验科学保持着密切的关系，而这正是他不完全因循于马克思主义意识形态的原因之一。

“现代性方案”的要义，就是理性与进步之观念，而对于这些观念，哈贝马斯试图总结和归纳为一种实践的成就。但是，我们认为，这些观念存在于更深层的、更隐秘的背景中。这正如法兰克福学派的前辈们在 1949 年所见证的，也正如鲍曼强有力地宣称的（Bauman 1989），后者在《现代性与大屠杀》一书中，对启蒙运动的遗产和思想提出了一种毁灭性的批判，并指出启蒙运动存在滑入尼采哲学研究者的噩梦所预测的野蛮状态之危险。例如，在某种意义上看，希特勒在德国建立的体制，只不过是对 19 世纪的社会惩罚技术的重新提炼和完善。而从另一种意义上看，希特勒的体制是向古老的“血统社会”的倒退，这种野蛮的社会体制具有支配、控制成员的权力欲望，使我们对启蒙运动的方案产生了进一步的质疑。我们已经看到，在这种体制下，出现了非人道主义不断回潮，包括从种族灭绝到“族群清洗”等。哈贝马斯试图使其关于交往行动的叙事在世界中普遍化，而这种意图也反衬了政府、文化与意识形态之间存在的很多差异（Habermas 1984）。

哈贝马斯的著作是建立在对批判理论传统和德国社会哲学的反思的基础上的，而且他以独特的方式推进了这种传统。理性、自由与正义不仅仅是需要探讨的理论问题，也是需要人们投入和去实现的实践任务。哈贝马斯的所有著作的目标，都是捍卫与延续启蒙工程，反对关于启蒙工程的工具理性论和“权力意志”论（Delanty 2001）。

我们已经看到，哈贝马斯借用系统理论的思想，来区分交往理性与目的理性，也就是对交往与权力进行了系统的区分。然而，这招致了各种质疑。其一，为了这个目的而借用系统理论，会不会损害批判理论的目标？
170 其二，与之相关的是，这样的区分能不能看到生活世界本身会受到与规范性共识相对立的权力的规制？

有学者已经指出，对于宏观现象，仅仅根据行动者的目的来解释是不够的。正如吉登斯在指出分析社会行动的意外后果具有重要性时所指出的，功能主义尽管把社会系统归因于技术，但这并不意味着，功能主义可以垄断这一分析领域。然而，为了维持他关于系统与生活世界的区分，哈贝马斯不仅借用了帕森斯主义的功能主义，还借用了卢曼（Luhmann 1982）的思想，后者认为随着社会日益复杂，系统拥有了它自己的理性，而且这种系统理性与构成系统的互动主体的理性日益分离。

哈贝马斯认为，通过引入这种区分，交往理由就具有潜在能力来反对策略行动的入侵。然而，这能够让人满意吗？如果根植于生活世界中的语言结构中的理性是最终的裁判者，那么我们看到的是，系统理性对生活世界的日益殖民，已经达到了这样一个程度，即交往的生活世界之社会领域已经明显缩小。我们需要知道的是，为了提出一种站得住脚的批判社会理论，应该寄多大的希望于那些已经被系统权力如此成功地减少的事情之上？

为了分析说明的目的，我们可以另一种方式来处理这个问题。利用系统理论，使我们可以在理论上得出独立的生活世界与权力运行之间存在的二元性。然而，霍恩尼斯（Axel Honneth）认为，在批判理论传统中的著作中，这是一种“虚构”，

> 这种虚构不仅源于哈贝马斯按照系统与生活世界的脱耦的思想，对现代社会的出现所做出的演化—理论解释，也源于他在区分两种社会行动整合形式时所使用的术语存在的缺陷。
>
> ——霍恩尼斯（Honneth 1991：299）

哈贝马斯划分了以成功为导向的行动与以理解为导向的行动，这样的划分存在严重的问题。我们可以从两个角度来批判这种划分。其一，哈贝马斯对于社会关系的分析属于一种新功能主义，仍然局限于马克思主义的

“各种矛盾”概念，不过他只强调了系统与生活世界之间的矛盾，而且他在为普遍理性定位新的基础时，仍然对文化影响不太重视（Alexander 等 2004）。

诸如 T. 麦卡锡（McCarthy 1991）、霍恩尼斯（Honneth 1991）与乔阿 171
斯（Joas 1993）等学者都认为，借用系统理论并不能够使这种二元论站得住脚。其结果是可能认为各个群体在日常生活中反对目的理性不断入侵的具体斗争，会日益退回到一个与权力实施无关的领域。但是，认为目的理性是自我维持的，并把它归结于物质再生产，认为目的理性与包含目的理性的人的活动相分离，实际上恰恰会失去马克思思想的深刻见解和力量，即所谓的自然系统不过是人的建构，而这种建构又是特定时代生产方式的体现。

T. 麦卡锡以一种稍有不同的方式，提出了一种更一般性的主张。他认为，卢曼把行政与政治分开，从而使人们可以把秩序性决策与确保这种决策获得大众支持的合法性区别开来。前者是由目的驱动的，后者则为前者的有效运转提供合法性。在哈贝马斯看来，政治系统由于会塑造大众的忠诚感，日益战胜了形成价值与规范的交往过程（McCarthy 1991：127）。如果我们对行政系统的正式与非正式层面之间的关系进行经验研究，会发现它们的相互作用，并不能根据其中成员的、被认为是以集体目标为导向的、在功能上协调的活动来解释。但哈贝马斯认为，这是为了维持系统的功能。

在哈贝马斯的著作中，这类紧张与矛盾十分明显。此外，他坚持认为“组织中的行动属于受到正式规则调节的活动”（Habermas 1987：310）。然而，组织中的社会整合，也同样可以通过相互威胁或者恐惧惩罚，以及命令的下达与接受来实现（McCarthy 1991：130）。在理论上把这种作用归结于系统整合，就看不到组织在受到系统协调的同时还受到社会的协调：

> 所有这些，仅仅意味着，哈贝马斯所界定的系统整合与社会整合似乎是两种极端情况，并没有包括各种可能的替代性选择：对这一极端的否定，并不必然意味着对另一极端的接受……而且，如果要缓和方法视角中存在的分歧，显然我们应该认为，我们可以同时用这两种方式来看待即使不是全部的也是大多数的社会行动领域。
>
> ——T. 麦卡锡（McCarthy 1991：130）

弗雷泽（Nancy Fraser）对系统—生活世界的划分，也提出了类似的批评（Fraser 1989）。她认为，通过系统进行的对行动的非规范性与非共识性
172 协调的思想，是站不住脚的；互动过程所借助的共识的性质或规范的状态无论多么可疑，“每个人行动的背景实际上都涉及了这两种形式中的某种形式”（Fraser 1989：117）。根据这种观点，策略行动无论在分析上还是在实践上都不同于共享意义与规范的领域中的行动。例如，在工作场所，行动协调要依靠行动者假定存在规范共识才能实现：“因此，资本主义经济系统具有一种道德文化维度”（Fraser 1989：118）。

弗雷泽进而认为，我们不能否认，行动包括策略性的要素。劳动与互动、系统与生活世界这样的二元两分，尽管明显反映了家庭关系的生活世界与系统的工资工作领域之间存在分离这种经验现实，但如考虑到性别关系，那么这种两分就存在严重的问题：

> 女性主义已经通过对当代家庭决策、家庭财务处理、打老婆等现象的经验分析，指出家庭完全渗透着——用哈贝马斯的术语来说，就是——权力与金钱这种中介。在家庭中也存在自我中心主义的、策略性与工具性的计算，服务、劳动、金钱与性等的剥削性交换也很常见。而且，家庭通常也是存在强制与暴力的地方。
>
> ——弗雷泽（Fraser 1989：119－120）

权力由于不能占据生活世界本身中的权力运行，因此对系统属性的制约是有限的。关于正式的经济（系统）与家庭（生活世界）之间的划分，无法分析妇女没有报酬的劳动与正式经济之间的关系。因此，哈贝马斯重复了马克思主义者把再生产还原为生产的错误。

小结

哈贝马斯的全部目的，就是要冲破关于意识的哲学研究，而通过研究交往行动来提出他自己的批判理论。在此过程中，他试图回避关于语言的各种研究视角所存在的唯心主义。但是，正如我们在布迪厄的著作中看到的那些问题一样，只要人们承认权力在语言中的作用，那么诸如交往理性这类概念都应放弃，而支持从策略性资源——行动者为了特定目标而使用的——的应用角度来看待行动。坦率地说，如果哈贝马斯不考虑权力对于

语言和言说的影响，那么他的整个主张并不能对现实产生多大的影响。

鉴于哈贝马斯认为语言在社会生活中处于中心地位，我们必须探讨的 173
是，如果如上所言权力对于语言会产生重要的影响，那么我们是否真的有可能达到话语不受支配的状态。然而，哈贝马斯说："欲加之罪，何患无辞"（Dews 1992：180）。他认为，从历史的角度看，世界史中存在的趋势表明各种偏见都将逐渐消散。这当然并不意味着这些偏见不存在，近年来所发生的数次悲剧事件，已清楚地表明了偏见的存在。他所主张的是，恰恰是语言的使用，要以理想的说话情景为规制原则。这完全不是说实际上存在不受权力影响的语言交往。

从社会理论与哲学的观点看，哈贝马斯实际上时刻都在主张一种政治方案，因此他又回到社会与哲学思想史，批判主体哲学，以至于他提出了交往理性这个概念。这也使得他从"话语伦理"的角度来探讨实现这种政治方案的途径和程序。他认为，这种途径与程序就是"实践话语"。关于这个问题，阿尔布莱希特·维尔默（Albrecht Wellmer）做了深入的研究。而哈贝马斯在概括与评论维尔默的相关思想时，雄辩地指出：

> 与所有的主张一样，实践话语有如实践海洋中饱受狂流威胁的个个孤岛。在实践海洋中，基于共识而形成的冲突解决模式，无论如何也不是一种支配性的解决模式。达成一致或共识的方式，总是会被那些工具性力量推到一边。因此那些以伦理原则为导向的行动，不得不使自己服从于那些来自策略性需要而不是伦理原则的命令或要求。
>
> ——哈贝马斯（Habermas 1992c：106）

如果考虑到社会生活充满了权力与策略的影响，那么这种命令与要求十分强大。然而，正是系统对生活世界产生的广泛的歪曲，阻碍了达成这种共识的可能性。

哈贝马斯给我们提供了一种关于当代社会关系的强有力的理论。这种理论是一种"重建性的科学"，其目标是要通过"分析、鉴别与澄清人们之交往所需要的条件"，来探讨我们的"前理论的"知识（Bernstein 1985：16）。哈贝马斯是这样一位思想家，主张在所谓的交往理性基础上可以达成共识，但必须以消除权力对日常生活话语的扭曲为条件；主张只有在理性地组织起来的社会中，而且只有在这些组织是普遍有效的规范之制度化的情况下，人类的解放才能实现。还有，他主张只有在那些社会制度体现了“要进行普遍有效宣称的规范”时，人类才能获得解放（N. Smith 1993：42）。

174 哈贝马斯最终提出的就是一种基于语用学的批判性社会理论，有学者认为，这种理论有可能把关于语言的索引性的思想与关于语言的实用性的实用主义思想结合起来（McCarthy in Hoy & McCarthy 1994：72）。而所有这些，可以通过修正和重建现代性方案来实现，这种现代性重建方案批判那些只关注工具理性而排除交往理性的社会理论的片面性。哈贝马斯拒斥各种超验的概念，对这类概念保持一种批判的态度，对最近的哲学与社会思想中出现的大量的理性相对论保持一种批判态度。哈贝马斯的目标是高远的，他试图协调理性的主张与生活世界的主张，以乐观地看待现代性的遗产。所有这些，不仅为当代社会理论的形成和思想作出了重要贡献，也为解决现实问题作出了重要贡献。

尽管哈贝马斯的思想力量是不容置疑的，但是其中仍然存在一些重要问题。特别是哈贝马斯的理论研究是建立于有一种实质特征（如“中产阶层”、“白领”、“男人”）在暗中起作用的“世界”概念之上，他却没有考虑这些维度。事实上，整个“现代性方案”以及相关的理性、进步话语，在历史上是与男人对女人的支配相伴随的。启蒙运动的哲学思想是一种以语言为基础的方案，其假定妇女处于一种比男人更次要的地位。

对于寻求提出一种关于意识与解放的规范理论的女性主义来说，哈贝马斯的解放概念具有重要的影响。但是，女性主义则对哈贝马斯的交往行动理论持保留意见（McNay 2000；Stanley & Pateman 1991）。他们认为，哈贝马斯的思想没有涉及和考虑性别维度，因此他的重建现代性方案，将永远处于男性主导的启蒙思想分析传统中。不过，女性主义哲学家塞利亚·本哈比（Selya Benhabib 1986）则认为，哈贝马斯的著作中存在某些有价值的要素，可以用来作为对当代社会进行一种更加广泛的规范性批判的基础。另外，弗雷泽（Fraser 1989）认为，哈贝马斯的思想在得到实质性修正的情况下，可以用于分析性别关系，而且她与霍恩尼斯都是在认可批判理论的精神实质的情况下，提出自己的理论与思想的（Fraser & Honneth 2003）。

关于社会理论缺少从性别维度进行思考的批评，不仅仅适用于哈贝马斯。我们应该指出的是，哈贝马斯始终愿意参与关于他的思想的一些争论，因此他个人总是在积极实践他自己的理论（Eriksen & Weigard 2004）。忽视性别维度，是很多社会理论普遍存在的问题。因此，现在我们有必要讨论女性主义的思想与主张。

第九章

女性哪里去了

175 在本书第一部分中我们曾经指出，在社会实践以及作为社会实践一部分的社会理论中，都存在一种偏见，那就是关于社会生活的研究主要是从男性的身份与视角来思考，代表的主要是男性的利益与价值观。结果是，本书迄今为止所提及的主要社会理论，持有一种片面的、不完全的社会观与社会关系观。这种批评很有分量，因为它说明了任何描述当代社会理论脉络的著作，如果不适当考虑自己的主题与思想，都将是不全面的。

在第二章中，我们已经指出女性主义理论大致可划分为三种视角。第一种视角是以沃斯通克拉夫特等人为代表的研究视角，这种视角深受自由主义与个人主义的影响。这种视角认为，女性本质上是理性的、性别中性的；女性的特质可能是一种人为的状况，并使女性在男权制（父权制）文化中处于从属地位；而主流的思维模式应把女性整合进去。从总体上看，这种视角可以称为主张取消男女分割而进行整合的视角。

女性主义理论的第二种视角，则探讨那些社会基本规则及其社会实践。这就必然会批判地审视社会理论思想史中那些仅仅根据男性的视角与经验而提出的社会理论与思想。该视角避开了自由个人主义，逐渐把性别的社会建构过程作为研究主题，主要研究社会关系赋予性别差异和歧视以意义的那些基本方式，各种男权制实践正是通过这些基本方式而排斥女性。该视角认为，这些基本方式本身并不能构成一种整合策略的基础。十分简单，在由男性设置的社会基本规则的基础上，女性不可能获得平等。相反，我们需要利用由女性进行的、关于女性的各种研究，来提出一种更充分和全面的社会理论，并使她们的视角与经验能够逐渐从边缘领域重新回到中心地带。

女性主义理论的第三种视角，则直指启蒙运动方案本身的核心思想。176
该视角并不打算以牙还牙，用同样具有一种“偏见”的女性的真理来取代男性的真理。相反，该视角强调女性之间存在的差异与多样性，认为并不存在一个完全统一的女性范畴，女性范畴包括了多重的经验、身份与真理。换言之，所有女性仅仅是在生理上具有共同点的人。这是一种后现代的女性主义视角：

> 后现代的女性主义拒斥理性主义的男性偏见，但不会用一种女性主义的偏见来取代男性偏见。相反，后现代的女性主义所采取的立场是，并不存在一种（男性的）真理，而是存在多种真理，其中没有一种真理会因为性别界线而比其他真理更为优越。
>
> ——S. 赫克曼（Hekman 1990b：9）

本章的目的，就是主要讨论第二种视角，并简单介绍第三种视角的某些思想。因为当阅读了第十章、第十一章后，我们会日益清楚第三种视角的基本轮廓。当然，我们也会日益明了女性主义理论家们，在一般性的社会理论方面，并非自动地支持后现代主义，相反，其中很多人对后现代主义的主张、预设、命题都提出了严厉的批评。

女性主义社会理论的形成

处于第二个发展阶段的女性主义理论，特征主要体现为解构与重构。

这两种策略对于我们关于能动与结构、社会与社会关系的理论研究，都具有重要的意涵。解构策略可以理解为揭露和批判男性视角是如何控制与生产“哲学、社会科学与自然科学思想中那些最基础、最正式的层面的”（Harding & Hintikka 1983：x）。这种策略试图获得的结果，则是揭示这类偏见是如何影响日常生活中的支配性思维方式的。而重构策略则主要是通过确定女性的经验，从而“为一种更具代表性的人类理解的建构提供资源”（Harding & Hintikka 1983：x）。

我们要记住，女性主义是这种解构与重构模式的结合，这样我们就可以关注和审查社会理论中存在的那些性别偏见，就能够对一种更具代表性的社会理论的重构做出说明。因此，我们先说明当代社会理论存在的诸多性别偏见问题，然后回顾现代女性主义思想是如何形成的。

女性哪里去了？

很久以前，人们就质疑以往的社会理论是否可以用来解释女性的社会
177 地位，但是迄今为止相关的主张都还没有得到详尽的揭示。本小节打算深入地讨论这些质疑与主张。我们将会看到，由于过度依赖于社会中普遍存在的、把男性置于分析中心的、有偏见的、片面的思维模式，以往的社会理论把女性系统地排除在关注之外。

“为现代性增加性别的维度”（Marshall & Witz 2004），是一种既实现解构又实现重构的方案。这种解构策略，对那些最有影响的社会理论及其理论家们进行了大量的批评，特别是批判他们把社会世界划分为公共领域与私人领域的做法。如果我们以下面的方式来追述这种做法，那么具有重要的意义。

随着现代性的发展，社会理论把社会化的个体——一种与前社会的、没有自我意志的自我相对立的个体——置于分析的中心。正如我们从以往的理论回顾中所看到的，关于社会自我及其与社会的关系的思想，处于现代性发展的中心。正是社会化的个人与前社会的个人之间的冲突，以及这种冲突对理解与解释的各种影响，刺激了社会理论的繁荣。然而，这种社会自我概念，具有一种性别色彩，即认为社会化过程应根据个人性别的不同，而赋予其不同的行为特征与行为模式。但是，这一社会化过程，又是

以支配性的规范标准为基础的。例如，与自我的社会层面相对的、解剖学意义上的两性差异，原本是最自然的身体差异，却被按照男性支配的政治关系、以完全不同的方式建构为有重要意义的差异（Millett 1992）。这种做法对于一般的性别关系，以及具体的女性与男性的自我概念，都具有十分明显的、不同的后果。然而，现代社会理论话语，对于这些思想的渊源与后果，基本未做分析。相反，直到现在，人们也只是把它们作为一种支配性预设，没有进行深入的分析和研究，因此它们也没有得到说明。

人们也以同样的方式赋予社会结构某些特定的特征。我们以马克思主义传统对女性社会地位的解释为例。该思想传统在女性的社会地位问题上，视社会中的不同性别范畴是既存事实，而我们可以参照阶级压迫来解释两种性别群体之间的关系。因此这种解释认为，在资本主义与家庭的演变之间，存在一种单向的因果关系，后者服务于前者的需要。然而，

> 家庭与资本主义经济长期共存这一事实，并不能说明家庭就是服务于资本主义的需要，更不能说明家庭只是服务于资本主义的需要。他们之间的共存，只能说明先前存在的制度、家庭，以及工资劳动系统等是相容的。然而，很多作者似乎不是十分明白这一点，因此需要强调的是，这种相容性必然是互惠性的。共存并不意味着一种等级制 178
> 关系，更不意味着一种单向的因果关系。
>
> ——C. 德尔菲与 D. 伦纳德（Delphy & Leonard 1992：33）

家庭如何通过组织男性与女性之间的关系而影响资本主义，是一个重要的研究领域。当然，女性的从属地位，除了表现在身体上、物质上，以及生产方式方面处于从属地位外，在再生产方式方面也处于从属地位（Barrett 1988）。因此，如何在理论上研究社会结构，必然影响理论本身的内容。如果一种理论对于社会结构的研究，完全忽视性别要素，那么其理论分析的力量必然大打折扣。鉴于此，女性主义理论家往往从男权制的角度来看社会结构，他们把男权制界定为作为一个社会群体的男性，剥削、支配与压迫作为一个社会群体的女性的工具（Walby 1990：20）。

如果社会理论关于自我层次、社会结构层次，以及社会与自我的关系层次的研究，都忽视性别关系，那么必然导致社会理论出现一种裂隙，或

者会扩大已经存在的分歧。那些批判吉登斯、布迪厄与哈贝马斯等人的很多相关著作，都指出他们忽视了性别关系。在这些学者以及其他一些作者的文本中，总是重复着对社会与社会关系的片面看法。例如，关于公共领域与私人领域的区分，恰恰忽视了女性参与的社会活动领域，理论家们把这些领域视为常识性的领域，不对这个领域像其他生活领域一样进行批判性的探讨。这一点也许可以通过这些学者关于工作世界的看法来说明：

> 我们认为，工资工作是一种为了生存的工作，其他工作类型（家务工作、自我雇用、自愿性工作、义务性工作）都不属于我们所说的工作。我们的工资工作概念，往往源于关于制造业中的手工工作的分析，而这似乎更适合于19世纪的状况而不是现在这种状况。人们也往往认为工作场所是一种与家庭、家庭生活严格分离的场所。同样，我们认为工人就是早晨离开家，然后到那些工作场所工作，在几个小时内都不与家庭发生联系，从事与家庭无关的工作的人。
>
> ——V. 比切伊（Beechey 1986：77）

上面对于工作的界定，很好地概括了男人所从事的工资工作的特征，但对于理解女性的工资工作却毫无用处（Beechey 1986：78）。人们往往认为，家庭内的工作是一种边缘性的活动，与经济问题没有直接的联系，而这种看法可以追溯到关于时间、性别与资本主义发展的那些分析（Odih
179 2007）。例如，吉登斯因为认为女性对经济活动并不重要而受到批评，相反，有学者认为，女性同时是“人口”再生产与“物”的再生产这些基本过程中的不可或缺的一部分（Murgatroyd 1989：156）。

正如本书第五章所指出的，吉登斯在积极坦诚地直面这类批评时，指出对于理解男性与女性之间的差异，精神分析是一种有用的范式（Giddens 1989：284），但这种看法多少与他对精神分析范式的一般性解释力量所持有的保留意见不相符合。如果考虑到性别关系分析的中心重要性，以及认识到解释女性由于只限于家庭背景之中而在社会中处于权力不平等的地位的必要性（Giddens 1989：284），那么为什么在把权力置于分析中心的一般性理论分析中，却缺少对社会结构的性别化属性的任何讨论？

对于哈贝马斯的著作，我们也可以得到类似的结论。他关于系统与生活世界的划分，并不能解释与说明经济与行政系统的男权制特征，并因此也不能说明那些压制女性的金钱与权力系统运行的内容与影响。因此，他关于系统对生活世界的“殖民”的论点，

> 往往是重复而不是质疑晚期资本主义的、使女性处于从属地位的那些重要制度支撑，即重复了男性属于公共领域而女性属于私人领域，男性从事由政府调节的、性别分割的工资工作而女性从事小孩看护活动，男性享受社会福利经济而女性只能依靠男性的收入生存等诸如此类的、以性别为基础的二元分离。
>
> ——弗雷泽（Fraser 1989：137）

我们发现，当代社会理论中的能动性与结构概念，并不能适用于女性。显然，社会如何、为何被分成不同的领域及其后果，应是社会理论所探讨的中心问题。我们需要对这一问题进行研究，而不应仅仅借助于定义而把这个问题悬置起来，更不应完全忽视这一问题。那么，当我们现在已经注意到这个问题时，我们需要思考的则是，一种充分和全面的女性主义的社会理论应包括些什么内容？下面，我们概括女性主义思想的形成与发展过程。读者需要注意的是，我们的概括具有高度的选择性，只是一种极其简要的回顾和评论。下面将从费尔斯通（Firestone 1988）对马克思和恩格斯的批判开始。费尔斯通的著作是对社会理论的一种独特的、激进的发展。

重新考虑女性：女性主义理论的形成与发展

费尔斯通一开始就指出，阶级分析特别是恩格斯著作（Engels 1942）中的阶级分析，是一种“很好的研究，但是也存在一些局限”（Firestone 1988：14）。恩格斯认为，男性与女性之间的原始劳动分工是建立在对小孩 180
的抚养的基础之上的。费尔斯通认为，恩格斯的“杰出的成就”，就是指出“女性遭受的压迫是一种历史问题，而非生物学问题”（Delmar 1976：287）。

费尔斯通发现，恩格斯的著作很有力量，但是也存在局限性，它把性别化的阶级还原为经济问题。同时，费尔斯通认为，仅仅关注经济领域背后的、人类行为的精神性欲（psychosexual）层面，也是不充分的，因为这是一种非历史的解释。于是，费尔斯通既放弃了马克思主义的解释，又放

弃了弗洛伊德传统的解释。不过，她关于女性的从属性的解释，仍然具有明显的历史唯物主义倾向。那么，她又是如何克服那些明显的局限的呢？费尔斯通认为存在第三条途径：“我们可以提出一种基于性本身的历史唯物主义观”（Firestone 1988：15）。那么这又是如何实现的呢？下面是对她的主张的一个概括。

波伏娃说女性被男性视为“他者”。女性是按照所有那些非男性的特质而建构起来的：

> 女人并非生而为女人，而是后来变成女人的。并非生物的、心理的、经济的命运，决定了现在社会中人类女性所呈现的形象；而正是作为一个整体的文明，产生了这样一种生物，一种处于男人与无睾者（eunuch）之间的生物，一种被描述为女人的动物。
>
> ——波伏娃（de Beauvoir in Humm 1992：48）

波伏娃以这种真实的存在主义风格，主张合理性应在女性的生活中发挥更大的作用，以便她们能够超越她们在社会中的地位。因此其《第二性》（*The Second Sex*，1972）一书的基本特征，就是两个目标：其一是批判男性制度，其二是发现女性本身。而后者也正是沃斯通克拉夫特的分析目标（Crosland 1992）。

费尔斯通显然借鉴了波伏娃的很多思想，并深受其影响。她说，波伏娃提出了一种“男人自大地代表整个人类来描述这个世界”的思想，“男性从他们自己的观点出发进行描述，把他们的观点等同于绝对的真理”（de Beauvoir in Firestone 1988：148）。然而，正如马克思与恩格斯所指出过的，黑格尔传统的诸多“超验”概念，必须重新根植于实际的历史。费尔斯通认为，人类的一部分（男性）超越了自然本性，并不是女性被压迫的根源。波伏娃对于女性是否是一个统一的群体这个问题存在矛盾性的看法，但是费尔斯通在这个问题上却有着更确定的看法。因为后者认为女性的从属性的根源，在于男性对她们的再生产能力所施加的权力：

> 正是女性的再生产生物性，说明了女性受到的根本的、持续的压迫，以及不存在某些突然的革命，还有弗洛伊德自己不能够解释的那
> 181 些根源……在整个的历史过程中，在所有不同的文化发展阶段，女性

由于她们的生物功能而一直受到压迫。

——费尔斯通（Firestone 1988：74－75）

这样，支配性的文化不仅得以维持，而且女性也因为她们的再生产能力和围绕小孩生养的历史性的劳动分工而被异化。因此，为了获得解放，女性必须重新获得对于她们的身体的支配。而新的人口再生产技术能够提供这样的方式，只要它的力量为女性所用，为了女性而使用。马克思与恩格斯的著作视生产而非再生产处于最重要的地位，因此并不能够用来实现这一任务。男性的理论也并不能促进这样的任务，因为女性的不平等的基础，在于她们的生物性被男性控制，而不是被经济关系控制。马克思与恩格斯说要进行无产阶级革命，而现在费尔斯通则说要进行性别革命：

不仅对女性身体的权力要完全归还给女性自己，而且她们（一定时期内）的生育控制权也应归还给她们……正如社会主义革命的结果不仅是消除经济阶层特权，也是消除经济阶层区别本身一样，这一次女性主义革命的结果，与第一次女权主义运动不同，不仅要消除男性特权，还要消除两性区别本身。

——费尔斯通（Firestone 1988：19）

这种思想只不过是激进的女性主义的重要内容之一，还有一些女性主义者提出了更为激进的观点。例如，艾德丽安·瑞奇（Adrienne Rich 1980）是女同性恋理论的重要提出者之一。她认为存在一种“强制性的异性恋”，并指出女性的历史、文化与价值观不同于支配性的男权制文化。她使用了“女同性恋存在性（lesbian existence）”与“女同性恋连续体（lesbian continuum）”等概念，她并不排除女性对于他者的一系列的欲望，但是主要是想指出她们的性倾向与情感归属缺少选择性。同样，安德里亚·德沃金（Andrea Dworkin 1946—2005）关注男权制的剥削性，指出在这种制度下，男性不仅对女性实施权力，而且“女性注定要遭受苦难”（Dworkin 1987：194）。德沃金与凯瑟琳·麦金农（Catharine MacKinnon 1988）一起，对关于女性的情色作品与描写提出了最为重要的批判（参见 Tong 1989：123）。

很多女性主义理论家质疑某些关于女性的社会地位的解释，如认为费尔斯通的著作仅仅强调生理原因是不够的，这导致她们寻求其他的解释。

但是，这种解释可能同样是对社会中无处不在的性别分割的性质进行解释。例如，朱丽叶·米切尔（Juliet Mitchell 1974）借鉴了精神分析，并试图在
182 马克思主义的历史框架中提出她的思想。而阿尔弗雷德·阿德勒（Alfred Adler）、凯伦·霍妮（Karen Horney）与克拉拉·汤普森（Clara Thompson）等人，则在弗洛伊德的思想基础上，强调环境因素在人格形成过程中的重要影响。J. 米切尔在利用这些见解的同时，结合阿尔都塞、马克思、拉康以及列维-斯特劳斯等人的思想，对于女性处于压迫地位的原因进行了分析。她在分析过程中，视“女性”为一种被历史地定位的范畴，而非一种静态的范畴。

我们可能回想起阿尔都塞关于意识形态渗透于个人创造的社会形象与自我形象中的思想。另外，我们还可能认为社会结构既独立于又矛盾于“具有最终决定作用的”经济领域。在J. 米切尔的著作中，社会的关键内容是生产、再生产、性与儿童的社会化。她认为所有这些在历史的展开中都起着重要的作用，而把其中任何一个因素置于比其他因素更为优先的地位，都会存在问题。下面这句引文很好地说明了这一点：“对其中任何一个因素的作用进行限制，都会被另一个因素的地位的增强所抵消（如日益增强的社会化抵消了日益弱化的再生产）。这意味着形成了一种组合的剥削形式”（Mitchell 1971：120）。

J. 米切尔不仅试图理解那些压迫女性的社会、政治与经济形式，而且试图理解一种性意识形态领域。对男性的剥削主要来自国家与阶级社会，但对女性的压迫主要源于男权制与意识形态。她借助弗洛伊德的思想，看到了主体是如何被“性别化的”，并以社会结构为基础提出了一种总体解释，把权力、身份与社会实践联系起来。她指出，如果考虑到女性受到的压迫是她的集体心理（psyche）的一部分，那么寻求在政治领域实现机会平等的社会改革注定会失败。因此，她认为女性不平等的根源，比起费尔斯通所说的要复杂得多。

J. 米切尔借鉴弗洛伊德的一些思想，包括其关于无意识的作用的思想，来直接批判笛卡尔传统的理论。她对女性心理的关注，主要是探讨妇女具有的精神表征的性质。她的研究重点不是生理层面，而是资本主义社会中

性别的社会建构。她把家庭视为意识形态上层建筑的一部分，并逐渐把家庭作为分析的中心目标。

尽管家庭的经济功能与以农业为基础的生产方式关系最为紧密，但是随着历史的发展，家庭的经济功能与意识形态功能逐渐分离。其结果就是，在家庭成为由一种既促进又破坏个人主义和私人财产的系统所导致的矛盾之中心的地方，女性被迫承受特殊的义务："家庭主妇—母亲"成了个人主义与私人财产的监护人与代表（Mitchell 1974：161）。在这种（男权制与资本主义制度）二元压迫体制下，女性遭受的强制和压迫的后果是很明显的，而这些强制和压迫的原因也同样明显：

> 这种二元压迫体制导致女性表现出目光狭隘、小气嫉妒、非理性 183
> 情感与对暴力的逆来顺受、依赖性、自私的竞争、独享、被动、缺少想象力、保守的倾向。这些品质不仅仅是男性沙文主义的产物……它们也是女性在家庭中所处的客观条件的产物——而家庭本身又嵌入了一种男性至上主义的社会之中。
>
> ——米切尔（Mitchell 1974：162）

乔多诺（Nancy Chodorow）的著作，明显也是采取一种精神分析路径来分析社会性别的形成与建构（Chodorow 1978）。她认为，正是在前恋母情结阶段或前俄狄浦斯阶段，母亲与孩子之间的特殊关系，对于孩子自我身份认同的形成以及由此进行的文化的形成，都具有极为重要的影响。例如，她把家庭单位中的母亲与孩子之间的生育关系（mothering）作为最基本的分析焦点，认为这也是性压抑的根源。为使复杂的主张能够尽量简单地表达出来，乔多诺集中关注的是前俄狄浦斯（前恋母情结）阶段，并比较分析了一个母亲对女儿的身份认同与对儿子的身份认同之间出现的区分，这个母亲是通过下意识地把这种关系打上性别特征的过程而实现这种区分的。尽管在俄狄浦斯阶段，儿子对母亲有一种"原始的爱"，但他会压抑这种欲望。其结果是他被推出前俄狄浦斯的关系，而进入这样一种领域，在这个领域中他与母亲的关系被切断，并且他对她的爱通过压抑而被切断。通过他被建构为"他者"，这一过程得以实现。

这一过程对于这个男孩的总的影响，就是他的人格化。通过压制他的欲望，他获得了一种防御性的自治和相对独立性。而这个女孩的前俄狄浦斯阶段会持续更长的时期，并且母亲将她体验为与自己的自我感更为一致和协调，而不是更不相同和分异。女孩由于在这个阶段的趋同与分异的经验，从而形成了一种完全不同于男孩的人格基础。在此，我们看到，乔多诺更为强调根据客观世界的自我移情，而非客观世界的自我分离，来理解两性的社会性别的分异性建构过程。

因此，在社会思想中，出现了这些性别差异，我们可以称之为一种“具体化”他人与“概化”他人之间的性别差异。后者是指“我们”从一套普遍性的规范原则来考虑不同的个人具有的共性的方式。前者则是指与共有人格过程相反的一种过程，其“视每个理性的存在者为有着具体历史、身份与情绪情感（affective-emotive）结构的个人”（Benhabib 1992：159）。这些概念以及乔多诺关于人格形成的理论，为后来的学者理解与认识两性在社会世界中存在的差异提供了重要的思想资源。这里我们主要讨论卡罗尔·吉利根（Carol Gilligan）与劳伦斯·科尔伯格（Lawrence Kohlberg）——我们已经指出，哈贝马斯利用了他的著作——之间的争论所涉
184 及的两性在伦理考虑与行动方面存在的性别差异（参见 Larrabee 1993）。

正如上面所介绍的，乔多诺在阐述与批评弗洛伊德传统的解释时，提出了一种关于性别身份认同与构成的强有力的思想。她的解释揭示了受世界中的“客体”包括母亲的影响的社会学要素，这些要素与弗洛伊德传统所说的“内驱力”概念所驱动的要素相反，弗洛伊德传统认为性别的建构受到“客体”影响的思想，是随意而武断的。因此，她认为，弗洛伊德传统强调的那些非历史的自我形成要素，在一定程度上是以对文化背景的理解为基础的：

> 这种自我在本质上讲是社会性的，并且因为它是在一种相对复杂的关系中建构的，包括了他者的各个层面，因此这种自我能够更好地认识、承认他者为一种自我，并最终获得创造社会的主体间性。这种自我完全建立在历史的基础上，与由内驱力决定的个人的自我是对立的。客体关系性的自我的基础，源于对所经验了的关系的占有与理解，并因此而因个人、文化、时期、性别等因素的变化而不同。
>
> ——乔多诺（Chodorow 1986：204）

乔多诺在其著作中提出了三个观点，对精神分析的女性主义的发展产生了重要的影响。其一，她在没有借助弗洛伊德传统关于男根仇恨的思想的情况下，以及没有借助某种男性标准的情况下，对一个女性为何参与对她自己的压迫提供了一种解释。其二，她认为，父亲参与照看小孩，实际上有助于女性从性别压迫中逃离出来。其三，她发现，通过异性恋关系女性似乎较少获得满足，因为男性缺少意义沟通的手段而不能表达亲密性（Munck 2002）。

乔多诺认为，性别形成的过程及其对于女性的影响，并非一定要借助精神分析才能研究。关于这个过程及其影响，女性主义的注意力应转向知识生产过程，并视之为与被生产的知识同样重要。如果知识生产过程本身是排他性的，那么它的产品或内容对自我形象定位也具有相应的重要影响。正如D. 史密斯（Dorothy Smith）所指出的：

> 思想、形象与主题——作为任何思想的共同要素——一直以来都是由男性生产的，也是由男性控制的。迄今为止，由于女性进行的研究与经验，一旦涉及这些要素，总是必须采用由男性决定因而由男性认可的术语。
>
> ——D. 史密斯（D. E. Smith 1988：19）

我们通过分析社会建构过程，可以探讨和揭示这种知识生产中存在的“支配性关系”（D. E. Smith 2005）。男性的立场与观点被假定为普遍性的立场与观点，这对于文化的形成，以及作为其结果的片面的形象、概念、思想与实践做法等结构都产生了重要影响。D. 史密斯在借鉴各种思想的同时， 185
提出了她关于“支配性利益集团”或“统治性利益集团”的概念，她认为，这种假定及其导致的结果，保证了这种支配或统治阶层的利益。但是，这并不是以马克思说的那些方式而发生的，因为在形象、思想与经验之间的脱节，对女性又有着特殊的后果。因此，她认为这些社会思想形式是由“他者为女性研究者而制造的，它们从外部输入女性研究者头脑中，它们也不是出自女性研究者的经验，这些思想形式是由他人向我们谈及的，然后我们与他们共享，而女性在研究过程中要想与他人交流和沟通，就必须接受这些思想形式”（D. E. Smith 1988：55）。

然而，这并不是某个统治精英霸道地、有目的地操纵的一种模式。相反，这是在“那种‘支配’结构（操纵、管理、组织以及其他控制）中的一套立场。这些立场构成了一种共同的视角的基础”（D. E. Smith 1988：56）。于是，正如我们所看到的，出现了公共领域—私人领域的二分，一边是日益扩大的、由男性集团支配的公共领域，一边是日益萎缩的、由女性支配的私人领域。因此，那些使女性在其中有可能得出和利用她们的经验、形象与思想——她们根据这种思想来理解她们自己——之间的联系的领域，受到了制度化的限制。

D. 史密斯试图借鉴现象学、常人方法学、马克思主义和符号互动论的思想来分析这一过程，同时又试图回避这些理论的局限，并指出这一过程产生了一种“两分的意识”。一方面是男性的理性的、客观的世界，另一方面是女性的主观的、情感的世界。然而，这是一种具有性别歧视色彩的过程。因此，如果采取一种现象学的研究，那么会把主观的女性的世界置于优先地位，但这并不会对女性主义的社会理论有什么帮助，因为这种现象学研究忽视了导致这一过程的物质基础与社会基础。同样，她借鉴了马克思主义的范畴来解释这一过程，但是她认为这些范畴与一般性的、支配性的思想模式一样，所起的作用都要“从属于世界的实际情况”（D. E. Smith 1988：86）。鉴于这些原因，她认为必须从女性的立场或观点出发进行分析。她对于“两分意识”的批判，为建构新的思维模式提供了恰当的资源。她试图通过消除以往的本体论来修正认识论，而这一策略在总体上看是女性主义立场与观点的核心特征（Harding 1986；Hartsock 1983；Jaggar 1983）。

她认为，对支配性的男权制关系进行审查，需要解释女性在社会中的地位以及女性的自我感，而这又要求对男权制本身的社会建构性成分进行分析。正是通过男权制的建构，女性被建构为一种“他者”而非主体；她们是话语的客体，而不是主体。她们被认为没有“独立的知识、经验、重要性以及想象力的来源”（D. E. Smith 1988：51）。但是，如果分析男权制结构的建构性是提出与发展女性主义理论的重要方案之一，那么要完成这一任务，仅仅依靠主流的结构概念仍然是不够的。

这需要我们改造关于社会结构的思想，导致诸如德尔菲与伦纳德（Delphy & Leonard 1992）、J. 吉布森-格雷厄姆（Gibson-Graham 1996）与S. 沃尔比（Walby 2005）等人指出，我们并不能简单地对以往的各种阶级范畴进行改造，以使这些范畴能够容纳和考虑女性；相反，我们必须对这些范畴进行根本的批判与实质性的重构。如果不对这些范畴进行重构，那些在概念上把“公共”领域置于优先地位的研究，就会忽视在家庭这个“私人”领域中存在的不平等。而对于女性遭受的压迫的解释，就可能局限于性与母性这些范围，而不能看到这种压迫的根源在于男性相对于女性所拥有的物质特权。因此，女性主义对于社会结构的解释，必须同时考虑公共领域与私人领域。 186

因此，我们应视家庭为一种本身就会产生不平等的经济系统：“家庭作为特定时空中的一种系统，是一种社会制度，其先于女性而存在，并为女性的选择设定了各种参数”（Delphy & Leonard 1992：265－266）。这种家庭的特征就是一种双重的生产系统，包括了家庭内的生产与产业中的生产。那么，我们的分析中心应该是女性在这两个领域中所占据的位置，并且这种分析不应把其中一个领域置于比另一个领域更优先的地位。例如，有的人可能强调公共领域而忽视私人领域，并因此强调阶级关系而贬低性别关系。

我们在确立和牢记这些主张之后，还必须对男权制的程度与形式作出区分。这是一种动态的分析形式，可以考虑历时的变迁，而不会使研究者陷入统一的进步观念以及马克思主义关于退化与停滞的观念，或者激进的女权主义者的“毫无变革”立场的窠臼之中：

> 男权制的程度，是指在某一特定的方面，男性对女性的压迫强度——例如两性之间的工资差距的程度。男权制的形式，则是指男权制的各种类型，各种男权制结构之间的特定关系，男权制可以划分为不同的类型。
>
> ——沃尔比（Walby 1990：174）

研究者通过界定男权制的形式与程度之间不断变化的关系，并研究这种不断变化的关系的背景，获得了一种更具变化性、历时性的方法，来修正结构主义不考虑历史的、静态的研究倾向。而且，研究者可以在避免那种视性或劳动为决定变量的研究——上面所列举的最后一个例子就是这种情况——的同时，来分析公共领域与私人领域之间的关系。因此，研究者应运用这种方法对如下六种结构中存在的关系进行研究：

> 男权制的生产模式、工资工作中的男权制关系、国家中的男权制关系、男性暴力、两性关系之中的男权制关系，以及宗教、媒体、教
> 187 育等文化制度中的男权制关系。在不同的时空中，这些结构中的某一些结构，比另一些结构可能更为重要。而对于任何一种结构的消除，并不会导致作为一个整体的系统的死亡。
>
> ——沃尔比（Walby 1990：177）

这样，研究者就可以研究和设想反抗压迫的各种形式，并因此避免各种结构主义的决定论。女性从属地位的生产与再生产，也需要按照两种主要的男权制形式即公共领域的与私人领域的男权制来进行历史的理解和解释。前者表明女性的从属性是以家庭单元之外的结构为基础的，并且这种从属性呈现出一种集体从属形式，也就是所有女性从属于男性。而通过分析私人领域中的男权制则可以表明，作为单独个体的男性，会在家庭中对女性实施直接的控制，并是这种直接控制的主要受益者（Marshall & Witz 2004）。然而，同时我们也可以看到，公共领域中的男权制通过把女性排除在公共领域之外，从而使私人领域的男权制得以维持："家庭之外的男权制关系，是影响和形成家庭之内的男权制关系的关键。然而，其后果就是使女性对男权制的经验私有化和个人化，而直接的受益者也在这里得到确定"（Walby 1990：178）。

因此，各种行动的结构、原则、策略与结果，都被植入并体现了男性的权力。另外，社会、社会关系，以及一般的科学开展其研究并证明其发现结果的那些方式，本身就是这同一过程的一部分（Harding 2004）。因此，社会理论研究及其结果，所需要的仅仅就是解构，然后再进行重构。下面第二小节通过重构女性关于身体日益变老的经验这个例子，来说明对性别概念进行解构，如何可以产生一种新的分析模式。

身体、性别与身份认同

一直以来，女性主义都面临这样一种批判，即指责女性主义在研究性别时，忽视了对其他的社会身份要素——例如，日益变老——的阐述。近年来，关于身体政治的研究日益增多（Twigg 2000，2006），但这些研究很少在宏观与微观、内部与外部、主体与客体等层次上同时对性别进行研究(McNay 2004)。我们发现，对于性别关系的讨论，有时会陷入实在论的哲学谬误，即求助于主张理解那些男性与女性之间实质差异背后的普遍性过程的各种元叙事，看不到男性与女性之间的这种差异会因为受到地方性知识的影响而各不相同。相反，伊丽莎白·格罗希认为，身体是两种实在——内与外、主体与客体、主动与被动——之间的一个链条、一个支点。身体既不是这二者，但同时又都是这二者（Grosz 1994）。她指出，我们不 188
能不加区别地把年长的女性归入其中的一方，而把年长的男人归于另一方。身体，无论是男性的还是女性的，都同时是这两个方面的实在。正是男性和女性拥有的权力不同，使得他们之间出现了不同和发生了分化。C. 谢林认为，女性比男性更有可能把她们的身体发展为供他人感知的客体（Shilling 1993）。而女性这种有意识的身体化会日益下降，因为随着她们年龄的增长，她们往往会失去关键的资本，并因此逐渐认为她们自己不再显眼和吸引别人的目光（Gilleard & Higgs 2005）。他认为，美与性的魅力是一种容易枯萎的价值；女性身份的这些资产的日益减少，对其身份认同会产生一种消极的影响，这是不可否认的事实。

不过，有学者却指出，女性随着年龄的增长，在性的政治中可能会失去某种资本，但是这并不必然意味着女性对她们的身体会日益地不满意。P. 奥伯格等人（Oberg & Tornstam 1999）针对“女性随着自己日益变老会逐渐对她们的身体形象感到不满”这一看法，进行了实验测验。他们问实验参与者，“你对你的身体满意吗”。其中 80% 的男性，无论年龄大小都回答满意，但只有 65% 的年轻女性的回答是肯定的。但是，在年龄更长的一代或数代女性中，回答是肯定的比率要更高。而到 65 岁之后，肯定地回答这个问题的男女两性的比率已经没有实质性的差异。因此，他们发现恰恰是较年轻的女性，而非更年长的女性对她们的身体更不满意。这些发现对认为女性处于双重边缘地位的观念提出了挑战，因为这些观念认为，女性比男性更不满意于她们的身体，女性随着年龄的增长会越来越不满意她们的身体，女性性别加上年龄，共同影响了女性对其身体的不满意度。

于是研究者们关于年龄增长与性别关系的研究，提出了一些并非等级制的和并不具有明显结构性的理论模型。这些模型可能对某些方面的关注并不够，例如并不关注两性的身体在老年阶段，具有不同程度的在场与缺场——女性的肉体只是一种幌子，女性成了男性的化身。实际上，存在各种话语策略，“身体”与“社会”借以首先实现分离。在这种框架之中，女性处处体现为肉体的存在，而男人则被剥夺了肉体的存在。老年女性患慢性病的比率比老年男性更高。在诊所和临床诊断治疗场所，在候诊室等待的老年女性的人数大大多于老年男性。男性的身体使社会充满生气和活力，他们在“肉体”与“社交”之间的空间中会短暂地出现，然后又会突然地、很快地消失。因此，正如上文费尔斯通与弥利特等人所指出和强调的，关键的问题不仅是要把身体复原为社会的身体，更重要的是要挖掘和批判那些具有性别歧视色彩的话语，这种话语首先使男性的身体与社会相联系，而把女性的身体与社会割离。

女性主义指出了笛卡尔传统思想存在的缺陷，认为这种传统的主体概念，并不涉及主体的身体维度，并且首先是与性别无关的概念（Braidotti 1994；Longino & Powell，2004）。这种传统对女性身体的描述，把身体与思想两分，并且常常认为二者之间的差别，就是两性之间的差别；并按照
189 “思维与逻辑”来界定男子的特质，按照作为一种实在结构的身体及其生殖功能来界定女性的特质（Twigg 2006）。鉴于此，艾德丽安·瑞奇指出，女性必须解构把女性的身体与其生殖功能相联系的男权制的陈词滥调，“我坚决认为，女性最终可以通过身体来思考，并把那些一直被传统思想残酷地分割和剥夺的东西重新联系起来”（Rich 1976：184）。

瑞奇（Rich 1976）使用如此尖刻的句子，目的是要强调女性必须克服那种把灵魂与身体两分的做法及其导致的毁灭性的后果，并占有她们自己的身体，创造一种女性的主体，在这种主体之中，身体与灵魂互相补充。

与以男性和欧洲为中心的哲学传统相反，女性主义的哲学强调身体是特定历史与文化情景中的一种符号性的建构。女性常常发现自己不知不觉就成了男人们的“他者”（一种多余的类型），就如黑人是白人的他者，同性恋是异性恋的他者一样（Longino & Powell 2004）。

对于日益变老的当代文化描述，主要关注的是身体，这提供了性别分化中存在的历史性不平等的最明显的证据。那些压迫性的意识形态的骗人把戏，总是歪曲地刻画女性的身体（Friedan 1965；Sontag 1991）。西方文学和肖像学处处把老年人描绘为一种“头发灰白”、“形容枯槁”、“面色苍白”、“污秽可憎”的形象（Friedan 1965）。老年女性则成了一种“邪恶”的象征，会销蚀一切事物的时间的寓言。乔尔乔内（Giorgione）所画的《老妇人像》（*Portrait of an Old Woman*，1508—1510）中，一个佝偻的老妪，似乎遭受了巨大的灾难，正在变老，她牙齿稀疏，脸上布满深深的皱纹，眼里充满了悲伤，似乎在时刻提醒人们美丽是多么地短暂。而这位老妪的一只手中还吊着一个卷轴，上面写着“因为时间”。因此这幅肖像提供了对将要到来之事的可怕警告（Greenblatt 1980）。

小结

我们可以用如下的方式来概括女性主义理论研究的特征。女性主义理论着重指出的是，必须揭露传统思想公开地或隐秘地容纳厌恶女人者的视角和观点的那些方式。那些方式可能不可捉摸、十分微妙，但是可以通过揭露男性的价值观如何逐渐支配和维持特定的社会与自然世界观来揭露。在这个过程中，这种策略也可以揭示理论的沉默与缺场是如何建构看待女性的那些方式的。

我们在分析了女性主义的这些解构性的模式后，再转移到它的建构性
要素。因为仅仅解释各种支配性的思想模式之间的关系是不够的，还必须 190
揭示那些关于女性的片面描述使女性不能获得其他替代性身份的那些方式。这种策略为女性提供了一种准备和基础，使她们有可能以不同的方式来看待她们自己，来看待那些支配她们在社会关系中的角色和位置的概念和思想。特别值得注意的是，因为女性主义理论并不会简单地赞同和支持公共领域与私人领域的二分，并质疑以性别化为基础的自然与文化之间的二分，

所以它拥有一种力量来挑战既有的各种身份，并创造一种新的身份。

从上面可以看出，女性主义的社会理论指出了突破男权制思想的各种方式。然而，女性主义还需要提出替代性的研究议程，提出重新考虑女性的理论视角，进而促进社会、政治与经济的变革。正如格罗希（Elizabeth Grosz 1992）所指出的，从女性主义理论家的著作中，我们可以得出女性主义理论不仅拒绝男权制理论与实践借以维持它们自身的那些手段，而且通过那样的批判可以获得积极的、可行的替代方案。

女性主义理论存在的问题

本节主要归纳导致女性主义内部出现各种争论的一些问题。我们的目的是提供一种基础，以更进一步讨论这一思潮中的学者们十分庞杂的思想，指出其中的很多思想和见解，不仅反映了社会世界的复杂性，也为我们思考社会世界增添了新的维度。在此，我们主要关注这些争论的两个层面，这两个层面并非相互排斥的话题。其一，关于男权制概念的争论，其二，关于女性主义理论中存在的本质主义的争论。

女性主义理论是一种促进积极变革的方案。如果人们不能在既存的男权制条件下获得这种结果，那么女性主义就必须克服结构主义的问题，这种结构主义中存在的决定论概念，具有一种支配时代的趋势。女性主义理论在发展过程中，对于这种决定论以及社会理论中的结构化思想，都进行了质疑与批判，认为这些概念与思想是非历史性的、决定论的，过于抽象而不能用于具体的分析（Barrett 1988）。因此，一些学者从相反的角度又认为，女性主义理论“是一种太具体的表达，而不能描述各种不断变革的男性支配形式”（Cockburn 1990：98）。

女性主义理论可能把男权制作为一种“无所不包的概念”，进而描述多样化的社会关系。从早期的弥利特（Millett 1969）的研究，然后经由戴尔·斯彭德（Spender 1980）的著作，再到德沃金（Dworkin 1987）的论述，都把男权制作为一个重要的分析概念，认为依据这个概念不仅可以探索而且可以解释社会“实在”，但是他们对于这个概念本身，并没有进行具体而深入的剖析。以戴尔·斯彭德（Dale Spender）的著作为例。她认为语言创造了实在，而语言是由作为社会支配群体的男性为男性而创造的。她认为，这种创造过程是有目的的，通过这一过程，“他”的用法就涉及和包括了两性，而这种用法是一种有意的排斥与支配策略。显然，这种语言可能以这种方式并且确实是以这种方式来发挥作用，但是如果我们根据 191
男权制这种支配性的与绝对性的原则，而认为这是有意识地进行的，却会出现很大的问题：

> 尽管通过使用语言，可能会起到压制女性的后果，但是认为每个曾经使用过这样的语言的男人，都是有意要通过自己对语言的这种使用而实现对女性的压制，显然是荒唐的看法。很多男性并无有意贬低女性的意图，尽管他们可能已经这样做了，但这完全是因为他们并不清楚语言还有这种后果。
>
> ——A. 阿塞斯特（Assister 1983：27）

这一论点并不能把语言的作用与特定词语的言说之间的差别完全区分开来，因为这种论点包含了一种如下形式的唯心主义：“语言建构实在”。关于这个论题，唯物主义的看法则是：“实在建构语言”。因此，男权制意识形态要么被认为与经济状况无关，要么被直接还原为经济状况；前一种看法没有考虑到女性压迫的物质基础，后一种情况则暴露了马克思主义与女性主义之间的联姻并不那么“幸福”。

J. 米切尔的著作对这一问题做出了深入的分析，并因此在女性主义理论的形成过程中起了十分关键的作用。她强调和分析了性别关系的精神层面，指出这种关系是历史的与物质的建构，而人们也能够修正与变革这种关系。她所进行的精神分析，以及对于心理与女性的自我形象之间的关系的揭示，显然十分重要，因为这样就可以指出性别结构是通过公开的方式组织起来的，并可以对女性的表象进行深入的研究（Coward 1982）。

这种结合马克思主义与精神分析的分析，产生了一种关于男权制的理论，只不过这种理论是有问题的。这种理论的解释范围有其边界还是普遍适用？简言之，精神分析是宣称规律一样的普遍结论，还是对历史的背景敏感？如果我们与 J. 米切尔相反，对弗洛伊德采取前一种理解，那么精神分析就与寻求理解特定的历史结构如何限制女性的理论是相对立的。这样，由于如下两个原因，女性主义与精神分析之间的联姻就是不幸福的。其一，女性主义存在重蹈决定论的倾向，只不过它是一种精神决定论，以至于认为社会关系是精神结构的反映。其二，J. 米切尔关于“意识形态与资本主义的双重体制”的思想，认为女性主义的斗争只发生在意识形态领域，目标是反对意识形态；而社会主义的斗争则主要是反对资本主义的斗争。

J. 米切尔把这两个领域割裂开来，因此存在严重的问题。她做出这样的划分，目的是为了主张社会主义的到来并不会终结女性的从属地位，并
192 避免重复马克思主义的还原论缺陷。然而，有些学者试图借鉴弗洛伊德的精神分析来进行具体的分析，或者根据一种修正了的一般性的精神分析来进行研究，但是这种做法仍然可能面临错误的“精神或心理实在论”的风险（Segal 1987）。这样的分析与研究极有可能重复结构主义者的男权制偏见，只不过这一次是无意识的重复。

诸如此类的问题，已经在女性主义理论中引起了关于精神分析是否有用的争论（J. Rose 1990；E. Wilson 1990）。正如伊丽莎白·威尔逊（Elizabeth Wilson）所指出的：

> 女性主义最后需要的东西，就是一种理论。这种理论使她们能够根本地变革那些导致她们处于从属地位的主观实在性的不断重复创造这种状况。……精神分析学的旨趣，在于解释性别身份及其建构——这种解释在很多方面确实引人入胜。但是对当代女性主义更为有用的，似乎是关于社会变革的理论，这种理论指出女性的各种自我都不应受到男根崇拜的工头的奴役。改变世界中与家庭中的工作的这种状况，不仅可以改变我们陷入无休止的玄思冥想，更可以改变我们的精神与经济状况。
>
> ——威尔逊（E. Wilson 1990：224）

女性主义中存在的关于男权制的争论，还采取了另一种线路，并导致了一种实在论。以费尔斯通（Firestone 1988）的著作为例。她试图用男权制概念来取代作为历史驱动器的阶级这一唯物主义历史观的核心概念。然而，另外一些学者则指出，“性对于女性主义，相当于工作对于马克思主义”（MacKinnon 1988：106）。因此，关于女性的从属地位，他们提出了一种激进的女性主义解释，就是趋向生物学的决定论，以至于他们认为两性

根本上是不相容的。这种解释，逐渐演化成号召女性要成为政治上的同性恋者（Leeds Revolutionary Feminist Group 1982）。

在作为一种激进女性主义的变种的政治同性恋主义这一问题上，我们似乎应该指出的是，这并不必然意味着其暗中借用了生物学的实在论来维持其主张。然而，在女性主义话语的各个层面中，都存在这样一种趋势，即倾向于把主张建立在关于女性被压迫的根源的某一种特殊的看法上，并认为这种压迫不仅是普遍的，更是决定性的。这导致在女性主义中再一次出现了非历史性的问题，以及不考虑各个社会内部与社会之间的文化差异的问题。这类主张是还原论的，因为其认为社会与文化具有生物学的原因（Grosz 1990）。还有，如果说生物因素是决定性的，那么我们是不是应放弃社会解释，而仅仅依赖于生理学或解剖学的解释？

这类关注与争论已促使女性主义理论家去研究男女之间的关系，但又 193
不借助于那些强调某种绝对的本体论、一系列不可缺少的属性、所有他人都必须依赖的客观属性的基础主义的理论模式（de Lauretis 1990）。但是，这样的研究完全重复了主流理论中一直存在的错误；因为其研究假设也求助于各种所谓的“实质”。这种研究因此从一种“旧的”实在论（视女性次于男人），转向一种新的实在论（声称女性优于男性）（Martin 1994）。

这些线路以及其他一些线路的激进的女性主义，一直以来都备受批判。然而，这些批判也来自女性主义视角内部。例如，安德勒·罗德（Audre Lorde）批判玛丽·戴利（Mary Daly）仅把黑人女性描述为牺牲者，而没有看到她们对自己的历史作出的积极文化贡献。罗德的研究立场，是把启蒙理性与对源自非洲女性经验的一种情感理解结合起来。正如下面的引文所言，妇女们可能共享特殊的经验，但是这种看法并不能只为涵盖所有经验的“白种”女同性恋理论服务：

> 女性受到的诸多压迫，并没有伦理与种族的边界，但这并不意味着在这些不同的背景中，这些压迫是完全一样的。我们依靠各种老式的理论武器并不能知道这些边界。不借助彼种压迫来处理此种压迫，就会歪曲我们的共性与差异。
>
> ——M. 休姆引自罗德（Lorde in Humm 1992：139）

如果生物学的解释因为实在论而存在问题，那么社会角度的解释可能也不能解释为什么女性仍然如此坚固地依附于她们的性别身份。J. 布伦纳与 M. 拉马斯（Brenner & Ramas 1990）认为，女性主义的理论必须考虑社会的性别身份与自然的性别身份之间的关系，才能解释这种普遍存在的情况。然而，对于这种“女性”思想，各种质疑仍然存在。正是在此问题上，我们发现在女性主义理论中，明显出现了一种走向反思关于“自我”的思想的趋势。这是把男权制概括为一种有用的解释手段或策略的后果，而与女性主义政治学的方向与性质毫无关系。

德沃金认为，男人拥有的身体层次的与符号层次的暴力，是性别关系不公平与不平等的决定性原因之一，这两种暴力既剥夺了女性的权力，又使女性处于贫穷状况。然而，德沃金常常把男人的“天生的侵略性”作为界定两性特征之间存在的重大差异的依据，并根据它来解释富国与贫国的政治与经济生活中存在性别化的等级制安排的原因。因此，德沃金认为性别不平等可以解释全球性的“贫困的女性化”，而性别不平等本身也体现在这种“贫困的女性化”当中（F. Williams 1993）。在全球 13 亿贫困人口中，女性大概占了 70%（Beneria & Bisnath 1996：6）。与男性相比，女孩
194 与妇女更可能营养不良，获得的医疗保健可能更少。在世界大约 9 亿成年文盲中，有 66% 的人是女性（Powell 2007）。解决这些问题的方案，就是挑战男权制的权力、暴力与控制；就是展开斗争，使女性获得对自己的身体、性、知识与思想的控制。

这种理论视角认为，男权制与资本主义都是女性面临的各种问题的根源。其强调女性所受压迫的历史性质，女性所受压迫的历史变化，以及女性所受压迫在各个社会阶级之间的差异。男性作为一个集体，从既有的性别关系体制中获得各种更大的、实际的优势；而如下的事实，可以表明这种“男权制”在多大程度上给男性带来了优势和好处：从整个世界的情况来看，男性获得的收入大约是女性的 1.8 倍（Connell 2007）。解决这种差距的办法，就是挑战和批判那些固化与强化女性作为“依赖性的”、不领薪的看护者、低工资工人角色之男权制或男权制资本主义。另外，应实现“看护工作”的社会化，挑战劳动力的性别分割。

女性主义理论中的自我概念，经历了自立（autonomy）、自信（selfhood）与自决（determinism）等三个阶段，并为根据女性的潜能来评判男权制实践提供了基础。这已经导致了一种通过能动结构之争而推进的运动，正如上文所说，在这种争论中，女性主义对以性、性别、精神分析、经济为基础的各种男权制概念通通进行了批判，并指出了公共领域与私人领域之间存在的分割。这样，新的思想就进入了女性主义的研究中。这种女性主义分析反对现代性的大背景，因为这种现代性具有一种固化的自我概念：例如，现代性的自我概念，认为权力属于（男人）阶层，并由他们向作为一个阶层的女性来施加这种权力。然而，如果我们看到现代性视个人为权力的工具，是权力实施的后果所建构的，那么现代性的整个大厦就轰然倒塌了：

> 个人不再被视为一种基本的中心，一种原始的原子，一种多重的与惰性的物质；在此基础上，权力逐渐强化或依赖于它恰好打击或攻击的目标，并且通过这种过程而征服和压制个体。实际上，把某些身体、某些姿势、某些话语、某些欲求逐渐与特定的个人相联系，并建构成特定的个人的特质，正是权力的重要影响结果。也就是说，我认为个人日益不再是权力的对等物，而成了权力的主要结果。
>
> ——福柯（Foucault 1980：98）

我们发现，与社会理论中的某些发展和进展相应，一些女性主义者还进入了寻求新的解释的领域。如果权力技术不能够归结于某一特定群体，并通过社会的身体来传播与实施，那么任何关于实质主体的思想就应受到质疑。那么，作为启蒙思想本身的一部分的这种解构与重构方案，就可能被抛弃，并使得一种新的女性主义把其批判目光转向被它们认为是过时了的各种思想。然而，这并不是一种直线的进步，绝对不是。因为在女性主 195
义的思想中，还存在我们上面所概括的第二种视角和后现代女性主义视角之间的争论，而这种争论是由那些试图克服后现代主义在政治上的无能之学者所挑起的（Landry & MacLean 1993）。另外，黑人女性主义则从性别与阶级的角度，对全球化、种族主义、帝国主义与国际劳动分工中存在的历史问题进行批判（Williams 1994）。由于很多女性主义忽视和排斥黑人女性的经验，随着种族主义与帝国主义的日益强化，这种社会理论也在日益僵化。

本章结论

女性主义坚持不懈地对关于自然、能动性、社会结构的诸多思想进行批判和重构，以便对女性的社会地位获得一种更充分的解释。其结果是，自20世纪60年代中期以来，女性主义学者之间存在的矛盾日益扩大。在这一过程中，女性主义通过与马克思主义、精神分析、现象学——除此之外还有很多思想——的交锋及对其借鉴，而提出了一系列新的思想和观念。

对于这种知识历程，现实生活中的男性与女性常常都表示反对，并表现得极端地保守，包括那些认为他们自己原本是宽宏大量的人，也是这样的反应。这似乎是任何质疑现状的思想体系不可避免的命运。然而，女性主义为这种知识历程又增添了一种重要的维度：他们也日益重视亲密性问题，以及那些被认为是人们生活中的最“个人”的层面。而这又源于他们对公共领域—私人领域两分的关注，认为这种两分并非一种自然过程的正常表现，而是一种社会建构的论题，必须对这种两分给女性的社会地位与身份带来的影响后果进行研究。因此，关于女性自信与身份认同的思想，必须把权力、社会结构和性等要素综合起来考虑。

同时，也有人可能认为女性主义仍然属于一种现代性框架之内的方案。正如前面所提到的，一些学者认为这种方案不仅可能解放个人，而且可能压制个人。第一波女性主义深受启蒙运动的自由个人主义的影响，而第二波女性主义则借用启蒙运动的分析工具，来分析那些为女性所用和用于女性的东西的影响。因此，我们应该提出一种新的观点，把思想建立在对自我、文化与身份的质疑与研究的基础上。

这些新的变革，体现在主流社会理论正在转向一种新的思想。对于很多人来说，这些新的思想否定而不是颂扬女性主义的目标。因此，根据这些新思想的主张与见解，本书第十章与第十一章将专门探讨后结构主义，特别是福柯的相关研究以及后现代主义的相关著作。在这两章中，我们会
196 提及关于能动性与结构之间关系的问题，也会提及被这些女性主义理论家们所借鉴的那些后结构主义与后现代主义的思想。

第十章
现代主体的塑造

在现代性展开过程中的能动与结构之间的关系， 197
是贯穿本书关于当代社会理论的理解的主题。有些人认为，现代性就是一种“态度”，并以特殊的方式为思考者设定了研究方向。然而，所有的当代社会理论都会以此种或彼种方式挑战现代性思想背后的那些假定，特别是挑战其“耸立于社会世界中心的、自治的、独立的现代自我”概念。在本书所描述的思想史中，这种关于自我的现代性倾向，可以追溯到休谟。

人们认为，除了现代主义修正关于自我的概念外，自启蒙运动以来，现代性社会思想表现出从描述的分析向分析的分析的转向：“自康德以来，出现了一种分析的分析，就是试图指出各种描述与描述之分析在何种基础上得以可能，及其合法性程度如何等”(Dreyfus & Rabinow 1982：28)。

福柯（Foucault 1992）认为，这种分析研究的特征，就是试图获得在现实与描述现实的语言之间的一致性，而这种分析研究的预设，似乎认为生活方式具有一种非历史的、规范性的基础。因此，这种分析研究实际上就可能从理性的角度来判断文化之间的差异，并认为任何对话的有效性要以对话参与者的能力达到一定水平为基础。然而，正如我们已经指出过的，理性的力量是一把双刃剑，即根据理性来判别文化，有可能出现种族主义与男权主义，看不到种族与性别对于文化的影响。

这种分析研究对于现实与描述现实的语言的“一致性”的追求，导致我们既成为知识的主体，又成为知识的客体。根据这种看法，人文科学的开端，并非源于对某些需要得到分析的“科学问题”的处理，也不是源于“理性主义的敦促”，而是处于“西方文化中的人们，为了把他们自己建构为必须如其所设想的样子以及能够为人所知晓的样子”，而决定“把人们
198 纳为科学研究的对象”之产物。我们应该认为，人文科学的开端，大约是一种“知识的事件”（Foucault 1992：345）。

这样的抽象可能首先出现，它对于理解当代的思想与实践极为重要。因此，这种抽象也是哈贝马斯（Habermas 1986）一篇论述福柯思想的论文冠以“直指当下的核心”这一标题的重要原因。这里我们暂且不提关于这些主张的相对优点的讨论，而强调福柯为我们提供的一种看待社会与社会关系的十分重要的新视角。因此，我们在评论整个现代社会理论的过程中；十分有必要总结与概括福柯的思想。首先讨论福柯思想的理论渊源和知识传统，以及那些对他的思想的形成产生了重要影响的思想，然后概括他的著作在理解社会生活时所存在的一些问题。

米歇尔·福柯：（在现代性中）反对现代性

从本书第一部分的讨论可以知道，关于“真理”，人们大致存在两种立场。其中一种立场是，真理是非历史的；另一种立场则认为真理是人们在历史中建构的。然而，如果我们采取第二种立场，往往会把思想、发现与创造的历史归结于个人，进而认为“个人”的思想是“确定的”，而个人的行动却要在历史流变中来理解与解释。其结果是，个人似乎会超越历史的背景。这样我们就能够理解历史中“真实的”主体的作品，而这种历史最后的结局就是共产主义。会看到，资本主义的剥削抑制了个人的潜能。

因此在马克思的著作中，人本主义与结构主义要素同时存在，二者之间存在一定的紧张。但是，对于韦伯而言，历史并无规律，主体只能在面临历史的不确定性时，要负责任地行事。

我们在心中记住这一主题，并通过对主体概念的界定和探讨，可以获得另一种处理社会理论史的方法。一方面，矗立着孤立的个人（研究者），其对历史的挖掘将最终揭示在历史中存在一种真理。但是另一方面，知识又是处于具体的历史背景之中的。对于这一矛盾，除了马克思提出过解决方案之外，胡塞尔的现象学和索绪尔的结构主义也进行了思考。而索绪尔把主体“溶解”为语言规则，认为语言规则要优先于现象学所强调的超验个体，从而把意义归结于社会实在。

实际上，福柯的分析与研究正是围绕这一论题而展开的。他说，“我所关心的问题，始终是……主体与真理之间的关系问题”（Foucault 1991b：
9）。不过，我们发现以往的各种理论视角，对于这个问题有着十分不同的 199
看法。而且，正是这一点导致我们在定位福柯的理论时遇到很大的困难。例如，可以福柯对待康德著作的方法为例。福柯认为，康德的思想是对特定时间上的特定问题的一种反应，因此康德的思想是特定历史背景的产物。然后，康德推导出一套详尽理论来为理性之批判能力做辩护，并归纳了理性在面临不确定性时存在的局限。然而，尽管如此，康德的思想还是导致了一种被认为是普遍适用的思维方式。因此，我们需要探讨的是，有哪些重要著作对福柯关于现代性与自反性的思想产生了重要影响，这些思想是早期的福柯与晚期的福柯在对自我、主体性与权力进行理论研究时提出来的。这些重要的著作及其影响，为福柯的社会理论的概念工具的形成提供了特定的背景。我们在适当地看待这一历史遗产的同时，也应检验

> 那种把我们自己视为一种由历史决定的存在的分析，在某种程度上是由启蒙运动决定的。我们的这种检验，应进行尽可能精确的历史调查，并且这些调查不会重新回到启蒙运动中的那种无处不在的“合理性的核心教条”。这些调查将指向“当代的必然性的限制”，也就指向那些对于把我们建构为自治、独立的主体而言不再必不可少的那些东西。
>
> ——福柯（Foucault 1984：43）

为了实现这一目的，福柯使用了什么分析工具呢？我们探讨这一问题，也就是探讨他关于权力与主体的主张。

超越结构主义与诠释学

为了定位福柯的思想，我们需要理解其思想赖以产生的背景。如果回到先前关于1945年后法国知识界大气候的讨论，就会看到当时出现了与胡塞尔传统的现象学相关的两种理论路线。其一是结构主义，其二是诠释学。诠释学并不求助于超验主体概念，而是主张应从作为人的活动的根本基础之社会实践与文本中，寻找意义生成的根源。限于本节的目的，我们把诠释学的渊源追溯到海德格尔那里。在这一过程中，我们在不参照自治、独立的主体概念的情况下，讨论了意义的生成，在参照基础性的结构规则概
200 念的情况下，借鉴了海德格尔关于对话的思想。换言之，我们突破了结构主义与诠释学的限制，以提出一种“解释性的分析”（Dreyfus & Rabinow 1982）。

福柯的研究融合了各种不同的思想，并产生了一种研究思想史的、“免于超验”的理论路线（Foucault 1989：203）。我们在对福柯的思想进行讨论时，做了两个进一步的处理。其一，我们认为，主体与真理之间的关系，本身是知识的影响和结果。正如福柯所言：

> 如果认为主体从属于真理，那么这是知识的一种结果吗？如果理解是复杂的、多元的、非个人地形成的，并不受“主体”的决定，那么是什么产生了真理这种结果？
>
> ——F. 埃德斯（F. Elders）引自福柯（Foucault in Elders 1974：149）

因此，福柯认为知识“在理论上”与“实践”王国不是分离的。相反，他认为，知识是一种实践，具有建构特定的客体的影响，这种客体并非仅仅是理论的要素，而是实践本身的一部分。因此，福柯认为关于知识的理论与知识之主体日益融合在一起，主体与真理之间的关系，就并非现代主义者所说的那种关系，主体与真理都成了知识与社会地建构的权力之间关系的一部分（Gutting 2003）。例如，福柯指出：

> 重要的是，我认为真理不可能摆脱权力的影响，权力不可能在真理问题上缺场：与其历史和功能值得进一步研究的神话相反，真理并

> 非自由精神的回报、长期冥思苦想的产物，也不是那些成功地解放了他们自己的人的特权。真理是受到各种限制的世界中的一种事物。并且这个世界导致权力产生规制性影响。每个社会都有它的真理，都有它的真理的“一般政治学”。
>
> ——福柯（Foucault 1980：131）

福柯拒斥社会与政治生活具有确定性的思想，并认为在历史与社会之外并不存在普遍适用的理解。他认为，人们书写“当下的历史”的过程，不是挖掘历史以揭示更深刻的意义的过程，而是各种权力关系之间的一种“战场”。这种看法乍一看似乎是一种结构主义，实际不过是一种具有不同面相的结构主义，即把历史事件视为更深层、更基础的实在的表征的结构主义。那么，福柯的著作是如何处理这一点的呢？

福柯是这样驳斥那些认为他是结构主义者的人的，他写道，“我始终不能使他们那狭隘的头脑明白，他们不知道我从来不使用具有结构分析特征的那些方法、概念或核心术语”（Foucault 1989：xiv）。但是这只是一种口头上的宣称，还有什么可以证明他不是一个结构主义者呢？我们迄今讨论 201
和回顾的诸多思想和分析，毕竟都始于阿尔都塞的结构主义。阿尔都塞认为，意识形态是建构主体及其世界观的手段。而所有这些，都是在马克思主义所概括的社会实在模式的背景中发生的。

在此，我们可以发现的第一点，就是福柯回避阿尔都塞传统所说的那种宏大理论方案。也许，看待他与结构主义之间的关系的一种最简单的办法，就是看看他对历史“事件”是如何分析的。我们发现，他反对把历史事件理解为更深层次的或者位于某一层次的社会结构的表现，相反，他认为那些社会结构是表面的现象，是权力关系的表现。因此他把历史事件与历史事件可能产生的影响区别开来：

> 那么我们马上面临的问题，就是把诸事件区分开来，把诸网络与它们所属的诸层次区分开来，并重建把它们联系起来的和使它们相互建构的那些关系。如果照此执行，那么我们就会否定那些符号场域或象征性结构场域的分析，而进行权力关系谱系学、策略发展、技巧等的分析。在此，我认为，分析的参照点不应是那种宏大的话语（语

言）与符号模式，而是那种战争与战斗模式。

——福柯（Foucault 1980：114）

如果福柯不求助于结构主义，那么他也不会求助于（海德格尔）关于人类理解的普遍预设所提出的那些理由或基础。他所借鉴的尼采的谱系学概念，是指一种文化实践分析，而这种文化实践分析并不存在历史之外的某个参照点。在这种理论视角背后，存在一个颇具鼓动性的问题，那就是“今天我们是什么?”（Foucault 1988a：145）。因为正是历史使我们成其所是，使我们自己认为是何种存在。这是一种十分独特的分析起点，例如它不是把持续束缚我们“潜在的”创造性的那些限制作为分析起点，而以哲学人类学为基础的批判性社会理论（Honneth & Joas 1988）就是如此。我们已涉及了与“自由辩证法”——其目标是确定启蒙运动的好与坏的要素——相关的这样一种方案的各种表征。谱系学并不对任何“起源”进行分析，

相反，谱系学会详细探讨每一起点的细节与事故，会十分留意它们的微小的恶意与预谋；它们一旦被除去面具，谱系学就会等待它们以他者的面孔出现。谱系学需要历史来赶跑起源这些怪兽。

——福柯（Foucault 1984：80）

202 我们根据各种修正的理性形式，回顾了其他主张普遍性的分析基础，发现没有人能够提出比哈贝马斯更有力的主张和宣称。但是，这种理论视角引起了一些争论，而这些争论主要集中于人们是否具有提供各种基础来区分真理与谬误的能力，而不是真理本身的构成问题。福柯著作的这种关注，是受到了尼采思想的影响。与康德不同，尼采并不关注我们的知识之基础是什么，首先关注的是知识为什么是必要的。他认为，我们关于知识的信念而非知识的真假最为重要。

他认为，这种关于知识的信念，是一种“追求真理的意志”的表现，作为“追求权力的意志”的一部分，这种追求真理的意志涉及一种欲求，即希望证明生活就是它在我们面前所表现的那种样子。因此，他认为真理是一种“人为的”的虚构：

你这最聪明的人，你难道把催你向前和激起你激情的东西，叫做“追求真理的意志”？想知道一切的意志，那就是我称你为意志的东西！你首先要使所有的人是可知的，因为你具有强烈的不信任感，你怀疑它是否可以直接知道。但是它必须使它自己屈服于你和适应于你！因此，希望你的意志拥有它。它必须变得温顺，并服从于思想，作为思想的镜子与影子。你这最聪明的人，这就是你的整个意志；它是一种追求权力的意志；即使在你议论好与坏，议论价值评价时，你也是在实施你的权力意志。

——R. J. 霍林戴尔引自尼采（Nietzsche in Hollingdale 1977：224）

正是由于转向尼采传统，福柯日益把为行动提供理由的话语生产作为他的分析目标：“我的问题就是要弄清人们（他们自己与他人）如何受到真理生产的支配”（Foucault 1991c：79）。福柯关注的是，真理是如何以一种允许作出真理与谬误的区分的方式而建构的，他把语言作为一种分析素材，这使他与我们先前讨论的所有学者的分析都不同。

本书先前已经回顾了关于语言在社会生活中的作用的思想，如索绪尔的结构主义、维特根斯坦从奥斯丁、塞尔的言语—行为角度把语言作为“生活形式”的分析、哈贝马斯把言语—行为理论与理性化问题相结合的分析，以及布迪厄把言说与制度权威相结合的分析。我们可以通过探讨支配言说的语言规则来进行话语分析，然后导出一套首先产生言说的规则。那么我们获得的结果，就从一种情景被转换到另一种情景。然而，福柯再一次超越了这些理论视角的研究。

福柯的话语分析，并不认为知识生产是由生产意义的主体而进行的，或由支配言语—行为的规则而进行的，也否认理性存在绝对价值的理性思想（Foucault 1991c）。因此，他的视角并不处于上述所有立场之内。他认 203
为话语是各种陈述的统一体，这种统一体是一种“话语形构”。问题是，是什么提供了这种统一体？福柯否定了对这个问题的如下四种答案。其一，存在一种已得到很好确定的、这些陈述所指涉的客体场域；其二，这些陈述具有一种明确的规范基础；其三，这些陈述拥有一种他所说的“概念之字母表”，即共同的基本概念；其四，这些陈述是“一种永久的主题”

(Foucault 1989：37)。

既然拒绝了这些可能的答案，那么我们可能揭示的，就只有在结构与规则中存在的各种可能性和差异。在确实可能按照那些构成“规律性”的客体、陈述、概念、主题等来描述这些“分散的系统”的地方，我们才可以说：

> 为方便起见，我们处理话语的构造（formation）。……划分这些要素（客体、陈述模式、概念、主题选择）所从属的条件，我们可称为构造规则。这种构造规则就是在某种给定的话语构造中存在（也是共存、维持、修正与消失）的条件。
>
> ——福柯（Foucault 1989：38）

那么，在对话语事件的描述中，这个问题就变成了“某种特定的陈述，是如何表现为此种陈述而非彼种陈述的?”(Foucault 1989：27)。然而，福柯关于“陈述”的思想，可能混淆了一些术语。因此 H. 德莱弗斯和 P. 拉比劳（Dreyfus & Rabinow 1982：48）提出了“严肃的言语行为”一词。这一术语很好地体现了福柯坚持研究言语行为与它们的持续构造和转换之间的关系，在这种构造与转换过程中，言语由作为现代社会重要特征的特定程序和日益膨胀的专家队伍来验证。这一术语也考虑到福柯接受了我们先前已经讨论的思想，这种思想的大意是，言语—行为是依赖日常生活中的预设这种背景而得以形成的，而“严肃的言语行为”这种思想，也保留了福柯关于意义是在对话中生产的观点。

那么，有了这些主题与主张，福柯就不必借助于一种深度诠释学，这种深度诠释学通过挖掘影响日常生活理解的背景假设，来揭示一种“真理”的存在。而且，福柯并不认为意义最终蜇居于超验的主体中，也不主张用结构主义的思想来消解意义（May & Powell 2007）。他所关注的，似乎是对社会实践的影响进行经验的研究，但又不求助于那些在本质上是相同的思想。福柯的方案，就是研究权力与主体的关系，下面我们就讨论他的这一思想。

204
权力与现代主体

上文探讨了福柯从真理政治学角度来分析社会现象的理论视角的渊源

与形成过程，但是这种理论视角较少关注这些话语体制的影响。为了实现这个目的，福柯转而分析权力的实施，而不再研究创造社会秩序感的那些知识形式。更具体地说，他的目标变成了“创造一种人类在我们的文化中被塑造为主体的那些不同模式之历史”（Foucault 1982：208）。

再回到我们先前的讨论。分析者在研究过程中所持有的立场，并非“体现普遍价值”的立场（Foucault 1980：132）。分析者是处于社会背景中的某个人，他并非主张真理，而是会参与争夺社会关系中的地位以及所扮演的政治与经济角色的“战斗”（Foucault 1980：132）。换言之，那些以前被视为不证自明的东西，现在被认为是历史过程的一部分。从这一点看，福柯（Foucault 1991d）之所以要研究监禁与惩罚，目的

> 不是要写一部作为一种制度的监狱史，而是要写一部监禁实践史：是要指出监禁的起源，或者更准确地说，就是要指出这种行事方式——本身极其古老——如何能在某个时刻作为刑罚系统的要素而被接受，并因此日益成为其似乎完全自然的、不证自明和不可或缺的一部分。
>
> ——福柯（Foucault 1991c：75）

福柯认为，为了理解主体是如何被客观化的，我们需要进行三条线路的研究。其一，研究具体的科学如何促进了这一过程。其二，对把人们与他人区分开来以及对人们内部进行区分——例如疯癫与正常、疾病与健康、罪与非罪之类的区分——的“实践”进行研究。其三，研究人们把他们自己转变成主体的那些方式（Foucault 1982：208）。需要重申的是，这种分析形式，与那些探讨根源与理想的重要性的研究相对立，也与那些认为我们拥有内在的理性与一致的自我感的思想相反。

在这一点上，我们发现了福柯思想的另一个核心层面，可能导致我们对福柯著作的理解出现混乱。简单说来，福柯研究社会关系的理论视角，与西方文化中根深蒂固的思想观念——自由的条件就是权力的消失，因此权力总是压制性的——之间存在矛盾与紧张。如果承认这种传统，就会陷入福柯的谱系学试图避免的陷阱。例如，在个人与生产方式的关系问题上，或者在涉及重要的意义关系时，我们就可能会借助经济史、语言学与症候学来阐明这些事件。而对于权力问题，我们过去探讨的是，“是什么使权力 205

合法化”（Foucault 1982：209）。然而，由于个人牵连于这些关系之中，这种理论视角是不充分的。为了理解主体是如何被客观化的，需要对这种权力思想进行全面的修正。而正是在这一点上，福柯对权力的“重新界定”十分重要。因此，我们需要理解他的权力概念的含义，然后才能开始我们的讨论。

他认为，权力并非必然要归因于国家，也并非必然要定位于市民与国家之间的关系中。相反，权力的主要影响可归因于各种“习性、策略、技巧、技术与功能的运行”（Foucault 1991d：26）。权力的属性要归因于其实施的对象，因此权力不仅对人们实施压制，也是由这些人自己来实施的：“权力来自下面，即在统治者与被统治者之间，并不存在双边的和完全的对立”（Foucault 1979：94）。权力是作为一个整体的社会身体——在生产机器、家庭、有限的群体与各种制度中的身体——的一部分（Foucault 1979：94）。因此权力不是资本主义、男权制或资产阶级的一种资产，权力是一种策略，已经演变成现代社会的特征之一。我们也不能把权力等同于由于出身不同而拥有或实施权力的个人：

> 因此个人不是受处于中央集权地位的国王的支配，而是服从于他们的相互关系之中的主体的支配：在社会机体或组织中具有一种地位和功能的，不是一座统一的主权大厦，而是各种形式的征服和压制。
>
> ——凯莉引自福柯（Foucault in Kelly 1994：34）

鉴于此，如果我们认为权力有着某种原始的根源，就不能理解权力的影响。因此当我们说到政治与权力问题时，必须砍下君主的头颅。而且，认为权力是压制性的观点（权力压制性假设），忽视了权力的积极方面。这种看法会使权力成为一种“把每个人都抓在手中”的机器（Foucault 1980：156）。

然而问题仍然存在，如果权力是以这种方式实施的，那么它首先来自何处？这是该概念最难把握的地方。如果我们认为知识与权力是相互联系的，那么我们就会想到马克思以及关于那些掌握物质生产工具同时又掌握精神生产方式的人的思想。让-皮埃尔·巴努（Jean-Pierre Barou）与米歇尔·佩罗（Michelle Perrot）对福柯的一次访谈，对这个问题进行了颇具启发性的讨论（Foucault 1980：156）。

让我们以一个工厂为例：在这里，权力关系可以视为“个人如何行为，以及如何决定他人的行为”（Foucault 1991b：18）。在管理者与被管理者之间，存在一种金字塔式的权力系统。但是，战略高层（管理者）既不是权力的来源，也不是某些人所预期的、组织成员在实践中合法认可的原则或目标。权力及其技术在整个工厂中都得到使用。因此，我们不能简单地把 206
权力等同于特定的群体：

> 这些权力技术是从地方条件与特殊需要这些起点中被创造出来与组织起来的。它们是以零散的方式形成的，先于任何阶层试图把它们整合成强大的、内在一致的组合体的策略设计而存在。我们需要指出的是，这种组合体也不是完全由同质的要素构成的，而是各种支持结构通过保持了其各自所有特征的各种权力机制而相互斗争的复杂游戏。
>
> ——福柯（Foucault 1980：159）。

我们从上面的引文中可以得出如下三点。其一，福柯关于权力的分析，集中关注的是地方性与偶然性的事件。因此，正如先前所指出的，他反对根据某些普遍理性思想和观念来“直接理解”实践。他讨论的是各种具体理性的展开方式，研究在它们之间建立起来的那些联系。其二，不应从上面所说的那种观点，而应从生产力与生产关系的发展角度来看权力。权力会随着生产力与生产关系的变迁而发生转型，但这种变迁并不是权力转型的原因，因为在资本主义社会与社会主义社会中，都存在权力（Foucault 1980：160）。其三，这种权力形式的运行和作用，可以深深地追溯到历史之中。

对这种权力形式进行历史的追溯，使我们可以看到，正是在17、18、19世纪，一种新的政治理性形式找到了它的靶子。政治经济学家把人口增长等现象的原因，归结于财富积累和劳动生产力，而认为贫困是由疾病、懒惰等原因导致的。社会改革家与哲学家J. 边沁（Jeremy Bentham 1748—1832）则不同，他提出“要从权力的角度来提出与处理这些问题”——人口是支配关系的一种客体（Foucault 1980：151）。正是发生在18世纪的经济变迁，

> 使得通过渐进改良的渠道，逐渐控制个人的身体、他们的姿态和他们的所有日常活动，来确保权力影响的累积成为必要。通过这样的方式，权力即使在面对要支配各种各样的人时，也能够如面对单个人一样实施有效的支配。
>
> ——福柯（Foucault 1980：151－152）

因此，随着人口的分化，需要这种新的权力形式。一个群体被另一个群体简单支配，已经不再是一种可行的权力技术，因为社会的复杂性在日207 益增加。与人们认为权力是一种简单的强制相反，权力需要付出某种政治与经济的成本，才能起到控制作用。如果在控制某个群体时过于暴力，那么就可能引起反抗。如果权力介入太过频繁，那么也会导致抵制与违反。规训技术和规制程序一定会提供一种规范性基础，这种基础在整个社会的身体中传播，掩饰着这个过程背后权力的运行（Katz 2007）。这样，现代主体就日益与社会——他们通过把自己转变成一种客体而成为它的一部分——密不可分地联系在了一起：

> 不需要武器、身体暴力、物质的限制。仅仅是一种盯视，一种监视性的盯视，在它的重压之下，每一个体都会最终把它内化到这样的程度：自己成为自己的监视者，每一个体因此都会对自己实施这种监视并依赖于这种监视。这样就出现了一个极妙的模式：权力被持续地实施，并且达到了以最小的成本而实施的程度。
>
> ——福柯（Foucault 1980：155）

身体、空间与时间常常是受到控制的（Dumas & Turner 2006）。福柯所说的“生物权力”要依赖于对人口进行科学的界定，即把人口界定为系统而持续的政治介入的客体，以及视人的身体为可控制与操纵的客体。这些“技术”都以对身体的“客体化”为中心。它们形成一种“规训技术”，目的就是用整齐划一的、“标准化的”技术来塑造个人（Foucault 1977）。那些封闭的情景，例如学校、监狱、医院或上面所说的工厂，可以很好地说明这种情况。在这些地方，对时间与空间的控制更为明显。正是在这里，

> 我们发现了一套完整的微观惩罚技术，包括违背时间规定（迟到、

> 缺席、早退）、违背活动规定（疏忽、大意、冷漠）、违背行为规定（无礼、不服从）、违背话语规定（闲聊无休、口头冲撞）、违背身体规定（“不正确的态度”、不合常规的姿态举止、衣着不整洁）的惩罚，以及违背性的方面的规定（不洁、下流）的惩罚。
>
> ——福柯（Foucault 1991d：178）

这种规训技术使得监视与控制通过内化，而最有效地实现权力的实施。在这一方面，福柯认为，在漫长的时间过程中已经形成了三种“反省”的方式。第一种是笛卡尔式的反省方式，认为要根据思想与现实的符合性来看待思想。第二种反省方式是认为我们的思想要与某些规则相符合或者与之相关。第三种反省方式则是探讨“隐藏的”思想与某些内在的杂质之间的关系：

> 笛卡尔传统对自我的诠释，始于对内在思想的解释。它暗示了在 208
> 我们自身之中隐藏着某些事物，我们总是处于隐藏着这一秘密的一种自我假象之中。
>
> ——福柯（Foucault 1988b：46）

把主体建构为客体的话语，因此也要求主体的话语，并且这在历史过程中也发生了变革。在基督教中，显示我们自己的真理的方式，就是要服从于某个主人。这种服从模式意味着一旦发誓自己要忏悔，那就伴随着牺牲自我的意义和“意志”，即使自己服从于权威，而这是一种持续的自我牺牲过程的一部分。这是一种“永久的誓言”。

然而，接下来则可能发生的是，解释性的科学会逐渐扮演核心的角色。毕竟，正是这种科学“主张能够揭示关于我们的心理、文化、社会的真理，而只有专家才能理解这些真理”（Dreyfus & Rabinow 1982：180）：

> 从18世纪到现在，发誓的技术，已经被所谓的人文科学重新插入了一种不同的背景中，以利用它们来积极建构一种新的自我，而不是放弃自我。在不放弃自己的同时又运用这些技术，构成了一种决定性的突破。
>
> ——福柯（Foucault 1988b：49）

与之相伴的是，国家履行“一种个人化的现代母体”的职能（Foucault 1982：215）。同时，还存在诸种新的“田园式权力”形式。不过，在主张说出真理的同时，这些解释性的科学实际上也是影响渗透于日常生活的政治技术的诸理性的一部分。然而，重要的是，这种影响关系不应被认为是一种决定关系。

为了说明这些实践的不确定性，并因此说明实现它们的转型的可能性，福柯的研究关注点开始发生转变。他现在不再那么多地考虑我们既被建构为主体又被建构为客体的那些方式，而是更多地考虑这对于我们与其他人的关系的影响，以及这对于权力、真理和自我之间关系的影响。因此他认为，这些不再是离散的主题，而是历史的调查研究的补充策略（Foucault 1988c：15）。于是，他认为身体不仅是权力的客体或目标，也是进行抵制与反抗的中心。毕竟，当代社会日益具有一种斗争性，反抗“男人对于女人、父母对于小孩、精神病学对于精神疾病、医学对于人口、政府对于民众生活方式所实施的权力”（Foucault 1982：211）。

209 福柯反对在权力“是”什么与来自何处等问题上进行无休止的争论，提出应对当权力被实施时“会发生什么”进行经验研究（Foucault 1982：217）。这种经验研究把对各种权力形式的抵制作为研究的起点。在这种抵制过程中，存在一种为了新的主体性的斗争；而这种主体性包括变得日益不同的权利，以及把自己与特定的“自我技术”的影响习惯地建构人们的方式区分开来的权利；而“这些斗争并非完全是支持‘个人’或反对‘个人’的斗争，相反是反对‘个人化的支配’的斗争”（Foucault 1982：212）。十分重要的是，个人不是在权力发生影响之前就被建构的。因为“特定身体、特定姿态、特定话语、特定欲求是逐渐被界定和建构为个人的，正是权力的首要结果之一”（Foucault 1980：98）。

在为了新身份的斗争与现代社会各种权力的极权形式特征之间，存在一种明显的紧张。这些权力形式被认为更加理性与经济，但这并不意味着人们更为顺从和遵守。权力的实施并不意味着人们就不能首先采取行动。实际上权力的实施恰恰要以自由状况为前提：

> 权力是用来产生可能的行动的一种总体结构；它激励、诱致、引

导各种行动、使得行动更容易或更困难；在极端的情况下，它绝对地限制或禁止行动；不过，权力总是一种凭借主体的行动或能够行动的能力而作用于行动主体的方式。

——福柯（Foucault 1982：220）

小结

现在，我们可以概括福柯为我们提供的一种关于社会关系的新视角。特别是，如果视结构为决定性的，视行动为自由的，那么我们只能重复社会思想中存在的二元论。这种二元论根源于借用超验主体的思想，把个人视为社会关系的中心。如果这样，我们就不能理解现代社会的动力学。因此，权力与自由并非相互对立的。相反，它们在对抗——福柯所说的一种“相互争胜”或“永远相互挑衅”——中共存（Foucault 1982：222）。本书第一部分已经指出了福柯的著作与法兰克福学派之间的联系。然而，我们不应过度夸大它们之间的共同性。正如巴里·海德尼斯（Barry Hindness 1996：149）所言，这种批判理论传统先是提出一种自治的、独立的能动者概念作为“假定的理想型”，然后根据这种概念来评估实际的事件状态。福柯则认为，并不存在这样的乌托邦。不过，福柯对现代性特征的概括与 210
韦伯的著作存在诸多相似性。尽管福柯认为自己并不属于韦伯传统，但是他视理性为一种“人类学常量”（Foucault 1991c：79），因此这两位思想家之间实际上存在某些共同点（Gordon 1987；D. Owen 1997；Warren 1992）。二者都受到了尼采关于“追求真理的意志”思想的影响，这种意志以理性的名义实施并达成秩序，否则世界就会混乱与不稳定。

福柯尽管与传统的批判理论，以及韦伯等人的思想存在某些共同之处，但鉴于他的思想的特殊影响与特殊取向，他的追问十分不同于我们先前已经回顾的各位思想家。正如福柯所说：

我们利用的这种理性是什么？它有什么历史后果？它有什么局限？它又有什么样的危险？我们如何可能作为一种理性的人而存在？这种理性的人有幸实践一种合理性，但这种合理性却夹杂着固有的、内在的危险？

——福柯（Foucault 1984：249）

但是，这并不意味着他支持非理性，仅仅意味着他用来理解当代实践的方法视角，质疑当代实践的那些基础原则。

最后，我们需要要指出的是，福柯用来研究当代实践的那些方法，遵循的并非舒茨关于主观理解的假设，也非深度阐释学（这种深度阐释学认为通过深度阐释，最终可以向行动者揭示基本的、最终的真理）。这两种立场都迫使一个人进入一种作为最终裁决者的真理体制，但这种真理体制实际上只是起隐藏另一种意义的作用。因此，我们可以把福柯对当下实践的理解，概括为一种“解释性分析”，

> 这种解释性分析，是对社会实践的一致性进行一种以注重实效为导向的理解。它并不主张这种理解要与行动者共享的日常生活意义相一致，也不主张在任何简单的意义上去揭示实践的内在意义。正是在这种意义上，福柯的方法是解释性的而不是诠释性的。
>
> ——德莱弗斯与拉比劳（Dreyfus & Rabinow 1982：124）

福柯著作存在的问题

福柯的研究已经产生了十分广泛而深远的影响，但是也引起了广泛而尖锐的争论。他的著作之所以具有如此大的影响，很大程度上是因为关于权力不平等的“传统”解释的失败，同时还因为在当代社会中存在对新的身份形式的斗争。传统的解释常常根据一系列在概念上没有得到深入分析的事物，诸如国家、阶级、“种族”与性别关系来研究权力，并把权力还
211 原为这些事物。这并不意味着他的研究就没有说明这些关系的动力学。相反，他的研究显然对理解种族与族群动力学（Gilroy 2001），性与性别关系（Jones 2006），地理、空间与权力（Crampton & Elden 2007）以及政治（Dean 2007）等现象十分有益。不过，他的研究并非没有问题，本节就讨论其中存在的一些问题。

我们已经看到，福柯为研究能动性与结构之间的关系提供了一种新的视角，认为这种关系就是权力与自由之间的一种“相互争胜”。然而，他只是认为我们应抵制权力，没有为这种抵制提供一种基础。正如另一个对权力进行关系视角的分析的理论家所说：

> 如果根据福柯的分析，那么任何形式的抵制都是不可能的。因为如果权力总是已经在那里，如果任何权力位置本身是固有的，那么为什么总是会存在抵制和反抗？抵制来自哪里，这种抵制又如何得以可能？
>
> ——普兰查斯（Poulantzas 1978：149）

福柯对这些问题的看法存在一定的模糊。一方面，他认为“权力是一种无人能够拥有的机器”。因此，福柯似乎带有结构主义的色彩，仍然存在对主体的忽视。另一方面，他指出了为了新的主体性的斗争，但又放弃了主体的“话语构造”的思想，那么也就难以想到导致变革的任何基础。我们可以对这一点做进一步的推进，强调一种规范性基础的中心性，并在这种基础上进行女性主义色彩的批判。

福柯的著作对某些女性主义研究者显然具有很大的吸引力，例如他用文化建构主义来取代自然主义，从而避免了实在论，这种做法就对女性主义产生了重大的影响。因此他使我们关注通过符号性中介而非在某种自然状态中来经验我们自己的那些方式，并因此阐明自我与社会关系所具有的性别化的性质。他对“自然的”身体的质疑是正确的，但又认为“作为物理实体的身体先于任何作为文化产物的身体而存在”（Soper 1993：32）。他拒绝那些在认识论的怀疑论基础上做出的关于地位状况的非文化解释，但他又认为政治理性的影响，就是通过整合与中立化策略来习惯性地否认各种差异。

如果女性主义进一步接受这些见解，在女性主义与福柯之间，就会存在明显的冲突（Ramazanoglu 1993）。如果每件事情，包括欲求，都成了话语上的工具，那么在社会生活中，还有什么东西是“真实的”？建立在这种基础上的女性主义社会理论，完全有可能面临否定女性主义政治学的风险，而这种女性主义政治学必然要求某些共同的利益或缘由，来作为统一 212
性的变革原则。借鉴和应用福柯著作中的一个中心问题，就是为此寻找基本的理由。我们通过进一步讨论他的权力概念，可以进一步说明这一问题。

人们对福柯的著作，存在各种不同的理解。例如，他的权力多元论概念，促进了美国自由主义的政治科学传统，也与韦伯和法兰克福学派关于现代性条件下的工具理性的后果的分析存在相似之处。如果我们要考虑谱系学批判具有政治参与性所必需的条件，进而严肃地考虑权力的影响，并因此保持人类意义领域，同时又保持规范中立性，那么人们对于他的著作存在不同的理解就很好解释了；然而，其结果是福柯

> 采用了一个可能导致他不谴责现代社会的任何讨厌属性的权力概念。但是，他的修辞又表明他坚信现代社会完全没有值得重建的属性。显然，福柯所需要的，就是试图把可接受的权力形式与不可接受的权力形式区分开来。
>
> ——弗雷泽（Fraser 1989：33）

为了避免以笛卡尔哲学为基础的思想传统所存在的问题，福柯拒绝人本主义，这似乎意味着他认为价值观并不需要正当性辩护。因此，福柯如何能够主张“规训”是一件坏事——他在研究过程中所做出的习惯性政治审判的一部分（Fraser 1989：42）？他拒绝对此进行讨论，也许是一种抵制反对人本主义预设的策略，他始终回避这种人本主义预设。然而，难道我们在行动时总是要采取这样的策略，以赢得这种无休止的权力关系游戏？正如我们已经指出的，“人的能动性就是为了获得对某个‘对手’的策略优势”这种解释，是有局限的。

因此，福柯为了分析客观化的过程和主体的主观主义，付出的代价十分高昂。毫无疑问，他的贡献在于指出了规范的生产与运行，总是要受到权力实施的影响，否则就不可能发生。然而，权力对于我们生活的渗透程度，是否达到了福柯所说的程度？如果是，那么我们就在无休止的权力游戏中身陷策略行动，而这种策略行动似乎成了人类活动的唯一面相。福柯（Foucault 1984：351）关于道德规范的谱系学讨论，提及了“创造某人自己”的概念，这一立场明显与他的关于权力的思想——权力会通过政治法令否认和排除达成共识的可能性——相冲突。我们毫不奇怪的是，这一批评瞄准了福柯以及更一般的后结构主义思想：

> 213 在经过结构主义的洗礼之后，各种思潮的运动已把超验的主体消解得无影无踪，实际上通过这种方式，一个人也将看不到世界关系系统、说者的各种观点视角以及内在于语言交流本身的思想。然而，如

果没有这种参照系统，那么要对实在的各层次、虚构与真实、日常生活实践与超常经验以及相应的各种文本与体裁进行区别，都变得不可能，甚至没有意义。“存在”之屋本身就被卷入一种不受引导的语言潮流的大漩涡之中。

——哈贝马斯（Habermas 1992b：210）

福柯的著作，把社会关系描述为一个持续的战场，并且由于没有指出权力的根源，认为权力是社会因素的多层游戏，因此认为冲突是地方性的。他认为，权力在制度上日益稳定化的可能性，就应该是“把权力中的位置的制度化理解为一种力量的持续使用过程的可能性”（Honneth 1991：174）。那么，我们仅仅是话语的旁观者，而话语本身则具有一种建构性权力，即它们能够允许一些句子而排除另一些句子，从而以特殊的方式来定义客体。福柯为了不屈服于结构主义，并使关于话语的分析不忽视意义的作用，他集中于关注专业人员和专家的“严肃的言语行为”。因此，他的关注日益转向解释特定言语行为真实、有效所应具备的背景条件。

因此，他再一次存在消除能动性的危险，因为这些话语定义了所有主体可能占据的“位置”。鉴于此，正是话语规则界定了这些位置，以及作为一种结果的主体可以或者不可以说什么。福柯还谈到“策略”与“选择”。但是，如果没有一种关于人的能动性的理论，那么又何谈“策略”与“选择”呢？（May & Powell 2007）即使在后来关于“自我的技术”的著作中，福柯研究了我们是如何塑造我们自己的，仍然没有重视和考虑我们的自我决定的情形（Freundlieb 1994）。相反，他认为正是这种话语结构界定了主体的状况。可见，尽管福柯试图回避陷入结构主义的陷阱，但在其著作中，决定论似乎又再一次得到了无意识的重申。

福柯提出的各种概念以及相关的思想，已经对很多学科产生了十分重要的影响，这些学科除了我们先前已经提到过的那些学科外，还包括犯罪学（Garland 2002）、女性主义（McNay 2001）、社会老年学（Katz 1996，Powell 2005）、会计学（Chua 1999）与人文地理学（Sibley 2006）等。福柯关于个人是被建构为社会主体的，以及我们根据规训与话语就可以知道和理解个人等思想，对这些学者产生了深远的影响。福柯关于治理（govern-

mentality）的研究，近年来的影响也越来越大。M. 迪安（Dean 2007）认
214 为，现代性本身需要一种新的治理话语，这种新的话语包括由制度、反思、默会的和秘密的主观化策略构成的全部策略，以使各种权力形式得以运转与实施。

小结

福柯在探讨“今大我们是什么”时，触及了影响我们日常生活存在的核心问题。他认为，“我们是什么”与宣称我们存在的性质的那些真理机制有关。但是，他的研究存在内在的矛盾。他认为社会的身体充斥着政治，并根据这种视角来分析那些与自由立场、我们的自我观念之间存在亲和性的自治、独立、卓越等观念。在此过程中，福柯对笛卡尔传统进行了批评，并指出了深受笛卡尔传统影响的生活状态（Fraser 1989）。

有学者始终认为，福柯对于权力运行的研究与处理，是有问题的。难道说权力以如此方式浸透于我们的生活？他自己对这个问题的回答是充分的。人们问他为什么对政治如此感兴趣，他回答说：

> 如此使人盲目、如此使人耳聋、如此浓烈的意识形态，已经重重地压制着我，防止我研究“对于人的存在最为关键的主题”——我们所生活的社会、其得以运行的经济关系，那些界定我们的行为的常规形式及许可与限制之权力系统。毕竟，我们生活的实质在于社会的政治功能的运行，而在这个社会中，我们发现我们自己。
>
> ——埃德斯引自福柯（Foucault in Elders 1974：168）

尽管福柯专注于研究是什么使真理成为“真的”，但这并不能说明他否认那些真实的、有效的概念（Visker 1995），也不能说明他的著作因为缺少一种规范性基础，就不能用来研究现代社会关系。他关注各种生活形式或者说生活世界的基础，但这并不能表明他主张相对主义，他只是对真理得以生产的条件进行探讨。那种主张确定性的批判理论被他放弃，取而代之的是主张存在各种可能性的批判性研究。因此，福柯终其一生除了直面这一事实——“对社会过程与历史过程的理解，如果不是我们自我理解的要素，那么至少也会促进我们从自我误解中解放出来”——而别无他图（Dews 1989：40）。

还有，福柯对人本主义的拒斥，并不意味着他就拒斥现代性价值观（Hoy 1986）。但是，实际上就有很多理论流派与思想都试图要拒斥这种现代性。正是在这一点上，人们认为我们已经进入了一个新的理论时代。福 215
柯尽管质疑现代性具有任何确定性基础，但同时也质疑那些认为历史过程会不断发生“突变”的思想。也正因为如此，本书关于后现代主义的第十一章并不把福柯的著作列为探讨的主题。

第十一章

超越现代性？

216 我们认为，如果一种社会理论要成为充足有效的社会理论，那么应提出能够用以分析社会关系的概念与理论。把某些理性形式赋予人的行为、社会关系或者作为整体的社会系统，似乎可能为提出这样的理论与概念提供一种基础。在理性选择理论、常人方法学、哈贝马斯的交往理性理论、帕森斯的系统理论以及卢曼的系统理论中，这种倾向都十分明显。然而，不管这些理论渊源于何处，又得出了什么结论，我们认为它们都具有共同的基本特征，即希望超越具体的和特殊的分析，而获得一些基本原则，来一般性地理解与解释人际关系。

笛卡尔认为，精神是理性的居所，而这种理性使世界建立一种秩序。后来，康德对笛卡尔传统的这些信念进行了一定程度的调和。比起笛卡尔来，康德认为外部世界并非如笛卡尔所说的是一种理性完全可以控制的地方，他把精神使世界实现秩序化的力量置于分析的中心。再后来，休谟认为大脑是经验主义的，正是印象产生了思想，因此认为精神是世界的反映，而非一种处于世界中心的、内在一致的实体。尽管康德与休谟存在诸多的分歧，一个强调理性，一个强调风俗习惯，但二者都坚持认为

> 他们能够证明精神是被建构的，因为精神必须从其自身内部产生这样一种整洁的、可认识的、牛顿式的世界。因此，我们被理性地赋予相信精神的权利；但是使我们能够相信它的理由，自此以后却仅仅以我们的精神品质为基础。
>
> ——E. 盖尔纳（Gellner 1992：29）

这种理论路线逐渐把社会变成了一种研究客体。而另一种相反的理论路线，则反对用“中立的”工具，也不打算通过概括那些影响客观世界的建构的语言游戏的规则基础，来揭示被人们称作“社会实在”的那些事物。相反，这种理论路线认为必须改变社会理论的任务，社会理论家的作 217
用就是创造

> 各种能够设想的、却没有得到描述的隐喻（allusion）。而且人们不应再指望这一任务会使各种（康德认为因为才能的不同而分裂的）各种语言游戏之间最后能够和解，也不应指望（黑格尔的）超验的想法能够有希望把这种语言游戏总和为一个真实的统一体。……我们为了追求整齐划一，为了调和观念与感觉，为了调和编码的理论和人际间的交流经验而付出了高昂的代价。……而解决的办法则是，让我们发动对整体性的战争；让我们见证那些难登大雅之堂的东西；让我们激活这些差异性，以保全名誉。
>
> ——利奥塔（Lyotard 1993：46）

这种主张到底是什么？为什么会提出这样的主张？我们如何实现这一目标？这样做的理由是什么？所有这些都是本章的主题。我们在探讨这些主题的时候，会发现存在这样一种主张，即认为我们已经进入了新的时代，并且为了充分理解这个时代意味着什么，需要一种所谓的“后现代社会理论”。这个新时代，叫做后现代性，其特征就是异质性、不确定性、碎片化和流动性。鉴于这样的事态，后现代社会理论要求我们放弃对基础、本质

的寻求，放弃对基础性的前提、概念策略和解释的寻求（Seidman 2004）。“现代主义”文化的特征，体现为20世纪早期文学、艺术等先锋派形式的兴起，以及对以前的刻板的风格与结构的放弃。而文化中的“后现代主义”，大概出现于20世纪70年代，这种后现代主义文化发出了跨越各种边界限制的信号，并动摇和消除了高雅文化与低俗文化之间的障碍。后现代主义通过这种文化，提出了一种“任何事情都在发生的”政策，这种政策“宣布放弃纯粹，放弃形式的统治，放弃精英主义，而主张更具嬉戏式的、讽刺式的和折中式的风格”（Powell 2005：9）。

后现代主义不仅影响了作为一个整体的文化，还影响了一个新的社会时代，在这个新的社会时代，社会的各个领域，诸如政治、产业、媒体等出现了新的发展，各种社会行动大量兴起（Layder 2006）。而这最终又导致了一种后现代世界的形成，它的特征可以概括为“片段化、多样性、多元性与不确定性”（K. Thompson 1992：223）。如果这种概括是正确的，那么这种后现代世界对启蒙运动的目标与价值观就具有强烈的意涵。在社会理论中，鲍曼（Zygmunt Bauman）主张后现代性首先是一种精神状态（Bauman 1992：vii）。他认为，“现代性”一词，只有从后现代观点进行反观才会存在。现代性的标签作用，只是对过去的一种重新评价，而不是对历史
218 的逻辑进步过程中的某一时期的简单描述（Lemert 2006）。这对于“后现代性”一词来说，也同样正确，因为它只不过是特定历史时间段的一个标签。后现代主义代表了一种从普遍主义到多元主义的转型。它主张普遍主义的目标是无用的，应承认“文化、公共传统、意识形态、生活形式或语言游戏的多元性”（Bauman 1992：102）。

后现代性的兴起与主要思想

后现代性的兴起

人们往往认为，确定性与进步是所谓的现代性时代的特征。在本书第一部分，我们指出正在出现一种态度，我们称之为“现代主义者的态度”。现代主义者无论在过去还是现在，都颂扬在历史、艺术、科学与政治中存在的所谓各种可能性，以及人类的成就。不过

> 他们也谴责现代化背叛了自己对人类的许诺，辜负了人们的美好期望。现代主义者要求进行更深层的和更激进的革新：现代的男人与女人都必须同时成为现代化的主体与客体；他们必须学会改变那不断改变他们的世界，必须使世界成为他们自己的世界。
>
> ——伯尔曼（Berman 1993：33）

因此，现代主义者的态度是矛盾的，既认为现代性辜负了人们的期望，但又要颂扬这种现代性（Bauman 2001）。我们已经看到，诸如齐美尔与韦伯等人的著作对社会关系的分析，与马克思、涂尔干的乐观主义形成了鲜明的对比。韦伯认为西方社会正在展现出一种以工具理性的名义而进行的、对人日益增强的控制。因此，他对现代性的反思，存在一种明显的宿命论，因为他认为人类意义领域日益受到强大的非人格化力量的禁锢。韦伯并不认为这样的负面结果只是表面的，会随着时间的过去而消逝，具有“短暂的性质”（Harvey 1990：21）。从这种角度看，我们可以认为诸如韦伯与齐美尔这样的学者，在现代性理论与后现代理论之间摇摆不定。

C. W. 米尔斯（Charles Wright Mills）在其著作中，十分明确地指出了这种情形，他总体上处于美国的实用主义的传统中。他讨论了“理性”与“自由”观念会不断地变革以及自由主义的崩溃与社会主义的剧变，来说明我们自己以及我们所进入的关系（他的思想也是对韦伯对尼采与马克思的脆弱综合的一种批评）。他认为，在社会科学中，仍然存在很多过去留传下来的术语，虽然这些术语过时了，却仍然被社会科学研究使用。而这些术语在应用于当代的情形时，就显得“笨拙、不适用、没有说服力”（Mills 1970：184）。因此，他主张，现代时代已经被“第四个时代”取代。 219
他所说的第四个时代，是指“后现代时期”：

> 请相信，一个时代的终结与另一个时代的开始，都只是一件定义的事情。但是与其他的社会事情一样，定义都具有历史的具体性。并且现在我们对社会与自我的基本定义，都由新的现实所决定……我的意思是说，当我们试图确定我们自己的方向时——如果我们要试一试——我们会发现我们很多过去的热望与想象最后都在历史过程中逐渐冷却下来了。
>
> ——米尔斯（Mills 1970：184）

特别是，米尔斯认为20世纪的社会科学家从启蒙运动中继承来的首要遗产，正是这种关于理性的作用与自由个人的思想（Mills 1970：186）。面对这些变迁，我们的中心话题就是我们的本质、我们的局限与我们的可能性。毕竟，成为所谓的“愉快的机器人”并非我们的命运（Mills 1970：189）。

我们也许可以把这种紧张和矛盾的特征概括为，现代化过程中的两大要素——专业化与理性化——之间存在的冲突。正如涂尔干所指出的，专业化使复杂的劳动分工成为必需，而为了社会内聚的目的，这种分工又要求一种新的社会整合形式。当然，这一次分工使社会而非相对独立的主体获得了重要的角色。因此，权威与自由并不是对立的。韦伯也描述了同样的过程，但是他却指出现代化过程也会导致“没有灵魂的专家与没有良心的纵欲主义者”。这是社会日益复杂化，同时越来越集中化、控制越来越强化的过程的一种症状。

哈贝马斯（Habermas 1992b）认为，社会演化的过程有赖于生活世界中的规范性基础，但是在现代性的狂飙时期，“操纵权力与金钱的媒介”也在演化——它们在生活世界中没有了根基。正如我们所看到的，通过对启蒙工程进行修正——找到一种从生活世界中产生的，而不是从外部强加给生活世界的共识——可以找到走出“铁笼”的道路。然而，这种对共识的追求难道不是现代主义者的注定要失败的态度的翻版？在这些现代主义者对普遍性的寻求中，是不是存在一种元叙事，并导致对异质化或多样性的暴力？J. 利奥塔（Jean-François Lyotard 1924—1998）认为，哈贝马斯明显也会如此。利奥塔对本章第二段引文所提到的主题继续进行研究：

> 是否就像哈贝马斯所设想的那样，我们可以通过讨论获得共识，并从这种共识中找到合法性？我认为这样的共识会粗暴地对待语言游
> 220 戏的多样性。况且，任何创造发明总是从意见分歧中产生的。后现代知识不再是权威的工具；相反，它使我们更尊重差异，更能容忍不可通约性的东西存在。后现代性知识的原则，不是专家的同质性，而是创造者的悖谬逻辑（paralogy）。
>
> ——利奥塔（Lyotard 1984：xxv）

并非只有各种后现代主义视角，才承认异质性和多样性（Ritzer & Goodman 2001）。这说明，社会理论话语似乎发生了变化，就是那些做着追求普遍性美梦的人，现在面对相对主义者的进攻而不得不自我防御（Mouzelis 2007）。在讨论这些问题时，我们必须探讨这是否是社会状况如此地变动不居，以至于不再存在任何具有统一作用而我们能够利用的协调原则或交流原则的表现?

要讨论这个问题，我们首先需要回顾克洛克与D. 库克的主张，他们认为奥古斯丁发出了现代开始的信号，但着迷于关于意志的讨论，这种讨论划出了“一段僵死的权力弧线，直到在19世纪尼采关于‘权力意志’的可怕看法中，这段僵死的权力弧线才算画完”（Kroker & Cook 1988：72）。根据这些术语，他们进而把后现代状况的特征概括为

> 向“完全的虚无主义”（尼采）的不断回归，这种虚无主义始终在西方意识中运行和发挥作用，并且只有在现在，在完全实现技术化的社会中，这种虚无主义在权力与符号的决定性汇合中来揭示其自身。
>
> ——克洛克与库克（Kroker & Cook 1988：73）

人们可能认为，虚无主义颂扬价值相对论，以至于认为并不存在绝对的善，拒绝创造终极的价值或绝对的主体性而“失去整体世界”（Glucksmann 1992：336）。不过，不管我们从何种观点来看待虚无主义，如果后现代状况导致虚无主义颂扬价值相对论，那么为理性描绘一种新的基础这一意图，就不是反对某些流行的思潮，而是反对在作为一个整体的社会组织中发生“真实的”历史变迁。如果情况是这样，那么共识——作为现代主义者所追求的、更好的未来这一美梦的一部分——的确将是“一种永远无法到达的地平线”（Lyotard 1984：61）。

正如我们已经指出的，现代性的急剧扩张，逐渐见证了社会世界日益复杂化的性质，并需要各种交流与控制的机制。这些功能由那些体现专业化与协作需要的系统逐渐承担起来了。人们认为这些系统可以起到降低社会世界复杂性的作用。然而，它们的合法性是否会逐渐取代人类价值领域 221
的合法性？例如，那些风险事件——既作为人类状况中令人兴奋的事件，又是一种悲剧——现在甚至也已经得到这些系统的评估、预测与计算：

> 在二进制编码中，现代社会用一种极其特殊的形式来抬高、正常化和情景化风险行为，而我们通过把各种观察的结果归因为某种编码系统，就可以认识到我们是在哪种风险网络中运行，以及不是在哪种风险网络中运行。无论何时，一个事件都是在一种二元制编码背景中得到处理的，其结果是，不仅积极的价值而且与积极价值对等的反价值（countervalue）都被指定为真实而有效的。
>
> ——卢曼（Luhmann 1993：76）

这些系统逐渐成了理性的所在，并且理性是来自那些事物——哈贝马斯试图恢复这些事物的批判能力，以恢复理性主张的力量。以卢曼为代表的系统论的现代主义与以哈贝马斯为代表的批判的现代主义尽管存在这些分歧和差异，但都颂扬理性获得规律与理解的能力。然而，有学者指出存在一种可能反击这些意图的历史过程。

这种历史过程就是一种“去分化”的过程（Lash 1990）。这一过程对于研究的意涵，就是我们在分析时，不能再把审美、文化、社会、经济与政治领域之间的分化，作为现代性的一种关键特征，否则就难以实现分析的目的。相反，从一种文化的角度看，我们现在通过审美来对道德政治层面与理论层面进行殖民化，把社会领域瓦解为文化领域——这导致高雅文化与低俗文化之间的障碍的消除；还有，在“文化经济”层面，则是使作者与他们的文本之间区别的“消亡”，例如在戏剧的表演与其观众的反映之间的区别消失了，观众现在已经构成了文化生产本身的一部分（Butler 2003）。

如果我们把这一过程拓展到文化领域之外（Lash & Urry 1987，1994），那么得到的结果就是我们再也不能把社会世界区分为各种自治的单元。在这种意义上，我们看到存在这样一些人，他们主张分化会拓展到所有的社会生活领域，从而愿意颂扬这种分化。他们认为，现代化过程是一系列的社会经济变迁过程，是子系统在功能上的专门化，以至于那些具有相似功能的系统日益形成相似的结构，据说我们现在正在见证“这些过程的拓展和扩张——通过这些过程，社会单元在结构层次上与功能层次上不断地分化”（Crook 等 1992：33）。根据这些说法，

> 经济生产模式正在过度地分化，表现出各种不同的方向，但缺少一种具有统一性的结构原则。我们认为，这种结构的高度分化，是一 222
> 种普遍而广泛的模式。
>
> ——S. 克鲁克等（Crook 等 1992：33）

涂尔干写道，“一门学科，只有确立了一个明确的探讨领域，才能称之为‘科学’。科学是关于物，关于实在的研究”（参见 Giddens 1972b：57）。那么一门学科成为科学并对物进行研究的基础，就是陈述语言（理论）与实在之间的一致和相符。然而，后现代去分化的过程，使这种策略过时了。因为并非只存在一种“实在”，而是存在多种实在需要我们陈述；并非只有一种理性可以作为分析的基础，而是存在多种理性可以作为分析的基础。

那么在后现代性时期，集中化与分散化力量之间的紧张，就体现在如下的层面。第一，控制媒介的变革。第二，正如上面所提及的，控制客观世界的能力的减弱。第三，社会生活不同层面之间边界的消失，例如公共领域与私人领域之间边界的消失。与第一个层面相关的是，由于控制不再是特定生活领域的职能，也不存在专门的学科来研究它们，专门化被超异质分化（hyperdifferentiation）取代。所有这些，都将导致社会中产生“无数的媒介类型”：

> 例如，电视教堂可能产生金钱，并使信众在价值观上忠诚于它，对信众产生权力影响；那些对其雇员进行专门化，并为他们提供终生保障的商业公司，既可能获得雇员的忠诚与投入，同时也能够获得金钱与利润。换言之，不再存在对金钱与权力来源的寡占，金钱与权力也因此不再是一种控制的根源。
>
> ——克鲁克等（Crook 等 1992：34－35）

同样，结构与功能之间的一致性的打破，反过来导致其预测能力与控制能力的衰弱和丧失：“国家日益失去治理能力、经济日益难以管理、世界日益陷入无政府主义”（Crook 等 1992：35）。结果是后现代化变得日益难以预测，日益异质和难以控制。然而，系统的去分化不仅是后现代化过程的一个特征，在社会行动方面，这种去分化也

> 会使社会行动与基础性的物质制约相分离（或者更准确地说，这些限制会消失），并且进入品味、选择和偏好的唯意志论领域。正因为这样，决定不同社会群体之间的边界开始消失。因此，阶级、性别与种族划分所具有的社会重要性下降，他们的某些标志性的表达形式，包括以阶级为基础的政治行动，高雅文化与大众文化之间的区别的重要性也同样下降了。
>
> ——克鲁克等（Crook 等 1992：35）

223 随着社会空间中存在的分割的瓦解，象征符号的文化领域日益渗透到社会关系的社会结构领域，这种渗透甚至达到使个人的、多重的实在逐渐起主导和支配作用的程度（Layder 2006）。因此，在后现代时期，个人独特的潜能被高度地强调。现在，我们的理论旅程到达了布希亚（Jean Baudrillard）这一站，对于后现代社会理论，我们主要分析布希亚的理论与思想。

后现代社会理论

布希亚（Baudrillard 2005）认为，我们已经从以生产为特征的社会走向以消费为特征的社会。布希亚最初试图发展马克思主义，但后来转而批判马克思主义。例如，在他早期阶段的著作中，他以经典的马克思主义的风格，认为消费是由生产决定的。同时，布希亚在早期还进行了一种关于符号性交换的结构主义分析，而他的这种分析又是以巴特与莫斯的思想为基础的。但是现在布希亚认为，客观世界是由我们所消费的事物所构成的符号系统。我们先前关于索绪尔的讨论，已经指出这些系统是自我指涉的，并且先于个体而存在。因此这使得布希亚认为使用价值与交换价值之间的区别再也不能成立。那么，他的这种转变是如何实现的呢？

马克思认为商品由于能够满足人们的某种需要，因此具有一种实在的基础。这种思想加上后来的法国结构主义思想，使人们认为商品是人们需要的客体，通过消费这些商品，个人就与社会秩序联系起来。这样，我们就可能认为人们既是分化的、有差异的，但同时又是整齐而有序的。然而，布希亚正是在这一点上，采取了这样一种步骤：把那些在马克思主义思想中被认为是边缘性的东西放在分析的首位。为了理解这一点，我们需要进一步讨论马克思关于商品的交换价值与使用价值的区分（Ritzer & Ryan 2007）。

马克思认为，使用价值与一种商品所拥有的、满足于人的某种需要的效用和功能有关，而交换价值是因为商品能够与其他商品或服务进行交换从而拥有的一种价值。因此，

> 使用价值与交换价值是商品的两种属性，但是这两种属性之间是相互矛盾的。如果一种商品只是对其所有者自己有用，那么只有一种使用价值。而如果一种商品对于其所有者自己没有使用价值，但可以用来交换和获得另外的商品，那么它就是一种交换价值。
>
> ——H. 克利弗（Cleaver 1979：90）

交换价值是使用价值的对立面。从政治学的观点看，商品的使用价值可能 224
与工人阶级商品消费相关，主要是用来满足工人的需要。而商品的交换价值与资本主义为了获取剩余价值与利润有相关。尽管如此，二者实际上相互依赖。例如，“恰恰是因为劳动力对资本而言是一种使用价值，劳动对劳动者而言才是一种交换价值”（Cleaver 1979：92）。不过，马克思认为，使用价值仍然是独立于资本关系而存在的需要的客观评价基础（Lavalette & Pratt 2007）。然而，一个人如何能够独立于消费的社会背景来评估与比较商品的使用价值？

与该种理论视角不同，布希亚则主张使用价值应根据符号性交换的结构来处理：

> 消费并不是出自消费者的一种客观需要，不是出自主体投向客体的最终的目的；相反，在一种交换系统中，存在不同物质的社会生产，一种重要意义与恣意的（statuaire）价值的编码的再生产。
>
> ——布希亚（Baudrillard 1993：75）

这不是一种个人主体通过计算对消费进行理性选择的消费系统。相反，意义被定位于客体的不同结构中。例如，闲暇消费就是如此。闲暇消费是自治的、独立的主体享受“自由的时间”吗？不！它是“非生产性时间的消费”（Baudrillard 1981：76）。这意味着什么呢？请考虑闲暇的男人：

> 男人所有自治的需要，都是出于某种竞争。自发的激励动机并不存在。尽管如此，他并不允许自己无所事事。他急切地“需要”去做无使用价值的一些事情，尽管这样会损失他的自由时间，但对他来说具有特殊的社会价值。
>
> ——布希亚（Baudrillard 1981：77）

因此，他分析的重点是价值与符号交换之间的关系，而非使用价值与交换价值之间的关系。那么，在符号价值系统中，使用价值概念就不再重要。他认为，“在今天，符号价值系统才是‘消费领域’和总体的文化系统的真理”（Baudrillard 1981：87）。的确，科学作品、艺术作品与知识产品，甚至违法犯罪和创新，都成了消费过程的一部分。

布希亚原本可以选择对符号价值系统的运行与影响其运行的文化过程之间的关系进行分析，在他之前的马克思就是这样做的。但是，他强调符号价值系统的首要性，而且他在从被压迫阶层的角度来看待这一系统，与
225 视之为仅仅相互指涉而没有其他外在指涉的符号消费系统之间，游移不定。如果采取后一种立场，那么分析的重点就应是以符号为中心的消费而非生产。那么，马克思等人关于人的“异化”的思想和研究线路都应放弃。布希亚在他思想发展的这一时期，提出了M. 加勒（Mike Gane 1991：95）所概括的“异化的非人本主义思想”，这种思想是对马克思、涂尔干、尼采与弗洛伊德思想的一种奇怪的混合。

这些都发生在20世纪70年代。因此人们可能认为，弗洛伊德和马克思的混合会产生各种理论上的与政治上的后果：“正是它们的联姻，使很多事情得到挽救”（Baudrillard in Gane 1993：59）。但是由于尼采在这种背景中徘徊，所以这种情况并没有持续很长时间。布希亚承认尼采对他的这种思想产生了最重要的影响，“但尼采并非作为一种参照点……而是作为一种精神、一种激励或者启示在影响着我”（Baudrillard in Gane 1993：203）。

布希亚借鉴了尼采的思想，并认为各种实在模式而非实在本身处于支配地位。他不再依据符号来测量实在，否认实在与符号之间相互影响。因此，现在他只强调这种符号：

> 我认为，现在似乎是符号为我设定了我所说的“超实在原则”。

> 也就是说，我现在所获得的，就是所指（referent）的消失——与存在符号的、无所不包的所指的消失相关。
>
> ——M. 加勒引自布希亚（Baudrillard in Gane 1993：142）

因此，布希亚现在认为，系统由没有外在指涉的符号消费构成。例如，批判理论不能借用启蒙辩证法来揭示具有一种存在状态的真理。现在，对实在的否定就是实在本身："简言之，我们现在所拥有的，是一种基于'实在'的非实在原则——一种我所说的超实在原则"（Baudrillard in Gane 1993：143）。这是一种后现代时代，在后现代时代中，没有任何事物真实地存在，只有最初的"代码"，正是这些代码使模仿支配与控制了生产。

布希亚最后放弃了马克思主义。他把那些真实的事物及其表象抹杀到如此程度，以至于他认为任何事物都是拟像（simulacra）或者可能成为拟像。也就是说，他认为，我们只有对实在的诸种模仿，人们永远也不可能把事物描述为其原本所是的那样。例如，我们再也不能在思想观念、美学与政治信念之间做出裁决。在后现代时代，信息发挥着支配性的影响。计算机、赛博空间、媒介与信息技术处理系统，全部加入"一种诱惑的政治"中，这种诱惑是符号的一部分，而这些符号成了我们日常生活的一种习惯特征：

> 生活在无尽的符号循环中进行，这是一种关于世界上正在发生的 226
> 事情的符号（关于新闻的符号）、关于一个人希望表达的身份的符号（关于自我的符号）、关于一个人所处位置的符号（关于地位与尊敬的符号）、关于建筑物服务目的的符号（建筑符号）、关于审美偏好的符号［关于墙、桌子和餐边柜（side-boards）的符号］等的循环。
>
> ——F. 韦伯斯特（Webster 1995：177）

他认为，在后现代时代，并不存在一种超验的位置，人们可以借以观察这一过程和宣告关于它的"真理"。我们能够获得的最好结果，也不过是成为这一诱惑过程的旁观者。这种符号不再提及符号学策略所寻求的那种"真理"。现代性的主要媒体，现在变成后现代时代的媒体。韦伯所谓的"祛魅"是不可逆转的后现代状况，在后现代时代，意义已经"内爆"。表象之外并无他物，因为表象就是我们所拥有的全部："屏幕、图像、符号、现代讯息、媒体，都需要大量的信息，并扩散和增生这些信息；每个人都拥有丰富的信息”（Baudrillard in Gane 1993：148）。这导致的历史结果，就是理性主义被抛弃：

> 我们往往会忘记，我们的实在——包括过去的悲剧性事件——都已被媒体吞没了。这意味着，因为我们的时代与我们那无法触及的未来的特征，更精确地说就是因为所有工具的理解能力的消失，要历史地查证与理解这些事件已经为时已晚。当还存在历史的时候，我们有必要去理解历史。但现在历史已经不复存在，所以我们也就再也没研究历史的必要。
>
> ——M. 加勒引自布希亚（Baudrillard in Gane 1993：160）

他认为，政治领域可能再也不是自治的领域，而社会领域将充满“匿名”的媒体形象。随之而来的是，那些人们在社会调查过程中提到的和借用的有意义的参照物——阶级、性别、年龄、失能或残疾、种族、族群——都因为“社会的”崩溃而消失了（Ritzer & Ryan 2007）。这些概念再也站不住脚，因为真的东西已被“超真的”东西推翻和蹂躏。要概括出“大众性”的特征，将是不可能的，会存在致命的缺陷：

> 在“整个循环中”，大众天生地被切断了。他认为，将要发生的只不过是围绕诸多模仿模型的循环，复杂的系统瓦解为其原来的构成要素。……因为已经没有人、没有组织能够如先前那样，有信心“代表”大众说话。
>
> ——M. 加勒（M. Gane 1991：136）

布希亚根据他的这种思想对美国进行了分析。他认为，美国已经出现了文
227 化与社会生活不再截然两分的后现代状况。欧洲人根据他们的过去与命运来定位他们自己的处境。然而，美国是一部“虚构的小说”，在这里带有一种历史感的“真实、可信”的概念，消失于对“现在”的一种不断模仿中。我们发现，这里的城市都是“指数性的”（exponential），而非“指涉性的”。整个拉斯维加斯就是一个迪士尼乐园。这并不是一个指涉性的城市，而指涉性的城市有一种过去、有确定的边界、有历史感。拉斯维加斯

是这样一种非指涉性的城市，它“完全表面化……与赌博、投机本身的表面性和浅薄事物密切地联系在一起”（Baudrillard 1993：246）。这也是在迪士尼乐园中可以看到的一种虚构的真实：

> 无论是在迪士尼乐园还是在迪士尼世界，我们都可以明确地看到，那些只要能够想象得到的事情，迪士尼都能够抓住，并对其进行描述，搬上舞台进行表演，并且栩栩如生。仅仅是为了消费而进行表面的表演，没有任何的隐喻，显然是对想象的一种严重威慑。乌托邦再一次成为现实。
>
> ——布希亚（Baudrillard 1993：246）

可见，布希亚根据“超现实”的概念，来研究社会的超验性质。他认为，在今天的社会中，真实与虚幻之间的区别已经消失了（Rojek 2004），个人通过对实在的模仿而生活。所有事物都不再具有真实的根源或真实性，并且生活经验本身纯粹是一种建构，由一系列毫无深度的符号与描述构成（Smart 1993：52）。可见，布希亚认为消费社会以及作为社会科学研究的各个学科，都再也不能服务于任何政治目的，因为社会的超自然性质已经瓦解了权力关系（Smart 1993：55）。“明显的区隔”、“各种等级”、“现代性以及社会科学的基础前提”（Seidman 2004）等都不再重要。特别是，布希亚（Baudrillard 2005）放弃了马克思主义的经济决定论（第一代后现代主义者往往都是如此），并认为马克思主义所说的那种基本剥削系统已经不再存在，社会上只有表面的模仿与交换：

> 与哲学家尼采一样，布希亚批判这种真理主张，而支持一种以他所谓的诱惑为基础的模式。这种诱惑在表面上起作用或运行，即正是这种表面的层面，而非马克思主义或弗洛伊德主义所说的隐藏于表面背后的物质或精神结构，在有效地影响和决定人们的行动。
>
> ——K. 汤普森（K. Thompson 1992：244）

利奥塔认为，随着我们设想和借用那些过程、产品、结果、各种理性主张、规则或因果关系来解释、确定何为真理何为谬误的能力的消解，我们进入了后现代状况。以往我们总追求解释的元叙事，但是利奥塔认为，

这种元叙事本身会“从内部对知识的合法性原则进行侵蚀”，而后现代正
228 是这种侵蚀的产物（Lyotard 1984：39）。可见，利奥塔反对和厌恶对社会生活的共识的任何寻求。他认为有必要在那些建构前现代、现代与后现代思想的东西之间作出区分，于是他着手解构那些通过创造知识来使社会等级结构合法化的方式。

在其最有影响的著作《后现代状况》（*The Postmodern Condition*，Lyotard 1984，最早的法文版出版于1979年）一书中，利奥塔探讨了整个历史过程中“知识”性质的变迁。他指出了现代社会是如何建立在叙事基础之上的，而这些叙事又是如何由宗教与神话建构的（Seidman 2004）。知识不过是一些故事，人们构想这些故事来解释社会中什么是“好”的、什么是“坏”的，来决定什么是“好”、什么是“坏”。因此，这样的叙事就使得“决定社会如何建构和谁有权力的”社会行为规则合法化（Seidman 2004）。利奥塔指出，人们往往认为现代性是建立在“真的”知识基础之上的，这种知识拒斥了“前现代性”的叙事。不过，在《后现代状况》中，利奥塔断言，“事实”实际上“纯粹”是人们假设的事实，“真的”科学知识的合法性也只不过是自封的，因此本身只不过是另一种叙事（McLennan 1995：332）。利奥塔主张，科学的思想与知识往往追求某种政治的与哲学的目的，因此隐藏着某种价值观，而非完全客观的思想与知识（Harrington 2005）。

希望获得绝对的知识以实现所有人的自由之理想，促进了启蒙思想的产生（Calhoun 等 2006）。人们还认为，知识是打破在前现代叙事起支配作用的时期中存在的那些权力结构的关键力量。但是，利奥塔认为，现代科学知识存在诸多的内在矛盾，它们本身仍然是由等级性的权力结构所建构的。他认为，在前现代的社会中，叙事决定谁有权利说和谁没有权利说，而现代叙事同样如此。在现代社会中，等级制仍然在运行，并影响决策精英决定什么知识为合法的。“无数的科学家都已经看到，他们自己的‘知识（move）’被忽视与压制，有时会被忽视与压制数十年，因为这种知识会从根本上动摇那些在大学和各科学层次中已被接受的立场，当然也会根本上动摇那些仍然存在问题和受到质疑的立场。”（Lyotard 1984：63）

利奥塔因此主张，我们不能再把科学视为一种以人性解放为努力目标

的统一体（Connor 1989：31）。利奥塔的思想与尼采的思想存在一定的联系，尼采认为“真理”与“知识”只不过是一种“为了促进人的生存，而不断证伪和修饰的约定俗成的事情”（Hollinger 1994：105）。利奥塔认为，人们寻求知识远非是要寻求普遍规律这样宏大的目标，而只不过是为了维持人类社会的有效运行（Steuerman 1992：108）。由于对知识的寻求与社会经济增长密切相关，那些进一步客观地寻求真理与进步的科学所提出的主 229
张，反而受到了人们的质疑（McLennan 1995：332）。这并不是说这两件事情是相互矛盾和不可调和的，而只是说如果出于经济动机而追求真理与进步，那么需要质疑这两件事情完全是客观的。利奥塔认为，寻求进步所涉及的那些事情，“使我们的生活目标就是为了权力的增加。在社会正义、科学真理之类的事件中，那种权力的合法性是基于它对系统绩效——效率的优化”（Lyotard 1984：xxiv）。

正如利奥塔（Lyotard 1984）所指出的，既然科学的合法性可能受到质疑，那么作为一种统一、无所不包的元叙事（诸如知识 = 自由之类的启蒙运动叙事）的知识等现代性的核心要素，就分解为各种无数的“微叙事”（Lyotard 1984：xxiv）。每个专业都有自己独特的话语，玩着不同的“话语游戏”，并取信于自己特定的听众（Harrington 2005）。利奥塔认为，这就是“后现代状况”的特征，他说“说到底，一言以蔽之，我认为，所谓的后现代，就是对各种元叙事的质疑”（Lyotard 1984：xxiv）。

利奥塔公开拒绝元叙事，对社会理论产生了强烈的影响。他认为哲学思想并没有获得普遍性认识的能力，因此不具有为促进社会变革提出任何行动建议的力量（Best & Kellner 2001）。哈贝马斯对利奥塔对启蒙运动的批判作出了回应，他希望巩固“现代性工程”，并进一步指出我们不应完全放弃理性地追求真理的可能性。哈贝马斯捍卫现代性，并主张人们不应减少而应更加深入地进行哲学的探讨。哈贝马斯主张，通过交往行动、语言与对话的理性使用，人们可以达成社会共识，并维持启蒙运动的真理、正义与自由目标。不过，利奥塔认为，哈贝马斯忽视了这样的事实：语言交往并非仅仅采取共识性的、理性的对话形式，语言的交往总是在权力斗争背景中进行的，要受到权力因素的影响（Bertens 1995：128）。

利奥塔完全放弃了启蒙运动的科学概念，并认为我们应努力“重建”一种具有后现代面相的社会理论，以使我们找到民主的、多元的解决方案（Seidman 2004）。他认为，诸如马克思主义传统的阶级冲突叙事等宏大叙事，具有很强的目的性，对现代主义社会学十分重要，但由于仍然借用了那些不能有效挑战社会等级制结构（即使这样的等级制在历史过程中已变得不那么明显）的概念，所以仍然压制了关于差异问题的概念，使这些强
230 调差异性的概念继续边缘化，而“后现代科学拒斥那些绝对的标准、普遍的范畴与宏大的理论，支持那些地方性的、情景化的、实用性的概念策略”（Seidman 1998：207）。

塞德曼对后现代思想进行了归纳，认为后现代对元叙事的瓦解，已经到了这样的程度，即已经提出了一种去中心的社会概念。就是说，其认为在后现代社会，再也不存在一种共同的、具有统一性的文化。个人在不同话语的持续的转换交叉中和语言游戏中经验他们的生活。因此，随着个人按照这些“破碎的身份”而不断建构、解构和重构他们自身，各种不同的压迫情况在大量不同的背景中发生（Bradley 1996：211）。

利奥塔认为，现代的宏大叙事、集中于关注诸如阶级冲突之类的概念和思想，并不能解释多样性与差异，而后现代的分析恰恰能够对这些多样性与差异进行解释（Lyotard 1984：81）。利奥塔借鉴了维特根斯坦关于语言游戏的思想，并号召人们放弃任何沿着诸如深度解释学之类的理论视角来研究社会生活，以及对“隐藏”的意义的任何寻求，相反，他认为人们应研究语言游戏的“博弈”。对于这种语言游戏博弈，他获得了三个伟大的发现。其一，这种游戏的规则，并不为他们自己提供合法性，而只是那些游戏者——他们并不一定是这些规则的制定者——之间合约的一部分。其二，如果缺少这种规则，那么这种游戏也不会存在。因此，规则的更替或变动，会导致游戏本身的性质的改变。其三，根据前两种发现，他认为“言说”是游戏的步骤。

哈贝马斯认为言说、沟通是实现交往理性和重建现代性的重要途径。但值得注意的是，利奥塔却认为，“因为说话具有博弈的含义，所以说话就是战斗，说话的行为就属于对抗和竞争的行为”（Lyotard 1984：10）。这并

不是说人们通过“游戏博弈来获得胜利”，而仅仅是说，在“无休止地创造短语、词语与意义的转换过程——言语层次上的语言演化背后的过程——中”，可以获得欢乐与愉悦（Lyotard 1984：10）。然而，这种欢乐和愉悦，仍然来自某个人战胜其对手。在这种过程背后，存在一种语言游戏规则，为游戏者提供了一种“游戏者看得见的共同纽带”。

利奥塔认为，对于这种“共同纽带”通常存在两种描述与分析视角。其一是帕森斯的功能的整体主义，其二是马克思主义的冲突模式。他认为，前者表现出一种乐观主义，相信系统会自我调整以适应全球化时代的系统稳定的需要；后者通过法兰克福学派的继承与发展，逐渐以社会分工的分析为基础，并提出了一种不那么强烈的理论批判模式，但获得了一种“乌托邦”或“美好希望”的身份。他认为，面对这种对立，我们似乎只能要么支持这种系统的技术统治论的实证主义，要么支持批判的、解释的或自反性的社会理论（Lyotard 1984：14）；然而，问题是这种选择与我们所生 231
活的社会不再相关，不再重要。在后现代状况中，调节功能和再生产功能不再是特定群体或组织的职责，相反它们成了拥有和处理信息的各种机器的职责。那些能够获得信息的人将成为决策者，但是

> 出现了一种新的情况，那就是由民族国家、政党、专门职业、制度与历史传统为代表的旧的吸引极正在失去其吸引力。并且，不会出现新的、相应的吸引极来代替那些旧的吸引极，即使可能出现，也不会达到它们以前的规模。
>
> ——利奥塔（Lyotard 1984：14）

他认为，如果这些社会团结的根源从我们当下的社会状况中逐渐消失了，那么人们可以在其他地方找到这种社会团结的根源，例如在社会中或在某些需要解码的真正的历史中。然而，我们并不能从某个人的生活世界中揭示这种根源，然后用来解释或理解他人的生活世界。如果考虑到语言游戏必然会激活差异，那么并不存在一般性的原则或规则，使我们确立有意义的联系。相反，这种意图恰恰会导致对异质性和多样性的暴力。

利奥塔认为，与这些策略相反，我们应理解我们成为各种叙事的一部分的那些方式。正是这些语言游戏，决定了“谁是发问者、谁是被问者以

及被问到的是什么事物，也就是说，这种语言游戏本身，就是导致社会团结的黏合剂”（Lyotard 1984：15）。在信息化时代，这些叙事通过社会而流动，一个人参与其中并不需要以参照某些宏大的、具有合法化作用的叙事为理由。因此，任何人都有可能占据“说话者”的位置。这些叙事是共同体与其自身的关系的一部分，在这些叙事的传播过程中，我们可以发现“构成社会黏合剂并导致社会团结的一套实用的规则”（Lyotard 1984：21）。

与布希亚所说的指数性城市一样，利奥塔认为叙事的意义并非来自过去，而是来自它们的讲述这种即时行为之中。这并不要求“科学”，也并不要求通过参照人本主义——依靠基于理性的意志的独立性、自治性——来获得合法性。那么，自我现在就成了叙事社会中的一部分。由于存在理性协调系统，自治的个人成了乌托邦的激进叙事念念不忘的过往时代的一部分。而在这种语言游戏的大量分蘖过程中，并不存在一条共同的线：“社会主体本身似乎已经消解了”（Lyotard 1984：40）。因此，系统论的现代主义和批判理论的现代主义都被他抛弃了。

与布希亚一样，利奥塔认为现代性包含了自我解构的种子。他认为，人们对自由——据说这种自由是伴随着知识的日益积累而到来——的渴望，是尼采的权力意志的症状。那些为理性与进步服务的科学叙事，不再具有
232 合法性。相反，它们是自我服务的游戏的一部分，是去合法化的狂飙的表现。现在最关键的就是，在输入与输出之间实现最优的关系。这并不是服务于真理而是服务于“表演”的知识。因此，当说到研究时，

> 国家和（或）公司必须放弃理想主义与人文主义的合法性叙事，以证明新的目标的正当性：当今研究的资助者的话语，唯一的目标就是权力。它们购买科学家、技术人员和各种工具设备，目的不是为了寻求真理，而是为了扩大权力。
>
> ——利奥塔（Lyotard 1984：46）

不过，仅仅通过提及和攻击解释的元叙事，可能并不能战胜这一系统。它与那些因为具有异质性与分散性而得到颂扬的叙事共同存在。鉴于此，社会理论应该讲述替代性的故事，以激活这些差异性，并最后放弃社会理论对“整体性、划一性的向往和怀恋”。

小结

一种新的社会状况需要一种新的社会理论，来描述这种新的状况与整个历史的急剧脱离。因此，我们已经进入一个新的时代，其作为所有以前存在的事物的否定者而存在。另外，为了充分理解这一点的含义，我们还需要与过去关于能动性与结构等概念及其相应关系的思想彻底决裂。

后现代状况使理性系统与理性的主体都成为虚构。后现代理论家认为，对于人们之间任何共识感的寻求，都是对差异性的否认，而社会要依赖这种差异，通过竞争性对抗——作为语言游戏的基础的和必要的部分——来实现动态的发展。操纵性地调控媒体，现在成了信息社会的一部分。那些使现代主义者能够借以划分真理与谬误、解放与支配等宏大的、整体性的概念的参照物，已经不复存在。我们现在所拥有的，是一种自我服务系统，而自我是这一系统的一部分，并且自我并没有人文主义话语所说的那种独特性和显著性。

米尔斯可能并不赞同利奥塔的观点，但却赞同布希亚等人的观点。因为有一些人已经从各个方面来阐释布希亚的主张。那些寻求后现代社会理论的人，往往利用布希亚的思想来反对帕森斯的宏大理论图式，这种理论图式以抽象的概念为社会研究划定了调查研究的领域。根据布希亚对美国 233
的评论，我们可以认为，这种以实用主义为基础的后现代社会理论，与美国人对功用、社会结果与多样性的强调相呼应（Seidman 2004）。

这种社会理论并不需要确立知识的标准，然后把它作为进步的判准。因此，知识不再是人们摆脱道德、政治领域，以及摆脱权力在社会中的普遍实施而获得解放的途径。社会理论现在应发明一种新的叙事，来作为现在已经渗透我们生活的符号性领域的一部分。然后，群体就能利用这些叙事，“来定义他们自己、他们的社会位置、他们的可能未来”（Seidman 1994a：130）。因此笛卡尔、康德与休谟的幽灵终于可以安息了：

> “知识”——科学与西方的理性——已经给人类带来了太多战争的创伤。在今天，它的梦想已经破灭，它的自信已无可挽回地动摇。在过去的数个年代，科学与西方理性通过对它的竞争对手——宗教、神话、道德哲学、民间知识——的无情打击，而获得了极大的成功。

今天，这些被它压制的竞争对手已经咸鱼翻身，并伺机对其进行报复。
——塞德曼（Seidman 1994b：327）

后现代社会理论存在的问题

说后现代主义受到了批评也得到了支持，是一种不充分的陈述。一些学者已经对后现代主义关于社会生活研究的假定、思想与后果进行了批判（Callinicos 2000；Ritzer & Ryan 2007）。在这一部分，我们主要关注两大彼此相关的问题。其一，我们现在所处的这个时代是否具有后现代的特征；其二，如果我们确实进入了这种后现代时代，那么是否需要一种后现代社会理论来对它进行分析。

后现代主义往往被人们认为是一种文化现象。在这种意义上，后现代主义通过反对那些认为社会、政治、经济状况在某种程度上具有决定作用的思想，而起一种修正的作用。然而，在那些认为符号性消费似乎与这种消费所发生的情景和关系相分离的文化理论家手中，这种作用被夸大了。从这种意义上看，由于后现代主义宣扬自我与社会生活的碎片化，因此我们可以认为后现代主义也是一种文化帝国主义（Layder 2006）。

很多批评者已经指出，这种新的保守主义开创了一个时代，在这个时代中，自我意识、自反性、自我实现等现代性时代的特征，都成了知识分
234 子对20世纪60年代晚期革命愿望失败的一种反应。后现代主义的追随者恰恰是一些不理会、不关注人类解放的可能性的人（Callinicos 2000）。这些批评者为了维持一种愿景，而抵制各种自我指涉的意义模型所说的高雅文化与低俗文化之间的区别已不再存在的思想。他们认为，布希亚关于社会已经死亡的主张应受到批判，以使后现代化的论题成为一个需要探讨的话题，而不是一种假定。他们承认，主张差异与多样性的后现代叙事可能促进社会理论研究；但是他们批判，后现代叙事的社会片段化与多元化主张已经发生到如此的程度，以至于个体女性要确定任何严格的忠诚，已经变得不可能了（Marshall & Witz 2004）。而激进的女性主义者已经指出，后现代理论既存在内在的混淆，也是自相矛盾的。

吉登斯认为，诸如利奥塔传统的后现代主义，只不过是现代主义社会

诸多发展路径的一种分支。相反，我们应该关注的是一种“激进的现代性”（Giddens 1990：3）。吉登斯指出，“我们不能再把现代性等同于启蒙运动，这对所有人都是如此地显而易见。现在的任务是要挖掘把现代性与启蒙运动区别开来的意涵，而不是重新回到后现代主义的困境之中”（Giddens 1992：174）。

有学者对后现代主义提出了一个十分重要的批评，即指出后现代主义主张所有事物并不存在固定的“真理”或意义，这可能最终导致其走向虚无主义，并损害道德行动的可能性（Ritzer 2004）。然而，利奥塔认为，由于利用了地方性的视角，后现代主义比任何宏大的叙事都更能适用于研究权力与压迫问题（Ritzer & Ryan 2007）。

而鲍曼（Bauman 2006）进一步证明与强化了这种看法，他分析的目标是社会的日益个体化。他认为，所有个人的生活都受到地方条件与叙事的影响，而我们所需要做的，就是分析个人的生活选择在何种程度上被外在的条件所支配（Bauman 2001）。权力已经发展到这样一种状态，即它并不能被轻易地设定或决定，它能够快速地、轻易地在那些情景之间进行转化。而这最终又与那些作为资本而买卖的事物的高度发达的特性相关（Bauman 2001：26）。鲍曼认为，后现代文化实际上是一种交换“生活意义”的竞争市场（Bauman 2001：4），这又与利奥塔关于知识已成为不同“专门职业”的产品，为了利润而被买卖的看法（Lyotard 1984：5）联系起来了。因此，利奥塔似乎承认马克思主义分析的重要性（Ritzer & Ryan 2007）。可见，诸如鲍曼这样的理论家，并不会声称重构过程应放弃“启蒙运动的所有价值观”，甚至认为没有必要提出现代与后现代这样的选项让人们进行选择（May 2002）。

弗里德里克·詹姆森（Fredric Jameson 1991）认为，后现代主义是 235
“晚期资本主义逻辑的扩张”。詹姆森认为，全球化与跨国资本主义已经导致大众消费主义以及文化的完全商品化，在这种文化中“人物、风尚与描述……本身都成了产品”（Connor 1989：46）。然而，这种关注“全球后现代”的理论，一直以来饱受诟病。斯图亚特·霍尔（Stuart Hall）认为，那些主张文化同质化的后现代思想，是过分简单化了（Hall 等 1992：304）。

他说，在我们建构理论的过程中，应认识到“全球”的和“地方”的文化是如何表达的，应承认全球化是非均衡地分布的，全球化是一种西方的现象，表明在“西方与其他地方”之间，存在不平等的权力关系。

对于雄心勃勃的后现代社会理论所提出的另一个著名的批评，就是指出后现代主义没有为促进社会的转型提供任何可以利用的工具或方式（Sibeon 2007）。亚历克斯·卡利尼古斯（Alex Callinicos）认为，放弃启蒙运动的所有价值观念，就意味着不再追求一般化的知识，而超越纯粹的断言或主张（Callinicos 2000）。卡利尼古斯从马克思主义的角度出发，对后现代主义提出了一种批评。他认为，后现代性“只不过是一种理论上的建构”（Callinicos 2000：65），我们无论如何也不能放弃宏大叙事；只有通过利用诸如马克思的阶级冲突、革命的可能性等理论，社会理论才能保持其改变世界的能力。他说，放弃现代主义者的理论研究，就意味着“我们除了与利奥塔和布希亚一样，在大难临头时依然歌舞升平，无事可做”（Callinicos 1989：174）。

这些针对后现代主义的批判，造成了这样一种情况：即认为即使社会理论被重构了，它也必须承认社会中仍然存在权力结构；因此，在重构社会理论的过程中，仍然有必要保留启蒙运动的某些价值观，诸如“自治、宽容、平等、民主”等（Seidman 1998：347）。我们应该看到，后现代主义确实提供了一种方法来瓦解启蒙运动的基础，但是并没有提供任何最终的解决方案（Jameson 1991：xiii）。不过，利奥塔本人坚持认为，他只不过是一个哲学家，而绝非一个“专家”（Lyotard 1984：xxv）。他认为，任何为因启蒙思想的崩溃而出现的诸多问题提供任何最终的答案的企图，实际上都违背了认为并不存在任何最终答案的后现代性主张。

大卫·哈维认为，后现代主义完全是建立在一种美学的基础之上的，而没有道德的基础（Harvey 1990）。然而利奥塔认为，后现代思想的美学性质，在政治实践中能够也应该与一种坚实的基础结合起来（Lash 1990：79）。R. 霍林格认为，在这方面，利奥塔“提出了一种更积极、更丰富的政治、公正与共同体概念”（Hollinger 1994：129），这种概念可以构成对社
236 会理论进行任何重构的基础。利奥塔强调无处不在的权力斗争，并试图界

定后现代世界的性质，都确实说明我们可以提出知识是“永久的革命”的愿景（Seidman 2004：207）。鲍曼认为，后现代社会理论“只要真正能够提出一种社会科学话语，来对当代经验的不同层面进行理论研究，或者对它们以一种不同的方式进行理论研究，……那么它就有合法存在的权利”（Bauman 1992：93）。塞德曼也同意这种看法，并预测说，“人类研究的后现代范式”将取代“现代社会科学范式”（Seidman 1994b：348）。在现代社会科学中，社会科学家被认为能够做到完全的公正，并能够传递纯粹客观的知识。这种现代观主张社会科学家可以一种超然的态度来揭示科学知识，并追求对公众的启蒙与促进社会的进步。然而，后现代社会科学家承担了解释性社会分析者的角色，以及公共教育者的角色。他们所产生的社会知识，具有铸造与影响政治生活、社会身份与社会规范的能力，因此被认为具有道德的与政治的意涵（Seidman 2004）。

正如哈贝马斯所指出的，在知识分子的争论中，后现代主义常常被视为完全是对启蒙价值与现代性的一种攻击，而没有提供任何使人们向前的东西（Habermas 1992a）。他认为，“现代性方案”不仅是一种必要的理论，还是一种要求我们绝对投入、实际实施和实现的理论。他指出利奥塔具有新尼采主义的非理性的悲观主义的话语，因此严厉批评其是“新的保守主义的代表”。哈贝马斯（Habermas 1981）主张现代性方案是一种“未竟的事业”，包含着无限的解放潜能。这样的潜能通过文化的专门化来丰富日常生活，同时促进把日常生活与经验理性地组织起来。现代性方案最终具有增强社会理性、公正与道德性的潜能，可以通过认知的进步与对理性进行道德的限制来实现。

关于这一问题，我们可以回想第二章的讨论。在第二章，我们讨论了三大理论传统——诠释学、现象学与实用主义，这些理论传统认为日常生活活动、话语以及各种生活形式，在认识论上具有重要地位。随着后现代主义者放弃这些思想，后现代主义也日益不再重视日常生活实践。在后现代主义中，日常生活实践被巨大的、非个人的力量消灭。如果考虑到在后现代主义的字里行间徘徊着尼采的幽灵，那么对后现代主义放弃日常生活的这种策略，我们并不会感到奇怪。正是尼采，把他追随者的注意力引向了这种特殊的现象。然而，其结果是，“他们高傲地从日常生活实践中走过，视之为派生的某物，或非真实的东西”（Habermas 1992a：339）。由于“文化之大厦”掩盖了任何事情，“这些生命不再重要——文本不再邀请读者共享它们的生，也不共享它们的死”（Billig 1994：164）。

237 哈贝马斯关心的是理论与实践之间的联系。后现代主义者的话语假定生活世界现在已经消失（Baudrillard 2005），或者假定语言游戏的异质性必然意味着否认言说中的真实主张的普遍属性（利奥塔），使得后现代主义在这一点上出现了严重的问题。但是，我们可以借鉴后现代主义关于日常生活与文化消费的诸多主张的深刻分析。不过，我们进行分析的目标，应是变革而非分析的方式。这种策略可以使我们借鉴后现代主义关于消费社会的某些见解（Rojek 2004）。

我们并非必然能够从后现代性中推导出一种后现代社会理论，而那些不熟悉社会理论史的人往往会这样做。哈维与詹姆森都认为，西方社会在某种程度上已经发生了质的变革，尽管二者在他们的著作中都保留了比这一策略所能暗示的更多的马克思主义的思想。从这种角度看，我们可以把布希亚理解为这样一位学者，他指引我们去关注生产的实在日益受到符号主义的影响。这并不意味着承认生活世界的解构，因为在生活世界中，对于不公正的愤怒仍然存在，对于变革的要求也仍然存在（Kellner 2002）。

现在我们的理论旅程已经处在这样的位置，即回顾那些讨论抽象系统正在成为我们日常生活的日益重要的一部分的那些方式。在全球化时代，我们不必跟随利奥塔（Spybey 1995）所创造的理论路径。相反，我们认识到，“社会理论对具体的地理与历史的强调，已经迟到很久了”（Bhaskar 1993：146），因此应注重那些强调地方具体性与历史性的社会理论。正如吉登斯在分析其所谓的“高度现代性”状况时所指出的：

> 现代性的全球化趋势，既是外在的同时又是内在的——它们把个体与更大规模的系统联系起来，并作为在地方与全球两极之间发生的、相互影响的复杂变迁过程的一部分……不过，这并非是说文化的片段化，也不是说主体消解于一种无中心的“符号世界”。这是在对于个人会产生高度影响的风险背景中，主体性与全球社会组织同时发生转

型的过程。

——吉登斯（Giddens 1990：177）

吉登斯认为，那些在现代性时期较早出现的趋势，现在已经达到它们的顶峰，并扩散到社会生活的所有领域。后现代的药丸被打开了，但只有一部分被服下。因此，不是现代社会向后现代社会的转型，而是“经典的”现代化向“自反性的现代化”的转型，换言之是“工业社会”向“风险社会”的转型（Beck 2006）。正是在此，系统理论遭到了“绿色或生态意识”的挑战。财富的生产、分配及其后果等马克思和韦伯所关心的主题， 238
现在遇到了一个新的解释范式，因为我们现在对韦伯分析的那些过程认识得更清楚了，并发现了人类的命运：

> 我们因此不再仅仅关注如何利用自然，或者仅仅关注使人们如何从传统的限制中解放出来，而是还要更加关注技术经济发展本身所导致的诸多问题。现代化越来越具有自反性，它正在成为它自己的论题。
>
> ——U. 贝克（Beck 1992：19）

于是，现代主义者所说的后现代性，就被“自反性的现代化”所产生的一种可能性所取代。这种自反性的现代化理论，把批判的目光日益转向那些曾经被合法化，但是现在正在经受转型的系统（Beck 等 1994）。伴随着抽象系统崩解为日常生活而来的是，我们日益明白现代性的狂飙所产生的双重后果。例如，现代性既赋予我们力量，同时又会使我们失去某些力量；既使身份片段化，又可能创造新的身份；既需要全球性的行动，又需要地方性的行动（McGrew 2007）。从这种意义上看，日常生活世界存在一种日益政治化的过程；而新的社会运动的日益增多，就表明了这一点（Delanty 1999）。

小结

视后现代化为一个时代的思想，以及视后现代主义为一种文化运动——社会理论是其中的一部分——的思想，已经越来越具有吸引力。做出这一判断的依据是，围绕这一论题的各种研究文本已经大量出现。无论是通过描绘布希亚对马克思主义传统的修整、批评和随后的放弃这一历程，还是通过描述利奥塔关于信息社会与语言游戏的异质性的理论，我们都可以看到，后现代主义者对现代主义者发出了明确的讯息，那就是“现代主义者们，放弃你们的梦想吧”。后现代状况现在宣扬的是混乱、多样性与片段化。

人们对于后现代主义的态度，往往要么是完全的支持，要么是完全的否定。然而，已经有学者指出，我们对于后现代主义还可以采取另一种方式，可以借鉴其中的某些见解来描述真实的历史趋势。从这种角度看，应把布希亚视为一种跳板，借此我们可以测试和验证社会理论。的确，布希亚说他的著作包含了“一种挑衅性的要素……正是这种对知识分子与读者的挑战，开始了一种游戏”（Baudrillard in Gane 1993：153－154）。也许，这可以部分地解释他为什么拒绝“后现代主义者”的标签（M. Gane 1990）。同时，利奥塔关于创造一种新叙事的号召，听起来与一种大家十分熟悉的号召——抵制日益严重的商品拜物教——很相似。在这种意义上，也许更具有建设性的做法，就是认为后现代主义是在号召沉迷于独断论的社会理论赶快清醒过来。

239 后现代主义者的著作似乎又重复了齐美尔与韦伯的著作中明显存在的那些矛盾，并使之滑向一种宿命论。但是，还存在另一种路线。这种路线与那些自鸣得意的现代主义者所采取的路线不同，相反考虑的是高度现代性的后果，并用来分析我们现在存在的问题和不适。这种关于文化的领域崩解为社会领域的假定，即那种关于统一的宏大的文化瓦解为片断的、地方性的文化的假定，随着审美的领域崩解为伦理的领域（在这种领域中道德判断仅仅被认为是一种品味问题），就被调和与修正了。这一策略总是表现出不满意的态度，因为它试图知道与理解那些消极的东西，但是这种策略也看到了在生活世界中最近几次出现的新道德话语中所存在的潜在可能性。

第三部分
PART THREE

社会理论的应用与实践

第十二章
社会关系中的情感

本书已经说明，我们在对社会理论进行定位时，243 必须对社会生活得以形成、组织、维持、（被人们）经验与转变的方式进行分析。本书已经探讨了影响个人与集体生活的那些预设，反思了诸如权力、身份、结构、能动性、理性与作为主体的经验之类的论题。但是，重要的问题不仅在于强调社会理论说了什么，更在于指出它们如何能够被人们应用于理解与说明某种实际问题。为了实现这个目的，我们打算运用社会理论来探讨社会生活的基本要素之一："情感"。尽管已经有理论对情感进行了系统的分析，但是情感问题还远未成为社会理论研究的中心（Barbalet 2002）。

社会理论关于情感的研究

本章之所以把"情感"作为中心论题，是希望以此说明我们生活的关键主题之一，即我们是如何塑造我们的历史而同时又是如何被历史塑造的。这与"社会学的想象力"的优点有关（Mills 1970），或者与通过把个人视为关系性的而非独立于世界的理解而颂扬个人的思维方式有关（Bauman & May 2001）。这里所提及的是一种分析取向，其研究我们的生活与我们过生活的方式，并把二者放到特定的社会背景中去理解，以便理解它们是如何被塑造的，在我们的行动与希望中又是如何表现的，以及是如何得到特定条件的支持和限制的。这种分析取向，指向一种理解社会过程的意识形式（Mills 1970：76），这种意识形式作为一种透镜而展开，而我们通过这种透镜来探讨我们的生活。

在此，我们可以传记为例。我们把传记放到更广阔的社会背景中来理解，这种背景包括社会的历史与传统。米尔斯认为，理解这种想象的方式之一，就是区分“个人问题”与“公共问题”并展开分析（Mills 1970：14）。这种区别与分析非常有用，因为我们常常存在一种误解，即把传记仅仅理解为个人的历史。其结果就是奉行一种方法论的个人主义，孤立地分
244 析个人，而不是把个人的独特性与其所处社会背景联系起来分析。其实，个人传记是与更广泛的社会公共与政治“舞台”相互交织和联系在一起的。情感可能是一种“私人问题”，但它并非与更广泛的公共问题因素毫不相干。因此，埃利亚斯（Norbert Elias）认为情感的个人控制与公共调节是整个文明化过程的中心（Elias 1994）。

如果我们从理解情感的角度来检验我们的理论历程，可能发现在社会理论发展过程中存在数条明显的主线，例如，在启蒙运动与理性思想的兴起过程中，就存在一条强烈的主线。其中存在一种思想，其认为要控制非理性的情感，以使更高级的理性能够发生，然后使更高级的理性去影响科学理性和主宰自然。情感在社会发展过程中扮演了一种关键的角色。在韦伯对合法化、地位、传统与理性的探讨中，我们看到了这一点，他认为理性的铁笼禁锢了情感；在涂尔干关于社会团结、道德力量与符号主义的理论中，我们看到了这一点，他强调一种道德的个人主义，坚持情感的重要性并主张应对其进行控制，只不过他过于强调了它们的重要性；在马克思关于阶级意识与冲突动员的思想中，我们看到了这一点，他明确地指出个人的情感归属被资本主义非个人的力量强行地撕裂了；在弗洛伊德关于精神、精神对记忆的抑制以及文明的形成的著作中，我们同样可以看到这一点。

而更晚近和当代的理论，也对情感进行了研究并提出了相关的思想，借此我们可以进一步理解情感。戈夫曼关于日常生活中的自我呈现的思想、帕森斯（Parsons 1951）的结构功能主义、卢曼（Luhmann 1989）的系统理论——指出情感与社会系统的结构需要是相一致的，都对情感进行了研究并提出了相关的思想。在吉登斯（Giddens 1990）关于本体安全与风险的理论中，在布迪厄（Bourdieu 2000）关于个人如何不断试图按照自己的情感来影响其周围世界的思想中，情感都具有重要的地位与作用。女性主义关于情感的理论研究，认为情感具有性别色彩，受到男权制思想与力量的深刻影响（Marshall & Witz 2004）。还有学者认为，政府治理状况与情感管理有关（Dean 2007；Foucault 1977），而布希亚认为情感是超现实中的一种“模仿”（Baudrillard 2005）。

对于如何定义情感概念，人们存在诸多争论。一直以来，情感都被视为一种行为形式，或者机体生理机能（Harré 1986）。如果各种角色身份具有共同情感的表象或品质，那么情感也会与这些角色身份相关，为这些角色身份所共有。因此，人们的情感生活是他们在社会互动中根据情景而界定的自我身份之确证的一部分，而这种社会互动可能以集体形式表现出来。例如，1997 年戴安娜王妃香消玉殒，大众媒体认为所有英国人都在“哭泣”和“受到了伤害”（Layder 2004）。媒体在通过规范性的手段，确定“公共问题”的表达过程中，发挥了关键的作用。

诸如“悲痛”、“激动”、“欲求”之类的情感表达，表明了存在一种与理性化领域不同的领域。情感可以被视为日常生活中不可缺少的一部分， 245
因为在人们的沟通、交往过程中，以及在人们之间相互守信与合作的过程中，情感起着关键的作用（Giddens 1992：202）。在某些传统社会中，强大有力的情感律令与规制，同精神信仰与宗教实践（教义）存在密切的联系。我们看到，某些情感（emotionality）形式，在向现代性的过渡过程中已经片段化了。随着理性取代有组织的精神（organized spirituality）而成为社会秩序的保证人，情感不再是灵性的社会建构，那么情感本身就被描述为一种威胁：一种强大的、试图丑化理性与损害现代社会运行的力量（Layder 2006）。于是人们认为，情感不仅可能破坏理性的支配，而且可能散布关于某些非正义的、歧视性的勾当的信息。因此，“各种情感”显然“都是源于权力和地位关系的、真实的、预测的、回忆的或想象之结果”（Kemper 1984：371）。

如果我们认为情感有着关系性的要素，那么需要考虑人的行动与社会结构之间的关系。G. 宾德罗和 S. 威廉斯认为，“社会理论需要以一种更具体的方式，来重新重视与研究情感”，他们的理论著作对此进行了重要的尝试（Bendelow & Williams 1998）。威廉斯（Simon Williams 2000）认为，情感具有一种“深层的社会性”，因为它们嵌入了社会互动之中，是社会互动的构成要素，并且他根据布迪厄（Bourdieu 1984）的思想，指出通过研究社会群体所有的特定“情感资本”类型，有助于我们把不同社会群体区分开来。因此，如果一个人表现得十分紧张、十分焦虑，并使他周围的人感到尴尬，那么我们可以认为他的情感状态是“害羞的”，这对于我们如何回应他，是接纳他还是排斥他，具有重要的影响。个人设定他们自己的地位的能力，与其受到的关于归属的文化观的影响存在密切的关系。一个人如果被设定为依赖者，那么他的“痛苦的喊叫听起来可能就像恳求帮助”。然而，如果被设定为支配者，“那么同样的叫声，听起来可能就像一种抗议，甚或一种训斥”（Harré & van Langenhove 1991：396）。在个人的层次上，这又与个人在给定社会关系集合或布迪厄所说的“场域”中所拥有的属性相关。因此我们研究的，实际上是自我认同活动、地位设定与归属之间的关系（May 2000）。

各种情感都是“身体化的”，也就是说，我们并非仅仅是“在头脑中”拥有那些情感，相反，我们通过身体符号与“症状”来表达我们的情感，例如在诸如“害羞”或“尴尬”这些存在性特征中，这些身体符号与“症状”可能包括“脸红”、“发抖”、“躲闪别人的目光”（gaze aversion）（Layder 2006）。正如邓辛（Denzin 1984）所指出的，情感是临时性的、身体化的、情景性的自我感觉，高度依赖于我们对他人的理解以及（我们想
246 象的）他人对我们的理解。因此，情感性实践可以说是一种社会行为，研究这种行为对揭示个人通过身体与社会所形成的复杂相互关系具有重要的意义（Layder 2004）。

晚期现代性文化对于情感问题也进行了思考，在晚期现代性中，人们谈论情感这件事情，几乎与情感本身一样重要。诸如 S. 米斯多维奇（Meštrović 1993）等人都主张，我们正生活于一种“后情感社会”中，并通过探讨“情感启蒙”，来寻求一种不同于涂尔干的理解（Meštrović 1992）。还有的学者认为，关于情感的各种话语具有强大的力量，影响着我们运用哪些情感作为语言范畴，来区分不同的社会群体（Lupton 1999）。

结构、情感与理性

在本小节，我们通过回顾本书已讨论的三大理论思想流派，审视学者们对于情感的各种理解。我们首先探讨理性、情感与社会结构之间的关系，并因此而涉及涂尔干、马克思、弗洛伊德、韦伯、批判理论与女性主义的著作；然后，我们回顾加芬克尔、戈夫曼、米德的社会研究关于情感的思想；最后，我们考察福柯、布迪厄与布希亚的著作关于情感又说了些什么。通过这些回顾和考察，我们会发现，我们可用情感问题为例，来说明社会理论是如何探讨和研究社会生活的。这又包括系列的问题。例如，情感是不是通过结构而得到调节的？对于解释情感而言，微观分析是否重要？话语、身体化、超现实这些概念能否说明情感的复杂性？回答这些问题，实际上也就是说明个人之间的、微观层次的互动（人际问题）与结构（公共问题）之间的关系。我们下面就从各种强调社会结构的视角是否可以用来研究情感问题开始讨论。

各种强调社会结构的视角认为，情感出现于在特定背景中运行的社会结构，而这种情感又使人们可以感知那种结构以及行动的社会后果，因此情感与社会文化现象之间是相互渗透的。这些强调社会结构的视角还认为，某人对另一个人表达情感，表明了他对这个人的主观赞同，而这又使他们心照不宣地共享一套社会结构，并促进人们在一个群体中实施理性行动的同时，也富于情感。

涂尔干认为，各种仪式通过产生神圣的目标与道德的制约，从而把社会整合在一起。后来，他对这一思想做了进一步拓展，指出在仪式中产生的一种共同情感氛围，会创造社会团结，扩散魅力性的情感能量，来保持247 与扩大规范性的群体模式。如亵渎某一象征符号，常常会引起群体之间或者群体内部小宗派之间的愤怒与冲突，而重申这些象征符号，会产生积极的情感以及促进群体的协调一致。他认为，每一次平凡的互动仪式所包含的情感性，都是维持社会的黏合剂，以至于宗教本身的“先验性”，包含了社会将之尊崇为实现群体生活和个性的前提和条件。

马克思根据各个经济阶级之间的冲突来分析社会，并认为这种冲突创造了其所谓的“异化”状况。支配阶级（资产阶级或“资本家”阶级）拥有和控制生产方式，而产业工人阶级（“无产阶级”）受支配阶级的剥削。涂尔干认为，在现代社会中，那些没有一定程度的道德个人主义的成员，可能陷入一种失范状态。而马克思认为，要防止异化，就需要唤起无产阶级的“情感意识”，以统一联合起来反对资本主义制度。尽管涂尔干与马克思都并没有明确地论述情感，但两人都看到了现代性存在的问题，即都看到了异化与失范会冲击对于个人行为的调节。不过，马克思认为，资本主义社会是对人类自由的一种否认；而涂尔干则存在一种倾向，即强调社会是实现人类自由的先决条件。然而，这并不是说涂尔干是不平等与不公正的辩护者——绝非如此（Pearce 1989）。

理性也是弗洛伊德的一个重要关注点。弗洛伊德集中探讨的是这样一种情形，即在大多数时间中，人们可能或多或少都是理性的，但是偶尔会非理性地行事。弗洛伊德认为，我们必须对文化与本能之间的紧张进行深入的研究。对于弗洛伊德而言，人性的状态部分取决于我们生活于现代的、“文明化的”世界这一事实。弗洛伊德认为“文明化”是一种现代现象，涉及个人对自己的情感进行控制。有一种弗洛伊德式的观点认为，由于痛苦的、有时是危险的思想与情感的压抑，有意识并不可能轻易地获得无意识的情感内涵。这种无意识充满了活力——控制着记忆、理解、幻想、冲动与冲突，为了减少生活的冲突，就必须被抑制或压抑。对于某些人来说，这会逐渐导致“神经衰弱”：“弗洛伊德传统的理论，不仅仅是一种二元性的理论，也是一种关于矛盾与斗争的理论”（Kristeva 1999：327）。

拉康在弗洛伊德的基础上，提出了“欲望（desire）”概念，随着婴儿日益被引入语言与对话世界中，其欲望就逐渐根源于与重要他人的情感认同过程，然后逐渐被编码到符号表征系统中。当这个小孩能够作为“主我”而说话与思考时，他（她）的各种情感体验就会被切断。拉康描述了一种严峻的抉择：为了进入语言世界，就必须付出代价，这种代价就是不 248
得不服从于符号性秩序的运行规则，并因此日益疏远欲望体验（Lacan 1992）。

我们可以说，所谓理性化过程，就是理性行动在个人的社会行动中日益占据支配地位，理性日益在群体、组织与其他集体中被制度化的那些行动模式中占据支配地位的过程。韦伯十分关注在个人之间工具理性行动的出现，以及在组织中形式理性的兴起，指出它们碾碎了西方现代性中的所有形式的人类感情主义。

我们在谈论理性合法性权威与官僚制（科层制）时，往往认为工具理性行动是在现代社会组织中的形式理性的背景中被制度化的。社会生活的理性化，涉及技术手段变得越来越强大，以及这些手段可能导致的负面结果的逐渐减少。韦伯在《新教伦理与资本主义精神》（*The Protestant Ethic and the Spirit of Capitalism*，Weber 1930）一书中指出，加尔文教的结果就是导致了个人行为的理性化，而个人的行为原本集中关注的是希望通过日常活动来获得救赎。并没有什么能担保某个人会被上帝选中并获得永生，但如果仍然存在这种可能性，那么一个人在很多方面就会守规矩。于是，专心地利用每一分钟，逐渐完全压过了对永生目标的刻意追求，而自己证明自己正在做那些要获得救赎就必须做的所有事情，也就是以期通过取得世俗的成就而成为上帝的选民。

韦伯对科层制的形成与发展也做了类似的分析。韦伯认为，科层制只不过是根据理性化的信条看来，一种技术上最为有效的组织方式。但是科层制渐渐获得了自己的生命，表现出自己的逻辑，而这可能导致一种“理性（规则、僵化与规制）的铁笼”，而任何人都不能逃脱这个铁笼。韦伯总是想寻找一个地方，在那里人们并不总是通过理性的方式来追求他们的各种结果。

阿多诺与霍克海默认为，理性已经被工具化，并且已经被整合进社会结构之中。因此，理性正在被用来强化而不是改变社会系统。启蒙运动已经走向自己的反面，已经从一种解放的工具变成了一种支配的工具。启蒙运动始终充斥着支配自然的神话和方案，充斥着用理性去控制与支配世界的神话和方案，它现在日益对人们起着一种压制的作用（Adorno & Horkheimer 1979；Bauman 1989）。在德国法西斯的集中营中，纳粹对死亡的理性化以及对战争经验的理性化，引起了人们对理性的进步性的深深质疑，以及对这种强有力的社会系统的自我批判功能的深深质疑。

有很多研究传统，在把个人及其情感与社会结构相联系的分析过程中，都借鉴了马克思与弗洛伊德的思想，其中就包括弗洛姆、威廉·赖希
249 （Wilhelm Reich）以及 B. 奥尔曼（Bertell Ollman）等人。赖希在 1933 年出版了一本著作，题为《法西斯主义的大众心理学研究》（*The Mass Psychology of Fascism*）。他把法西斯主义这样的大众运动与心理分析要素联系起来，试图揭示社会秩序如何创造了社会秩序的保持所需要的那些特征。因此，根据霍克海默对工人阶级日益被整合到发达资本主义系统中的机制的分析，赖希的理论视角直接研究的是个体的精神、性压抑的起源，及它们对某个社会的影响和后果。因此，赖希的人格理论被认为是“个体存在的一种特殊方式”，以及表达了他们所有过去的一种特殊方式（Ollman 1979：182）。最后他认为在各种人类关系中，只有资本主义的关系与男权制的关系，才会为了使人们变得勤奋、忠诚与合作而压抑人们的自然本能。不过，赖希认为，在其他社会中有意识的自我处于支配地位，但是无意识的自我又受到残酷的本能的统治。性压抑是与社会环境和经济环境相联系的：

> 在资本主义社会中，对私通、卖淫、性病、堕胎的反对与打击，是在禁欲（abstinence）的名义下进行的。不过，颂扬与支持禁欲的人的无知，使得正是这种禁欲要为这些病症负责。
>
> ——奥尔曼（Ollman 1979：187）

还有一些学者把情感状态与系统需要联系起来，以及把情感状态与环境问题联系起来（Luhmann 1989）。那些关于焦虑的最重要的研究，关注的是个人维度。他们把道德上的交流与个人层次上的对结果的不安全感联系

起来，而最后个人又通过焦虑来表达其本身。这些研究认为，在风险沟通中，焦虑沟通的具体特征，就是不能通过理性的主张或科学的分析来减少这种焦虑交流。甚至各种运用信息策略来降低焦虑的努力，往往适得其反，会扩大这种结果（Luhmann 1989）。焦虑沟通对情感的影响，与各种功能系统（经济、科学与司法系统）相对立，似乎是不言而喻的，并且通过经济逻辑、科学或法律本身并不能减少这些影响。焦虑沟通缩小或限制了对风险消极面的社会透视，因此不能获得积极的成果。这种消极的情感沟通具有风险性，可能妨碍必要的社会决策和知识的形成。

在此，我们可以把情感和与信任有关的问题联系起来。然而，信任感并不必然需要以维持情感为条件，也就是说，相信某人并不一定表明对某人存在某种情感。这种信任感可以与基本的情感相分离。而当信任要以情感为条件时，这种信任就是理性的非理性（Luhmann 1989）。对于那些不可能通过试错来学习的情况——例如核能与转基因食品——只有在建设性的信任基础上，才有可能取得进展与实现相关的决策（Powell 等 2007）。因 250
此，在以更高程度的变革为特征的现代社会中，如果“强调情感，就会陷入危险之中”（Luhmann 1982：365）。

吉登斯提出了“本体安全”这个一般性范畴，并因此讨论了一些与情感相关的问题（Giddens 1990）。他认为，本体安全又是与日常生活中的惯例联系在一起的：

> 通过习惯的广泛而深入的影响，本体安全与惯例形成密切的关系。……这种日常生活中的琐碎的惯例具有可预测的特征，而正是这种可预测性，给人们在日常生活中带来了一种心理安全感。当这种惯例被打破时——不管是出于什么原因——焦虑就会如洪水般涌来，甚至个人已经牢固确立的性格的某些层面，也可能因此而消除和改变。
>
> ——吉登斯（Giddens 1990：98）

现代性中日益增多的风险，导致了一种命定感，认为以理性工具性的方式来管理世俗化世界的问题，必然会导致各种风险（Giddens 1990：133）。那么在晚期现代性中，新的风险就会损害一种情感基础，并因此损害人们的个性与身份。因为新的风险与不确定性很难解决，需要以不同的方式来管理。对此，吉登斯界定了实用地接受、保持乐观、犬儒式的悲观、激进的挑战四种应对策略（Giddens 1990）。其一，实用地接受的策略。这种策略是以如下思想为基础的：外部世界的很多事情，个人都无法控制和左右。在这种思想看来，优先的是要管理日常生活中的问题。核武器或恐怖主义等威胁生命的危险，也需要得到控制。其二，保持乐观的策略。这种策略体现为相信通过科学的发展，事态可以得到控制。世界上的宗教观念，日益接近于这样一种信仰：事情会得到及时的改善。其三，犬儒式的悲观的策略。这种策略与实用地接受的策略相反，借助“黑色幽默”来应对未来缺少控制的问题以及随之而来的焦虑。其四，激进的挑战的策略。这种策略主张积极采取必要行动，来消除危险的根源和减少危险。

乔治·瑞泽尔提出的社会的“麦当劳化”这一论题，抓住了其中的某些要害，不过是从一种不同的视角来思考这些问题的。这是一种深受韦伯影响而本身又很有影响的社会关系分析视角。社会的“麦当劳化”这一概念，指出现代社会具有如下的特征（Ritzer 2004）：其一，现代社会的特征就是追求效率——以某些方式去获取特定结果的效率。这包括多元自控系统的生产流水线哲学，为顾客提供免下车就可以享受的服务，让顾客自己制作他们的肉馅饼、处理在饭店剩下的饭菜，乃至顾客自助式购物和结账等。其二，现代社会对饮食进行定量化、按比例、按平均时间的加工和生
251 产，从而具有计算性的特征。其三，现代社会追求可预测性，在此我们发现标准化的进餐，与以同样的方式培训的、遍布整个世界的麦当劳工人。其四，在生产与消费过程中的非人技术的使用，例如工厂化农场、微波、计算机化，通过现金收款机的库存控制，以及饮料自动销售机与机器人等（Ritzer 2004；Ritzer & Ryan 2007）。显然，对于一个公司有效率的东西，对于消费者或者我们所生活的环境来说，则并非必然是有效率的。情感于是就与任何真实的情感体验日益分离，在当代经验中日益“麦当劳化”，其标志包括主题公园与遗产中心等（Ritzer 2004）。

关于情感与当下现实之间的关系的各种解释，具有一个共同的特征，就是都认为在现代性中存在理性与情感的分裂或二元论。我们可以从把家庭视为一种情感绿洲的私人领域，并与公共领域二分中看到这一点，也可

以从认为家庭是“荒芜世界中的一个天堂”这样的看法中看到这一点（Watson 2001）。在这种看法中，情感被视为家庭生活的理性化的关键，由此女性在话语上与情感上都被设定于这样的位置，即她们可能被赋予在情感上照看他人——小孩、年老的亲人与男人——的“义务”。然而，正如B. 马歇尔等人（Marshall & Witz 2004）所指出的，这种情感合约，实际上可能比表面看起来的要复杂得多。女性与男性可能是在物质关系不平等的基础上进入“一种伙伴关系”的，而这可能起到强化情感关系方面的性别不平等的作用：

> 在男权制中，女性被置于情感依赖性的地位，但是经济依赖与情感依赖之间的关系并非是直截了当的。这在这种关系中常常不会挑明，但男人的依赖需要常常在婚姻中与他们的妻子对他们的情感牵挂中而得到满足。不过，女性却不能同样如此。
>
> ——L. 爱克恩鲍姆与 S. 奥尔巴奇
>
> （Eichenbaum & Orbach 1985：86－87）

女性所处的不平等的社会地位，可能使她们处于矛盾的位置上，一方面感觉要依赖于男人，但实际上又被男人依赖，以满足他们的情感需要。

互动、符号论与身体化

在本节，我们通过理解情感既是被建构的，又是被决定的，来探讨情感与社会现象之间的相互渗透。这种方法指向一种特定的矛盾：即情感既是我们个人问题上发生的事情，但也是我们的所作所为使其发生的事情 252
（Goffman 1959）。因此，情感能够在社会互动中喷发出来。结果是它们的适当性是按照文化与意识形态标准来判断的，它们也受到管理，并表现为在文化上可接受的东西，而这又会进一步导致社会的认可和接受。

情感不仅仅是生理上的生殖行为，或者对愉悦与痛苦的心理反应（N. Gane 2005）。它更是两人或多人之间的复杂社会互动。情感不仅是某人自己个人的价值、态度、习性、认知、需要、欲求与行为之间的、动态的相互影响和作用，更重要的也是个人之间在这些层面或要素上的相互影响和作用（Layder 2004）。例如，性行为，包括“求爱期”的行为，不仅可以被理解为达到结果的手段，而且可以被理解为被赋予了特定意义——不同的人对它具有不同的理解——的行为（Layder 2004）。米德与戈夫曼都认为，人们建构与理解社会行动，从而获得重要的符号性意义，而这种意义又得到在行为中产生的印象的巩固与确认。在社会际遇过程中，人们赋予他们自己和他人特定的身份。然后他们通过身体的与精神的努力，以致各种事件创造出各种印象，而这些印象又维持附属于他们的身份以及其他的行动范畴（所涉及的行为、背景和感情）的情感。

那么，接下来我们需要知道的是，在社会互动情景中，情感又会如何？弗洛伊德（Freund 1988）认为，个人总是会调整他们的情感以适合互动情景中的规范，如果互动情景对个人提出的各种要求存在冲突，那么就会明显出现一种“戏剧表演性的压力”。因此，人们可能感到“悲伤”或“高兴”，因为一种特殊的社会情景要求他们以此种方式行事，但情感要求他们以彼种不同的方式行事。这两种相反的动机加在一起，就使人们感到矛盾与犹豫不定（Layder 2004），不能采取很好的办法来处理这种情景，而这反过来又导致更大程度的自觉：

> 我们所有人都认为，即使没有人曾经明确地告诉我们那些支配社会互动的“规则”，每个人也都知道和理解这些规则，并因此认为我们“应”通过展现某种信心来掩饰我们的无知，我们就可以得到原谅。
>
> ——A. 霍奇斯柴尔德（Hochschild 1983：87）

因此霍奇斯柴尔德认为，对情感的管理和操纵是日常生活的一部分，无论是在自我的私人世界还是在互动的公共领域，我们都会管理和操纵自己的情感，在这些世界与领域中，个人学习被社会认为是适当的管理表演与表达的方式（Hochschild 2003）。霍奇斯柴尔德称这些律令为“情感规则”，并认为它们因历史与文化而异。在当代西方社会中，情感已经日益商品化，并以适于销售的服务形式被出售。

当成员完全忠诚于他们的群体身份时，个人系统与规范系统就是统一
253 的；在这种情况下，人们本能地、自动地按照群体的规范表达情感与行事，以便通过感受来自他人的称赞而体验和实现自我肯定（Burke & Reitzes

1991）。而当个人对某种情景同时具有多种定义，行动者从根本上忠诚的是非公共的身份时，这两个系统就是分离的和矛盾的。在这种情况下，就需要情感管理，以防止根据私人身份来展示情感，就需要验证某人假定的对公共身份的忠诚和承诺的真实性，并把它确定为一种公共的问题。

有一种关于情感的社会建构主义研究，深受笛卡尔传统的影响。这种传统认为情感是生理心理过程与个人经验之间的别扭的混合，并主要对个人的经验进行研究（Layder 2004）。而最近一些社会建构主义者的理论，则更加振振有词地主张要最大程度地缩小情感中的经验要素的作用，而强调社会情景对于情感的建构性，以及话语在情感的社会建构中起着重要的作用。

很多学者认为，在早期现代性中，情感就是浪漫、情操或灵性；而在晚期现代性中，情感已经成为商品，通过一种情感的产业联合体被消费、生产和交易。福柯（Foucault 1967，1977）关于情感的理论视角，则关注的是话语对于达到某种结果的作用。在这种观点看来，个人情感的展示和表达，并非出自个人心灵深处的、自然的流露（Foucault 1977）。话语是一套陈述、标签与假定，会运行起来并试图“牵制”这种情况是什么又不是什么的“真实的”界定，例如精神病学具有界定“精神疾病”的力量（Foucault 1967）。给某一个体打上“疯子”、“精神病”、“焦虑症”、“恐惧症”、“神经分裂症”、“神经病”等标签的权力，以及把这样的话语与人们联系起来的过程，揭示了在精神病学的发展过程中，一种知识与权力的历史的展开。医生这一职业的产生，带来了一种看待与结构空间及个人空间相关的疾病与健康的不同方式。最值得注意的是，这种有病的“他者”成了一种需要矫正的客体（Powell & Biggs 2004）。在这种“医学的盯视下”，人们参与了规范化的过程，而在这个过程中，人们变成了他们的身体，被分解成功能紊乱的各个部分（Foucault 1982）。

在新自由主义的社会中，国家往往会展开统计上的风险计算（例如在流行病学中与社会保险中），并把风险归因于个人的决策，以便能够统治社会人口（Foucault 1991a）。个人成了国家的各种统治策略的客体，成了不是个人自己的而是各种因素或指标的代理人和实施者（Dean 2007）。当这一点与国家、制度、媒体对社会实在的建构相联系时，情感就成了一个关键的要素。然而，情感与感动会受到一种道德技术的影响，而这种道德技
254 术是由特定话语来阐述与建构的，所以这种道德技术具有种主观性。国家的各种统治策略通过开放机会，强调如果人们接受这些策略提供的支持，那么人们的生活就会过得很美好，从而调动并利用人们的积极性（N. Rose 2006）。

正如本书前面所指出的，福柯的著作把身体作为研究和分析的重点。同样，布迪厄关于情感的理解，也依靠这样一种假定：存在一种持续的身体化过程，个体通过该过程建立并保持与世界的联系，以对抗和应付生活中的日常情感的意外事件，并与这些意外事件长期周旋。那么，因为人们处在世界上不同的地方情景中，所以他们的身体化经验也是不同的（Bourdieu 2000）。由于性别、所属阶级、性倾向、所属族群、年龄的不同，人们的身体化经验会存在明显的差异。因此，根据各种形式的资本而确定的社会地位，就与调节情感领域的一种独特的世界观存在密切的联系（Bourdieu 1984，1998）。

尽管根据德里达的哲学审视，或者福柯那更具文化与历史分析色彩的著作的审视，我们看到理性经历了一种崎岖不平的发展道路，但是那些后现代主义者关于理性的各种思考，认为理性只不过是一种修辞手法，而居于言说表面背后的那些权力要依赖于这种修辞手法才能发挥其影响，进而才能延续自己并使自己更加强大。各种女性主义理论流派在分析这些权力影响的过程中，对我们在思考时常常会做出的关于男人的各种假定进行了修正。例如，它们挑战实在论者所持有的关于女性是情感性和感知性的，而男性是理性的假定。因此，我们可以看到，在日常的组织生活方面，那些得到理性支持的变革观念，常常是与身份相联系的，即主要是由男性做出的，并有利于男性。

人们在实践中，会对专业经验与目的等自我认同性的叙事产生忠诚与承诺，而在根据狭隘的理性概念来对这种忠诚与承诺进行合法性审查的转型过程中，这种忠诚与承诺可能日益被边缘化。在这一点上，专业知识的性别歧视和压制最为明显。因此，那些愤怒的表达、这种忠诚与承诺的生

成，以及对体现向假定的市场逻辑的转型实践之后果及其基本原理的反对，都可以被当作“情感发作”的各种症状而轻易地消除。短暂的、插曲式的权力的施展（May 1999b），就个人化了，这些偶然遭遇的共同参与者，就不再思考为什么某些人首先要表达这类情感。那些导致忠诚或承诺的实践之条件，就被悬置起来了，而人们更为关注相关个人所表现出来的行为的不适当性。这一过程，与认为方法重于目的的绩效测量过程存在一定的相似性（May 2006）。这个测量过程就是对一种基本原理的体现，而这种基本原理就是承认在理解知识与行动背景之间的关系时，要特别强调和突出专业人员的判断力，这正是这种转型的目标。然后，一些与那种行动背景无关的措施被引入，并因此导致对组织行为的孤立的理解。它仅仅是通过 255
“什么手段”来“怎样”追求目的的问题，而不涉及追求的“目的”是否正当（May 2001）。情感与组织就在这样的世界中结合起来了（Fineman 2000）：在这样的世界中，“情感性的智能”沦为了管理者急于抓住并用以促进其组织绩效的一种资源（Knights & McCabe 2003）。

这些无身体的实践，与社会能动者的身体化的实践相对立，而这些能动者赋予其所处的世界以意义，同时其所处的世界又赋予其行动以意义（Bourdieu 2000）。惯习提供了一种实践感，这种实践感使社会能动者能够适应由他们的情感对他们的实践所强加的限制与提供的机会（Bourdieu 1990）。那么，情感性的身体就成了在世界中的一种存在方式：“身体在世界之中，但是社会世界也在身体之中”（Bourdieu 2000：152）。情感性的身体，是经验、欲求与创造性之源，但同样也是一种社会建构——社会结构的内化。与梅洛-庞蒂的现象学关于身体的理解——其揭示了身体如何通过把感官系统与肌肉运动联系起来以适应它的环境——相似，布迪厄也认为“我们是通过身体来进行学习的”。身体通过接受世界的规制，在无意识中日益与世界合调（Bourdieu 2000）。

我们用来理解我们周围世界的意义和我们的情感的那些符号，在“真理被认为已经死亡”的状况下，显然已经被改变了。在这种状况下，情感被视为存在于超现实之中，这种超现实是模拟的，与诸如电视连续剧、音乐电视、虚拟的逼真游戏或迪士尼乐园存在更多和更深的联系。然而，那些最亲密的经验又如何呢？在探讨爱的社会建构时，布希亚认为，那种诱惑是人为的、符号性的，包括了挑逗、双关语、虚假的外表和私下的承诺（Baudrillard 2005）。它涉及对诸如化妆、时尚、香水、须后水、姿态等符号的运用，以控制一种符号性的秩序。在这些模式的顶端，现在都存在由电视、收音机与电影所扩散的媒体形象的“冷静的诱惑”。

同样，在情感的内容、危机和死亡问题上，布希亚声称第一次海湾战争并没有发生，海湾战争只不过是媒体操纵实在的一种表现（Baudrillard 1993）。由此导致的操纵，又导致在电视中出现一种情感的暗示，例如播放事先录制的笑声、例行公事的提醒鼓掌与欢呼等，以暗示人们做何反应才是适当的。在西方文化中，关于实在的这些“描绘”，变得比我们实际的生活更为真实。那么消费主义与消费情感就获得了长足的推进。一个人开车到外地的购物广场，发现那里充斥着一模一样的连锁店与商品；他们在电视上观看电影导演与演员秀，然后到电影院去观看他们的作品；他们甚至会选举前好莱坞演员作为州长甚或总统（Lemert 2006）。

256 本章结论

我们已经简要地回顾了各种社会理论如何可以用来理解情感问题，并突出地强调了，情感如何使我们把注意力从个人的、私人世界的思想和观念，转向更为广泛的社会关系背景、符号和地位介入情感运行的那些方式，以及那些依附于行动的意义。无论是经典社会理论，还是当代社会理论，都认为情感是与“私人问题”和“公共问题”密不可分地联系在一起的。我们在韦伯关于合法性、地位、魅力、传统与理性的探讨中，在涂尔干关于社会团结、道德力量与象征符号的研究中，在马克思关于意识与阶级异化的分析中，在米德关于理解他人的角色的著作中，在布迪厄关于惯习、资本、场域的分析中，以及在关于后现代状况的所谓超现实的研究著作中，都可以看到这一点。

如果说本章主要是探讨和审视不同理论视角说明那些往往被认为是个人的但实际上是社会的事情的方式，那么下一章则主要检视那些往往被认为是一种更抽象的但同样影响着我们所有人的生活的过程。

第十三章
全球化

引言 257

在第十二章中，我们讨论了经典社会理论与当代社会理论的那些分析框架可以用于理解情感在社会生活中的作用的不同方式。在本章中，我们主要关注另一个重要的问题即全球化问题，探讨经典与当代的社会理论在全球化问题上的应用。在本书第一部分与第二部分中，我们已经探讨了启蒙运动及其遗产，如何影响和促进了那些试图解释社会、经济与政治、文化的现代性转型的社会理论的形成和发展。

在向现代性转型过程中，一个关键的要素就是民族国家的形成，以及其中各种层次的人类关系的形成(Ritzer 2004)。而且对于这一个转型过程，我们一直以来都不得不界定与理解国家的权力及其对个人生活历程和具有社会分化特征的人口群体的影响。世界正在发生快速的变化，这些转型的范围与影响都是多维度的，并且已经超越了不同国家与不同文化的边界

(B. S. Turner 2006)。无论发达国家还是发展中国家，都承认这种现象，并试图处理“失序的新世界”所导致的相应的复杂关系与矛盾（Shaw 1994)。全球化不再是诸多话题中的一种话题，而是成了一个中心的话题，被认为是理解世界动态发展与世界历史过程中的一个十分难得的途径（Korany 1994)。

全球化促进了在国家层次上的重大挑战与变革。政府的职能已经转变为促进市场化，为市场化的解决方案提供资金，并把更多的责任转移到个人身上。因此全球化也改变了个人看待世界中的他们自己的方式。个人现在必须自反性地接受自己生活在同一个世界之中，承认面临共同的困境(Dean 2007)。这使我们有必要归纳各种不同的、竞争性的世界观，并把它们统一起来。在一个时空压缩的世界中，世界观的差异与冲撞必然会导致新的文化冲突。而在这样的冲突中，旧的传统与新的思想扮演着一种核心的象征性角色，因为它们能够被动员起来，为某人的世界观提供一种最终
258 的正当性证明。有两个相关的案例可以说明这一点，其一是伊斯兰激进团体的复活，它把传统主体与一种全球的日程结合起来；其二是新保守主义团体的复活，其主张通过“反恐战争”来促进“民主”与“自由”(Sands 2006)。因此，一个全球化的世界是相互联系的世界，但绝对不是一个和谐的世界。它是多样性的，倾向于多样化与片段化。在这种背景下，社会理论直面这些挑战，反思我们如何“揭示”全球化的影响与意涵，已变得极其重要。

我们可以按照“当下即历史”这种方式来探讨全球化（Mills 1970：146)，并在经济、政治与文化这三个层次上来讨论其意涵和影响。在经济层面，全球化主要是涉及跨国公司、全球金融、柔性生产与生产链日益支配全球的过程，以及信息与服务经济的出现（Smart 2007)。政治的全球化则可以从国际组织的增长，亚民族区域自治的出现和后福利公共政策的扩散，以及全球社会运动等方面来理解（Ritzer 2004)。全球化关系到传统民族国家的效力与内聚问题，因为随着全球化，传统民族国家的功能被挖空，“向上”转移给国际组织，“向下”则通过区域或地方治理被转移给地方实体（Brenner 2004；McGrew 2007)。文化的全球化过程则表现为全球消费文

化的出现，以及全球旅游、媒体与信息流动，国际移民与身份认同的出现。在19世纪后半叶，我们就看到了承载着文化与经济意涵的全球性商标与媒体的出现（Estes等2003）。一个全球化的世界是这样一种世界，在其中空间上相距遥远的人们，通过数字通信技术而同时地、即时地经验各种事件：

> 在今天，实际上所有的国家都逐渐被卷入一种更大的全球转型与全球流动模式之中，并成为全球化运行中的一部分。……跨国关系与网络实际上已经在人类活动的所有领域中形成了。商品、资本、人员、知识、沟通、武器，以及犯罪、污染、时尚与信仰，都在快速地越过国家的地域边界。……这再也不是一个“渐进地文明化”的世界，或者仅仅是一种国家间的国际性秩序，它已经成为一种根本上相互联系的全球秩序，其标志就是日益密切的交换模式以及明显的权力模式、等级模式与非均衡模式。
>
> ——赫尔德（Held 2000：49）

全球化创造了一种基于沟通速度的、复杂的、规模庞大的社会相互联结，因此也导致了国家的、文化的与政治的空间边界的部分崩溃（Bauman 2001）。

全球化的界定 259

全球化已经成为当代社会科学的一个核心的但充满争议的概念（Ritzer 2004）。该词还进一步进入了日常的评论与分析中，在很多政治、文化与经济争论中起着重要的作用。当代全球化的世界秩序，起源于二战后确立的国际组织与调节体制——包括联合国、关税及贸易总协定（即世界贸易组织的前身）、国际货币基金组织（IMF）与世界银行（WB）等（Smart 2007）。

冷战的结束，是全球化概念日益成熟的前奏。自1989年以来，人们已经看到一种“无边界”的世界，在其中人员、商品、思想与概念可以相对自由地流动，东西方之间存在的重要全球性分工在很大程度上已经消失。被资本主义与社会主义这两种竞争性意识形态分割开来的世界，可能被一种更加不确定的世界所取代，在这种不确定性的世界中，资本主义成了支配性的经济与社会系统。与这些变迁相一致的是，全球化的一种主要动力，就是20世纪80年代晚期以来的数字通信技术的发展与普及，导致了经济与个人行为方式的急剧变革（Castells 2005）——它已经从20世纪90年代的大众通信跨越到2000年以来的移动通信（McGrew 2007）。在共产主义暂时退却与数字通信技术出现的同时，又出现了一种与新自由主义相联系的国家、金融、生产与消费的全球性重构。所有这些，再加上后“9·11”世界中一直存在的一种“反恐战争”，对全球地缘政治日程的重新排序产生了十分重要的影响。

自从工业资本主义——这是现代性得以形成的关键特征——产生以来，知识分子的话语一直都充满了对与最近全球化理论家们所关注的现象存在明显密切关系的那些现象的讨论（Bauman 2001）。19世纪与20世纪的哲学与社会思想，普遍存在一种广泛的共识：即时空经验已经因为新的运输技术（如火车、飞机运输）与通信技术（如电话）的出现，而不可避免地发生了转型。这些发展大大增加了人们超越既有地理与政治单元、派别而互动的可能性（Smart 2007）。鲍曼在对所有社会的构造中的空间距离与沟通速度的集中性趋势的“回溯式发现”的基础上，指出这完全不亚于人类历史的一次重写（Bauman 1998：15）。

早在引入全球化一词以前，新的高速的社会活动形式的出现，引起了
260 人们对时空压缩的广泛讨论。实际上，是马克思最先对地理压缩感进行了理论讨论与解释。他指出，资本主义生产的强制扩张性，促使资产阶级到处开拓、处处安家，

> 并在各个地方之间建立起联系。产业资本主义的巨大力量，构成了技术最基本的来源，导致了时空的消除，为各个国家在各个方面进行交流、普遍的相互依赖铺平了道路。
>
> ——马克思（Marx 1980：476）

马克思发现，在技术进步的推动下，作为资本主义发展的核心“运动法则”的时空整合过程在日益加深，跨国性的关系的数量也随之日益上升，覆盖的范围随之日益扩大。

因为这些跨国性的关系根源于资本主义的核心关系——私有财产与工

资劳动，只要这些核心的关系能够得到不断的再生产，那么这些跨国性的关系就会“不断地自我重申”，并且规模会越来越大。其后果则是，作为一种空间过程的全球化，已经促进了一种新的全球城市的出现，这种全球城市建立在高度专业化服务经济的基础上，这种专业化的服务经济在经济系统中有着特殊的功能，其代价则是以前那种与以制造业为基础的经济相联系的组织逻辑的消失。为了使全球市场能够有效运行，它们需要那些集中于城市的地方管理工作的支持。而且，20 世纪 80 年代与 90 年代的私有化与去规制化，把政府治理功能转移到社区领域，再一次把这些管理活动集中在都市空间中。在后工业城市中，存在着一种命令和控制职能的集中，其作用是成为金融以及主导产业的生产场所，并为公司与政府能够购买金融工具与服务提供一种市场空间。

全球城市已经日益成为加速资本与信息流动的战略要地，同时也成为经济上日益两极分化的空间。这种情况的后果之一，就是这样的城市相对民族国家而言已经获得了一定的重要地位与权力。在这些作为全球网络节点的城市周围，还出现了新的走廊与区域，并且日益相对独立于其周围地区。全球化同时还通过技术、柔性就业、就业的去规制，在各国内外促进了私有化、竞争、理性化、去规制，以及所有社会部门的转型。

全球化的后果还导致了所谓的“距离的消失”或者“地理学的终结”(Morgan 2001)。市场、经济、社会与环境的日益全球化与国际化，会打破时空的界限。但是这并不是说人类互动的终结，相反人们日益强调区域、 261
地方与城市是经济增长的重要引擎（Cooke 等 1997；May & Perry 2006；Savitch 2002)。现在人们已经认识到，所谓的“知识经济”，要以规模经济为基础，要以大量相互补充的、引导创新与创造财富的专门知识为基础(Florida 2002)。而成功的公司，也要利用他们所处环境中的、地方性的、特殊的因素（Perry & May 2007；Porter 1990；Simmie 2002)。

因此我们正在探讨全球化的规模与强度问题（Sassen 2001)。都市与区域研究者现在采用一种更具学科交叉性的综合视角来理解全球化与地方化，认为它们是相互依赖的过程（Storper 1997)。换言之，全球化的成功是以地方性力量为基础的，反之亦然。城市提供了挑剔的大众、充满生气的环境、连通性、高薪工作、文化与休闲活动的中心。而地方则提供了项目开发的空间、更宽松的居住环境、廉价的工人队伍与加工基地，以及休闲的机会。这些社会经济与时空的转型，对城市与地方的社会内聚与经济收益都具有深刻的影响。

在这一点上，一个关键的问题就是，公司资本把全球化作为全球范围内实施新的低工资策略和削弱劳工、女性及次要族群人口的权力的借口与手段。全球化极大地增强了公司资本退出一个国家并因此在与劳动力的对抗中逃避责任与交税的能力（Klein 2001）。全球金融市场也挑战自由民主国家试图控制金融银行家的活动的意图，而他们的活动导致了金融市场日益超越民主选举的代表机构的权力与影响的这种风险。“全球文化经济”的一个重要因素，就是货币全球化带来的风险，所谓货币全球化，就是跨越国界的贷款、债券业务、间接与直接投资等造成的货币的全球性“运动”；全球化的关键过程之一，就是“金融的帝国主义”，在其中不受控制的资本的快速运动，可能使民族国家的经济不断动荡（Appadurai 1996）。根据这种看法，S. 斯特兰奇（Susan Strange 1986）把国际金融部门的特征概括为一种“大赌场”，在其中私人金融机构纯粹为了自己的利益而交易各种资产。

有的学者已经描述了关于全球化所存在的两种相互对立的观点（Giddens 1990）。其一是怀疑论者的观点，视全球化为一种神话，与以前出现的社会转型并无根本差异。其二是激进论者，认为全球化是真实的，会产生超越国家边界的后果。吉登斯采取的就是这种激进的立场，指出全球化在
262 经济、政治、文化与社会层次等多种维度上都是革命性的。他认为全球化的特征就是一系列复杂的力量，体现为矛盾的、相互对立的过程，这些过程摆脱了地方与民族国家层次的影响，但同时会创造地方自治与文化认同的要求。

关于全球化，吉登斯探讨了抽象系统（如“符号性标志”与“专家系统”）与信任之间的关系，借鉴戈夫曼（Goffman 1983）的思想，主要强调存在于个人之间的信任，认为信任是在“共同在场”的情景中确立的。他的分析关注的是“脱嵌”的系统如何“重新嵌入”社会关系之中，并借此

可以行动起来以维持或损害社会关系。吉登斯认为抽象系统与个人信任在分析上不应分离开来，二者之间的关系犹如行动与结构之间存在的二重性而非二元对立（Giddens 1984）："个人生活以及个人生活所涉及的社会连带，与抽象系统的最深远的影响是深深地交织在一起的。长期以来都是这样一种情况，例如，西方人的饮食反映了全球经济的相互交换"（Giddens 1990：120）。因此人际信任或个人信任的性质，就成了一种急需研究的问题。

吉登斯认为，信任需要赢取，其涉及"一种互惠的自我封闭过程"（Giddens 1990：121），而这又要通过与"现代性的自反性"密不可分的自我质询过程而实现。不过，这并不是说生活世界与抽象系统是通过信任的实施而符号性地联系在一起的。脱离这些被认为是不可接受的系统，他们的生活世界仍然会持续。吉登斯在此所使用的例子，是耶和华见证人会（Jehovah's Witnesses）拒绝很多电气技术。然而，在银行业中信任的崩溃则有着不同的后果，并且根据这种观点，世界经济会"受到各种普遍信任的影响"（Giddens 1994：90）。至于抽象系统融入日常生活之中这个问题，吉登斯在理论上把自我视为一种人文主义的女英雄或男英雄。个人是自治主体的最后权利的捍卫者；因此当务之急是"本体安全"与宣告后结构主义的死亡（Giddens 1987）。不过，这样的特征概括是有问题的，因为面对的不是"外部世界"的个人，而是一种由与重要他人的社会关系所调节的外部世界。悖谬的是，本体安全逐渐被"去社会化"，即成为个人的问题（Burkitt 1992）。

正如西比昂（Sibeon 2004）所指出的，在吉登斯关于全球化的著作中出现的一个一般性的观点，就是"重要的是要回避非此即彼的二元两分，以及地方主义和特殊主义与全球主义和同质化之非此即彼的二元两分"。与这种两分相结合的则是经济、文化与政治之间的"分裂"（Appadurai 2000）。这些分裂围绕着全球文化的五个维度进行：族群风景（全球移动的人们那不断转换的风景）、技术风景（技术的全球性构造）、金融风景（全 263
球资本运动）、媒体风景（关于世界的媒体形象）、意识风景（与国家权力相关的主流意识形态与反意识形态）。所有的后缀"scape"是指

> 这些风景是流动的，具有不规则的形状和较为固定的常态，它们就如影响国际时装风尚一样，深深地影响着国际资本的特征。这些术语……也显示了并不存在客观上给定的、从任何角度看都是同样的关系，相反，它们在根本上是观念上建构的关系，受不同行动者——民族国家、跨国公司、散居在国外的共同体，以及亚民族群体与行动……，甚至亲密的面对面的群体——的历史、话语与政治立场的影响。……个体行动者是这一系列的图景透视中的最后的所在地，既经验更大的编队又构成更大的编队的能动者，通过或航行于这些图景之中。
>
> ——A. 阿帕都莱（Appadurai 1996：33）

全球化是一种想象，还是真实的现象，需要我们在概念上进行分析。下面我们就介绍一些关于全球化的、竞争性的看法。

全球后果

与复杂的全球化现象本身一样，我们对全球化的理解也同样复杂。罗兰·罗伯特森（Roland Robertson）认为，“世界被压缩了，而且‘世界是一个整体’的意识也在日益强化”，据此他提出了“全球意识”概念（Robertson 1992：8）。全球意识使人们在思想上日益密切交流，在行动上日益密切互动，从而使世界成为紧密联系的整体。生活在这样的世界中，意味着什么？这样的世界如何能够实现有序的安排？这些已经成为大家普遍关注的问题。不同的个人与社会，往往会从十分不同的角度来界定他们在社会系统中的位置，以及对人类共同属性持有不同的立场，由此也决定了他们对这些问题往往有着十分不同的答案。各种世界观的面对面碰撞，意味着全球化包括了“不同生活形式的对等的互动”（Robertson 1992：27）。与那些用晚期（资本主义的）现代性来界定全球化不同，罗伯特森认为在资本主义的现代性到来之前，就已经出现了全球性的相互依赖，也已经出现了全球意识。

自 17 世纪以来，欧洲人的扩张与国家的形成推进了全球化，并在 19 世纪逐渐奠定了当代世界的轮廓，此时的国际通信、运输与冲突急剧地增强了跨越社会边界的各种关系（Mann 2006）。在这一时期，全球化秩序的主要参考点、控制点开始形成：民族国家、世界体系、社会、人性。全球情景中的这些要素日益成为“相对性的”，特别是因为各个民族、国家、社会与个体都必须知道他们的存在，只不过是一个更大的整体的一部分。264
在某种程度上，一个共同的框架已经在指导着那种工作：例如，各个国家可能求助于一种普遍的民族主义学说，来合法化他们关于主权与文化独特性的那些特殊的主张（Delanty & Isin 2003）。不过，这类限制性的共同原则，并不能为世界秩序提供一种基础。

有学者认为，时空概念是全球化概念的核心（Giddens 1991a）。全球化是这样一个过程，各种地方场都要受到远方发生的事件的影响，反之亦然，此时社会关系脱嵌于具体场所，或者说从具体场所“抽离”。例如，在传统社会中，农民家庭在很大程度上自己生产生存所需要的一切，常常以实物方式（货物、动物或劳役）交纳什一税，货币只具有有限的价值，并且经济交换是地方性的和特殊主义的。“自反性现代化”用普遍流通的货币取代了地方交换，这使得其他曾经似乎不可能的复杂交易简化了，使高度复杂的信息与价值形式能够以日益抽象与符号性的形式进行循环和流通。货币交换确立了超越时空的社会关系，而在全球化的背景下这种交换又加速了。同样，作为科学革命的结果，专家的文化出现了，其使技术知识与专门化日益加深。专家们主张“普遍适用的”、科学的知识形式，这些知识形式促进了跨越巨大时空范围的社会关系的确立。

例如，以科学的、普遍的主张为基础的现代医疗模式，就产生了专业人员与顾客之间的社会距离。随着专家知识支配全球，地方性的知识和视角日益贬值，现代社会日益依赖于专家系统（Beck 1992）。对于个人与专家系统之间的关系，信任变得日益关键，并且成为使现代社会得以保持而免于崩溃的黏合剂。然而，在信任受到损害的地方，个人会经验一种“本体不安全”，一种关于社会实在的影响的不安全感（Giddens 1991a）。

“无边界世界”概念，概括了人们对全球化将改进人类状况的狂热与信念（Ohmae 2005）。K. 欧默（K. Ohmae）描述了一种“无形的大陆”——一种不断移动、无边界的世界，在其中可以脱离宗主国的、地方之间的关系比国家之间的关系更能够在全球经济中有效地运行。这一无形的大陆可以追溯到1985年，此时微软发布了首版视窗操作系统，而美国有线新闻网（CNN）作为一个全天24小时的新闻播报频道开始投入使用；思科系统公司（Cisco Systems）成立，并成了企业网络产品的龙头全球供应商；第一部Gateway 2000计算机组装起来了，诸如太阳微系统公司（Sun Microsystems）与戴尔公司（Dell）开始进入并拓展其市场。现在，能够影响社会、经济与政治关系的公司出现了爆炸式的增长。跨国公司日益不再
265 视民族国家为重要的实体，地方性的政府在进入全球经济方面具有重要的作用。例如，当雀巢咖啡公司进入日本时，它选择的是大阪与神户周围的关西地区，而不是东京作为一种地方性的入口（Smart 2007）。资本的流动性，创造了一种无边界世界，在其中资本四处流动，追求最好的产品与最高的投资回报，而不考虑资本来自哪个国家，同时也给资本流入国的未来遗留了各种问题（Jessop 2002）。

这种网络不仅改变了商业活动的方式，而且改变了人们在个人层次上的互动方式——从在线买卖到退休计划、投资管理与在线银行账户等。尽管最近屡次暴露出了网络的阴暗面，一些群体与个人采取非法的方式利用这种“超无边界世界”，导致了诸如数据间谍、数据偷窃、信用卡欺诈、儿童色情文学、极端主义与恐怖主义等问题。据估计，网络上有组织的跨国犯罪集团的犯罪标的，每年达到约400亿英镑。

网络是一个全球系统，在（由公司而非政府产生的）虚拟“平台”上进行的决策决定了货币如何在全球运动。全球金融市场——其中重要的、跨边界的金融交易都是在网络空间中完成的——的出现，就是一个大家熟悉的、体现全球化的经济面相的例子（Schneider 2007）。一个国家的力量的强弱等“问题”的界定依据与社会建构途径，正在从国家及其市民转移到全球金融私人部门。在将来，私人部门可能通过“嘀嗒作响的养老金定时炸弹”（养老金可能破产），而竞争与获得“全球监管权”，正如《欧洲金融时报》所描述的，欧洲已经成为美国各大银行（纽约银行、美国道富银行、摩根大通与花旗银行）与欧洲的德意志银行、法国巴黎银行和香港—上海汇丰银行（HSBC）争夺日益成长和扩大的养老金市场的战场，以及

那些支持养老金市场的、高利润的金融服务业的“战场”。一直以来，在欠发达国家，女性都是受养老金与医疗保健私有化影响最深的群体之一，也是受偿还世界银行与国际货币基金组织等债务的压力影响最深的群体之一（Walker & Naegelhe 1999）。

哈维对全球化使时空的特征发生变革的那些方式进行了强调与分析（David Harvey 2006）。随着空间似乎缩小为马歇尔·麦克卢汉（Marshall McLuhan 1975）所说的一种远程通信的、生态上相互依赖的“地球村”，随着时间跨度收缩到这样一点——所有的都同时在场，我们不得不学习和知道如何处理一种无法抵抗的时空压缩与即时世界感（Harvey 1990：240）。时空压缩“消灭了”时空，并通过灵活的生产积累以及新技术、符号与图像的生产、即时传输、流转时间的减少、劳动力队伍的技能的加速陈旧与更新，而创造了“无时间的时间”。哈维指出，这些转型的后果，就是时尚、产品、生产技术的快速的新老更替，日益加速的垂直整合、金融市场与计算机网络化交易，即时性和一次性，以及地方竞争力的加强（Harvey 1990）。 266

有一些学者认为，仅仅关注和强调时空压缩，具有一定的误导性。那些涉及个人能动性（谈判、讨论、理解与根据信息数据而行动）的个人之间的交换仍然相当重要，社会经济发展与都市空间在研究中同样值得重视（Sassen 2006）。因为绝大多数人的活动仍然与特定的地理位置相联系，所以，全球化更具决定性的面相，主要在于遥远的事件、城市与力量影响地方的或“全球”的空间与关系的那些方式（Tomlinson 1999：9）。

同时，全球化是指这样一些过程，经由这些过程，那些地理上相距遥远的事件与决策，日益影响“全球的”教育和培训（Loader 2001）。例如，在西方世界中的强力政治领导人乔治·W·布什（George W. Bush）和托尼·布莱尔等人，都坚持认为IMF应要求拉美国家自己必须实施一种特殊的经济政策，但这种政府可能导致圣保罗、利马等地的那些低工资的教师、研究人员陷入贫困，导致大量课程和班级教职员工的人手不足。与此同时，最近来自印度的一个计算机实验室的信息技术创新，又快速地改变了东京学生的上课方式。

还有一些学者，指出与全球化相关的一些变革的影响是如此地深远，以至于我们现在可以提出一种“超越了各个社会的理论”（Urry 2005）。这种立场在一定程度上获得了全球化世界中民族国家“衰落”的支持，但是另一些学者批评和质疑这种立场把“社会”视为在地理上有边界的实体，并提出社会并非一种有地理边界的实体。这种批评和质疑又使得一些学者提出了如下的观点，即既然“社会”对于社会科学各学科而言是一个核心的概念，那么社会科学各学科得以确立的那些基础，就会随着社会的“死亡”而削弱。新的社会之核心概念，就是时空（社会拓扑学）、区域（区域间竞争）、网络（新社会形态学）、流动性（全球企业）等。这一看法的核心是流动性，因为全球化是人员、形象、产品、金融等的复杂流动，并构成了一种具有更快的、难以预测的形态的跨区域过程；所有的这些过程，都不再具有明确的起始点和终结点。

尽管人们关于全球化的理论研究存在明显的对立，但是也存在某些共识，即都认为全球化创造了新的机会，例如全球化提供了一种新的世界大同主义，使得四海一家（Delanty 2006），以及全球化能够促进经济的增长（Smart 2007）等。不过，全球化也带来了新的威胁和全球风险，诸如全球变暖、气候变迁、环境污染等生态危机，诸如“禽流感”之类的全球健康问题，以及国际犯罪、恐怖主义等（Mythen 2007）。我们也可以认为，全
267 球化是一种入侵与殖民化过程，因为那些全球性的公司与技术侵蚀和破坏了地方风俗、生活方式，反过来又导致了反抗全球化消极影响的新的抗议。

还有学者认为全球化的影响存在积极的一面，诸如全球经济整合可以促进经济活力、提高生活水平（Giddens 1991a）。2000 年的人均收入已是 1950 年的 4 倍（Legrain 2006）。1979 年与 1870 年相比，日本工人生产的产品已经增加了 26 倍，而瑞典工人则增加了 22 倍。整个世界 2000 年的产品比 1962 年增长了一倍。更重要的是，P. 利格莱恩指出那些孤立于全球资本主义经济之外的国家在经济上的表现，远没有参与其中的国家那么好（Legrain 2006）。在 20 世纪七八十年代，那些向国际贸易开放的穷国比那些自我封闭于全球贸易之外的穷国，经济增长的速度要快 6 倍多，前者达到 4.5% 的增长率，而后者只有 0.7%。

但是，全球日益出现了更加严重的两极分化（Estes 等 2003）。根据联合国的统计，世界上最富有的 20% 的人口“拥有”80% 的财富，其次的 20% 拥有 10% 的财富，第三个 20% 拥有 6% 的财富，第四个 20% 拥有 3% 的财富，而最穷的 20% 只拥有 1% 的财富。整个世界，有 27 亿人的生活水平低于每天两美元。当然，这种全球性不平等在全球化之前就存在，但是很多全球化过程仍然维持甚至强化了高度不平等的社会系统（Phillipson 2005）。一些学者已经公正地指出，出现了一种“新的贫穷”，而这种新的贫穷是现在这种不受约束的新的资本主义之所以存在的前提条件（Bauman 2001）。

全球社会中存在的矛盾还表现在很多方面。资本的全球化，并没有促进发达国家生产成本的下降，在这些发达国家，很少有工人能忍受这种新的模式创造的工作条件。灵活的全球定购系统需要的不仅是灵活的就业，更需要柔性就业的劳动力的剩余，因为要操纵劳动力的供应，就必然需要剩余劳动力的存在。而移民满足了这一需要（Miles & Miles 2004）。然而，很多发达国家都编制了恶意移民或游客名册，特别是自美国遭受恐怖主义袭击以来，移民面临日益严厉的边境控制，那些缺少技能的移民会受到无情的驱逐。

现在，全球化已经成为各种激进的社会运动、各种“抵制”的目标，这些运动与抵制特别反对由诸如世界贸易组织等机构所代表和推行的新自由主义理念和思潮。现在，已经出现了一种“全球公民社会”，例如 2001 年当世界各国首脑在（瑞士）达沃斯召开峰会，举行世界经济论坛的同时，在巴西的阿莱格里港（Alegre）也有 11 000 人召开了一种与之“平行的峰会”，反对前者推行新自由主义（Glasius 等 2003）。这些反抗与抵制活动是通过各种社会行动者网络以及在地方与国际层次上活动的非政府组织
而组织起来的。颇具讽刺意味的是，这些国际非政府组织或社会运动，使 268
用全球化的沟通形式（网络）并在国际层次上活动，以动员人们形成一种全球问题意识，并团结起来对抗全球化。

还有一种十分重要的、颇具争议性的主张，就是认为全球化是一种新的帝国主义形式，把美国的政治和经济支配强加于世界其他国家（Estes 等

2003）。美国政府是作为全球化议程重要因素之一的私有化的最重要的例子，乍一看美国往往会被误认为是一个由多个国家构成的更大的共同体。要求越来越私有化的压力，逐渐压到美国政府头上，这体现在，在20世纪80年代里根（Ronald Reagan）的两届总统任期中，私人的大医疗产业综合体产值增长了1.2万亿美元，在规模上增加了3倍。的确，这为2000年到2007年布什政府时期美国经济增长贡献了几近15%的份额，但是16%的美国公民（4 400万）却失去了医疗保障。

这能够说明市场的效率吗？似乎不能，因为美国联邦政府实际上为美国的医疗保健卫生提供了40%的财政支持，但是政府限制自己参与支持与弥补市场缺陷的活动（Estes & Phillipson 2003）。跨国医疗企业成为美国医疗产业综合体中的一个日益重要的构成部分。早在20世纪90年代，97家美国企业就报告在海外拥有100家医院，总共11 974张床位的所有权。美国医药制品公司也是全球经营的重要参与者，1988年医药品进出口总额已经超过了1 100亿美元。另外，

> 美国用了30年的时间来强调医疗市场化、成本控制、刺激医疗组织的理性化，但得到的唯一结果，就是那些试图遏制日益严重的医疗保障覆盖问题与医疗成本问题的所有努力，都完全失败了。而且，在次要族群群体中，那些没有医疗保险的人口数量出现了惊人的增长。
>
> ——戴维·赫尔德（David Held 2000：183）

全球化的新自由主义意识形态，主张限制政府对其公民的责任。由于私人化得到了政府财政支持，没有任何其他相对立的修辞能够阻止这种全球化浪潮。然而相关研究已经发现，社会政策在很大程度上影响着社会不平等和社会排斥的改善（Byrne 2005）。尽管如此，新自由主义的全球化意识形态，仍然主张要更加严格地限制政府对其公民的责任。赫尔德等人指出，当下时代的一个显著特征，就是“金融全球化已经达到了把一种外在的金
269 融规制强加给他国政府的程度，以至于促进了一种市场友好型政府的出现，以及一种向政府权力与金融市场之间权力均衡的转型”（Held 2000：232）。

在这些方面，尽管金融全球化对各个国家的影响存在很大的差异，但发达资本主义政府的政治日程，部分地反映了全球金融所施加的限制。那

么我们可以预见的一种后果，就是全球金融的操控与“要求”已经介入了政府的决策，即使不是决定了也是设定了政府权力的边界。在这一过程中，政府对各种事务的责任被否定了，因为政府的行为被认为并不能改善其最坏的影响。的确，有时金融行业中的错误，似乎与报酬这个主题有关，因为金融行业的首席执行官可能在获得巨额的报酬后抽身离开，金融行业本身也会获得巨大的金融红利。

话虽如此，但是对于这种事态政府仍然会发挥其作用，很多人认为这种事态已无法控制，只能听之任之。这是一种错误的宿命论（Byrne 2005；Hirst & Thompson 2000；Sibeon 2004）。对此我们必须认识到，除了跨国性的政策过程外，还有亚国家治理的必要性。那些关注地方和区域在政策过程中的重要作用的著作，都反复重申和强调地方与亚国家治理的重要性。例如，A. 阿明和 N. 斯瑞福（Amin & Thrift 1995）已经概括和研究了欧洲地区的中观治理/政策网络。而描述这些区域性的政策趋势，可以给各国中央政府一个启示，使其确保那些面临全球化的民主过程，充分考虑各种地方性的主张（May & Marvin 2008）。以加拿大为例，有学者认为，地方和族群可能借地方治理作为实现自治的一种途径（如在魁北克），地方治理也可能是在中央政府不情愿的情况下被迫实施的（如在新民主党人领导的安大略）。在后一种情况中，亚国家政府已经指出中央政府存在忽视甚至放弃维持国家经济管理标准的责任的倾向（Jenson 1995）。

人们认为，这些发展是影响西方与非西方国家当代与未来数代人的生活的新的全球过程的一部分。对于这种变迁，不同人有着不同的分析，或者认为是从“有组织的”资本主义转向“去组织化的”资本主义，或者认为是从“简单”现代性转向“自反性现代性”，或者认为是从“福特制”经济转向“后福特制”经济等。鉴于此，我们在本章的最后一部分，探讨一下那些号召建立一种“全球社会理论”的主张到底有多大的依据。

本章结论

现在绝大多数的人都认为，那些所谓的全球性力量，确实使我们的生活已经发生了重大的变革，而且这种变革还将继续下去。然而，公正地说，

如果过于强调这种快速的转型，而不对这些变革进行历史的考察，可能会
270 得出错误的结论。常言说得好，所谓的创新，只不过就是忽视曾经在我们面前出现过的那些事情。从文化上看，由于文化上的偏见，全球化也可能引起最极端的反应。如果认为我们应生活在一种文化同质的世界，所面临的威胁主要来自那些文化显然与我们的不同的人，那么这种极端的反应就可能出现。因此我们就需要理解权力，权力就是确保对于某些群体的存在具有实质重要性的事物，使之不受具有不同的文化共性的人污染和侵蚀的力量。

这些政治形式很久以来一直伴随着我们，在不同的方面持续发挥着重要的作用，并产生各种不同的后果。各种不同的具体生活方式被归结于整个民族与群体，似乎每个人都共享了那些极端的观点，但是还存在这样一些人，他们喜欢在理性的伪装下永保他们的偏见。全球大众媒体往往寻求壮观的场面，而强调这一过程中存在的差异。这些描述形式的知识，随着我们越来越多地听到世界各地发生的事情，会日益压制那些我们从机会有限的熟人那里得到的知识，并逐渐处于优势地位。正是通过这种空间距离与那些描述形式的知识，理解得以产生与固定下来，并对我们如何一起共同生活产生重要的影响。

商业交易以及产品的生产与供应，已经不再存在时间与空间的障碍，这对于个人、群体、国家甚至作为一个整体的各大陆，都会产生特殊的后果。全球化带来了新的经验和知识，但是也导致了对资本入侵进行抵制的新形式，这些资本为了不断地追求利益而对其后果冷漠无睹。因此，不平等仍将继续存在，而气候变迁与资源的限制，又对我们提出了新的挑战。

到此为止，本书已经完成了回顾社会理论的历程，而在下一章中，我们将简要探讨社会理论的未来。

结论

回顾与前瞻

在这最后一章中，我们希望做两件事情。其一，对本书关于过去的与当代的社会理论的回顾进行反思和总结。其二，探讨社会理论进一步发展所面临的挑战。在此过程中，我们首先指出社会理论是其所产生与存在的条件的某种反映。在这种意义上，我们必须考虑各种社会理论所处的背景，才能对其获得准确的理解。因此，社会理论是通过反思那些影响其所处社会环境的问题，而获得其重要性与思想的力量的。 271

回顾

我们是从笛卡尔、康德与休谟的著作开始理论回顾的，至于这样做的原因，我们在相关章节的讨论中已经指出。相关章节的讨论还指出，关于科学的真实性和有效性的主张，常常在很大程度上要以某种哲学话语为基础。同样，科学实践也深受哲学的影响，特别是在我们关于这种现象的后果的观察中，我们想知道些什么，我们假定存在什么等，更受哲学话语的影响。以关于理性的力量与局限的思想为例子。这些思想已经转变成方法论与根本的理论假设，并指导我们研究社会世界。这种方法论与理论假设日益故步自封、自鸣得意，表现为我们关于世界是客观的假定以及关于用来测量客观世界的那些工具是内在有效性的假定。而实证主义传统充分体现了这一点。

尽管在实证主义大旗之下的那些人，总是寻求普遍的法则，但是在关于社会生活的研究中，以及对科学实践的理解中，历史日益占据核心的重要地位。维科、休谟等学者认为，人们是社会性的动物，而非形而上学的实体。在那些以理性的、自治的、独立的个体“意志”为基础的思想，与
272 那些认为人类活动具有历史性、具体情景性的思想之间，存在对立和紧张。社会理论家们正是通过对这些理论问题，以及他们所处社会背景中的政治与实践的问题的思考，使社会思想的历史变得日益丰富多彩。

正是马克思——接过黑格尔对康德的历史主义批判，并进行批判的批判——质疑理性，剖析理性，并把理性置于物质基础之上，从而提出了一条走出导致日常生活日益商品化的资本主义的道路。他认为，人的潜能被资本主义抑制了。后来，涂尔干把理性社会化，把理性置于社会之中——而人们是这种社会的一部分，然后提出了一种道德的个人主义思想，强调社会生活中的象征符号性因素。他认为这种道德是社会团结的前提，对于他本人所目睹的、当时正处于变革之中的法国来说，这显然十分重要。再后来，韦伯进入了这一分析领域，他分析了一种以追求某种目的为动力的特殊形式的理性，却导致了意外后果。他的这一思想一直影响着我们，同时号召我们要坚持责任伦理。这些思想者在分析的过程中，都阐述了在当代社会中持续存在种种矛盾与紧张。

而对这些经典学者的思想的阐释、修正或批判，贯穿于整个 20 世纪。现象学、诠释学与实用主义传统的著作，日益专注于对生活世界进行说明或解释。先是狄尔泰和胡塞尔的著作出现了，尽管他们存在各种差异和分歧，但都从认识论的角度再次确证了社会科学的必要性和独特性。

但是，后来的米德以及那些实用主义学者，则走上了一种与笛卡尔传统更加不同的方向。他们为社会思想提供了一种基础，认为自我与生活世

界是不可分的。其结果是，他们对那些在意识形态上处于支配地位的、极具扩张性的个人主义思想提出了明确的挑战，他们认为自我与共同体为了生存而必须相互依赖。

这些理论流派的分析力量，来源于它们优先强调生活世界的意义、互动、价值观与信仰。同时，对于这种意义世界的未来，韦伯持有某些更具尼采色彩的宿命论看法；而马克思通过实践，保持着一种乐观主义；但是，涂尔干的整体主义的结构主义，根本不关注这些，而一门心思强调社会的团结。但是，如果我们要解释生活世界与社会结构转型的动力学，就必须严肃地对待所有这些著作的见解。

那些试图把经验与结构统一起来的理论，所借助的知识渊源并不来自上述我们已经探讨过的社会行动理论，因为这类社会行动理论被认为最终还是重蹈了结构主义的覆辙。它们借助的是弗洛伊德的思想。弗洛伊德的著作对笛卡尔传统形成了另一种批判，把资本主义制度的精神结构与社会化过程整合起来，从而对资本主义提出了强有力的批判。然而，法兰克福学派的理论，为黑格尔的历史主义留下了一个位置，却放弃了法国结构主 273
义传统的马克思主义。

各种结构主义理论，往往忽视个人的活动与历史在社会生活中的作用。索绪尔认为，语言的结构支配着个人对语言的言说；而列维-斯特劳斯则宣称，他关于神话的研究提示了人类思想的普遍特征。阿尔都塞的著作则把结构主义与马克思主义结合起来，并明确指出结构是意识形态意义上的国家机器，这种结构确定了个人的自我观念，以及一般性的支配性关系。他在借助马克思与恩格斯的经济结构具有“最终”决定作用的思想的同时，把精神分析与马克思主义结合起来，以兑现马克思主义是一种科学的诺言。

再后来，帕森斯走上了社会理论的舞台。他与列维-斯特劳斯一样，是在一种新康德传统框架中展开研究的。不过，他在借鉴弗洛伊德、韦伯、涂尔干以及帕累托的思想的同时，专注于提出一种把人们与人们是其中一部分的社会联系起来的行动理论。与涂尔干一样，他认为，按照功利主义的行动概念，我们无法理解社会是如何可能的。不过这是他早期学术生涯关注的理论模式，后来他更关注于提出一种社会系统理论，认为社会是由功能上相互联系的子系统构成的系统，并探讨了这种社会中的各系统之间的相互作用。同时，尽管人们批评帕森斯的理论缺少对生活世界的关注，但是他所提出的一种社会模式，对很多人还是很有吸引力的。

与这些理论的发展相伴随的是，女性一直都从社会的边缘建构她们的思想。尽管女性的地位被既有社会结构禁锢着，被社会中以及社会理论本身所采用的那些未经检验的系列预设与偏见决定着，但是女性主义的思想仍然获得了重要的发展，并且利用这种边缘化产生了巨大的影响。那些沿着性别分界线而认为理性是男性的专利的主张，常常被认为是在某种社会真空中实施或上演的个人主义概念，因此受到重新的审视。这些批评为重新发现女性在历史中的声音，以及重新发现女性在塑造我们的历史中的核心地位提供了基础。

本书在这种重视女性参与和考虑女性的历史之思想基础上，讨论现代性背景下行动与结构之间的关系这一基本问题。现代社会理论关于这一问题的思想源远流长，实用主义是我们所考察的第一种社会理论传统。其中米德的伟大成就，就是看到了主体与客体间的辩证关系，并把自我的形成与发展置于社会关系之中来研究。但是布鲁默的著作，却逐渐走向主体—客体二元论。他通过把意义归结于代表主体的社会世界，从而从主观主义的角度来理解米德，这导致了符号互动论在发展过程中出现重大的分化。

274 于是，戈夫曼开始走上我们的理论舞台。他借鉴了大量不同的思想传统，认为应把自我定位于生活世界中。他把目的性、表演与角色理论整合起来，开创了社会思潮中的戏剧理论传统，并对社会生活进行了深入的研究。然而，戈夫曼认为，权力在社会生活中会发挥作用，这种作用主要体现为对社会生活中的表演具有制约性。他认为，个人的、实际的表演是否符合角色期待，受到我们与我们所处世界的关系的影响。

自此我们的理论回顾朝着两种不同的方向进行。其一是考察那些通过舒茨的思想与语言哲学的整合对生活世界进行的研究，其二是关于社会思想中存在的二元论的批判。在第一种方向中，正是加芬克尔批驳了一些学者的先验的理性概念，并认为理性是生活世界中的一种正在进行和完成的成就。因此，他把本体论与认识论问题建构为一种用方法论来进行回答的问题。不过，尽管他把理性放在生活世界的背景中来研究，但他和他的跟随者在探讨社会互动的规则时，在相对主义与普遍主义之间摇摆不定。于是，后来这个传统中出现了明显的分裂，一方是那些继续强调和探讨生活世界中的意义之作用的学者；另一方则在科学至上主义精神的影响下，求助于传统的分析，而完全放弃了对情景中的意义的关注。另外，还有很多学者批判整个常人方法学，认为所有的常人方法学视角把内生的与外生的自反性进行整合，因此失去了社会科学的激进批判色彩而陷入保守立场。常人方法学在研究中放弃了诠释学维度，也就放弃了对生活世界的本体论研究。矛盾的是，结构主义也明显存在类似的情况。

尽管常人方法学受到种种批评，但不可否认的是，常人方法学提供了一种关于社会生活的重要思想。很多社会理论流派往往忽视了这一点，但吉登斯明确地肯定常人方法学对社会生活的研究。吉登斯正是借鉴了常人方法学的思想，建构了一种以本体论为基础的并不悬置历史的社会理论。他主张行动包含着结构而结构又包含着行动，从而把历史、结构、行动与权力整合在一起。因此，他对笛卡尔主义提出了另一种批判，但这种批判并不主张结构主义而消解主体性。然而，对于吉登斯这种深受诠释学影响的社会理论，一些学者又提出了质疑，认为社会生活实际上可能是行动与结构之间的二元对立，而非结构与行动的二重性。

然后，我们专门探讨了法国卓越的社会科学家布迪厄的思想。他的“生成的（genetic）结构主义”是对各种思想传统的整合，但是他的思想渊源与吉登斯十分不同。布迪厄在结合主导二战后法国社会思想领域的存在主义、现象学与结构主义之后，为自己的思想归纳出一种本体论基础，但他同时又考虑了认识论问题。布迪厄坚持认为他的研究是科学的，他用来 275
说明社会世界的动态发展的相应方法也是科学的，并进而主张通过一种“理性的真实政治（realpolitik of reason）”来改良社会世界。在这个过程中，他从权力影响社会关系的角度，对能动者策略的历史和社会地位均进行了研究。在此基础上，他指出某种形式的资本如何和为何会影响能动性，以及通过能动性来获得社会资本。然而，他对于理性的作用的思考，仍然存在一些问题，他似乎认为理性就是策略导向的行动。

再后来，我们回顾了行动者网络理论。这种理论指出有必要描绘人与非人行动者之间的相互关系状态，以及研究他们如何在网络中扮演核心的角色。这种理论提出了一些并不关注主体与客体、主观与客观之间的区别的术语。这种理论所谓的“行动单元”，不仅包括人这种行动者，还包括各种非人的行动单元。通过这样的处理，某个网络位置就可以“招纳”各种行动单元作为“同盟者”以加强自己的力量。当某人主张存在特定的现象及其结果时，他就会把那些认为能够证明其存在的各种材料招纳为行动单元。在由人、机械、动物与一般事件构成的网络中，人并不是唯一的、具有能动性的存在者，也不是唯一的会行动的存在者。因此，“事件”本身就在起作用！除了这些有趣的见解，行动者网络理论还把能动性赋予客体，一定程度上削弱了本体论，同时又审查了人的能动性的作用，限定了人的潜在能力。

然后，我们讨论了哈贝马斯的思想。他的理论的主要目的，就是试图恢复理性的批判能力，并提出相关的、系统的理论。他认为，诸如马克思、韦伯等学者以及法兰克福学派的思想，都具有主体—客体二元论的色彩。那些批判者认为，他们的理论最终是站不住脚的，因为这种二元论往往会导致他们陷入某种宿命论，并不能实现其基本的目标——使社会更加自由与平等。而为了实现这种结果，哈贝马斯试图从生活世界本身中重新发现理性的前景。他建构了一种十分繁复的演化理论，认为在现代性的展开过程中，生活世界与支配性的货币与权力系统之间出现了脱节。因此，他认为社会生活出现了一种二元论特征，现代性是一种未竟的事业，而不是最终的衰落。

但是哈贝马斯借鉴系统理论来提出其系统与生活世界脱离并对生活世界进行殖民的思想，可能有损于他的现代性重建方案。例如，实际上权力存在于生活世界中，而并非只是存在于系统之中。对于这个问题，女性主义理论比起其他很多理论来所具有的优点，就是分析了生活世界中的权力问题，并促进了我们对社会生活的理解。就行动与系统概念而言，女性主义认为它们所具有的性别化性质，是一个重要的层面，并且具有重要的影响，不可忽视。然而，这样一种重建方案的基础，往往是“女性”的思想，以及私人领域与公共领域相分离的思想。两性之间的差异和公私之间 276 的分割，维持着社会中的特殊系统，使私人领域出现剥削的可能。如果总是强调生产是社会的基础，那么就忽视了再生产以及相关的关系的重要性。既然实质主义与决定论是批判与积极变革的基础，那么我们就必须十分重视它们存在的问题。某些女性主义理论家对此问题提出了一些新的看法，给我们提供了重要的启示。

福柯认为，自我处于权力与知识的话语之中，而这些话语提供了主体与客体的概念。福柯对行动—结构关系进行了极为独特的界定和研究。福柯通过对思想史的考察，并结合对特定领域的历史挖掘，对主体获得了一种新的看法。他认为，历史使得我们成为我们之所是。然而，福柯在我们是否具有积极变革的机会这一问题上保持沉默，并倾向于认为，历史中的意外与偶然并非注定的，也并非“反对”非共识，而是“为了”共识。不过，人们也认为，福柯的著作为笛卡尔主义明显死亡之后的批判性反思提供了基础。但是，我们不能想当然地认为，后现代主义的著作也是如此。

后现代主义宣扬理性在当今时代中的缺场。其公开指责以主体为中心的理性概念，宣扬差异与多样性，并认为理性将导致极权主义。其认为，世界已经变成一种符号主义的大涡流，在其中主体被去中心化，并陷入无节制的消费之中。布希亚认为，“中立或客观”已经成为批判性的，现代主义者的武器现在调转方向直指他们自身。他认为，所有的事情都是文化问题。然而，正如布迪厄所指出的，后现代主义者很少问及他们到底要主张一种什么样的后现代状况，只是一味地解构而无建构性。如果后现代主义是自反性的，那么它就是高度有限的，因为其认为生活世界处于文化的控制之中，认为贫困只是电影院中的描述。因此，人们发现，布希亚研究的实际上只是极端放纵的商品拜物教。他拒斥现代主义者对现代性的信守，但也许正是这个原因，他并不希望他的一生被贴上“后现代主义”的标签。

社会理论与社会生活本身一样，并非直线的进步。对于为了寻求简单的答案而来查看社会理论，但发现社会理论只是提出了一系列的问题以及常常是对他们的假定提出一种挑战的那些人来说，这常常是一件让他们惊讶的事情。本书对那些社会理论的“回顾”，说明了社会理论对于研究社会生活中存在的两大明显对立的要素（结构与能动性）的重要性与洞察力。这些人却往往认为，情感常常被认为是个人的，而全球化则指一种抽象的与一般化的过程。

在关于情感的那一章中，我们发现社会理论不仅试图思考“情感”得以产生与动态发展的条件，也试图改变我们对于情感的建构、解构与重构
277 等过程的理解。如果不对情感进行反思与“适应性”调整，那么我们就很有可能自满于我们特殊的世界观。

情感与道德有关。关于它们在社会生活中的作用，自亚里士多德以来人们就不断地思考。情感也是我们如何评判我们自己与他人的一个核心要素（Sabini & Silver 1982）。在处理如何根据他人的专业地位来判断他人等相关问题时，情感因为具有承诺、忠诚的内涵，而发挥着重要作用，但是不会陷入偏见性的判断。一个人在互动中表现慌张，往往表明他存在某种弱点，而这种互动导致人们对其地位与特征作出新的评估。因此，我们分析了情感的作用，认为情感会投射一种自我感，影响个人在不同情景中是否被接受（Goffman 1972）。然而，情感并非只是在个人主体之间的互动中起作用。情感还在公共评价中扮演着核心的角色，关于公司丑闻的分析就清晰地表明了这一点（Parrott 2003）。

社会理论是一种对话，在其中思想与事件相遇并相互影响。正是由于这个原因，全球化对于社会理论来说，是一个十分重要的事件。随着我们以不同的方式来经验时间与空间，那些过去的事情的确定性，在我们眼前也会消失。然而，正如我们所指出的，我们应当警惕，不要把怀旧当成历史解释。根据当下情景而做出的判断，不同于从不同的、过去的情景中做出的判断。那些已经发生变迁的东西，是流动性的，但是不应被夸大，因为我们必须问一问：为了谁或为了什么而流动？对于某些人来说，流动性是以牺牲他人为代价而获得的，某些因素的流动性是以某些因素的不流动为代价的。权力的运作可以不考虑领域或后果，但是我们的生活是以那些方式来经验的。如果把这一点与我们关于情感的讨论联系起来，那么就会

导致在那些被认为在空间上受到制约的事物，与那些因为与背景无关而不以特定背景为条件的事物之间，出现一种紧张。正如鲍曼（Bauman 2001）所指出的：

> 权力具有超越地方的性质，而“整个生活”仍然具有地方性，因此在二者之间出现了新的不对称，即现在不受羁绊的权力，可能在临时通知或没有警告的情况下走掉，可以自由地剥削，却把那种剥削的后果置之脑后而不顾。把利益与责任及后果剥离开来，是多么让人垂涎与觊觎的成就。这种新的流动性导致资本自由流动、不受地方限制。而关于投资“效果”的计算，则不必考虑处理这种后果的成本。
>
> ——鲍曼（Bauman 2001：188－189）

除了存在这种趋势外，情感还可能被调动起来，为这种冷漠进行说明与辩护，以面对公众表达的愤怒。而且，在那些未受质疑的资本力量包围着我们的同时，也存在一种与具有阻止这种冷漠之作用的位置相联系的一种关系：即信任在起作用，而互动仍然有其价值。然而，当这种关系缺失时，对于不同的人则有着不同的结果。如果一个人处于首席执行官的位置，278
尽管他明显失败了，却常常得到回报与奖赏。如果想到我们常常听说那样的人不仅是异常卓越的因此应受到奖赏，而且他们首先是对其所在位置负责的，那么这是一种矛盾的结果。

前瞻

当代的转型对社会理论提出了何种挑战？对我们理解我们的图景与未来的潜在可能性又提出了哪些挑战？我们的地理、文化、政治与经济版图正在发生改变。有人说我们有必要面对和接受全球逻辑，但是也有人说政治对于获得我们的目标而言仍然十分重要。全球世界的特征，似乎就是在必然性与选择性观点之间存在一种紧张。如果考虑到各种争论总是会受到权力关系的影响，而这种权力关系其本身又是争夺的目标，而非已经确立和仅需再生产，那么我们对于这种紧张也许并不会感到惊奇。

社会理论能够为我们理解我们彼此之间的关系，以及我们与环境之间的关系提供诸种不同的方式。就我们现在所处的时代而言，那些曾经体现不同学科之间的不同特征的信念，正在日益瓦解；而我们对于答案的寻求，逐渐导致了横亘在科学与哲学之间的障碍的崩溃。至于理论话语世界，现在已经有人主张，那些重视实际的理论，已经被那些过于专注哲学思考的理论压制得太厉害了（Mouzelis 2007）。其结果是，我们已经多次提出，要回归更加“实用的”应用性研究，并进一步指出了应如何进行这样的努力（Stones 2005）。

社会理论提出可以得到经验说明的概念，是社会科学研究实践的重要内容之一。在经验导向的研究与哲学反思性的社会理论之间存在很大的鸿沟，其原因在于我们生活于不断变革的时代。我们所追求的，不仅要说明这些变革——这是经验研究不可缺少的，还要回到社会思想的历史中，去探讨社会科学研究实践所依赖的那些基础预设在当下的时代是否仍然适用。

在马克思、涂尔干与韦伯等人的著作中，诸如此类的冲突十分明显。例如，韦伯的方法论，号召人们关注人们赋予他们的社会关系的主观意义。不过在他的历史著作中，他对人类意义在现代性展开过程中的命运与未来，持有一种悲观的宿命论。他的实质理性与形式理性的概念，非常深刻地体现了这种紧张。然而，这些并非仅仅是“理论上的”思想观念，从我们当下时代这些要素之间的冲突中，还可以听到一种对自由的呼唤。自由是一个有争议的哲学与政治学术语，而且从现实看来，一个群体或一个国家获得的自由，常常是以牺牲他人为代价的。

279 时间已进入21世纪，关于如何获得自由，我们拥有大量的机会，同时也存在巨大的挑战。我们需要一种更为清晰和深入的视角，来探讨全球变迁给不同社会团体带来的压力。其中的一个重要问题，就是全球化及其对地方政府的冲击，是如何转化成对日复一日的日常生活结构的改变的。这常常是资源日益减少与气候变迁的年代中那种狭隘的经济标准所导致的，而资源减少与气候变迁对我们所有人都会产生影响。在这种情况下，我们有正当的理由说，我们需要建立一种新的框架，来应对全球化的挑战。对于此，核心的维度包括挑战与变革民族国家、公民权利、民族主义，强化超国家的实体或机构的作用，防止气候的变迁与自然资源的耗竭，跨国公司权力的日益增强，以及全球范围的社会不平等的出现与抑制等。

社会理论应该给我们提供研究现实的方式，而这种研究方式应到达这样的程度，即认为现实不仅是建构的，而且是可以转型的。现实不是完全客观的、人的能动性不能改变的过程，而是特定条件与环境的产物。然而，这不是说现实就不会产生真实的后果。社会理论的核心任务之一，就是研究在支配性的理解与实践中永远存在的结构性不平等与权力动力学。例如，一种接受了启蒙运动“平等”假设的分析，就不可能探讨一个关键的问题，即不能分析为何某些人认为当下真的是平等的，而另一些人却根本不这样认为。同样，仅仅口头上提及自由，而不适当地关注当下的现实对特定人群的实际影响，那么也只是苍白无力的幻想。关键的是，我们必须看到权力关系、社会过程与结构存在于日常生活关系中，并在此基础上加以研究。我们还必须研究传统与当代之间的关系，以及宏观、中观与微观之间的关系。因此，那些具有挑战性的解释，有可能成为人们在日常生活中考虑的一部分。

对此，“社会”的地位与性质是一个关键的问题。某些理论阵营想当然地把社会视为一种相对独立的实体。这类理论模式假定存在一种内聚的、相对独立的实体，并且在这种实体中可以实现社会整合。这种看法在一些西方社会中已经日益突出，特别是最近从事“反恐战争”的那些阵营更是如此，他们雄心勃勃地促进国家意识，特别是促进对自由的表达（Walklate & Mythen 2007）。然而，眼光向外看并挑剔他人的缺陷，也就是不向内看和寻找身边存在的那些让人不舒服的不足。国家不只是一种试图为民众提供保护的手段，也是一种强调监视的手段，而这种监视对我们的自由有着严重的后果（Lyon 2001）。

随着全球化的社会力量的日益增强，那种视社会为一种主权实体的思想正在发生变化：

> 全球相互依赖已经达到极高的程度，不可预测的波动和冲击会从 280
> 某个部分“混乱”地涌出，并进入作为一个整体的系统；不是各个社会而是巨大的、强有力的帝国在世界到处徘徊；大量的人口、物品，当然还有那危险的人类废弃物在全球流动。
>
> ——J. 乌里（Urry 2000：13）

因此，关于“社会”的传统理论，现在正受到全球力量的挑战，而这些全球力量正在促进和推动新技术的发展，而这些新技术又可能改变我们关于社会关系的经验（Whyte 2007）。在网络化的世界中，日常生活正在与曾经被认为具有保护作用的民族国家相分离。如果我们选择一条处于吉登斯（Giddens 1991b）所谓的“全球乐观主义”与“全球悲观主义”之间的道路，那么这意味着我们需要归纳和提出新的理论，这种理论承认人们在国家内、国家间与亚文化等层次上进行的所有生活过程中，所展开的互动网络的多样性，以及在这种互动网络中存在的不平等。

不平等的一个重要维度，体现在关于气候变迁的争论上，而这种争论深受跨国公司的力量、第三世界国家的力量及其债务偿还能力的影响（Mythen 2007；Phillipson 2005）。全球化现象已经改变了社会理论中的诸多争论，以至于它已经重新确定了那些从宏观到微观的整个理论谱系的社会理论家们常常使用的概念的重要性秩序（Bauman 1998）。那些与现代性、国家、性别、阶级关系、老龄化与族群相关的思想仍然很重要，但是它们对于集体与个人的意义是不同的，而且在全球制度背景的影响下，这种意义已经片段化（Mythen 2007）。

如果承认全球化的重要性，就要求我们对社会理论的宏观维度进行反思。有一些学者指出，微观分析的代价是显然的，抑制了在全球经济与技术变迁背景中论述我们用“社会”一词所指的那些现象的分析能力（Hagestad & Dannefer 2001：66）。然而，如果考虑到社会理论应发挥一种解释作用，那么全球化正在设置一种新的挑战，要求我们去分析个人、共同体、民族国家与全球结构之间的相互作用——个人、共同体、民族国家是在这种全球结构中被建构、争夺、协商与嵌套的。在这种意义上，我们不仅需要某一种层次的分析，更需要对它们各层次之间的关系进行更敏锐的、更细微的理解。

社会理论的传统研究对象仍然值得关注，但是需要结合新的背景进行重新的研究，特别是要考虑跨国共同体、公司与国家间政府组织的影响，因为它们对我们如何理解“现代社会”提出了新的议程与挑战（B. S. Turner 2006）。启蒙运动的哲学思想及其个人概念影响下的“公民资格”与“权利”的性质，正在受到那些强力的、非民主的国际组织如世界银行、国际货币基金组织，以及私人跨国公司如私人银行的严重质疑和挑战。因此，以往人们认为，公民权利是英国人、欧洲大陆人与美国人在立国时发表的各种宣言所界定与谈判得来的，但是现在却出现了这种相对立的观念。 281

那么，用来分析这些变革的知识形式就很关键了。有很多人因为沉迷于技术的进步，而看不到存在的问题，更不能界定这些问题的答案。于是，实在就日益顺从于技术的控制与操纵。这种控制与操纵的目的，不是为了以建设性的改良的名义来进行理解与批判，而是对既有情形进行再生产和简单的维护。那些应用技术并影响公共政策制定的人，想当然地认为既有系统在按照古典经济学理论所界定的那样正当地运行，这种古典经济学包括了成本—效益的模式，以及关于个人层次的偏好与结果的假定。他们还主张有限的、渐近的变迁，可以慢慢地改变社会所面临的根本问题。

有一些学者可能主张，民主权利已经变得越来越片段化和个体化。处理这些基本问题的责任与义务，正在日益转移到家庭中（Gilleard & Higgs 2005）。那些影响日常生活的问题是全球性的问题，但是经验的社会重构这个责任则被抛给个人，成为个人的责任而不是集体的责任。对此，我们发现了有些学者体现出某种怀旧情绪，而有的学者强调安于命运（situatedness）（Simpson 2002）。后者主张个人接受自己在社会世界中所占据的位置这一客观事实，但是也包藏着一种目的，那就是主张个人要忠诚于自己所处的位置。其代价就是拒绝个人进行反思，使之承认与他人存在的不平等关系。

在我们努力建构我们与他人都能够接受的、关于我们自己的叙事的过程中，在这些意义之间摇摆不定，是可以理解的。我们都是由客观环境建构的，然而我们也具有影响变迁的能动性。那些在伦理学的层次进行的讨论已经提出了这样的思想，但是也存在一种个人主义，认为人们独立于他们自己所处的环境。因此，移情（empathy）消失了，被资本主义当前发展阶段的、抽象的和以个人主义为特征的社会规则取代了。那么如何改变全球变暖的后果的努力，就变成了一种个人如何消费之类的事情，而不需要集体行动（运动）。

当然，这并不是说只有通过集体行动才能导致各种变迁，而是说我们应有效地提供基础设施，以及以集体的政治意志来采取应对措施以减少碳排放。我们所占据的时空是关系性的，是真实的，并不适应进行抽象的概括（Massey 2005）。因此我们需要从伦理的努力转变为政治的努力：

282 当一个社会回避那些被认为纯粹是解构性的、破坏性的转型时，那么这个社会也就否定了自己有克服或利用这些转型的手段。一个认为自己能够通过随大流而克服自己的障碍与弱点的社会，就会处于被撕裂的巨大危险之中。

——A. 图海纳（Touraine 2000：305）

那么，社会理论的重要任务之一，就是理解个体化的性质及其后果（Beck & Beck-Gernsheim 2002），但那必须与关于这一主题的实践哲学问题联系起来（Ferrara 1998；Ricouer 1994；Taylor 1992）。其中重要的问题，包括在这些被社会地分化的人们中，为何有的需要通过转型来获得以及如何获得更大的行动能力，而有的又会受到制约以及如何受到制约。气候的变迁，自然资源的耗竭，文化、社会与经济的转型，以及政治的恢复，都是事关我们未来的中心问题。

我们在理论回顾中已经发现，自由并不是内在于那些与其环境相分离的个人的事物。我们也不能认为个人的观念与其所处社会世界没有关系。这并不是因为个人的观念是一个封闭的理论话语世界的最后的趋势，而是因为为了新的身份和生活方式的斗争，是我们当代图景的一部分。在这个意义上，福柯关于权力与自由之间相互争胜的思想，可谓抓住了个人的本质特征（Simons 1995）：

我要说的是，关于如何诊断当下状况这一任务，不仅包括要描述我们是谁，还包括指出与理解当下的各种脆弱性，如果当下的状况确实是脆弱的，那么我们还必须描述这是如何导致的，以及这种脆弱性不会再变成什么。在这种意义上，这种描述必须与以前的描述进行实质性的决裂，这种决裂可以为我们打开一个房间，被理解为一个具体自由的房间，只有这样，我们才可能促进转型。

——福柯（Foucault 1996：359）

人们通常通过强调和突出差异性来争取身份认同，然而这也为压迫的种子提供了肥沃的土壤。如果一个人只能通过与某种他所不是的某物进行持续的对比，才能成为某人，那些压迫似乎是一种不可避免的后果。正是宽容而非威胁，才是差异的朋友。如果我们从这个角度看，那么我们争取身份的努力的重要内容之一，就是寻求我们可以彼此对话的共同基础。为此，我们借助的正是哈贝马斯的思想。与福柯一样，他也关注政治领域的问题。

哈贝马斯对于社会科学的重建是抽象的。我们借此可以深入分析在我们发展过程中出现的那些矛盾，但是他本人并不主张求助于单独的某个解释框架来分析为了获得理解的那些必要条件（Habermas 1994：112）。他认为，理想的说话情景，并非对那些已经存在的生活形式的反映，而是建构和生成话语理性的条件（Habermas 2003：103）。因此，对于冲突这个问 283
题，他的著作提出了一种实践的政治的方案，使我们可以“忠实地直面这些挑战、批判，揭露各种错误的观念与幻想；并通过这些研究努力，负责任地重构关于现代性及其病理的一种深刻的、博大的、综合性的视角”（Bernstein 1985：25）。

当我们在头脑中带着这些关注，来回顾和讨论社会理论时，我们就能看到，福柯与哈贝马斯——与他们的众多知识先驱一样——都谈到现代性时代的希望与斗争。当然，他们的思想之间存在的差异以及这些差异的意涵，我们也应深入地探讨；但更重要的是，社会理论通过这种探讨，借鉴和应用他们的见解，来获得更加伟大的理解。从这种意义上看，我们需要的是让理论为了我们而工作，而不是我们为了理论而工作。理论的注解有其作用，但是它永远也不应过度地扩张，以至于损害理论澄清事实的重要性。

除了要看到未来存在的某种可能性外，为了说明对于这种可能图景的各种替代性的理解，我们还需要进一步从批判的视角来发展我们的理论。这也意味着，对于所有的知识形式，社会理论都应认识到其优点，也要认识到其缺点。那些对所谓的理论的卓越——体现为理论的普遍性与抽象性——的追求，必须同时做到对行动的关注并能够为行动提供指导，因此理论对于自己的成果的地位与作用，必须进行自反性的审视（May 2005; Perry & May 2006）。其他形式的知识，在促进我们所处社会发生转型的各种实践的政治的努力中，都会发挥作用。正如C. 卡斯托里亚迪斯（Cornelius Castoriadis）所指出的，知识能给我们带来很大的帮助，但也只能给我们带来很少的帮助。从社会的转型不仅仅是一种理论、哲学、知识之类的事情的意义上看，知识能够给我们的帮助很少；而从社会的转型可能“摧毁理性主义意识形态、全知全能的幻想、经济‘计算’的至高无上”的意义上看，知识能够给我们的帮助又很大（Castoriadis 1991：197）。正如他所指出的，我们在把理性推理与合理性视为我们进行的历史性创造之时，我们需要实施我们的思想，但同时要承担我们的责任。毕竟，我们在自己以往的历史中，已经历了多次的变革，而在自然资源面临枯竭又存在巨大不平等的世界中，我们仍然有可能更好地组织我们的社会关系。

为了促进这种可能性，我们需要一种更加具有澄清和批判作用的社会理论。这种社会理论，通过检验嵌入我们世界观之中的那些前提预设，来实现正本清源，端正我们的世界观。这种社会理论应不满意于仅仅具有描述的价值，并因此而向我们提出挑战。同时，这种社会理论不应试图公开地指责社会运动，或者相反，完全与社会运动结盟，这种社会理论必须首先考虑某种抵制和反抗的内容与主张，然后才考虑是支持还是谴责之，而绝非一味地鼓动各种社会运动。这种社会理论不应寻求抽象的、一般化的概括，应主张社会理论研究者所提供的理论与思想不可能完全适用于无数的小群体；但是，这种社会理论也不应使其接受者感到手足无措和无所适从。这种社会理论应重视各种具体的情景，但又不完全依赖于具体的情景，并因此具有修正具体情景的潜能。这种社会理论愿意参与直面实践经验的
284 对话。如果具有了这些特征，那么这种社会理论就能够满足我们希望以更好的方式来生活以及与周围世界相联系的渴求。

参考文献

Adam, B. (1995) *Timewatch: The Social Analysis of Time*. Cambridge: Polity.

Adorno, T. and Horkheimer, M. (1979) *Dialectic of Enlightenment*. Originally published in 1944. Translated by J. Cumming. London: Verso.

Adorno, T., Frankel-Brunswik, E., Levinson, D. and Sanford, R. (1950) *The Authoritarian Personality*. New York: Harper & Row.

Adorno, T., Albert, H., Dahrendorf, R., Habermas, J., Pilot, H. and Popper, K. R. (1976) *The Positivist Dispute in German Sociology*. Translated by G. Adey and D. Frisby. London: Heinemann.

Akrich, M. and Latour, B. (1992) 'A Summary of a Convenient Vocabulary for the Semiotics of Human and Nonhuman Assemblies'. In W. Bijker and J. Law (eds) *Shaping Technology, Building Society: Studies in Sociotechnical Change*. Cambridge, MA: MIT Press.

Albrow, M. (1987) 'The Application of the Weberian Concept of Rationalization to Contemporary Conditions'. In S. Lash and S. Whimster (eds) *Max Weber, Rationality and Modernity*. London: Allen & Unwin.

Albrow, M. (1990) *Max Weber's Construction of Social Theory*. London: Macmillan.

Alexander, J. C. (1984) 'The Parsons Revival in German Sociology'. *Sociological Theory* 2: 394–412.

Alexander, J. C. (2006) *The Civil Sphere*. Oxford: Oxford University Press.

Alexandar, J. C., Eyerman. R., Giesen, B., Smelser, N. J. and Sztompka, P. (2004) *Cultural Trauma and Collective Indentity*. Berkeley, CA: University of California Press.

Almquist, E. M. (1979) 'Black Women and the Pursuit of Equality'. In J. Freeman (ed.) *Women: A Feminist Perspective*, 2nd edn. Palo Alto, CA: Mayfield.

Althusser, L. (1969) *For Marx*. Translated by B. Brewster. Harmondsworth: Penguin.

Amin, A. and Thrift, N. (1995) 'Institutional Issues for the European Regions: From Markets and Plans to Socioeconomics and Powers of Association'. *Economy and Society* 24(1): 41–66.

Anderson, R., Hughes, J. and Sharrock, W. (1986) *Philosophy and the Human Sciences*. London: Routledge.

Appadurai, A. (1996) *Modernity at Large*. Minneapolis, MN: University of Minnesota Press.

Appadurai, A. (2000) 'The Grounds of the Nation-State: Identity, Violence and Territory'. In K. Goldmann, U. Hannerz and C. Westin (eds) *Nationalism and Internationalism in the Post-Cold War Era*. London: Routledge.

Archer, M. S. (1989) *Culture and Agency: The Place of Culture in Social Theory*. Cambridge: Cambridge University Press.

Archer, M. S. (1995) *Realist Social Theory: The Morphogenetic Approach*. Cambridge: Cambridge University Press.

Archer, M. (1998) 'Social Theory and the Analysis of Society'. In T. May and M. Williams (eds) *Knowing the Social World*. Buckingham: Open University Press.

Archer, M. S. (2003) *Structure, Agency and the Internal Conversation*. Cambridge: Cambridge University Press.

Aronowitz, S. (1992) 'The Tensions of Critical Theory: Is Negative Dialectics All There Is?' In S. Seidman and D. Wagner (eds) *Postmodernism and Social Theory*. Oxford: Blackwell.

Assister, A. (1983) 'Did Man Make Language?' *Radical Philosophy* 34: 25–29.

Atkinson, J. M. (1978) *Discovering Suicide: Studies in the Social Organization of Sudden Death*. London: Macmillan.

Atkinson, J. M. and Heritage, J. C. (eds) (1984) *Structures of Social Action: Studies in Conversation Analysis*. Cambridge: Cambridge University Press.

Atkinson, P. (1988) 'Ethnomethodology: A Critical Review'. *Annual Review of Sociology* 14: 441–465.

Austin, J. (1976) *How to Do Things with Words*. Oxford: Oxford University Press.

Barbalet, J. (2002) 'Secret Voting and Political Emotions'. *Mobilization: An International Journal* 7(2): 129–140.

Barber, W. J. (1981) *A History of Economic Thought*. Harmondsworth: Penguin.

Barnes, B. (2002) 'The Macro/micro Problem and the Problem of Structure and Agency.' In G. Ritzer and B. Smart (eds) *Handbook of Social Theory*. London: Sage.

Barrett, M. (1988) *Women's Oppression Today: The Marxist/Feminist Encounter,* revised edn. London: Verso.

Baudrillard, J. (1981) *For a Critique of the Political Economy of the Sign*. Originally published in 1972. St Louis, MO: Telos.

Baudrillard, J. (1983) *Simulations*. New York: Semiotext(e).

Baudrillard, J. (1993) 'Hyperreal America'. Translated by D. Macey. *Economy and Society* 22(2): 243–252.

Baudrillard, J. (2005) *The Conspiracy of Art*. New York: Semiotext(e).

Bauman, Z. (1978) *Hermeneutics and Social Science: Approaches to Understanding*. London: Hutchinson.

Bauman, Z. (1987) *Legislators and Interpreters: On Modernity, Post-Modernity and Intellectuals*. Cambridge: Polity.

Bauman, Z. (1989) *Modernity and the Holocaust*. Cambridge: Polity.

Bauman, Z. (1991) *Modernity and Ambivalence*. Cambridge: Polity.

Bauman, Z. (1992) *Intimations of Postmodernity*. London: Routledge.

Bauman, Z. (1998) *Globalization: The Human Consequences*. Cambridge: Polity.

Bauman, Z. (2001) *The Individualized Society*. Cambridge: Polity.

Bauman, Z. (2006) *Liquid Fear*. Cambridge: Cambridge University Press.

Bauman, Z. and May, T. (2001) *Thinking Sociologically,* 2nd edn. Oxford: Blackwell.

Beck, U. (1992) *Risk Society: Towards a New Modernity*. London: Sage.

Beck, U. (2006) *The Cosmopolitan Village*. Cambridge: Polity.

Beck, U. and Beck-Gernsheim, E. (2002) *Individualization: Institutionalized Individualism and its Social and Political Consequences*. London: Sage.

Beck, U., Giddens, A. and Lash, S. (1994) *Reflexive Modernization: Politics,* Tradition and Aesthetics in the Modern Social Order. Cambridge: Polity.

Becker, H. (1963) *Outsiders: Studies in the Sociology of Deviance*. New York: Free Press.

Beechey, V. (1986) 'Women and Employment in Contemporary Britain'. In V. Beechey and E. Whitelegg (eds) *Women in Britain Today*. Milton Keynes: Open University Press.

Beetham, D. (1974) *Max Weber and the Theory of Modern Politics*. London: Allen & Unwin.

Bell, D. (1960) *The End of Ideology*. New York: Collier.

Beloff, M. (1954) *The Age of Absolutism*: 1660–1815. London: Hutchinson.

Bendelow, G. and Williams, S. (1998) *The Lived Body: Sociological Themes, Embodied Issues*. London: Routledge.

Bendix, R. (1977) *Max Weber: An Intellectual Portrait*. Berkeley, CA: University of California Press.

Beneria, L. and Bisnath, S. (1996) *Gender and Poverty: An Analysis or Action*. Gender in Development Monograph Series 2. New York: United Nations Development Programme.

Benhabib, S. (1986) *Critique, Norm and Utopia: A Study of the Foundations of Critical Theory*. New York: Columbia University Press.

Benhabib, S. (1992) *Situating the Self: Gender, Community and Postmodernism in Contemporary Ethics*. Cambridge: Polity.

Benjamin, A. (ed.) (1991) *The Problems of Modernity: Adorno and Benjamin*. London: Routledge.

Benson, D. (1974) 'Critical Note: A Revolution in Sociology'. Sociology 8: 125–129.

Benton, T. (1977) *Philosophical Foundations of the Three Sociologies*. London: Routledge & Kegan Paul.

Berger, P. L. and Luckmann, T. (1967) *The Social Construction of Reality: A Treatise in the Sociology of Knowledge*. New York: Anchor.

Berman, M. (1993) 'Why Modernism Still Matters'. In S. Lash and J. Friedman (eds) *Modernity and Identity*. Oxford: Blackwell.

Bernstein, R. (1983) *Beyond Objectivism and Relativism: Science, Hermeneutics and Praxis*. Oxford: Basil Blackwell.

Bernstein, R. (1985) 'Introduction'. In R. Bernstein (ed.) *Habermas and Modernity*. Cambridge: Polity.

Bershady, H. J. (1991) 'Practice against Theory in American Sociology: An Exercise in the Sociology of Knowledge'. In R. Robertson and B. S. Turner (eds) *Talcott Parsons: Theorist of Modernity*. London: Sage.

Bertens, H. (1995) *The Idea of the Postmodern: A history*. London: Routledge.

Best, S. and Kellner, D. (1997) *The Postmodern Turn*. New York: Guilford Press.

Bhaskar, R. (1993) *Dialectic: The Pulse of Freedom*. London: Verso.

Bierstedt, R. (1979) 'Sociological Thought in the Eighteenth Century'. In T. Bottomore and R. Nisbet (eds) *A History of Sociological Analysis*. London: Heinemann.

Bijker, W. (1994) 'Sociotechnical Technology Studies'. In S. Jasanoff, G. E. Markle, J. C. Peterson and T. Pinch (eds) *Handbook of Science and Technology*. London: Routledge.

Bijker, W. and Law, J. (eds) (1992) *Shaping Technology, Building Society: Studies in Sociotechnical Change*. Cambridge, MA: MIT Press.

Billig, M. (1994) 'Sod Baudrillard! Or Ideology Critique in Disney World'. In H. W. Simons and M. Billig (eds) *After Postmodernism: Reconstructing Ideology Critique*. London: Sage.

Bittner, E. (1974) 'The Concept of Organization'. Originally published in 1965. Reprinted in R. Turner (ed.) *Ethnomethodology*. Harmondsworth: Penguin.

Blackman, H. J. (ed.) (1967) *Objections to Humanism*. Harmondsworth: Penguin.

Blackman, H. J. (1968) *Humanism*. Harmondsworth: Penguin.

Bloor, D. (1983) *Wittgenstein: A Social Theory of Knowledge*. London: Macmillan.

Blumer, H. (1937) 'Social Psychology'. In E. P. Schmidt (ed.) *Man and Society*. New York: Prentice-Hall.

Blumer, H. (1969) *Symbolic Interactionism: Perspective and Method*. Englewood Cliffs, NJ: Prentice-Hall.

Blumer, H. (1972) 'Society as Symbolic Interaction'. In A. Rose (ed.) *Human Behaviour and Social Processes: An Interactionist Approach*. London: Routledge & Kegan Paul.

Blumer, H. (1983) 'Going Astray with a Logical Scheme'. Reprinted in K. Plummer (ed.) *Symbolic Interactionism*, Volume 1, *Foundations and History*. Aldershot: Edward Elgar.

Boden, D. and Zimmerman, D. H. (eds) (1993) *Talk and Social Structure: Studies in Ethnomethodology and Conversation Analysis*. Cambridge: Polity.

Borradori, G. (2003) *Philosophy in a Time of Terror: Dialogues with Jürgen Habermas and Jacques Derrida*. Chicago, IL: University of Chicago Press.

Bosanquet, T. (1967) 'Auguste Comte and the Positive Philosophers'. In F. J. C. Hearnshaw (ed.) *The Social and Political Ideas of Some Representative Thinkers of the Age of Reaction and Reconstruction: 1815–1865*. Originally published in 1932. London: Dawsons.

Bottomore, T. (1979) 'Marxism and Sociology'. In T. Bottomore and R. Nisbet (eds) *A History of Sociological Analysis*. London: Heinemann.

Bottomore, T. and Nisbet, R. (1979) 'Structuralism'. In T. Bottomore and R. Nisbet (eds) *A History of Sociological Analysis*. London: Heinemann.

Bourdieu, P. (1962) *The Algerians*. Boston, MA: Beacon.

Bourdieu, P. (1977) *Outline of a Theory of Practice*. Translated by R. Nice. Cambridge: Cambridge University Press.

Bourdieu, P. (1981) 'Men and Machines'. In K. Knorr-Cetina and A. Cicourel (eds) *Advances in Social Theory and Methodology: Towards an Integration of Micro and Macro Theories*. London: Routledge & Kegan Paul.

Bourdieu, P. (1984) *Distinction: A Social Critique of the Judgement of Taste*. Translated by R. Nice. London: Routledge & Kegan Paul.

Bourdieu, P. (1988) *Homo Academicus*. Translated by P. Collier. Cambridge: Polity.

Bourdieu, P. (1989) 'Social Space and Symbolic Power'. *Sociological Theory* 7(1): 14–25.

Bourdieu, P. (1990) *In Other Words: Essays towards a Reflexive Sociology*. Translated by M. Adamson. Cambridge: Polity.

Bourdieu, P. (1991a) 'Meanwhile, I Have Come to Know All the Diseases of Sociological Understanding: An Interview'. Conducted by B. Krais. In P. Bourdieu, J.-C. Passeron and M. de Saint Martin, with contributions by C. Baudelot and G. Vincent (1994) *Academic Discourse: Linguistic Misunderstanding and Professorial Power*. Translated by R. Teese. Cambridge: Polity.

Bourdieu, P. (1991b) *The Political Ontology of Martin Heidegger*. Translated by P. Collier. Cambridge: Polity.

Bourdieu, P. (1992a) *The Logic of Practice*. Translated by R. Nice. Originally published in 1980 as *Le Sens pratique*. Cambridge: Polity.

Bourdieu, P. (1992b) *Language and Symbolic Power*. Edited and introduced by J. B. Thompson. Translated by G. Raymond and M. Adamson. Cambridge: Polity.

Bourdieu, P. (1993a) 'Concluding Remarks: For a Sociogenetic Understanding of Intellectual Works'. In C. Calhoun, E. LiPuma and M. Postone (eds) *Bourdieu: Critical Perspectives*. Cambridge: Polity.

Bourdieu, P. (1993b) *Sociology in Question*. Translated by R. Nice. London: Sage.

Bourdieu, P. (1995) *The Rules of Art: Genesis and Structure of the Literary Field*. Translated by S. Emanuel. Cambridge: Polity.

Bourdieu, P. (1998) *Practical Reason: On the Theory of Action*. Cambridge: Polity.

Bourdieu, P. (2000) *Pascalian Meditations*. Cambridge: Polity.

Bourdieu, P. (2001) *Masculine Domination*, Cambridge: Polity.

Bourdieu, P. (2003) *Firing Back: Against the Tyranny of the Market*. London: Verso.

Bourdieu, P. (2004) *Science of Science and Reflexivity*. Cambridge: Polity.

Bourdieu, P. (2005) *The Social Structures of the Economy*. Cambridge: Polity.

Bourdieu, P. and Passeron, J.-C. (1990) *Reproduction in Education, Society and Culture*, 2nd edn. London: Sage.

Bourdieu, P. and Wacquant, L. J. (1992) *An Invitation to Reflexive Sociology*. Cambridge: Polity.

Bourdieu, P. and Wacquant, L. J. (2001) 'NewLiberalSpeak: Notes on the New Planetary Vulgate'. *Radical Philosophy*. 105: 2–5.

Bourdieu, P., Chamboredon, J.-C. and Passeron, J.-C. (1991) *The Craft of Sociology: Epistemological Preliminaries*. Edited by B. Krais. Translated by R. Nice. New York: Walter de Gruyter.

Bourdieu, P., Passeron, J.-C. and de Saint Martin, M., with contributions by Baudelot, C. and Vincent, G. (1994) *Academic Discourse: Linguistic Misunderstanding and Professorial Power*. Translated by R. Teese. Cambridge: Polity.

Boyne, R. (1991) 'Power-Knowledge and Social Theory: The Systematic Misrepresentation of Contemporary French Social Theory in the Work of Anthony Giddens'. In C. Bryant and D. Jary (eds) *Giddens' Theory of Structuration: A Critical Appreciation*. London: Routledge.

Bradley, H. (1996) *Fractured Identities: Changing Patterns of Inequality*. London: Blackwell.

Braidotti, R. (1994) *Nomadic Subjects: Embodiment and Sexual Difference in Contemporary Feminist Theory*. New York: Columbia University Press.

Brand, A. (1990) *The Force of Reason*. London: Allen & Unwin.

Brenner, N. (2004) *New State Spaces: Urban Governance and the Rescaling of Statehood*. Oxford: Oxford University Press.

Brenner, J. and Ramas, M. (1990) 'Rethinking Women's Oppression'. In T. Lovell (ed.) *British Feminist Thought: A Reader*. Oxford: Blackwell.

Bronner, S. (1994) *Of Critical Theory and its Theorists*. Oxford: Blackwell.

Bronner, S. and Kellner, D. (eds) (1989) *Critical Theory and Society: A Reader*. London: Routledge.

Bronowski, J. and Mazlish, B. (1970) *The Western Intellectual Tradition*. Harmondsworth: Penguin.

Brown, P. and Jordanova, L. J. (1981) 'Oppressive Dichotomies: The Nature/Culture Debate'. In Cambridge Women's Studies Group (eds) *Women in Society: Interdisciplinary Essays*. London: Virago.

Brubaker, R. (1985) 'Rethinking Classical Theory: The Sociological Vision of Pierre Bourdieu'. *Theory and Society* l4(6): 745–775.

Brunkhorst, H. (1992) 'Culture and Bourgeois Society: The Unity of Reason in a Divided Society'. In A. Honneth, M. McCarthy, C. Offe and A. Wellmer (eds) *Cultural-Political Interventions in the Unfinished Project of Enlightenment*. Cambridge, MA: MIT Press.

Bulmer, M. (1984) *The Chicago School of Sociology: Institutionalization, Diversity, and the Rise of Sociological Research*. Chicago, IL: University of Chicago Press.

Burke, K. (1969) *A Grammar of Motives*. Originally published in 1945. Berkeley, CA: University of California Press.

Burke, P. (1980) *Sociology and History*. London: Allen & Unwin.

Burke, P. J. and Reitzes, D. C. (1991) 'An Identity Theory Approach to Commitment'. *Social Psychology Quarterly* 54(3): 239–251.

Burkitt, I. (1992) 'Beyond the "Iron Cage": Anthony Giddens on Modernity and the Self'. *History of the Human Sciences*, special issue on Politics and Modernity, 5(3): 71–79.

Burns, T. (1992) *Erving Goffman*. London: Routledge.

Butler, J. (2003) *Precarious Life*. London: Verso

Button, G. (1991) 'Introduction: Ethnomethodology and the Foundational Respecification of the Human Sciences'. In G. Button (ed.) *Ethnomethodology and the Human Sciences*. Cambridge: Cambridge University Press.

Button, G. and Casey, N. (1984) 'Generating Topic: The Use of Topic Initial Elicitors'. In J. M. Atkinson and J. C. Heritage (eds) *Structures of Social Action: Studies in Conversation Analysis*. Cambridge: Cambridge University Press.

Byrne, D. (2005) *Social Exclusion,* 2nd edn. Maidenhead: Open University Press.

Calhoun, C. (1995) *Critical Social Theory: Culture, History, and the Challenge of Difference*. Oxford: Blackwell.

Calhoun, C. (2000) 'The Specificity of American Higher Education'. *Comparative Social Research* 19: 47–81.

Calhoun, C., Rojek, C. and Turner, B. S. (eds) (2006) *Handbook of Social Theory*. London: Sage.

Callinicos, A. (1989) *Against Postmodernism: A Marxist Critique*. Cambridge: Polity.

Callinicos, A. (2000) *Equality: Themes for the 21st Century*. Cambridge: Polity.

Callon, M. (1986) 'Some Elements of a Sociology of Translation: Domestication of the Scallops and the Fishermen of St. Brieuc Bay'. In J. Law (ed.) *Power, Action and Belief*. London: Routledge & Kegan Paul.

Callon, M. (1987) 'Society in the Making: The Study of Technology as a Tool for Sociological Analysis'. In W. Bijker, T. Hughes and T. Pinch (eds) *The Social Construction of Technological Systems*. London: MIT Press.

Callon, M. (1991) 'Techno-economic Networks and Irreversability'. In J. Law (ed.) *A Sociology of Monsters: Essays on Power, Technology and Domination*. London: Routledge.

Callon, M. (1992) 'The Dynamics of Techno-economic Networks'. In R. Loombs, P. Saviotti and V. Walsh (eds) *Technical Change and Company Strategies*. London: Academy Press.

Callon, M. (1993) 'Variety and Irreversibility in Networks of Technique Conception and Adoption'. In D. Foray and C. Freeman (eds) *Technology and the Wealth of Nations: The Dynamics of Constructed Advantage*. London: Pinter.

Callon, M. (1997) *Representing Nature, Representing Culture*. Paris: CSI.

Callon, M. and Latour, B. (1981) 'Unscrewing the Big Leviathan: How Actors Macrostructure Reality and How Sociologists Help Them to Do so'. In K. D. Knorr-Cetina and A. V. Cicourel (eds) *Advances in Social Theory and Methodology: Toward an Integration of Micro- and Macro-Sociologies*. Boston, MA: Routledge & Kegan Paul.

Callon, M. and Latour, B. (1992) 'Don't Throw the Baby Out with the Bath School! A Reply to Collins and Yearley'. In E. Pickering (ed.) *Science as Practice and Culture*. Chicago, IL: University of Chicago Press.

Castells, M. (1996) *The Rise of the Network Society*, Volume 1, *The Information Age: Economy, Society and Culture*. Oxford: Blackwell.

Castells, M. (2005) 'Global Governance and Global Politics'. *Political Science and Politics* 38(1): 9–16.

Castoriadis, C. (1991) *Philosophy, Politics, Autonomy: Essays in Political Philosophy*. Edited by D. A. Curtis. Oxford: Oxford University Press.

Chappell, V. C. (ed.) (1968) *Hume*. London: Macmillan.

Chodorow, N. J. (1978) *The Reproduction of Mothering: Psychoanalysis and the Sociology of Gender*. Berkeley, CA: University of California Press.

Chodorow, N. J. (1986) 'Towards a Relational Individualism: The Mediation of Self through Psychoanalysis'. In T. Heller, M. Sosna and D. Wellbery with A. Davidson, A. Swidler and I. Watt (eds) *Reconstructing Individualism: Autonomy, Individuality, and the Self in Western Thought*. Stanford, CA: Stanford University Press.

Chomsky, N. (1980) *Rules and Representation*. Oxford: Blackwell.

Chua, W.F. (1999) 'Experts, Networks and Inscriptions in the Fabrication of accounting Images.' *Accounting Organizations and Society* 20, (2/3): 111–145.

Cicourel, A. V. (1964) *Method and Measurement in Sociology*. London: Macmillan.

Cicourel, A. V. (1973) *Cognitive Sociology: Language and Meaning in Social Interaction*. Harmondsworth: Penguin.

Cicourel, A. V. (1976) *The Social Organization of Juvenile Justice*, 2nd edn. London: Heinemann.

Cicourel, A. V. (1981) 'Notes on the Integration of Micro- and Macro-Levels of Analysis'. In K. Knorr-Cetina and A. Cicourel (eds) *Advances in Social Theory and Methodology: Towards an Integration of Micro and Macro Theories*. London: Routledge & Kegan Paul.

Cicourel, A. V. (2003) 'On Contextualizing Applied Linguistic Research in the Workplace'. *Journal of Applied Linguistics* 10(3): 22–43.

Clammer, J. (1976) 'Wittgensteinianism and the Social Sciences'. *Sociological Review* 24(4): 775–791.

Clark, S. (1991) 'The *Annales* Historians'. In Q. Skinner (ed.) *The Return of Grand Theory in the Human Sciences*. Cambridge: Cambridge University Press.

Cleaver, H. (1979) *Reading 'Capital' Politically*. Brighton: Harvester.

Cockburn, C. (1990) 'The Material of Male Power'. In T. Lovell (ed.) *British Feminist Thought: A Reader*. Oxford: Blackwell.

Cohen, G. A. (1984) *Karl Marx's Theory of History: A Defence*. Oxford: Oxford University Press.

Cohen, I. (1989) *Structuration Theory: Anthony Giddens and the Constitution of Social Life*. London: Macmillan.

Coleman, J. S. (1990) *Foundations of Social Theory*. Cambridge, MA: Belknap.

Collins, R. (1981) 'Micro-Translation as a Theory Building Strategy'. In K. Knorr-Cetina and A. Cicourel (eds) *Advances in Social Theory and Methodology: Towards an Integration of Micro and Macro Theories*. London: Routledge & Kegan Paul.

Connell, R. W. (2000) *Men and Boys*. Oxford: Blackwell

Connell, R. (2007) *Education, Change and Society*. Oxford: Oxford University Press.

Connor, S. (1989) *Postmodernist Culture*. Oxford: Blackwell.

Cooke, M. (1994) *Language and Reason: A Study of Habermas's Pragmatics*. Cambridge, MA: MIT Press.

Cooke, M. (2002) 'Five Arguments for Deliberative Democracy'. In M. P. d'Entreves (ed.) *Democracy as Public Deliberation*. Manchester: Manchester University Press.

Cooke, P., Gomez Uranga, M. and Etxebarria, G. (1997) 'Regional Innovation Systems: Institutional and Organizational Dimensions'. *Research Policy* 26: 475–491.

Cooley, C. H. (1902) *Human Nature and the Social Order*. New York: Free Press.

Coser, L. (1979) 'American Trends'. In T. Bottomore and R. Nisbet (eds) *A History of Sociological Analysis*. London: Heinemann.

Coulter, J. (1979) *The Social Construction of Mind: Studies in Ethnomethodology and Linguistic Philosophy*. London: Macmillan.

Coulter, J. (1983) *Rethinking Cognitive Theory*. London: Macmillan.

Coulter, J. (ed.) (1990) *Ethnomethodological Sociology*. Aldershot: Edward Elgar.

Coward, R. (1982) 'Sexual Politics and Psychoanalysis'. In R. Brunt and C. Rowan (eds) *Feminism, Culture and Politics*. London: Lawrence & Wishart.

Craib, I. (1992) *Anthony Giddens*. London: Routledge.

Crampton, J. W. and Elden, S. (eds) (2007) *Space, Knowledge and Power: Foucault and Geography*. Aldershot: Ashgate.

Crook, S., Pakulski, J. and Waters, M. (1992) *Postmodernization: Change in Advanced Society*. London: Sage.

Crosland, M. (1992) *Simone de Beauvoir: The Woman and her Work*. London: Heinemann.

Dahrendorf, R. (1959) *Class and Class Conflict in Industrial Society*. London: Routledge & Kegan Paul.

Dawe, A. (1970) 'The Two Sociologies'. *British Journal of Sociology* 21: 207–218.

Dean, M. (2007) *Governing Societies: Political Perspectives on Domestic and International Rule*. Maidenhead: Open University Press.

de Beauvoir, S. (1972) *The Second Sex*. Originally published in 1949. Harmondsworth: Penguin.

Delanty, G. (1999) *Social Science: Beyond Constructivism and Realism*. Minneapolis, MN: University of Minnesota Press.

Delanty, G. (2001) *Challenging Knowledge: The University in the Knowledge Society*. Buckingham: Open University Press

Delanty, G. (ed.) (2006) *Europe Beyond East and West*. London: Routledge.

Delanty, G. and Isin, E. (eds) (2003) *Handbook of Historical Sociology*. London: Sage.

de Lauretis, T. (1990) 'Upping the Anti [*sic*] in Feminist Theory'. In M. Hirsch and E. Fox Keller (eds) *Conflicts in Feminism*. London: Routledge.

Delmar, R. (1976) 'Looking Again at Engels' "Origin of the Family, Private Property and the State"'. In A. Oakley and J. Mitchell (eds) *The Rights and Wrongs of Women*. Harmondsworth: Penguin.

Delphy, C. and Leonard, D. (1992) *Familiar Exploitation: A New Analysis of Marriage in Contemporary Western Society*. Cambridge: Polity.

Denzin, N. K. (1974) 'Symbolic Interactionism and Ethnomethodology'. In J. D. Douglas (ed.) *Understanding Everyday Life: Towards the Reconstruction of Sociological Knowledge*. London: Routledge & Kegan Paul.

Denzin, N. (1984) *On Understanding Emotion*. San Francisco, CA: Jossey-Bass.

Denzin, N. K. (2007) *Symbolic Interactionism and Cultural Studies: The Politics of Interpretation*. Oxford: Blackwell.

Derrida, J. (1978) *Writing and Difference*. London: Routledge.

Dewey, J. (1896) 'The Reflexive Arc Concept in Psychology'. *Psychological Review* 3: 357–370.

Dews, P. (1989) 'The Return of the Subject in the Late Foucault'. *Radical Philosophy* 51: 37–41.

Dews, P. (ed.) (1992) *Autonomy and Solidarity: Interviews with Jürgen Habermas,* revised edn. London: Verso.

Dore, R. P. (1973) 'Function and Cause'. In A. Ryan (ed.) *The Philosophy of Social Explanation*. Oxford: Oxford University Press.

Douglas, M. (1970) *Purity and Danger: An Analysis of the Concepts of Pollution and Taboo*. New York: Pantheon.

Douglas, M. (1978) *Implicit Meanings: Essays in Anthropology*. London: Routledge & Kegan Paul.

Dreyfus, H. and Rabinow, P. (eds) (1982) *Michel Foucault: Beyond Structuralism and Hermeneutics*. Chicago, IL: University of Chicago Press.

Dreyfus, H. and Rabinow, P. (1993) 'Can There be a Science of Existential Structure and Social Meaning?' In C. Calhoun, E. LiPuma and M. Postone (eds) *Bourdieu: Critical Perspectives*. Cambridge: Polity.

Du Bois, W. (1989) *The Souls of Black Folk*. Originally published in 1903. New York: Bantam.

Dumas, A and Turner, B. S. (2006) 'Age and Ageing: The Social World of Foucault and Bourdieu.' In J. L. Powell and A. Wahidin (eds) *Foucault and Aging*. New York: Nova Science.

Durkheim, E. (1964) *The Division of Labour in Society*. Originally published in 1893. Translated by G. Simpson. New York: Free Press.

Durkheim, E. (1983) *Pragmatism and Sociology*. Originally published in 1955. Edited by J. B. Allcock. Translated by J. C. Whitehouse. Cambridge: Cambridge University Press.

Durkheim, E. (1992) 'Review Article on F. S. Merlino's "Formes et essences du socialisme"'. Originally published in 1899. In M. Gane (ed.) *The Radical Sociology of Durkheim and Mauss*. London: Routledge.

Dworkin, A. (1987) *Intercourse*. London: Secker & Warburg.

Easthope, A. and McGowan, K. (eds) (1992) *A Critical and Cultural Theory Reader*. Buckingham: Open University Press.

Eichenbaum, L. and Orbach, S. (1985) *Understanding Women*. Harmondsworth: Penguin.

Elders, F. (ed.) (1974) *Reflexive Waters: The Basic Concerns of Mankind.* London: Souvenir.

Elias, N. (1991) *The Symbol Theory.* London: Sage.

Elias, N. (1994) *Reflections on a Life.* Cambridge: Polity.

Elliott, A. (1992) *Social Theory and Psychoanalysis in Transition: Self and Society from Freud to Kristeva.* Oxford: Blackwell.

Engels, F. (1942) *The Origin of the Family, Private Property and the State.* Originally published in 1884. New York: International Publishers.

Eriksen, E. O. and Weigard, J: (2004) *Understanding Habermas: Communicative action and Deliberative Democracy.* London: Continuum.

Estes, C. and Phillipson, C. (2003) 'The Globalization of Capital, the Welfare State and Old Age Policy'. *International Journal of Health Services* 32(2): 279–297.

Estes, C., Biggs, S. and Phillipson, C. (2003) *Social Theory, Social Policy and Ageing.* Maidenhead: Open University Press.

Faberman, H. A. (1985) 'The Foundations of Symbolic Interactionism: James, Cooley and Mead'. Reprinted in K. Plummer (ed.) *Symbolic Interactionism,* Volume 1, *Foundations and History.* Aldershot: Edward Elgar.

Fairclough, N. (2001) *Language and Power,* 2nd edn. London: Longman.

Farganis, S. (1994) *Situating Feminism: From Thought to Action.* London: Sage.

Ferrara, A. (1998) *Reflective Authenticity: Rethinking the Project of Modernity.* London: Routledge.

Figes, E. (1978) *Patriarchal Attitudes: Women in Society.* Originally published in 1970. London: Virago.

Fineman, S. (ed.) (2000) *Emotion in Organizations,* 2nd edn. London: Sage.

Finlayson, G. (2004) 'Theory of Ideology and the Ideology of Theory: Habermas contra Adorno' *Historical Materialism* 11: 169–187.

Firestone, S. (1988) *The Dialectic of Sex: The Case for Feminist Revolution.* Originally published 1970. London: Women's Press.

Fisher, B. M. and Strauss, A. L. (1978) 'The Chicago Tradition and Social Change: Thomas, Park and their Successors'. Reprinted in K. Plummer (ed.) *Symbolic Interactionism,* Volume 1, *Foundations and History.* Aldershot: Edward Elgar.

Fisher, B. M. and Strauss, A. L. (1979) 'Interactionism'. In T. Bottomore and R. Nisbet (eds) *A History of Sociological Analysis*. London: Heinemann.

Florida, R. (2002) *The Rise of the Creative Class and How It's Transforming Work, Leisure, Community and Everyday Life*. New York: Basic Books.

Foucault, M. (1967) *Madness and Civilisation: A History of Insanity in the Age of Reason*. London: Tavistock.

Foucault, M. (1977) *Discipline and Punish: The Birth of the Prison*. London: Tavistock.

Foucault, M. (1979) *The History of Sexuality, Volume* 1, *An Introduction*. Translated by R. Hurley. Harmondsworth: Penguin.

Foucault, M. (1980) *Power/Knowledge: Selected Interviews and Other Writings* 1972–1977. Edited by C. Gordon. Brighton: Harvester.

Foucault, M. (1982) 'The Subject and Power'. In H. Dreyfus and P. Rabinow (eds) *Michel Foucault: Beyond Structuralism and Hermeneutics*. Chicago, IL: University of Chicago Press.

Foucault, M. (1984) *The Foucault Reader*. Edited by P. Rabinow. Harmondsworth: Penguin.

Foucault, M. (1988a) 'The Political Technology of Individuals'. In L. H. Martin, H. Gutman and P. H. Hutton (eds) *Technologies of the Self: A Seminar with Michel Foucault*. London: Tavistock.

Foucault, M. (1988b) 'Technologies of the Self'. In L. H. Martin, H. Gutman and P. H. Hutton (eds) *Technologies of the Self: A Seminar with Michel Foucault*. London: Tavistock.

Foucault, M. (1988c) 'Truth, Power, Self: An Interview'. In L. H. Martin, H. Gutman and P. H. Hutton (eds) *Technologies of the Self: A Seminar with Michel Foucault*. London: Tavistock.

Foucault, M. (1989) *The Archaeology of Knowledge*. Originally published in 1969. London: Routledge.

Foucault, M. (1991a) *Remarks on Marx: Conversations with Duccio Trombadori*. Translated by R. J. Goldstein and J. Cascaito. New York: Semiotext(e).

Foucault, M. (1991b) 'The Ethic of Care for the Self as a Practice of Freedom: An Interview with Fornet-Betancourt, R., Becker, H. and Gomez-Müller, A.' Translated by J. D. Gauthier Snr. In J. Bernauer and D. Rasmussen (eds) *The Final Foucault*. Cambridge, MA: MIT Press.

Foucault, M. (1991c) 'Questions of Method'. In G. Burchell, C. Gordon and P. Miller (eds) *The Foucault Effect: Studies in Governmentality*. London: Harvester Wheatsheaf.

Foucault, M. (1991d) *Discipline and Punish: The Birth of the Prison*. Originally published in 1977. Translated by A. Sheridan. Harmondsworth: Penguin.

Foucault, M. (1992) *The Order of Things: An Archaeology of the Human Sciences*. Originally published in 1970. London: Routledge.

Foucault, M. (1996) *Foucault Live: Collected Interviews 1961–1894*. Edited by S. Lotringer. New York: Semiotext(e).

Fraser, N. (1989) *Unruly Practices: Power, Discourse and Gender in Contemporary Social Theory*. Cambridge: Polity.

Fraser, N. and Honneth, A. (2003) *Redistribution or Recognition: A Political-Philosophical Exchange*. London: Verso.

Freud, S. (1938) *Psychopathology of Everday Life*. Harmondsworth: Penguin.

Freud, S. (1969) *Civilization and its Discontents*. Translated by J. Riviere. Edited by J. Strachey. London: Hogarth.

Freund, J. (1979) 'German Sociology in the Time of Max Weber'. In T. Bottomore and R. Nisbet (eds) *A History of Sociological Analysis*. London: Heinemann.

Freund, P. E. S. (1988) 'Bringing Society into the Body: Understanding Socialized Human Nature'. *Theory and Society* 17(6): 839–864.

Freundlieb, D. (1994) 'Foucault's Theory of Discourse and Human Agency'. In C. Jones and R. Porter (eds) *Reassessing Foucault: Power, Medicine and the Body*. London: Routledge.

Friedan, B. (1965) *The Feminine Mystique*. Harmondsworth: Penguin.

Frisby, D. (1991) 'The Aesthetics of Modern Life: Simmel's Interpretation'. In M. Featherstone (ed.) *Consumer Culture and Postmodernism*. London: Sage.

Frisby, D. (1992a) *Sociological Impressionism: A Reassessment of Georg Simmel's Social Theory*, 2nd edn. London: Routledge.

Frisby, D. (1992b) *Simmel and Since: Essays on Georg Simmel's Social Theory*. London: Routledge.

Fromm, E. (1969) *Escape from Freedom*. Originally published in 1941. New York: Avon.

Fukuyama, F. (1995) *Trust: The Social Virtues and the Creation of Prosperity*. London: Hamish Hamilton.

Fuller, S. (2007) *New Frontiers in Science and Technology Studies*. Cambridge: Polity.

Gadamer, H. G. (1975) *Truth and Method*. Originally published in 1960. London: Sheed & Ward.

Gane, M. (1990) 'Ironies of Postmodernism: Fate of Baudrillard's Fatalism'. *Economy and Society* 19(3): 314–334.

Gane, M. (1991) *Baudrillard: Critical and Fatal Theory*. London: Routledge.

Gane, M. (ed.) (1992) *The Radical Sociology of Durkheim and Mauss*. London: Routledge.

Gane, M. (ed.) (1993) *Baudrillard Live: Selected Interviews*. London: Routledge.

Gane, N. (ed.) (2005) *The Future of Social Theory*. London: Continuum.

Garfinkel, H. (1967) *Studies in Ethnomethodology*. Englewood Cliffs, NJ: Prentice-Hall.

Garfinkel, H. (1974) 'The Origins of the Term "Ethnomethodology"'. Originally published in 1968. Reprinted in R. Turner (ed.) *Ethnomethodology*. Harmondsworth: Penguin.

Garfinkel, H. (1991) 'Respecification: Evidence for Locally Produced, Naturally Accountable Phenomena of Order, Logic, Reason, Meaning, Method, etc. In and as of the Essential Haecceity of Immortal Ordinary Society, (1) – An Announcement of Studies'. In G. Button (ed.) *Ethnomethodology and the Human Sciences*. Cambridge: Cambridge University Press.

Garfinkel, H. and Sacks, H. (1986) 'On Formal Structures of Practical Actions'. In H. Garfinkel (ed.) *Ethnomethodological Studies of Work*. London: Routledge & Kegan Paul.

Garland, D. (2002) *The Culture of Control: Crime and Social Order in Contemporary Society*. London: Sage.

Gartman, D. (1991) 'Culture as Class Symbolization or Mass Reification? A Critique of Bourdieu's *Distinction*'. *American Journal of Sociology* 97(2): 421–447.

Gellner, E. (1968) *Words and Things*. Harmondsworth: Penguin.

Gellner, E. (1974) 'The New Idealism: Cause and Meaning in the Social Sciences'. In A. Giddens (ed.) *Positivism and Sociology*. London: Heinemann.

Gellner, E. (1988) *Culture, Identity and Politics*. Cambridge: Cambridge University Press.

Gellner, E. (1992) *Reason and Culture: The Historic Role of Rationality and Rationalism*. Oxford: Blackwell.

Gerth, H. and Mills, C. W. (eds) (1970) *From Max Weber: Essays in Sociology* Originally published in 1948. London: Routledge & Kegan Paul.

Gibson-Graham, J. K. (1996) *The End of Capitalism (As we Knew It): A Feminist Critique of Political Economy*. Oxford: Blackwell.

Giddens, A. (1971) *Capitalism and Modern Social Theory: An Analysis of the Writings of Marx, Durkheim and Max Weber*. Cambridge: Cambridge University Press.

Giddens, A. (1972a) *Politics and Sociology in the Thought of Max Weber*. London: Macmillan.

Giddens, A. (ed.) (1972b) *Emile Durkheim: Selected Writings*. Cambridge: Cambridge University Press.

Giddens, A. (1976) *New Rules of Sociological Method: A Positive Critique of Interpretive Sociologies*. London: Hutchinson.

Giddens, A. (1977) *Studies in Social and Political Theory*. London: Hutchinson.

Giddens, A. (1979) *Central Problems in Social Theory: Action, Structure and Contradiction in Social Analysis*. London: Macmillan.

Giddens, A. (198la). *A Contemporary Critique of Historical Materialism, Volume 1, Power, Property and the State*. London: Macmillan.

Giddens, A. (1981b) 'Agency, Institution, and Time-Space Analysis'. In K. Knorr-Cetina and A. Cicourel (eds) *Advances in Social Theory and Methodology: Towards an Integration of Micro and Macro Theories*. London: Routledge & Kegan Paul.

Giddens, A. (1982) *Profiles and Critiques in Social Theory*. Berkeley, CA: University of California Press.

Giddens, A. (1984) *The Constitution of Society: Outline of the Theory of Structuration*. Cambridge: Polity.

Giddens, A. (1985) *The Nation-State and Violence*, Volume 2, *A Contemporary Critique of Historical Materialism*. Cambridge: Polity.

Giddens, A. (1987) *Social Theory and Modern Sociology*. Cambridge: Polity.

Giddens, A. (1989) 'A Reply to my Critics'. In D. Held and J. Thompson (eds) *Social Theory of Modern Societies: Anthony Giddens and his Critics*. Cambridge: Cambridge University Press.

Giddens, A. (1990) *The Consequences of Modernity*. Cambridge: Polity.

Giddens, A. (199la) 'Structuration Theory: Past, Present and Future'. In C. Bryant and D. Jary (eds) *Giddens' Theory of Structuration: A Critical Appreciation*. London: Routledge.

Giddens, A. (1991b) *Modernity and Self-Identity*. Cambridge: Polity.

Giddens, A. (1992) *The Transformation of Intimacy: Sexuality, Love and Eroticism in Modern Societies*. Cambridge: Polity.

Giddens, A. (1993) *New Rules of Sociological Method: A Positive Critique of Interpretive Sociologies*, 2nd edn. Cambridge: Polity.

Giddens, A. (1994) *Beyond Left and Right: The Future of Radical Politics*. Cambridge: Polity.

Giddens, A. (1998) *The Third Way: The Renewal of Social Democracy*. Cambridge: Polity.

Giddens, A. (2007) *Over To You, Mr Brown: How Labour Can Win Again*. Cambridge: Polity.

Gilleard, C. and Higgs, P. (2005) *Cohorts of Ageing*. London: Routledge.

Gilroy, P. (2001) 'Driving While Black'. In D. Miller (ed). *Car Cultures*. Oxford: Berg.

Glasius, M. Kaldor, M. and Anheier, H. K. (2003) 'Social Forums, the Anti-War Movement and Regressive Globalizers.' www.opendemocracy.net.

Glücksmann, A. (1992) 'Michel Foucault's Nihilism'. In T. J. Armstrong (ed.) *Michel Foucault: Philosopher*. Translated by T. J. Armstrong. London: Harvester Wheatsheaf.

Goffman, E. (1959) *The Presentation of Self in Everyday Life*. London: Penguin.

Goffman, E. (1961) *Encounters: Two Studies in the Sociology of Interaction*. Harmondsworth: Penguin.

Goffman, E. (1968) *Asylums: Essays on the Social Situation of Mental Patients and Other Inmates*. Originally published in 1961. Harmondsworth: Penguin.

Goffman, E. (1971) *Relations in Public: Microstudies of the Public Order*. Harmondsworth: Penguin.

Goffman, E. (1972) *Interaction Ritual: Essays on Face-to-Face Behaviour*. Harmondsworth: Penguin.

Goffman, E. (1974) *Frame Analysis: An Essay on the Organization of Experience*. New York: Harper & Row.

Goffman, E. (1979) *Gender Advertisements*. London: Macmillan.

Goffman, E. (1981) *Forms of Talk*. Philadelphia, PA: University of Pennsylvania Press.

Goffman, E. (1983) 'The Interaction Order'. The 1982 American Sociological Association Presidential Address. Reprinted in K. Plummer (ed.) *Symbolic Interactionism*, Volume 2, *Contemporary Issues*. Aldershot: Edward Elgar..

Goffman, E. (1984) *The Presentation of Self in Everyday Life*. Originally published in 1959. Harmondsworth: Penguin.

Goldthorpe, J. H. (1973) 'A Revolution in Sociology?' *Sociology* 7: 449–462.

Goldthorpe, J. H. and Marshall, G. (1992) 'The Promising Future of Class Analysis'. *Sociology* 26(3): 381–400.

Gordon, C. (1987) 'The Soul of the Citizen: Max Weber and Michel Foucault on Rationality and Government'. In S. Lash and S. Whimster (eds) *Max Weber, Rationality and Modernity*. London: Allen & Unwin.

Gouldner, A. (1971) *The Coming Crisis in Western Sociology*. London: Heinemann.

Gramsci, A. (1971) *Prison Notebooks: Selections*. Translated by Q. Hoare and G. N. Smith. New York: International Publishers.

Greenblatt, S. (1980) *Renaissance Self-Fashioning: From More to Shakespeare*, Chicago, IL: University of Chicago Press.

Greer, G. (1970) *The Female Eunuch*. London: MacGibbon & Kee.

Gregson, N. (1989) 'On the (Ir)relevance of Structuration Theory to Empirical Research'. In D. Held and J. Thompson (eds) *Social Theory of Modern Societies: Anthony Giddens and his Critics*. Cambridge: Cambridge University Press.

Griffiths, M. (1988) 'Feminism, Feelings and Philosophy'. In M. Griffiths and M. Whitford (eds) *Feminist Perspectives in Philosophy*. London: Macmillan.

Griffiths, M. and Whitford, M. (eds) (1988) *Feminist Perspectives in Philosophy*. London: Macmillan.

Grosz, E. (1990) 'A Note on Essentialism and Difference'. In S. Gunew (ed.) *Feminist Knowledge: Critique and Construct*. London: Routledge.

Grosz, E. (1992) 'What is Feminist Theory?' In H. Crowley and S. Himmelweit (eds) *Knowing Women: Feminism and Knowledge*. Cambridge: Polity.

Grosz, E. (1994) *Volatile Bodies: Toward a Corporeal Feminism*. Bloomington, IN: Indiana University Press.

Gubrium, J. and Holstein, J. (2006) *Couples, Kids, and Family Life*. New York: Oxford University Press.

Gutting, G. (2003) *Foucault: A Very Short Introduction*. Oxford: Oxford University Press.

Habermas, J. (1975) *Legitimation Crisis*. Translated by T. McCarthy. Boston, MA: Beacon.

Habermas, J. (1981) 'Towards a Reconstruction of Historical Materialism'. In K. Knorr-Cetina and A. Cicourel (eds) *Advances in Social Theory and Methodology: Towards an Integration of Micro and Macro Theories*. London: Routledge & Kegan Paul.

Habermas, J. (1984) *Theory of Communicative Action. Volume 1: Reason and the Rationalization of Society*. Translated by T. McCarthy. London: Heinemann.

Habermas, J. (1986) 'Taking Aim at the Heart of the Present'. In D. C. Hoy (ed.) *Foucault: A Critical Reader*. Oxford: Blackwell.

Habermas, J. (1987) *Theory of Communicative Action. Volume 2: Lifeworld and System: A Critique of Functionalist Reason*. Translated by T. McCarthy. Cambridge: Polity.

Habermas, J. (1989a) *Knowledge and Human Interests*. Originally published in 1968. Translated by J. J. Shapiro. Cambridge: Polity.

Habermas, J. (1989b) *The Structural Transformation of the Public Sphere*. Translated by T. Berger and F. Lawrence. Cambridge, MA: MIT Press.

Habermas, J. (1990) *On the Logic of the Social Sciences*. Originally published in 1970. Translated by S. S. W. Nicholsen and J. A. Stark. Cambridge: Polity.

Habermas, J. (1991) 'A Reply'. In A. Honneth and H. Joas (eds) *Communicative Action: Essays on Jürgen Habermas's 'The Theory of Communicative Action'*. Translated by J. Gains and D. L. Jones. Cambridge, MA: MIT Press.

Habermas, J. (1992a) *The Philosophical Discourse of Modernity: Twelve Lectures*. Cambridge: Polity.

Habermas, J. (1992b) *Postmetaphysical Thinking: Philosophical Essays*. Translated by W. M. Hohengarten. Cambridge, MA: MIT Press.

Habermas, J. (1992c) *Moral Consciousness and Communicative Action*. Translated by C. Lenhardt and S. Nicholsen. Introduction by T. McCarthy. Cambridge: Polity.

Habermas, J. (1993) *Justification and Application: Remarks on Discourse Ethics*. Translated by C. Cronin. Cambridge: Polity.

Habermas, J. (1994) *The Past as Future*. Interviewed by M. Haller. Translated and edited by M. Pensky. Cambridge: Polity.

Habermas, J. (1996) *Between Facts and Norms: Contributions to a Discourse Theory of Law and Democracy*. Cambridge: Polity.

Habermas, J. (2003) *On the Pragmatics of Social Interaction: Preliminary Studies in the Theory of Communicative Action*. Cambridge: Polity.

Habermas, J. (2006) *The Divided West*. Cambridge: Polity.

Hagestad, G. and Dannefer, D. (2001) 'Concepts and Theories of Aging'. In R. Binstock and L. George (eds) *Handbook of Aging and Social Sciences*. San Diego, CA: Academic Press.

Hall, P. M. (1987) 'Interactionism and the Study of Social Organization'. Reprinted in K. Plummer (ed.) *Symbolic Interactionism*, Volume 2, *Contemporary Issues*. Aldershot: Edward Elgar.

Hamilton, P. (1983) *Talcott Parsons*. London: Tavistock.

Hamilton, P. (ed.) (1985) *Readings from Talcott Parsons*. London: Tavistock.

Hamilton, P. (1992) 'The Enlightenment and the Birth of Social Science'. In S. Hall and B. Gieben (eds) *Formations of Modernity*. Cambridge: Polity.

Haraway, D. (1991) *Simians, Cyborgs, and Women: The Reinvention of Nature*. New York: Routledge.

Harding, S. (1986) *The Science Question in Feminism*. Milton Keynes: Open University Press.

Harding, S. (ed.) (2004) *The Feminist Standpoint Theory Reader: Intellectual and Political Controversies*. New York: Routledge.

Harding, S. (2006) *Science and Social Inequality*. Urbana, IL: University of Illinois Press.

Harding, S. and Hintikka, M. B. (1983) 'Introduction'. In S. Harding and M. B. Hintikka, (eds) *Discovering Reality: Feminist Perspectives on Epistemology, Metaphysics, Methodology, and Philosophy of Science*. London: Reidel.

Harper, S. (1997) 'Constructing Later Life/Constructing the Body: Some Thoughts from Feminist Theory'. In A. Jamieson, S. Harper and C. Victor (eds) *Critical Approaches to Ageing and Later Life*. Buckingham: Open University Press.

Harré, R (ed.) (1986) *The Social Construction of Emotions*. Oxford: Blackwell.

Harré, R. and van Langenhove, L. (1991) 'Varieties of Positioning'. *Journal for the Theory of Social Behaviour*. 21(4): 393–407.

Harré, R. and Moghaddam, F. M. (eds) (2003) *The Self and Others: Positioning Individuals and Groups in Personal, Organizational, Political and Cultural Contexts*. Westport, CT: Praeger/Greenwood.

Harrington, A. (ed.) (2005) *Contemporary Social Theory*. London: Blackwell.

Hartsock, N. (1983) 'The Feminist Standpoint: Developing the Ground for a Specifically Feminist Historical Materialism'. In S. Harding and M. B. Hintikka (eds) *Discovering Reality: Feminist Perspectives on Epistemology, Metaphysics, Methodology, and Philosophy of Science*. London: Reidel.

Harvey, D. (1990) *The Condition of Postmodernity: An Enquiry into the Origins of Cultural Change*. Oxford: Blackwell.

Harvey, D. (2006) *Spaces of Global Capitalism: Towards a Theory of Uneven Geographical Development*. London: Verso.

Hawthorn, G. (1976) *Enlightenment and Despair: A History of Sociology*. Cambridge: Cambridge University Press.

Hegel, G. W. F. (1967a) *The Phenomenology of Mind*. Translated by J. B. Baillie. Oxford: Oxford University Press.

Hegel, G. W. F. (1967b) *Hegel's Philosophy of Right*. Translated by T. M. Knox. Oxford: Oxford University Press.

Heilbron, J. (1995) *The Rise of Social Theory*. Translated by S. Gogol. Cambridge: Polity.

Hekman, S. (1990a) 'Hermeneutics and the Crisis of Social Theory: A Critique of Giddens' Epistemology'. In J. Clark, C. Modgil and S. Modgil (eds) *Anthony Giddens: Consensus and Controversy*. Brighton: Falmer.

Hekman, S. (1990b) *Gender and Knowledge: Elements of a Postmodern Feminism*. Cambridge: Polity.

Held, D. (1990) *Introduction to Critical Theory: Horkheimer to Habermas*. Cambridge: Polity.

Held, D. (2000) *Global Transformations*. Cambridge: Polity.

Heller, A. (1984) *Everyday Life*. Translated by G. Campbell. London: Routledge & Kegan Paul.

Heritage, J. (1984) *Garfinkel and Ethnomethodology*. Cambridge: Polity.

Heritage, J. (1990) 'Ethnomethodology'. In A. Giddens and J. Turner (eds) *Social Theory Today*. Cambridge: Polity.

Hill, R. J. and Stones Crittenden, K. (eds) (1968) *Proceedings of the Purdue Symposium on Ethnomethodology*. Department of Sociology, Institute for the Study of Social Change, Purdue University, West Lafayette, IN.

Hindness, B. (1996) *Discourses of Power: From Hobbes to Foucault*. Oxford: Blackwell.

Hirst, P. Q. and Thompson, G. (2000) *Globalization in Question: The International Economy and the Possibilities of Governance*, 2nd edn. Cambridge: Polity.

Hochschild, A. E. (1983) *The Managed Heart: Commercialization of Human Feeling*. Berkeley, CA: University of California Press.

Hochschild, A. E. (2003) *The Commercialization of Intimate Life: Notes from Home and Work*. Berkeley, CA: University of California Press.

Hole, J. and Lévine, E. (1979) 'The First Feminists'. In J. Freeman (ed.) *Women: A Feminist Perspective*, 2nd edn. Palo Alto, CA: Mayfield..

Hollingdale, R. J. (ed.) (1977) *A Nietzsche Reader*. Translated by R. J. Hollingdale. Harmondsworth: Penguin.

Hollinger, R. (1994) *Postmodernism and the Social Sciences: A Thematic Approach*. London: Sage.

Hollis, M. and Lukes, S. (eds) (1982) *Rationality and Relativism*. Oxford: Blackwell.

Holton, R. and Turner, B. (1989) *Max Weber on Economy and Society*. London: Routledge.

Holtzman, S. and Leich, C. (eds) (1981) *Wittgenstein: To Follow a Rule*. London: Routledge & Kegan Paul.

Holub, R. C. (1991) *Jürgen Habermas: Critic in the Public Sphere*. London: Routledge.

Homans, G. (1961) *Social Behaviour: Its Elementary Forms*. New York: Harcourt Brace Jovanovich.

Homans, G. (1973) 'Bringing Men Back In'. In A. Ryan (ed.) *The Philosophy of Social Explanation*. Oxford: Oxford University Press.

Honneth, A. (1991) *The Critique of Power: Reflective Stages in a Critical Social Theory*. Translated by K. Baynes. Cambridge, MA: MIT Press.

Honneth, A. (1993) 'Critical Theory in Germany Today: An Interview'. *Radical Philosophy* 65 : 33–41.

Honneth, A. and Joas, H. (1988) *Social Action and Human Nature*. Cambridge: Cambridge University Press.

Horkheimer, M. (1993) *Between Philosophy and Social Science: Selected Early Writings*. Translated by G. F. Hunter, M. S. Kramer and J. Torpey. Cambridge, MA: MIT Press.

Houtkoop-Steenstra, H. (1993) 'Opening Sequences in Dutch Telephone Conversations'. In D. Boden and D. H. Zimmerman (eds) *Talk and Social Structure: Studies in Ethnomethodology and Conversation Analysis*. Cambridge: Polity.

Hoy, D. C. (1986) 'Power, Repression, Progress: Foucault, Lukes, and the Frankfurt School'. In D. C. Hoy (ed.) *Foucault: A Critical Reader.* Oxford: Blackwell.

Hoy, D. C. and McCarthy, T. (1994) *Critical Theory.* Oxford: Blackwell.

Hughes, E. (1971) *The Sociological Eye: Selected Papers*. Chicago, IL: Aldine-Atherton.

Hughes, S. H. (1979) *Consciousness and Society: The Reorientation of European Social Thought 1890–1930*. Brighton: Harvester.

Humm, M. (ed.) (1992) *Feminisms: A Reader.* London: Harvester Wheatsheaf.

Jaggar, A. (1983) *Feminist Politics and Human Nature*. London: Harvester.

James, W. (1890) *Principles of Psychology*, 2 volumes. New York: Holt.

Jameson, F. (1991) *Postmodernism, or, The Cultural Logic of Late Capitalism.* London: Verso.

Jay, M. (1973) *The Dialectical Imagination: A History of the Frankfurt School and the Institute of Social Research 1923–1950*. London: Heinemann.

Jenson, J. (1995) 'Mapping, Naming and Remembering: Globalization at the End of the Twentieth Century'. *Review of International Political Economy* 2(1): 96–116.

Jessop, B. (2002) *The Future of the Capitalist State in its Place*. Cambridge: Polity.

Joas, H. (1985) *G. H. Mead: A Contemporary Re-Examination of his Thought.* Translated by R. Meyer. Cambridge: Polity.

Joas, H. (1993) *Pragmatism and Social Theory.* Chicago, IL: University of Chicago Press.

Johnson, L. C. (1990) 'Socialist Feminisms'. In S. Gunew (ed.) *Feminist Knowledge: Critique and Construct.* London: Routledge.

Johnson, P. (1993) 'Feminism and the Enlightenment'. *Radical Philosophy* 63: 3–12.

Johnson, T., Dandeker, C. and Ashworth, C. (1984) *The Structure of Social Theory: Dilemmas and Strategies*. London: Macmillan.

Jones, C. (2006) 'Olwen Hufton's "Poor", Richard Cobb's "People" and the French Revolution'. In R. Harris and L. Roper (eds) *The Art of Survival: Essays in Honour of Olwen Hufton: Gender and History in Europe 1450–2000*. Oxford: Oxford University Press

Kamuf, P. (ed.) (1991) *A Derrida Reader: Between the Blinds*. London: Harvester Wheatsheaf.

Katz, S. (1996) *Disciplining Old Age*. Charlottesville, VA: University Press of Virginia.

Katz, S. (2007) *Cultural Aging*. Peterborough, Ont.: Broadview Press

Keat, R. and Urry, J. (1975) *Social Theory as Science*. London: Routledge & Kegan Paul.

Kellner, D. (1993) 'Popular Culture and the Construction of Postmodern Identities'. In S. Lash and J. Friedman (eds) *Modernity and Identity*. Oxford: Blackwell.

Kellner, D. (2002) 'Technological Revolution, Multiple Literacies, and the Restructuring of Education'. In I. Snyder (ed.) *Silicon Literacies*. London: Routledge.

Kelly, M. (ed.) (1994) *Critique and Power: Recasting the Foucault/Habermas Debate*. Cambridge, MA: MIT Press.

Kemper, T. (1984) 'Power, Status and Emotions'. In E. Scherer and P. Ekman (eds) *Approaches to Emotion*. Hillsdale, NJ: Lawrence Erilbaum

Kinnaird, J. K. (1983) 'Mary Astell: Inspired by Ideas'. In D. Spender (ed.) *Feminist Theorists: Three Centuries of Women's Intellectual Traditions*. London: Women's Press.

Klein, N. (2001) *No Logo*. London: Flamingo.

Knights, D. and McCabe, D. (2003). *Organization and Innovation: Guru Schemes and American Dreams*. Maidenhead: Open University Press.

Knorr-Cetina, K. (1981) 'The Micro-Sociological Challenge of Macro-Sociology: Towards a Reconstruction of Social Theory and Methodology'. In K. Knorr-Cetina and A. Cicourel (eds) *Advances in Social Theory and Methodology: Towards an Integration of Micro and Macro Theories*. London: Routledge & Kegan Paul.

Knorr-Cetina, K. (2005) 'From Pipes to Scopes: The Flow Architecture of Financial Markets'. In A. Barry (ed.) *The Technological Economy*. London: Routledge.

Kolakowski, L. (1978a) *Main Currents of Marxism, Volume 1*. Oxford: Oxford University Press.

Kolakowski, L. (1978b) *Main Currents of Marxism, Volume 2*. Oxford: Oxford University Press.

Korany, B. (1994) 'End of History, or its Continuation and Accentuation? The Global South and the "New Transformation" Literature.' *Third World Quarterly* 15(1): 7–15.

Kristeva, J. (1999) 'Women's Time'. In C. Belsey and J. Moore (eds) *The Feminist Reader*. London: Blackwell.

Kroker, A. and Cook, D. (1988) *The Postmodern Scene: Excremental Culture and* Hyper-Aesthetics. London: Macmillan.

Kurtz, L. (1984) Evaluating Chicago Sociology: A Guide to the Literature with an Annotated Bibliography. Chicago, IL: University of Chicago Press.

Lacan, J. (1992) *The Ethics of Psychoanalysis 1959–1960*. New York: Norton.

Laclau, E. and Mouffe, C. (2001) *Hegemony and Socialist Strategy: Towards a Radical Democratic Politics*, 2nd edn. London: Verso.

Landry, D. and MacLean, G. (1993) Materialist Feminisms. Oxford: Blackwell.

Larrabee, M. J. (ed.) (1993) An Ethic of Care: Feminist and Interdisciplinary Perspectives. London: Routledge.

Lash, S. (1990) The Sociology of Postmodernism. London: Routledge.

Lash, S. (1993) 'Pierre Bourdieu: Cultural Economy and Social Change'. In C. Calhoun, E. LiPuma and M. Postone (eds) *Bourdieu: Critical Perspectives*. Cambridge: Polity.

Lash, S. and Urry, J. (1987) The End of Organized Capitalism. Cambridge: Polity.

Lash, S. and Urry, J. (1994) *Economies of Signs and Space*. London: Sage.

Lash, S. and Whimster, S. (eds) (1987) *Max Weber, Rationality and Modernity*. London: Allen & Unwin.

Latour, B (1986) 'Visualization and Cognition: Thinking with the Eyes and the Hands'. In H. Kuklick and E. Long (eds) *Knowledge and Society: Studies in the Sociology of Culture Past and Present* Volume 6. London: Routledge.

Latour, B. (1987) *Science in Action: How to Follow Scientists and Engineers through Society*. Milton Keynes: Open University Press.

Latour, B. (1991) 'Technology is Society Made Durable'. In J. Law (ed.) *A Sociology of Monsters? Essays on Power, Technology and Domination*. London: Routledge.

Latour, B. (1992) 'Where are the Missing Masses? Sociology of a Few Mundane Artefacts'. In W. Bijker and J. Law (eds) *Shaping Technology, Building Society: Studies in Sociotechnical Change*. Cambridge, MA: MIT Press.

Latour, B. (1993) 'Ethnography of a "high-tech" Case: About Aramis'. In P. Lemonnier (ed.) *Technological Choices: Transformation in Material Cultures since the Neolithic*. London: Routledge.

Latour, B. (1996) 'Social Theory and the Study of Computerized Work Sites'. In W. J. Orlikowski, G. Walsham, M. R. Jones and J. DeGros (eds) *Information Technology and Changes in Organizational Work*. London: Chapman & Hall.

Latour, B. (1999) *Pandora's Hope: Essays on the Reality of Science Studies*. Cambridge, MA: Harvard University Press.

Latour, B. (2005) *Reassembling the Social: An Introduction to Actor-Network-Theory*. New York: Oxford University Press.

Lavallette, M. and Pratt, A. (2007) Social Policy: *A Conceptual, Theoretical and Methodological Analysis*. London: Sage.

Law, J. (ed.) (1991) *A Sociology of Monsters*. London: Routledge.

Law, J. (1992) 'Notes on the Theory of the Actor-Network: Ordering, Strategy and Heterogeneity'. *Systems Practice* 5: 379–393.

Law, J. and Callon M. (1988) 'Engineering and Sociology in a Military Aircraft Project: A Network Analysis of Technical Change'. *Social Problems* 35: 284–297.

Law, J. and Hassard, J. (1999) *Actor Network Theory and After*. Malden, MA: Blackwell.

Layder, D. (1987) 'Key Issues in Structuration Theory: Some Critical Remarks'. *Current Perspectives in Social Theory* 8: 25–46.

Layder, D. (2004) *Social and Personal Identity*. London: Sage.

Layder, D. (2006) *Understanding Social Theory*, 2nd edn. London: Sage.

Leeds Revolutionary Feminist Group (1982) 'Political Lesbianism: The Case against Heterosexuality'. In M. Evans (ed.) *The Woman Question: Readings on the Subordination of Women*. London: Fontana.

Legrain, P (2006) 'Why NAMA Liberalization is Good for Developing Countries'. *The World Economy* 29(10): 1349–1362.

Lemert, C. (1979) 'De-Centred Analysis: Ethnomethodology and Structuralism'. *Theory and Society* 7: 289–306.

Lemert, C. (ed.) (1993) Social Theory: *The Multicultural and Classic Readings*. Oxford: Westview.

Lemert, C. (2006) *Social Things*. New York: Rowman & Littlefield.

Lerner, G. (2004) *Conversation Analysis: Studies from the First Generation*. New York: John Benjamins.

Lévi-Strauss, C. (1963) *Structural Anthropology*. New York: Basic Books.

Lewis, J. D. and Smith, R. L. (1980) *American Sociology and Pragmatism*: Mead, Chicago Sociology and Symbolic Interactionism. Chicago, IL: University of Chicago Press.

Lincourt, J. M. and Hare, P. H. (1973) 'Neglected American Philosophers in the History of Symbolic Interactionism'. In K. Plummer (ed.) *Symbolic Interactionism*, Volume 1, *Foundations and History*. Aldershot: Edward Elgar.

Lindsay, A. D. (1967) 'Hegel the German Idealist'. In F. J. C. Hearnshaw (ed.) *The Social and Political Ideas of Some Representative Thinkers of the Age of Reaction and Reconstruction: 1815–1865*. Originally published in 1932. London: Dawsons.

Loader, B. (2001) *Community Informatics: Shaping Computer-Mediated Social Networks*. London: Routledge.

Lockwood, D. (1976) 'Social Integration and System Integration'. In G. K. Zollschan and W. Hirsch (eds) *Social Change: Explorations, Diagnoses and Conjectures*. New York: Wiley.

Lofland, J. (1976) *Doing Social Life*. New York: Wiley.

Longino, C. F., Jr. and Powell, J. L. (2004) 'Embodiment and the Study of Aging'. In V. Berdayes, L. Esposito and J. W. Murphy (eds) *The Body in Human Inquiry: Interdisciplinary Explorations of Embodiment*. Cresskill, NJ: Hampton Press.

López, J. and Scott, J. (2000) *Social Structure*. Buckingham: Open University Press.

Lowith, K. (1993) *Max Weber and Karl Marx*. Preface by B. S. Turner. Edited with an introduction by T. Bottomore and W. Outhwaite. London: Routledge.

Luhmann, N. (1982) *The Differentiation of Society*. Translated by S. Holmes and C. Larmore. New York: Columbia University Press.

Luhmann, N. (1986) 'The Individuality of the Individual'. In T. Heller, M. Sosna and D. Wellbery with A. Davidson, A. Swidler and I. Watt (eds)

Reconstructing Individualism: Autonomy, Individuality, and the Self in Western Thought. Stanford, CA: Stanford University Press.

Luhmann, N. (1989) *Ecological Communication*. Chicago, IL: University of Chicago Press.

Luhmann, N. (1993) *Risk: A Sociological Theory*. Translated by R. Barrett. New York: Walter de Gruyter.

Lukács, G. (1971) *History and Class Consciousness: Studies in Marxist Dialectics*. Originally published in 1923. London: Merlin.

Lukes, S. (1967) 'Alienation and Anomie'. In P. Laslett and W. G. Runciman (eds) *Philosophy, Politics and Society*. Oxford: Oxford University Press.

Lukes, S. (1981) *Emile Durkheim: His Life and Work – A Historical and Critical Study*. Harmondsworth: Penguin.

Lukes, S. (1985) *Marxism and Morality*. Oxford: Oxford University Press.

Lupton, D. (ed.) (1999) *Risk and Sociocultural Theory: New Directions and Perspectives*. Cambridge: Cambridge University Press.

Lyman, S. (1991) *Militarism, Imperialism and Racial Accommodation: An Analysis and Interpretation of the Early Writings of Robert E. Park*. Fayetteville, AR: University of Arkansas Press.

Lyon, D. (2001) *Surveillance Society: Monitoring Everyday Life*. Buckingham, Open University Press.

Lyon, D. (ed.) (2006) *Theorizing Surveillance: The Panopticon and Beyond*. Cullompton, UK: Willan Press.

Lyotard, J. F. (1984) *The Postmodern Condition: A Report on Knowledge*. Translated by G. Bennington and B. Massumi. Foreword by F. Jameson. Manchester: Manchester University Press.

Lyotard, J. F. (1993) 'Answering the Question: What is Postmodernism?' In T. Docherty (ed.) *Postmodernism: A Reader*. London: Harvester Wheatsheaf.

McCarthy, T. (1984) *The Critical Theory of Jürgen Habermas*. Cambridge: Polity.

McCarthy, T. (1991) 'Complexity and Democracy: Or the Seducements of Systems Theory'. In A. Honneth and H. Joas (eds) *Communicative Action: Essays on Jürgen Habermas's 'The Theory of Communicative Action'*. Translated by J. Gains and D. L. Jones. Cambridge, MA: MIT Press.

McGrew, A. (2007) 'Globalization in Hard Times: Contention in the Academy and Beyond'. In G. Ritzer (ed.) *The Blackwell Companion to Globalization*. Oxford: Blackwell.

McHugh, P. (1974) 'On the Failure of Positivism'. In J. D. Douglas (ed.) *Understanding Everyday Life: Towards the Reconstruction of Sociological Knowledge*. London: Routledge & Kegan Paul.

McHugh, P., Raffel, S., Foss, D. C. and Blum, A. F. (1974) *On the Beginning of Social Inquiry*. London: Routledge & Kegan Paul.

MacIntyre, A. (1973) 'The Idea of a Social Science'. In A. Ryan (ed.) *The Philosophy of Social Explanation*. Oxford: Oxford University Press.

MacIntyre, A. (1985) *After Virtue: A Study in Moral Theory*, 2nd edn. London: Duckworth.

MacIntyre, A. (1988) *Whose Justice? Which Rationality?* London: Duckworth.

MacKinnon, C. (1988) 'Desire and Power: A Feminist Perspective'. In C. Nelson and L. Grossberg (eds) (1988) *Marxism and the Interpretation of Culture*. London: Macmillan.

McLellan, D. and Sayers, S. (eds) (1990) *Socialism and Morality*. London: Macmillan.

McLennan, G. (1995) *Pluralism*. Buckingham: Open University Press.

McLuhan, M. (1975) *Understanding Media: The Extensions of Man*, 3rd edn. Toronto: McGraw-Hill.

McNay, L. (1994) *Foucault: A Critical Introduction*. Cambridge: Polity.

McNay, L. (2000) *Gender and Agency: Reconfiguring the Subject in Feminist and Social Theory*. Cambridge: Polity.

McNay, L. (2001) 'Meditations on Pascalian Meditations'. *Economy and Society* 30(1): 139–154.

McNay, L. (2004) 'Agency, Anticipation, Indeterminacy in Feminist Theory'. *Feminist Theory* 4(2): 139–148.

McPhail, C. and Rexroat, C. (1979) 'Mead vs. Blumer: The Divergent Methodological Perspectives of Social Behaviourism and Symbolic Interactionism'. Reprinted in K. Plummer (ed.) *Symbolic Interactionism*, Volume 1, *Foundations and History*. Aldershot: Edward Elgar.

Mann, M. (2006) *The Dark Side of Democracy*. Cambridge: Cambridge University Press

Mannheim, K. (1952) *Essays on the Sociology of Knowledge*. Translated and edited by P. Kecskemeti. New York: Oxford University Press.

Manning, P. (1992) *Erving Goffman and Modern Sociology*. Cambridge: Polity.

Marcuse, H. (1964) *One-Dimensional Man: Studies in the Ideology of Advanced Industrial Society*. London: Routledge.

Marcuse, H. (1968a) *One Dimensional Man: The Ideology of Industrial Society*. London: Sphere.

Marcuse, H. (1968b) *Negations: Essays in Critical Theory*. Boston, MA: Beacon.

Marcuse, H. (1969) *Reason and Revolution: Hegel and the Rise of Social Theory*. London: Routledge & Kegan Paul.

Marshall, B. L. (1994) *Engendering Modernity: Feminism, Social Theory and Social Change*. Cambridge: Polity.

Marshall, B. and Witz, A. (2004) *Engendering the Social*. Maidenhead: Open University Press

Martin, J. R. (1994) 'Methodological Essentialism, False Difference, and Other Dangerous Traps'. *Signs* 19(3): 630–657.

Marx, K. (1961) *The Poverty of Philosophy*. Originally published in 1847. Edited by C. J. Arthur. London: Lawrence & Wishart.

Marx, K. (1964) *The German Ideology*. London: Lawrence & Wishart.

Marx, K. (1980) 'The Eighteenth Brumaire of Louis Bonaparte'. In K. Marx and F. Engels (1980) *Selected Works in One Volume*. London: Lawrence & Wishart.

Marx, K. (1981) *Economic and Philosophical Manuscripts of 1844*. London: Lawrence & Wishart.

Marx, K. (1983) *Capital: A Critique of Political Economy*, Volume 2, *The Process of Production of Capital*. Edited by F. Engels. Translated by S. Moore and E. Aveling. English edition first published in 1887. London: Lawrence & Wishart.

Marx, K. and Engels, F. (1953) *Selected Correspondence: 1843–1895*. London: Lawrence & Wishart.

Massey, D. (2005) *For Space*. London: Sage.

May, T. (1998) 'Reflexivity in the Age of Reconstructive Social Science'. *International Journal of Social Research Methodology: Theory and Practice* 1(1): 7–24.

May, T. (1999a) 'Reflexivity and Sociological Practice'. *Sociological Research Online*, special section on 'The Future of Sociology', 4(3). www.socresonline.org.uk/socresonline/4/3/may.html

May, T. (1999b) 'From Banana Time to Just-in-Time: Power and Resistance at Work'. *Sociology* 33(4): 767–783.

May, T. (2000) 'A Future for Critique? Positioning, Belonging and Reflexivity'. *European Journal of Social Theory* 3(2): 157–173.

May, T. (2001) 'Power, Knowledge and Organizational Transformation: Administration as Depoliticization', special issue on 'Social Epistemology and Knowledge Management'. *Social Epistemology* 15(3): 171–186.

May, T. (2002) 'The Discontented Epoch: Freedom and Security in Bauman's Postmodernity'. In P. Beilharz (ed.) *Zygmunt Bauman: 4 Volumes*. Volume 3, *The Postmodern*. London: Sage.

May, T. (2005) 'Transformations in Academic Production: Context, Content and Consequences'. *European Journal of Social Theory* 8(2): 193–209.

May, T. (2006) 'Transformative Power: A Study in Human Service Organization'. In H. Beynon and T. Nichols (eds) *Patterns of Work in the Post-Fordist Era*, Volume 2. Cheltenham: Edward Elgar.

May, T. and Marvin, S. (2008) 'Elected Regional Assemblies: Lessons for Better Policy Making'. In M. Sandford (ed.) *The Northern Veto*. Manchester: Manchester University Press.

May, T. and Perry, B. (2006) 'Cities, Knowledge and Universities: Transformations in the Image of the Intangible'. In special edition on 'Universities in the Knowledge Economy: Places of Expectation/Spaces for Reflection?', edited by T. May and B. Perry *Social Epistemology* 20(3–4): 259–282.

May, T. and Powell, J. L. (2007) 'Interpretive Analytics and the Constitution of the Social'. In T. Edwards (ed.) *Cultural Theory*. London: Sage.

May, T. and Williams, M. (2002) 'Rom Harré on Social Structure and Social Change'. *European Journal of Social Theory* 5(1): 107–111.

Mayer, T. (1994) *Analytical Marxism*. London: Sage.

Maynard, D. W. and Clayman, S. E. (1991) 'The Diversity of Ethnomethodology'. *Annual Review of Sociology* 17: 385–418.

Mead, G. H. (1910) 'What Social Objects Must Psychology Presuppose?' Reprinted in A. J. Reck (ed.) (1964) *Selected Writings: George Herbert Mead*. Chicago, IL: University of Chicago Press.

Mead, G. H. (1930) 'Cooley's Contribution to American Social Thought'. Reprinted in K. Plummer (ed.) *Symbolic Interactionism*, Volume 1, *Foundations and History*. Aldershot: Edward Elgar.

Meltzer, B. N. and Petras, J. W. (1973) 'The Chicago and Iowa Schools of Symbolic Interactionism'. In T. Shibutani (ed.) *Human Nature and Collective Behaviour: Papers in Honor of Herbert Blumer*. New Brunswick, NJ: Transaction.

Meltzer, B. N., Petras, J. W. and Reynolds, L. T. (1975) *Symbolic Interactionism: Genesis, Varieties and Criticism*. London: Routledge & Kegan Paul.

Mennell, S. (1975) 'Ethnomethodology and the New *Methodenstreit*'. *Acta Sociologica* 18(4): 287–302.

Mennell, S. (1992) *Norbert Elias: An Introduction*. Oxford: Blackwell.

Merlino, F. S. (1898) *Formes et essences de socialisme*. Paris: Giard & Brière.

Merton, R. (1968) *Social Theory and Social Structure*. New York: Free Press.

Meštrović, S. (1992) *The Coming Fin de Siècle: An Application of Durkheim's Sociology to Modernity and Postmodernity*. London: Routledge.

Meštrović, S. (1993) *The Barbarian Temperament: Towards a Critical Postmodern Theory*. London: Routledge.

Miles, S. and Miles, M. (2004) *Consuming Cities*. Basingstoke: Palgrave Macmillan.

Millett, K. (1969) *Sexual Politics*. New York: Avon.

Millett, K. (1992) 'Beyond Politics? Children and Sexuality'. In C. S. Vance (ed.) *Pleasure and Danger: Exploring Female Sexuality*. London: Pandora.

Mills, C. W. (1970) *The Sociological Imagination*. Originally published in 1959. Harmondsworth: Penguin.

Mitchell, J. (1966) 'Women: The Longest Revolution'. *New Left Review* 40: 11–37.

Mitchell, J. (1971) *Women's Estate*. London: Penguin.

Mitchell, J. (1974) *Woman's Estate*. Harmondsworth: Penguin.

Mitchell, J. (1986) 'Reflections on Twenty Years of Feminism'. In J. Mitchell and A. Oakley (eds) *What is Feminism*? Oxford: Blackwell.

Moi, T. (1991) 'Appropriating Bourdieu: Feminist Theory and Pierre Bourdieu's Sociology of Culture'. *New Literary History* 22: 1017–1049.

Mommsen, W. J. (1992) *The Political and Social Theory of Max Weber: Collected Essays*. Cambridge: Polity.

Monk, R. (1990) *Ludwig Wittgenstein: The Duty of Genius*. London: Vintage.

Morgan, K. (2001) 'The Exaggerated Death of Geography: Localized Learning, Innovation and Uneven Development'. Paper presented to the Future of Innovation Studies Conference, Eindhoven.

Mounce, H. O. (1997) *The Two Pragmatisms: From Peirce to Rorty*. London: Routledge.

Mouzelis, N. (1991) *Back to Sociological Theory: The Construction of Social Orders*. London: Macmillan.

Mouzelis, N. (2007) 'Cognitive Relativism'. In J. L. Powell and T. Owen (eds) *Reconstructing Postmodernism*. New York: Nova Science.

Mullan, B. (1987) *Sociologists on Sociology: Interviews with Contemporary Sociologists*. London: Croom Helm.

Munck, R. (2002) *Globalization and Labour*. London: Zed Books.

Murgatroyd, L. (1989) 'Only Half the Story: Some Blinkering Effects of "Malestream" Sociology'. In D. Held and J. Thompson (eds) *Social Theory of Modern Societies: Anthony Giddens and his Critics*. Cambridge: Cambridge University Press.

Mythen, G. (2007) 'The Postmodern Terrorist Risk: Plus ça change, plus c'est la même chose?' In J. Powell and T. Owen (eds) *Reconstructing Postmodernism: Critical Debates*. New York: Nova Science.

Nelson, C. and Grossberg, L. (eds) (1988) Marxism and the Interpretation of Culture. London: Macmillan.

Nisbet, R. (1970) The Sociological Tradition. London: Heinemann.

Norris, C. (1987) *Derrida*. London: Fontana.

Nuyen, A. T. (1990) 'Truth, Method, and Objectivity: Husserl and Gadamer on Scientific Method'. *Philosophy of the Social Sciences* 20(4): 437–452.

Oakley, A. (1974) *The Sociology of Housework*. Oxford: Martin Robertson.

Oberg, P. and Tornstam, L. (1999) 'Body Images among Men and Women of Different Ages'. *Ageing and Society* 19: 645–658.

Odih, P. (2007) *Gender and Work in Capitalist Economies*. Maidenhead: Open University Press.

Ohmae, K (2005) *The Next Global Stage: Challenges and Opportunities in Our Borderless World*. Upper Saddle River, NJ: Wharton.

Okin, S. M. (1980) *Women in Western Political Thought*. London: Virago.

Ollman, B. (1979) *Social and Sexual Revolution: Essays on Marx and Reich*. London: Pluto.

Ortner, S. B. (1982) 'Is Female to Male as Nature is to Culture?' In M. Evans (ed.) *The Woman Question: Readings on the Subordination of Women*. London: Fontana.

Osborn, R. (1937) *Freud and Marx: A Dialectical Study*. Introduction by J. Strachey. London: Gollancz.

Outhwaite, W. (1975) *Understanding Social Life: The Method Called 'Verstehen'*. London: Allen & Unwin.

Outhwaite, W. (1994) *Habermas*. Cambridge: Polity.

Owen, D. (1997) *Maturity and Modernity: Nietzsche, Weber, Foucault and the Ambivalence of Reason*. London: Routledge.

Owen, T. (2006) 'Genetic-social Science and the Study of Human Biotechnology'. *Current Sociology* 54(6): 897–917.

Owen, T. (2007) 'Towards a Post-Postmodern Social Science'. In J. L. Powell and T. Owen (eds.) *Reconstructing Postmodernism*. New York: Nova Science.

Paci, E. (1972) *The Function of the Sciences and the Meanings of Man*. Translated by P. Piccone and J. Hansen. Evanston, IL: Northwestern University Press.

Park, R. E. (1936) 'Human Ecology'. *American Journal of Sociology* 42: 1–15.

Park, R. E. (1972) *The Crowd and the Public and Other Essays*. Edited by H. Elsner.

Translated by C. Elsner. Chicago, IL: University of Chicago Press.

Parrott, W. G. (2003) 'Positioning and the Emotions'. In R. Harré and F. M. Moghaddam (eds) *The Self and Others: Positioning Individuals and Groups in Personal, Organizational, Political and Cultural Contexts*. Westport, CT: Praeger/Greenwood.

Parsons, T. (1937) *The Structure of Social Action*. New York: McGraw-Hill.

Parsons, T. (1951) *The Social System*. New York: Free Press.

Parsons, T. (1965) 'An Outline of the Social System'. In T. Parsons, E. Shils, K. D. Naegele and J. R. Pitts (eds) *Theories of Society: Foundations of Modern Sociological Theory*. New York: Free Press.

Parsons, T., Shils, E., Naegele, K. D. and Pitts, J. R. (eds) (1965) *Theories of Society: Foundations of Modern Sociological Theory*. New York: Free Press.

Pearce, F. (1989) *The Radical Durkheim*. London: Unwin Hyman.

Perry, B. and May, T. (2006) 'Excellence, Relevance and the University: The "Missing Middle" in Socio-Economic Engagement'. *Journal of Higher Education in Africa* 4(3): 69–92.

Perry, B. and May, T. (2007). 'Governance, Science Policy and Regions: An Introduction'. In special edition on 'Governance, Science Policy and Regions', edited by B. Perry and T. May. *Regional Studies* 41(8): 1039–1050.

Petras, J. W. (1968) 'Psychological Antecedents of Sociological Theory in America: Williams James and James Mark Baldwin'. Reprinted in K. Plummer (ed.) *Symbolic Interactionism*, Volume 1, *Foundations and History*. Aldershot: Edward Elgar.

Phillipson, C. (2005) 'Globalization and the reconstruction of Old Age: New Challenges for Critical Gerontology'. In J. Hendricks, S. Biggs and A. Lowenstein (eds) *Theoretical Perspectives in Social Gerontology*. New York: Baywood Press.

Phillipson, C. and Powell, J. L. (2004) 'Risk, Social Welfare and Old Age'. In E. Tulle (ed.) *Old Age and Human Agency*. New York: Nova Science.

Plamenatz, J. (1963) *Man and Society*, Volume 1, *A Critical Examination of Some Important Social and Political Theories from Machiavelli to Marx*. London: Longman.

Pollner, M. (1991) 'Left of Ethnomethodology: The Rise and Decline of Radical Reflexivity'. *American Sociological Review* 56(3): 370–380.

Poulantzas, N. (1978) *State, Power, Socialism*. Translated by P. Camiller. London: New Left Books.

Porter M. (1990) *The Competitive Advantage of Nations*. New York: Free Press.

Powell, J. L. (2005) *Social Theory and Aging*. Lanham, MD: Rowman & Littlefield.

Powell, J. L. (2007) *Rethinking Social Theory and Later Life*. New York: Nova Science.

Powell, J. L. and Biggs, S. (2004) 'Aging, Technologies of Self, and Bio-Medicine: A Foucauldian Excursion'. *International Journal of Sociology and Social Policy* 23(13): 96–115.

Powell, J. L. and Moody, H. R. (2003) 'Habermas and Critical Theory'. *Theory and Science* 5(2): 1–10.

Powell, J. L. and Owen, T. (eds) (2007) *Reconstructing Postmodernism*. New York: Nova Science.

Powell, J. L and Wahidin, A (2006) *Foucault and Aging*. New York: Nova Science.

Powell, J. L., Wahidin, A. and Zinn, J. (2007) 'Understanding Risk and Old Age in Western Society'. *International Journal of Sociology and Social Policy* 27 (1–2): 65–76.

Ramazanoglu, C. (ed.) (1993) *Up against Foucault: Explorations of some Tensions between Foucault and Feminism*. London: Routledge.

Rasmussen, D. (1990) *Reading Habermas*. London: Blackwell.

Rawls, A. W. (1987) 'The Interaction Order *Sui Generis:* Goffman's Contribution to Social Theory'. *Sociological Theory* 5(2): 136–149.

Ray, L. and Reed, M. (eds) (1994) *Organizing Modernity: New Weberian Perspectives on Work, Organization and Society*. London: Routledge.

Reck, A. J. (ed.) (1964) *Selected Writings: George Herbert Mead*. Chicago, IL: University of Chicago Press.

Reich, W. (1975) *The Mass Psychology of Fascism*. Translated by V. R. Carfagno. Originally published in 1933. Harmondsworth: Penguin.

Rex, J. (1961) *Key Problems of Sociological Theory*. London: Routledge & Kegan Paul.

Rich, A. (1976) *Of Woman Born: Motherhood as Experience and Institution*. New York: Norton.

Rich, A. (1980) 'Compulsory Heterosexuality and Lesbian Existence'. *Signs: Journal of Women in Culture and Society* 5(4): 631–660.

Ricoeur, P. (1982) *Hermeneutics and the Human Sciences*. Edited and translated by J. B. Thompson. Cambridge: Cambridge University Press.

Ricoeur, P. (1994) *Oneself as Another*. Translated by K. Blamey. Chicago, IL: University of Chicago Press.

Risseeuw, C. (1991) 'Bourdieu, Power and Resistance: Gender Transformation in Sri Lanka'. In K. Davis, M. Leijenaar and J. Oldersma (eds) *The Gender of Power*. London: Sage.

Ritzer, G. (2000) 'Introduction'. In J. Baudrillard (ed.) *The Consumer Society: Myths and Structures*. London: Sage.

Ritzer, G. (2004) *The McDonaldization of Society*. Thousand Oaks, CA: Pine Forge Press.

Ritzer, G. and Goodman, D. (eds) (2001) *Sociological Theory*. London: Sage.

Ritzer, G. and Ryan, M. (2007) 'The Impossibility of Postmodernism'. In J. L. Powell and T. Owen (eds) *Reconstructing Postmodernism*. New York: Nova Science.

Robbins, D. (1991) *The Work of Pierre Bourdieu: Recognizing Society*. Buckingham: Open University Press.

Robertson, R. (1992) *Globalization: Social Theory and Global Culture*. London: Sage.

Rocher, G. (1974) *Talcott Parsons and American Sociology*. Translated by B. Mennell and S. Mennell. London: Thomas Nelson.

Rock, P. (1979) *The Making of Symbolic Interactionism*. London: Macmillan.

Roderick, R. (1986) *Habermas and the Foundations of Critical Theory*. London: Macmillan.

Rogers, K. M. (ed.) (1979) *Before their Time: Six Women Writers of the Eighteenth Century*. New York: Frederick Unger.

Rogers, M. F. (1983) *Sociology, Ethnomethodology, and Experience: A Phenomenological Critique*. Cambridge: Cambridge University Press.

Rogers, M. F. (1984) 'Everyday Life as Text'. In R. Collins (ed.) *Sociological Theory*. San Francisco, CA: Jossey-Bass.

Rojek, C. (2004) *Frank Sinatra*. Cambridge: Polity.

Rorty, R. (1982) *Consequences of Pragmatism: Essays 1972–1980*. Minneapolis, MN: University of Minneapolis Press.

Rorty, R. (1989) *Contingency, Irony and Solidarity*. Cambridge: Cambridge University Press.

Rorty, R. (1993) 'Cosmopolitanism without Emancipation: A Response to Lyotard'. In S. Lash and J. Friedman (eds) *Modernity and Identity*. Oxford: Blackwell.

Rose, J. (1990) 'Femininity and its Discontents'. In T. Lovell (ed.) *British Feminist Thought: A Reader*. Oxford: Blackwell.

Rose, N. (2006) *Biomedicine, Power, and Subjectivity in the Twenty-First Century*. Princeton, NJ: Princeton University Press.

Ross, D. (1991) *The Origins of American Social Science*. Cambridge: Cambridge University Press.

Rowbotham, S. (1973) *Woman's Consciousness, Man's World*. Harmondsworth: Penguin.

Rowland, R. and Klein, R. D. (1990) 'Radical Feminism: Critique and Construct'. In S. Gunew (ed.) *Feminist Knowledge: Critique and Construct*. London: Routledge.

Rubinstein, D. (1981) *Marx and Wittgenstein: Social Praxis and Social Explanation*. London: Routledge & Kegan Paul.

Runciman, W. G. (1973) 'What is Structuralism?' In A. Ryan (ed.) *The Philosophy of Social Explanation*. Oxford: Oxford University Press.

Russell, B. (1955) *History of Western Philosophy and its Connection with Political and Social Circumstances from the Earliest Times to the Present Day*. London: Allen & Unwin.

Ryan, A. (1986) *Property and Political Theory*. Oxford: Blackwell.

Sabini, J. and Silver, M. (1982). *Moralities of Everyday Life*. Oxford: Oxford University Press.

Sacks, H. (1963) 'Sociological Description'. *Berkeley Journal of Sociology* 8: 1–16.

Sacks, H. (1972) 'An Initial Investigation of the Usability of Conversational Data for Doing Sociology'. In D. Sudnow, D. (ed.) *Studies in Social Interaction*. New York: Free Press.

Sands, P. (2006) *Lawless World*. London: Penguin.

Sartre, J. P. (1960) *Critique of Dialectic Reason*. London: New Left Books.

Sarup, M. (1993) *An Introductory Guide to Post-Structuralism and Postmodernism*, 2nd edn. London: Harvester Wheatsheaf.

Sassen, S. (2001) *The Global City*, 2nd edn. Princeton, NJ: Princeton University Press.

Sassen, S. (2006) *Cities in a World Economy*, 3rd edn. Thousand Oaks, CA: Sage.

Saussure, F. de (1959) *Course in General Linguistics*. Translated by W. Baskin. Originally published in 1916. New York: Philosophical Library.

Savitch, H. (2002) 'What is New about Globalization and What does it Portend for Cities?' *International Social Science Journal* 54(172): 179–189.

Sayer, A. (1992) *Method in Social Science: A Realist Approach*, 2nd edn. London: Routledge.

Sayer, D. (1991) *Capitalism and Modernity: An Excursus on Marx and Weber*. London: Routledge.

Sayers, S. (1989) 'Knowledge as Social Phenomenon'. *Radical Philosophy* 52: 34–37.

Schneider, A. (2007) 'Masculinity as a Reproduction of Traditionalism, Feminist Reaction, and Egalitarianism'. In J. L. Powell and T. Owen (eds) *Reconstructing Postmodernism: Critical Debates*. New York: Nova Science.

Schutz, A. (1972) *The Phenomenology of the Social World.* Originally published in 1932. Translated by G. Walsh and F. Lehnert. Introduction by G. Walsh. London: Heinemann.

Schutz, A. (1979) 'Concept and Theory Formation in the Social Sciences'. In J. Bynner and K. Stribley (eds) *Social Research: Principles and Procedures*. Milton Keynes: Open University Press.

Schwartz, J. (1990) 'Antihumanism in the Humanities'. *Public Interest* 99: 29–44.

Sciulli, D. (1985) 'The Practical Groundwork of Critical Theory: Bringing Parsons to Habermas (and vice versa)'. In J. C. Alexander (ed.) *Neofunctionalism*. Beverly Hills, CA: Sage.

Segal, L. (1987) *Is the Future Female? Troubled Thoughts on Contemporary Feminism*. London: Virago.

Seidman, S. (1994a) 'The End of Sociological Theory'. In S. Seidman (ed.) *The Postmodern Turn: New Perspectives on Social Theory.* Cambridge: Cambridge University Press.

Seidman, S. (1994b) *Contested Knowledge: Social Theory in the Postmodern Era.* Oxford: Blackwell.

Seidman, S. (1998) *Contested Knowledge: Social Theory in the Postmodern Era*, 2nd edn. Oxford: Blackwell.

Seidman, S. (2001) *The New Social Theory Reader: Contemporary Debates*. London: Routledge.

Seidman, S. (2004) *Contested Knowledge: Social Theory Today*, 3rd edn. Oxford: Blackwell.

Sharrock, W. and Anderson, B. (1986) *The Ethnomethodologists*. London: Tavistock.

Shaw, M. (1994) *Global Society and International Relations*. Cambridge: Polity.

Shilling, C. (1993) *The Body and Social Theory.* London: Sage.

Shott, S. (1987) 'Emotion and Social Life: A Symbolic Interactionist Analysis'. Reprinted in K. Plummer (ed.) *Symbolic Interactionism*, Volume 2, *Contemporary Issues*. Aldershot: Edward Elgar.

Shotter, J. (1993) *Cultural Politics of Everyday Life: Social Constructionism, Rhetoric and Knowing of the Third Kind*. Buckingham: Open University Press.

Sibeon, R. (2004) *Rethinking Social Theory*. London: Sage

Sibeon, R. (2007) 'An Excursus in Post-post Postmodernism'. In J. L. Powell and T. Owen (eds) *Reconstructing Postmodernism*. New York: Nova Science.

Sibley, D. (2006) 'Negotiating the Spaces of Old Age'. In J. L. Powell and A. Wahidin (eds) *Foucault and Aging*. New York: Nova Science.

Simmie, J. (2002) 'Trading Places: Competitive Cities in the Global Economy'. *European Planning Studies* 10(2): 201–214.

Simons, J. (1995) *Foucault and the Political*. London: Routledge.

Simpson, D. (2002) *Situatedness, or, Why We Keep Saying Where We're Coming From*. Durham, NC: Duke University Press.

Singer, P. (1983) *Hegel*. Oxford: Oxford University Press.

Smart, B. (1990) 'Modernity, Postmodernity and the Present'. In B. S. Turner (ed.) *Theories of Modernity and Postmodernity*. London: Sage.

Smart, B. (1993) *Postmodernity*. London: Routledge.

Smart, B. (2007) '(Dis)interring Postmodernism or a Critique of the Political Economy of Consumer Choice'. In J. L. Powell and T. Owen (eds) *Reconstructing Postmodernism*. New York: Nova Science

Smith, C. W. (1983) 'A Case Study of Structuration: The Pure-Bred Beef Business'. *Journal for the Theory of Social Behaviour* 13: 4–18.

Smith, D. E. (1974) 'Theorizing as Ideology'. In R. Turner (ed.) *Ethnomethodology*. Harmondsworth: Penguin.

Smith, D. E. (1988) *The Everyday World as Problematic: A Feminist Sociology*. Milton Keynes: Open University Press.

Smith, D. E. (1993) *Texts, Facts and Femininity: Exploring the Relations of Ruling*. London: Routledge.

Smith, D.E. (1999) *Writing the Social: Critique, Theory and Investigations*. Toronto: University of Toronto Press.

Smith, D. E. (2005) *Institutional Ethnography: A Sociology for People*. New York: Rowman & Littlefield.

Smith, G. W. (2006) *Erving Goffman*. London: Routledge.

Smith, N. (1993) 'Putting Practice into Theory: A Review Essay'. *Radical Philosophy* 63: 42–44.

Sontag, S. (1991) *Illness as Metaphor and AIDS and its Metaphors*. London: Penguin.

Soper, K. (1993) 'Productive Contradictions'. In C. Ramazanoglu (ed.) *Up against Foucault: Explorations of some Tensions between Foucault and Feminism*. London: Routledge.

Spencer, H. (1969) *Herbert Spencer*. Edited with an introduction by A. Low-Beer. London: Macmillan.

Spender, D. (1980) *Man-Made Language*. London: Routledge & Kegan Paul.

Spender, D. (1983) *Women of Ideas (and What Men Have Done to Them)*. London: Ark.

Spybey, T. (1995) *Globalization and World Society*. Cambridge: Polity.

Stanley, L. and Pateman, C. (1991) *Feminist Interpretations and Political Theory*. Cambridge: Polity.

Star, S. L. (ed.) (1995) *Ecologies of Knowledge: Work and Politics in Science and Technology*. Albany, NY: State University of New York Press.

Stehr, N. (2005) *Knowledge Politics: Governing the Consequences of Science and Technology*. New York: Paradigm.

Steuerman, E. (1992) 'Habermas vs Lyotard: Modernity vs Postmodernity?' In A. Benjamin (ed.) *Judging Lyotard*. London: Routledge.

Stinchcombe, A. L. (1990) 'Milieu and Structure Updated: A Critique of the Theory of Structuration'. In J. Clark, C. Modgil and S. Modgil (eds) *Anthony Giddens: Consensus and Controversy*. Brighton: Falmer.

Stones, R. (2005) *Structuration Theory*. London: Palgrave Macmillan.

Storper, M. (1997) *The Regional World: Territorial Development in a Global Economy*. New York: Guilford Press.

Strange, S. (1986) *Casino Capitalism*. Oxford: Blackwell.

Strasser, S. (1985) *Understanding and Explanation: Basic Ideas Concerning the Humanity of the Human Sciences*. Pittsburgh, PA: Duquesne University Press.

Strauss, A. (1978) *Negotiations, Varieties, Contexts, Processes and Social Order*. San Francisco, CA: Jossey-Bass.

Strauss, A. (1982) 'Interorganizational Negotiation'. Reprinted in K. Plummer (ed.) *Symbolic Interactionism*, Volume 2, *Contemporary Issues*. Aldershot: Edward Elgar.

Stryker, S. (1980) *Symbolic Interactionism: A Social Structural Version.* Menlo Park, CA: Benjamin Cummings.

Swingewood, A. (1991) *A Short History of Sociological Thought*, 2nd edn. London: Macmillan.

Tannen, D. (ed.) (1993) *Gender and Conversational Interaction.* New York: Oxford University Press.

Taylor, C. (1981) 'Understanding in Human Science'. *Review of Metaphysics* 34: 25–38.

Taylor, C. (1992) *Sources of the Self: The Making of the Modern Identity.* Cambridge: Cambridge University Press.

Taylor, C. and Montefiore, A. (1980) 'From an Analytical Perspective'. Introductory essay G. Kortian, *Metacritique: The Philosophical Argument of Jürgen Habermas*. Translated by J. Raffan. Cambridge: Cambridge University Press.

Thomas, W. I. and Thomas, D. S. (1928) *The Child in America: Behavior Problems and Programs*. New York: Knopf.

Thomas, W. I. and Znaniecki, F. (1918–19) *The Polish Peasant in Europe and America*, 5 volumes. Boston, MA: Badger.

Thompson, J. B. (1981) *Critical Hermeneutics: A Study in the Thought of Paul Ricoeur and Jürgen Habermas*. Cambridge: Cambridge University Press.

Thompson, J. B. (1984) *Studies in the Theory of Ideology.* Cambridge: Polity.

Thompson, K. (1992) 'Social Pluralism and Postmodernity'. In S. Hall, D. Held and T. McGrew (eds) *Modernity and its Futures*. Cambridge: Polity.

Tiryakian, E. A. (1979) 'Emile Durkheim'. In T. Bottomore and R. Nisbet (eds) *A History of Sociological Analysis*. London: Heinemann.

Tomlinson, J. (1999) *Globalization and Culture*. Cambridge: Polity.

Tong, R. (1989) *Feminist Thought: A Comprehensive Introduction.* London: Unwin Hyman.

Toulmin, S. (1990) *Cosmopolis: The Hidden Agenda of Modernity.* Chicago: University of Chicago Press.

Toulmin, S. (2003) *Return to Reason.* Cambridge, MA: Harvard University Press.

Touraine, A. (2000) *Can We Live Together? Equality and Difference.* Cambridge: Polity.

Toynbee, A. (1954) *A Study of History: Volume 9*. London: Oxford University Press.

Turner, B. S. (1981) *For Weber: Essays on the Sociology of Fate*. London: Routledge & Kegan Paul.

Turner, B. S. (2006) *Vulnerability and Human Rights*. University Park, PA: Pennsylvania State University Press

Turner, B. S. and Robertson, R. (1991) 'How to Read Parsons'. In R. Robertson and B. S. Turner (eds) *Talcott Parsons: Theorist of Modernity*. London: Sage.

Turner, J. H. (1974) 'Parsons as a Symbolic Interactionist: A Comparison of Action and Interaction Theory'. Reprinted in K. Plummer (ed.) *Symbolic Interactionism*, Volume 1, *Foundations and History*. Aldershot: Edward Elgar.

Turner, R. (1974) 'Words, Utterances and Activities'. In R. Turner (ed.) *Ethnomethodology*. Harmondsworth: Penguin.

Twigg, J. (2000) 'Social Policy and the Body'. In G. Lewis, S. Gewirtz and J. Clarke (eds) *Rethinking Social Policy*. London: Sage.

Twigg, J. (2006) *The Body in Health and Social Care*. Basingstoke: Palgrave Macmillan.

Urry, J. (2000) *Sociology beyond Societies: Mobilities for the Twenty-First Century*. London: Routledge.

Urry, J. (ed.) (2005) *Automobilities*. London: Sage.

Vasishth, A. and Sloane, D. C. (2002) 'Returning to Ecology: An Ecosystem Approach to Understanding the City'. In M. J. Dear (ed.) *From Chicago to L.A.: Making Sense of Urban Theory*. Thousand Oaks, CA: Sage.

Visker, R. (1995) *Michel Foucault: Genealogy as Critique*. Translated by C. Turner. London: Verso.

Wacquant, L. (1992) 'The Structure and Logic of Bourdieu's Sociology'. In P. Bourdieu and L. J. Wacquant (1992) *An Invitation to Reflexive Sociology*. Cambridge: Polity.

Wacquant, L. (1993) 'Bourdieu in America: Notes on the Transatlantic Importation of Social Theory'. In C. Calhoun, E. LiPuma and M. Postone (eds) *Bourdieu: Critical Perspectives*. Cambridge: Polity.

Walby, S. (1990) *Theorizing Patriarchy*. Cambridge: Polity.

Walby, S. (2005) 'Gender Mainstreaming Theory'. *Social Politics: International Studies in Gender, State and Society* 12(3): 321–343.

Walker, A. and Naegelhe, G. (eds) (1999) *The Politics of Ageing in Europe*. Buckingham: Open University Press.

Walklate, S. and Mythen, G. (eds) (2007) *Beyond the Risk Society: Critical Reflections on Risk and Human Security*. Maidenhead: Open University Press.

Wallerstein, I. (1990) 'World-Systems Analysis'. In A. Giddens and J. Turner (eds) *Social Theory Today*. Cambridge: Polity.

Warren, M. (1992) 'Max Weber's Nietzschean Conception of Power'. *History of the Human Sciences* 5(3): 19–37.

Wasserman, J. and Faust, N. (1994) *Social Network Analysis*. Cambridge: Cambridge University Press.

Watson, S. (2001) 'The Public City'. In J. Eade and C. Mele (eds) *Urban Studies: Contemporary and Future Perspectives*. Oxford: Blackwell.

Weber, M. (1949) *The Methodology of the Social Sciences*. Edited by E. Shils and H. Finch Glencoe, IL: Free Press.

Weber, M. (1985) *The Protestant Ethic and the Spirit of Capitalism*. Originally published in 1930. London: Unwin.

Webster, F. (1995) *Theories of the Information Society*. London: Routledge.

Weinbaum, B. (1978) *The Curious Courtship of Women's Liberation and Socialism*. Boston, MA: South End Press.

Weinstein, D. and Weinstein, M. (1991) 'Georg Simmel: Sociological Fliineur Bricoleur'. In M. Featherstone (ed.) *Consumer Culture and Postmodernism*. London: Sage

West, C. and Zimmerman, D. H. (1983) 'Small Insults: A Study of Interruptions in Cross-Sex Conversations with Unacquainted Persons'. In B. Thorne, C. Kramerae and N. Henley (eds) *Language, Gender and Society*. Rowley, MA: Newbury House.

Wheen, F. (1999) *Karl Marx: A Life*. New York: Norton.

White, S. (1990) *The Recent Work of Jürgen Habermas: Reason, Justice and Modernity*. Cambridge: Cambridge University Press.

Whyte, D. (2007) 'The Crimes of Neo-liberal Rule in Occupied Iraq'. *British Journal of Criminology* 47(2): 177–195.

Wieder, D. L. (1974) 'On Meaning by Rule'. In J. D. Douglas (ed.) *Understanding Everyday Life: Towards the Reconstruction of Sociological Knowledge*. London: Routledge & Kegan Paul.

Wiggershaus, R. (1995) *The Frankfurt School: Its History, Theories and Political Significance*. Translated by M. Robertson. Cambridge: Polity.

Williams, F. (1993) 'Gender, Race and Class in British Welfare Policy'. In A. Cochrane and J. Clarke (eds) *Comparing Welfare States: Britain in International Context*. London: Sage.

Williams, M. and May, T. (1996) *Introduction to the Philosophy of Social Research*. London: UCL Press.

Williams, Raymond (1961) *Culture and Society: 1780–1950*. Harmondsworth: Penguin.

Williams, Robin (1980) 'Goffman's Sociology of Talk'. In J. Ditton (ed.) (1980) *The View from Goffman*. London: Macmillan.

Williams, Robin (1988) 'Understanding Goffman's Methods'. In P. Drew and A. Wootton (eds) *Erving Goffman: Exploring the Interaction Order*. Cambridge: Polity.

Williams, S. (2000) *Emotions and Social Theory*. London: Sage.

Wilson, B. (ed.) (1970) *Rationality*. Oxford: Blackwell.

Wilson, E. (1990) 'Psychoanalysis: Psychic Law and Order?' In T. Lovell (ed.) *British Feminist Thought: A Reader*. Oxford: Blackwell.

Winch, P. (1990) *The Idea of a Social Science and its Relation to Philosophy*, 2nd edn. Originally published in 1958. London: Routledge.

Wolff, K. H. (1979) 'Phenomenology and Sociology'. In T. Bottomore and R. Nisbet (eds) *A History of Sociological Analysis*. London: Heinemann.

Wolffensperger, J. (1991) 'Engendered Structure: Giddens and the Conceptualization of Gender'. In K. Davis, M. Leijenaar and J. Oldersma (eds) *The Gender of Power*. London: Sage.

Wollstonecraft, M. (1989) *A Vindication of the Rights of Women*. Originally published in 1792. Buffalo, NY: Prometheus.

Wooffitt, R. (2005) *Conversation Analysis and Discourse Analysis: A Comparative and Critical Introduction*. London: Sage.

Wright, E. O. (1989) 'Models of Historical Trajectory: An Assessment of Giddens' Critique of Marxism'. In D. Held and J. Thompson (eds) *Social Theory of Modern Societies: Anthony Giddens and his Critics*. Cambridge: Cambridge University Press.

Zimmerman, D. H. and Wieder, D. L. (1974) 'Ethnomethodology and the Problem of Order: Comments on Denzin'. In J. D. Douglas (ed.) *Understanding Everyday Life: Towards the Reconstruction of Sociological Knowledge*. London: Routledge & Kegan Paul.

索　引

（页码为英文原书页码，即本书边码）

译后记

在本书的翻译过程中，译者得到了中国人民大学出版社潘宇女士、宋义平先生的支持和帮助，在此表示真诚的感谢。本书的翻译分工如下：

姚伟：导言、第一章、结论、索引，并负责对全书译文进行了通校；

王璐雅：第三章、第九章，以及参考文献、索引的录入；

蒋泽平：第四章、第五章、第六章、第八章；

周霞：第二章、第七章；

王惠：第十章、第十一章；

谭永：第十二章、第十三章；

囿于译者的理论知识和翻译水平，错谬之处难免，敬请读者批评指正。

译　者

2012 年冬于西南科技大学花园

Tim May and Jason L. Powell
Situating Social Theory, 2nd edition
0335210775

北京市版权局著作权合同登记号：01-2012-7977

图书在版编目（CIP）数据

社会理论的定位：第2版/（英）梅伊，（英）鲍威尔著；姚伟，王璐雅等译．—北京：中国人民大学出版社，2013.4
（社会学译丛·理论前沿系列）
ISBN 978-7-300-17330-6

Ⅰ．①社… Ⅱ．①梅…②鲍…③姚…④王… Ⅲ．①社会学-研究 Ⅳ．①C91

中国版本图书馆CIP数据核字（2013）第063988号

社会学译丛·理论前沿系列
社会理论的定位（第二版）
［英］提姆·梅伊（Tim May）著
［英］詹森·L·鲍威尔（Jason L. Powell）著
姚 伟 王璐雅 等 译
Shehui Lilun de Dingwei

出版发行	中国人民大学出版社		
社　　址	北京中关村大街31号	**邮政编码**	100080
电　　话	010－62511242（总编室）		010－62511398（质管部）
	010－82501766（邮购部）		010－62514148（门市部）
	010－62515195（发行公司）		010－62515275（盗版举报）
网　　址	http://www.crup.com.cn		
	http://www.ttrnet.com(人大教研网)		
经　　销	新华书店		
印　　刷	北京鑫丰华彩印有限公司		
规　　格	155 mm×230 mm　16开本	**版　　次**	2013年5月第1版
印　　张	26 插页2	**印　　次**	2013年5月第1次印刷
字　　数	377 000	**定　　价**	65.00元

教师反馈表

美国麦格劳-希尔教育出版公司(McGraw-Hill Education)是全球领先的教育资源与数字化解决方案提供商。为了更好地提供教学服务,提升教学质量,麦格劳-希尔教师服务中心于 2003 年在京成立。在您确认将本书作为指定教材后,请填好以下表格并经系主任签字盖章后返回我们(或联系我们索要电子版),我们将免费向您提供相应的教学辅助资源。如果您需要订购或参阅本书的英文原版,我们也将竭诚为您服务。

★ 基本信息					
姓		名		性别	
学校			院系		
职称			职务		
办公电话			家庭电话		
手机			电子邮箱		
通信地址及邮编					
★ 课程信息					
主讲课程		课程性质		学生年级	
学生人数		授课语言		学时数	
开课日期		学期数		教材决策者	
教材名称、作者、出版社					
★ 教师需求及建议					
提供配套教学课件 (请注明作者/书名/版次)					
推荐教材 (请注明感兴趣领域或相关信息)					
其他需求					
意见和建议(图书和服务)					
是否需要最新图书信息	是、否	系主任签字/盖章			
是否有翻译意愿	是、否				

McGraw Hill Education | Higher Education

网址:http://www.mcgraw-hill.com.cn

麦格劳-希尔教育出版公司教师服务中心
北京市清华科技园科技大厦 A 座 906 室
北京 100084
电话:010-62790299-108
传真:010-62790292